ENZYKLOPÄDIE DER RECHTS- UND STAATSWISSENSCHAFT

BEGRÜNDET VON

F. VON LISZT UND W. KASKEL

HERAUSGEGEBEN VON

E. KOHLRAUSCH · H. PETERS · A. SPIETHOFF

ABTEILUNG RECHTSWISSENSCHAFT

HERAUSGEGEBEN VON

DR. EDUARD KOHLRAUSCH
PROFESSOR AN DER UNIVERSITÄT
BERLIN

DR. HANS PETERS
PROFESSOR AN DER UNIVERSITÄT
BERLIN

XII

HANDELSRECHT
MIT WECHSEL- UND SCHECKRECHT

VON

DR. KARL HEINSHEIMER
GEH. HOFRAT, PROFESSOR AN DER UNIVERSITÄT
HEIDELBERG

HERAUSGEGEBEN
VON

DR. KARL GEILER
RECHTSANWALT UND PROFESSOR AN DER UNIVERSITÄT
HEIDELBERG

DRITTE, ERWEITERTE AUFLAGE

VERLAG VON JULIUS SPRINGER · BERLIN 1930

HANDELSRECHT

MIT WECHSEL- UND SCHECKRECHT

VON

DR. KARL HEINSHEIMER
GEH. HOFRAT, PROFESSOR AN DER UNIVERSITÄT
HEIDELBERG

HERAUSGEGEBEN

VON

DR. KARL GEILER
RECHTSANWALT UND PROFESSOR AN DER UNIVERSITÄT
HEIDELBERG

DRITTE, ERWEITERTE AUFLAGE

VERLAG VON JULIUS SPRINGER · BERLIN 1930

ISBN 978-3-642-93798-9 ISBN 978-3-642-94198-6 (eBook)
DOI 10.1007/978-3-642-94198-6

Softcover reprint of the hardcover 3rd edition 1930

Vorwort zur dritten Auflage.

Die dritte Auflage dieses seines Lehrbuches des Handelsrechts kann leider nicht mehr von Karl Heinsheimer selbst veröffentlicht werden. Er ist in der Mitte des vergangenen Jahres der Rechtswissenschaft und seinem Lehramte allzu früh entrissen worden. So habe ich es übernommen, sein Lehrbuch weiterzuführen und zunächst diese dritte Auflage herauszugeben. Sie ist noch vollständig das Werk Heinsheimers. Er hat sie selbst noch in allen Teilen druckfertig vorbereitet, geleitet von derselben Absicht wie bei den früheren Auflagen, eine kurz gefaßte, aber doch alles Wesentliche lebendig erfassende Darstellung des Handelsrechts namentlich für den akademischen Gebrauch zu geben. Dabei ist gegenüber der zweiten Auflage die weitere Rechtsentwicklung berücksichtigt, und es sind auch darüber hinaus manche Zusätze und Änderungen vorgenommen. So kommt in Form und Inhalt dieser Auflage noch ganz die geistige Persönlichkeit des bisherigen Verfassers zum Ausdruck, hinter der der künftige Bearbeiter des Lehrbuches völlig zurückzutreten hatte. Ich werde aber auch in den weiteren Auflagen bestrebt sein, das Werk im Geiste Karl Heinsheimers weiterzuführen.

Der Verfasser hatte die Absicht, diese Auflage seinem Bruder, Alfred Heinsheimer in Wien, zu widmen. Indem ich dies ausdrücklich erwähne, möchte ich auch damit ganz im Sinne dessen handeln, der dies nun leider nicht mehr tun kann.

Heidelberg, April 1930.

Karl Geiler.

Inhaltsverzeichnis.

Einleitung.

Fünftes Kapitel.

Personal und Hilfspersonen des Kaufmanns.

a) Prokura und Handlungsvollmacht.

b) Handlungsgehilfen.

c) Selbständige Hilfspersonen.

Zweiter Abschnitt.

Gesellschaftsrecht.

Erstes Kapitel.

Offene Handelsgesellschaft.

Zweites Kapitel.

Kommanditgesellschaft.

Drittes Kapitel.

Stille Gesellschaft.

Viertes Kapitel.

Aktiengesellschaft.

Fünftes Kapitel.

Kommanditgesellschaft auf Aktien.

Sechstes Kapitel.

Gesellschaft mit beschränkter Haftung.

Siebentes Kapitel.

Erwerbs- und Wirtschaftsgenossenschaften.

Anhang zum zweiten Abschnitt.

Dritter Abschnitt.

Handelsgeschäfte.

Erstes Kapitel.

Allgemeines.

Zweites Kapitel.

Handelskauf.

Anhang zum 2. Kapitel: Börsenrecht.

Drittes Kapitel.

Geschäfte der Hilfsunternehmungen.

a) Kommissionsgeschäft.

b) Speditionsgeschäft.

c) Lagergeschäft.

d) Frachtgeschäft.

Vierter Abschnitt.

Wechsel und Scheck.

Einleitung.

§ 1. Begriff und Wesen des Handelsrechts.

Literatur: Ehrenberg in seinem Handbuch I, 3; Heck, ArchZivPr. 92, 348; Nussbaum, ZHR. 76, 325; Hirsch, Der moderne Handel, Grundriß der Sozialökonomik V, 2.

Das Handelsrecht ist das Sonderprivatrecht der Kaufleute. Doch greift sein Gebiet erheblich über den Handel im volkswirtschaftlichen Sinne hinaus. Denn unter die Begriffe Kaufmann und Handelsgewerbe im Sinne des Handelsgesetzbuchs fällt auch Industrie und sonstiges Gewerbe in weitem Umfang.

Daß sich neben dem allgemeinen bürgerlichen Recht ein besonderes Handelsrecht herausbildet, erklärt sich aus den Eigentümlichkeiten des gewerblichen Lebens. Der Kaufmann schließt berufsmäßig und in großem Umfange Geschäfte ab, und zwar in der Regel solche gleicher Art auf einem mehr oder weniger begrenzten sachlichen Gebiete. Der Handschuhfabrikant kauft Leder vom Lederhändler und verkauft Handschuhe an die Handschuhhändler, und auch die Hilfsgeschäfte mit Frachtanstalten, Banken usw. kehren bei ihm immer gleichartig wieder. Der Handelsverkehr ist also ein berufsmäßig spezialisierter Geschäftsverkehr, der eine besondere Sachkunde der beteiligten Gewerbetreibenden ebensosehr voraussetzt wie erzeugt. Bei ihm ist ein Glied mit dem anderen eng verknüpft; nur wenn alle einzelnen Geschäfte in Abschluß und Ausführung reibungslos ineinandergreifen, vermag der Handelsverkehr im ganzen erfolgreich abzulaufen. An ihn können und müssen daher höhere Anforderungen der Geschäftserfahrung und Geschäftsbehandlung gestellt werden, als an den gewöhnlichen Privatverkehr. Auch können die Handelsgeschäfte von manchen Beschränkungen des bürgerlichen Rechts befreit werden, wie überhaupt eine allzu enge gesetzliche Regelung für den einer freien Entwicklung und Anregung bedürfenden Handelsverkehr nachteilig ist. Anderseits bildet das geschäftliche Leben in Handel und Industrie, teils allgemein, teils in einzelnen Zweigen, in sich immer erneuerndem Werden eine Fülle nur ihm eigentümlicher Einrichtungen, Geschäftsarten und Rechtsformen heraus, die nach eigenen Regeln verlangen und diese nur in einem vom allgemeinen bürgerlichen Recht gesondert entwickelten Spezialrecht finden können.

Dazu kommt ein weiteres: Die einzelnen, von dem gleichen Kaufmann abgeschlossenen Geschäfte stehen nicht unverbunden nebeneinander, wie die von einem Privaten in den wechselnden Bedürfnissen des Lebens vorgenommenen. Die geschäftliche Betätigung des Kaufmanns bildet ein planmäßiges Ganzes. Sein „Geschäft" hebt sich aus seinem persönlichen Dasein als eine besondere Einheit heraus: eine Organisation von Tätigkeiten und Werten, Kapitalien und Arbeitskräften. Dies Unternehmen des Kaufmanns soll Dauer haben, seinen Gründer überleben, den Inhaber wechseln können. Je umfassender und älter die geschäftliche Organisation ist, um so mehr tritt die Versachlichung des Unternehmens tatsächlich hervor. All dies macht aber auch zahlreiche sonderrechtliche Normen über das Handelsgeschäft erforderlich, beispielsweise über die Firma oder die Veräußerung des Geschäftsganzen. Eine besondere Aufgabe bilden dabei die als Handelsgesellschaften organisierten Unternehmungen, bei denen Kräfte und Kredit Mehrerer zu einem Geschäftsbetrieb zusammenwirken, oder große, von vielen Seiten aufgebrachte Kapitalien die Grundlage von Unternehmungen bilden, hinter denen die Person der

Beteiligten ganz zurücktritt. Eine bedeutsame Aufgabe der Rechtsordnung ist es daher, den verschiedenartigen Bedürfnissen des geschäftlichen und gewerblichen Lebens mannigfache, ihren Zwecken angepaßte Gesellschaftsformen zur Verfügung zu stellen.

So ergeben sich weite Gebiete für ein eigenes Handelsrecht. Und auch sein Charakter zeigt eigene Züge. Das bürgerliche Recht muß seine Normen mit großer Zurückhaltung und in oft sehr allgemeiner Art aufstellen, da sie für eine nicht übersehbare Vielheit von Lebenserscheinungen passen sollen. Das Handelsrecht aber hat es mit genauer bestimmten Typen zu tun und dient, lebensnah, spezielleren Zwecken. Es ist daher von besonderer Eindringlichkeit. Durchaus verkehrsmäßig eingestellt, berücksichtigt es vor allem die äußere Seite der Rechtsverhältnisse, die Beziehungen zu Dritten, z. B. in der Lehre von der Vertretung oder von der Schuldenhaftung bei Gesellschaften.

Das Handelsrecht regelt seine Gegenstände nur insoweit, als dafür besondere, vom allgemeinen bürgerlichen Recht abweichende oder es ergänzende Rechtssätze erforderlich sind. Im übrigen kommen auch in Handelssachen die Vorschriften des BGB. zur Anwendung, EHGB. Art. 2, und zwar sowohl in den dem ganzen Privatrecht gemeinsamen Grundprinzipien, wie, als subsidiäres Recht, zur Ergänzung der im HGB. geregelten Materien[1]. So enthält z. B. der Abschnitt vom Handelskauf, HGB. §§ 373—382, nur einzelne wenige Zusätze zum Kaufrecht des BGB.; die Regelung der offenen Handelsgesellschaft baut sich auf den Normen über die Gesellschaft des bürgerlichen Rechts auf, § 105 II, u. dgl. m. Das Lebensgebiet des Handels hat also im HGB. keine vollständige Regelung gefunden; das Handelsrecht ist kein in sich abgeschlossenes System, sondern liegt eingebettet in den Gesamtbereich des allgemeinen Privatrechts. Trotzdem hat es seinen guten Sinn, daß Gesetzgebung und Wissenschaft das Handelsrecht auch heute noch als ein Gebiet für sich behandeln. Denn seine Normen tragen durchgängig jenen eigentümlichen, dem Handelsverkehr angepaßten, auf die Bedürfnisse des gewerblich-wirtschaftlichen Verkehrs eingestellten, beweglichen Charakter, der um so reiner herausgearbeitet werden kann, wenn sie als ein besonderes Ganzes zur Darstellung gelangen.

§ 2. Entwicklung des Handelsrechts. Das Deutsche Handelsgesetzbuch.

Literatur: REHME in Ehrenbergs Handbuch I, 28ff.; MÜLLER-ERZBACH I, 28ff.; L. GOLDSCHMIDT, Universalgeschichte des Handelsrechts (1891), sowie ZHR. 1, 1ff.; vgl. RIESSER, Grundgedanken in den kodifizierten Handelsrechten aller Länder (1892).

In der Geschichte des Handelsrechts zeigt sich die gewohnheitsrechtliche Wurzel besonders triebkräftig. Aus den berufseigenen Anschauungen des kaufmännischen Verkehrs erwachsen nach und nach bindende Rechtsnormen. Geschäftliche Formen und Gebräuche werden zu Rechtseinrichtungen. So entsteht das kaufmännische Sonderprivatrecht ursprünglich überall als Gewohnheitsrecht, auch da, wo das bürgerliche Recht bereits kodifiziert ist, wie in allen Ländern römischen Rechts. Seit dem späteren Mittelalter setzt seine Entwicklung, insbesondere auch in DEUTSCHLAND, mit dem aufblühenden Handel kräftiger ein. Der Ausbau des Städtewesens, die ständische Geschlossenheit autonomer Kaufmannsgilden, die frühzeitige Entstehung selbständiger Handelsgerichte sind dabei von wesentlichem Einfluß. Ein zweites, für das Handelsrecht besonders wichtiges Entwicklungsmoment ist sein internationaler Charakter. Der Handel strebt seinem Wesen nach über die Grenzen hinweg und bringt dabei aus höher entwickelten Gebieten sein Recht in andere

[1] Übrigens enthält auch das BGB. selbst einige Vorschriften über Rechtsverhältnisse von Kaufleuten im besonderen: § 196 Ziff. 1, zweijährige Verjährung von Ansprüchen der Kaufleute aus Lieferungen (s. auch Abs. 2: vierjährige Verjährung, falls die Lieferung für den Gewerbebetrieb des Schuldners erfolgte); § 269 Abs. 2, Erfüllungsort gewerblicher Verbindlichkeiten.

Länder mit. So verbreitet sich in der Frühzeit italienisches Kaufmannsrecht weithin in Mitteleuropa. Überhaupt gestaltet sich das Handelsrecht weniger nach nationalen Besonderungen als nach den überall ähnlichen technischen Bedürfnissen des Geschäftsverkehrs, wobei das eine Land übernimmt, was sich in anderen bereits bewährt hat. In einer weltwirtschaftlichen Epoche zeigt das Handelsrecht schließlich überall ähnliche Züge. Seine wichtigsten Institutionen (Wechsel, Aktiengesellschaft, Buchführung usw.) sind seit lange Gemeingut aller Länder, wobei freilich im einzelnen die verschiedenen Handelsrechte immer noch erheblich genug voneinander abweichen.

Große Handelsgebiete, wie ENGLAND, die VEREINIGTEN STAATEN, SKANDINAVIEN, haben kein kodifiziertes Handelsrecht; anderwärts ergingen nach und nach zusammenfassende Handelsgesetzbücher, so in FRANKREICH (nach der Ordonnance sur le commerce, 1673) der Code de commerce, 1807, s. unten § 3: Ausländisches Handelsrecht.

In DEUTSCHLAND war die Zersplitterung im Handels- und Wechselrecht besonders groß; die partikularen Ordnungen beruhten zwar wohl auf einheitlichen Gedanken, gingen aber im einzelnen weit auseinander. Eine umfassende Regelung im Sinne seines Ständerechts enthielt erstmals das Preußische Allgemeine Landrecht (1794; Teil II, 8 §§ 475—2464: „von Kaufleuten, von Wechseln" usw.). Im 19. Jahrhundert betrieb vor allem der Deutsche Zollverein als Organ der Wirtschaftseinheit die für den deutschen Handel unerläßliche Vereinheitlichung des deutschen Handelsrechts. Zunächst wurde das in der Tat Drängendste geleistet: 1848 brachte die Allgemeine Deutsche Wechselordnung, ein klassisches Gesetzeswerk, noch heute in Kraft. Die größere Aufgabe nahm der Deutsche Bund in die Hand: zwei in Nürnberg und Hamburg tagende Kommissionen arbeiteten 1857/61 ein Handelsgesetzbuch aus, das durch die Einzelstaaten als Allgemeines Deutsches Handelsgesetzbuch (ADHGB.) eingeführt wurde, um nach der Reichsgründung zum Reichsgesetz erklärt zu werden. Ihre praktische Vollendung fand diese Gesetzgebung in der Schaffung eines einheitlichen obersten Gerichtshofes für Handelssachen, des Reichsoberhandelsgerichts in Leipzig 1870, Vorläufer des Reichsgerichts (1879).

Im ADHGB. war eine große Aufgabe ausgezeichnet gelöst[1]. Freilich konnte es keine volle Rechtseinheit bringen, solange das subsidiär anzuwendende bürgerliche Recht nicht ebenfalls vereinheitlicht war. Soweit möglich, zog daher das ADHGB. allgemeine Fragen in seinen Bereich (Vertragsschluß, Nichterfüllung u. dgl.). Als nach einem Menschenalter die Schaffung des Bürgerlichen Gesetzbuches gelang, konnte vieles hiervon als allgemeine Regel in dieses herübergenommen werden[2]. Die Kluft zwischen dem allgemeinen bürgerlichen Recht und dem Handelsrecht verengerte sich also dadurch, daß das bürgerliche Recht sich selbst verkehrsmäßiger gestaltete; in der Geschichte des Privatrechts zeigt das Handelsrecht sich so als Pionier des bürgerlichen Rechts[3]. Durch den sich danach ergebenden Wegfall zahlreicher Bestimmungen des ADHGB. und durch die Notwendigkeit, das ältere Gesetz dem BGB. sachlich und formell anzugleichen, wurde eine Revision des ADHGB. erforderlich, bei der auch sonstige Erfahrungen der Zwischenzeit zu berück-

---

[1] Über die Notwendigkeit zweimaliger Reform seiner aktienrechtlichen Teile (1870, 1884), s. unten § 41.

[2] Aus dem ADHGB. stammen vor allem folgende, bedeutsame Vorschriften des BGB.: über die grundsätzliche Formfreiheit der Rechtsgeschäfte, den Vertragsschluß und die bindende Kraft der Offerte, den Quittungsträger, die Folgen des Verzugs beim gegenseitigen Vertrag, die Gefahrtragung beim Versendungskauf, vgl. ADHGB. Art. 317, 318/22, 296, 354/6, 345 mit BGB. § 125, 145/150, 370, 326, 447; s. auch ADHGB. Art. 306 (redlicher Fahrniserwerb), vgl. mit BGB. § 932/5. RIESSER, Der Einfluß handelsrechtlicher Ideen auf den Entwurf des BGB. (1894).

[3] Dieser Vorgang ist auch in andern Ländern zu beobachten. Vgl. z. B. LYON-CAËN, De l'influence du droit commercial sur le droit civil depuis 1804 (Le Code civil, livre du Centenaire, 1904, 1, 205ff.).

sichtigen waren. Gleichzeitig mit dem BGB., auf 1. Januar 1900, trat demgemäß ein neues Handelsgesetzbuch (vom 10. Mai 1897) in Kraft. Dem ADHGB. gegenüber ist es in engerem Sinne Spezialrecht, nämlich Kaufmannsrecht. Das ADHGB. erstreckte sich auf alle „Spekulationsgeschäfte", auch auf die zwischen Nichtkaufleuten abgeschlossenen, Art. 271, sog. objektives System. Das HGB. dagegen, das den bürgerlichen Verkehr ganz dem BGB. überläßt, erklärt nur die „Geschäfte eines Kaufmanns" für Handelsgeschäfte, §§ 343, 345, subjektives System. Auf der anderen Seite aber hat das HGB. diesen persönlichen Kreis, und damit die Anwendbarkeit der handelsrechtlichen Normen, in mehrfacher Beziehung erweitert, insbesondere durch seinen § 2, der eine ganz neue Kaufmannskategorie einführte (Kaufleute kraft Eintragung).

Seit 1900 sind nur wenige Novellen zum HGB. ergangen; so vor allem das die Konkurrenzklausel der Handlungsgehilfen beschränkende Gesetz vom 10. 6. 1914 (§§ 74ff.). Die Kriegs- und Nachkriegszeiten bedurften zahlreicher Notgesetze, welche zum Teil auch in das Privatrecht des Handels eingriffen, heute aber wieder aufgehoben sind[1]. Im Zusammenhang mit der Wiederbefestigung und Erneuerung unserer Währung erging die Goldbilanzverordnung vom 28. 12. 1923, die insbesondere die Umstellung der Aktiengesellschaften auf Goldbasis vorschrieb und zugleich eine Herabsetzung der Mindestbeträge der Aktien brachte.

Übrigens scheint die Entwicklung der nächsten Zeit durch Reformwünsche bestimmt zu werden, die in erster Reihe ebenfalls das Aktienrecht betreffen. Dabei dürfte sich vielleicht der Gedanke der Internationalität handelsrechtlicher Entwicklung, auf den oben hingewiesen wurde, von neuem als fruchtbar erweisen und, aus den Bedürfnissen der internationalen Finanz- und Handelsbeziehungen heraus, auf eine gewisse Angleichung in den aktienrechtlichen Normen der verschiedenen Staaten hinwirken.

Über die Bestrebungen nach Schaffung eines einheitlichen Weltwechselrechts, s. unten § 85.

Literatur des deutschen Handelsrechts.

Protokolle der Kommission zur Beratung des ADHGB. (1858ff.). Entwurf eines HGB. nebst Denkschrift (1897). Materialien zu den Reichs-Justizgesetzen, hrsg. von v. Hahn, Bd. 6.

Zum ADHGB.: H. Thöl, Das Handelsrecht als gemeines in Deutschland geltendes Privatrecht (1841ff.); L. Goldschmidt, Handbuch des Handelsrechts (1864ff.; unvollendet). Kommentare von v. Hahn; Makower; Staub.

Zum heutigen Recht: Lehrbücher von Cosack, Lehrbuch des Handelsrechts[10/11] (1923); K. Lehmann ebenso [2] (1912), 1. Bd. [3] hrsg. von Hoeniger (1921); C. Wieland, Handelsrecht I in Bindings Handbuch der Rechtswissenschaft (1921); Müller-Erzbach, Deutsches Handelsrecht [2/3] (1928); J. v. Gierke, Handelsrecht und Schiffahrtsrecht[2] in Grundrisse der Rechtswissenschaft (1926); weitere von Gareis[8] (1909), Heilfron[2] (1913), Eltzbacher[2] (1925). Auch: Dernburg-Raape, Bürgerliches Recht[4].

V. Ehrenberg, Handbuch des gesamten Handelsrechts, seit 1913, Einzeldarstellungen zahlreicher Verfasser.

Kommentare zum HGB.: Staub, jetzt hrsg. von Koenige, Pinner, Bondi [13] (1926). — Düringer u. Hachenburg mit Breit, Flechtheim, Geiler[2] (1917ff., noch nicht vollendet). — Lehmann u. Ring (1913). — Gewerbe- und Industriekommentar von RGRäten (Spezialmaterien, 1924ff.).

Handausgabe: Koenige, Teichmann, Koehler (1929).

Textausgaben: Mosse-E. Heymann [17] (1926); Friedr. Goldschmit (1929). — Text mit Nebengesetzen: Hoeniger-Cahn; Schreiber.

Zeitschrift für das gesamte Handelsrecht (ZHR.), begründet v. L. Goldschmidt, später Laband u. a. (jetzt 94. Bd.); Zentralblatt für Handelsrecht (ZBH., jetzt 4. Jahrg.); Leipziger Zeitschrift (LZ.); Hanseatische Rechtszeitschrift; Juristische Wochenschrift; Bank-Archiv.

Arbeiten zum Handels-, Gewerbe- und Landwirtschaftsrecht, hrsg. v. E. Heymann. — Überseestudien zum Handels-, Schiffahrts- u. Versicherungsrecht, hrsg. v. H. Wüstendörfer u. E. Bruck.

---

[1] Z. B. die Vorschriften über Handelsbeschränkungen und gegen Preistreiberei, aufgehoben durch Gesetz vom 19. 7. 1926.

Praktikum: SAENGER (1928).

Formularbuch für die freiwillige Gerichtsbarkeit, hrsg. v. GOLDMANN u. a., 1. Bd.: Handelsrecht [14/17] (1928).

Die Handelsgesetze des Erdballs, v. BORCHARDT, KOHLER u. a., 14 Bände, 1906ff. (darin Bd. 13: Deutschland).

Handwörterbuch der Staatswissenschaften[4]. — Grundriß der Sozialökonomik V.

Auf die sehr reiche Spezialliteratur wird bei den einzelnen Materien verwiesen.

§ 3. Ausländisches Handelsrecht.

Literatur: REHME in Ehrenbergs Handbuch I, 286ff. (1913), Rechtsvergleichendes Handwörterbuch, hrsg. von SCHLEGELBERGER u. a. (1927ff.).

Vergleicht man die Handelsrechte der wichtigsten Länder, so lassen sich heute etwa drei Gruppen unterscheiden: in der ersten überwiegt der Einfluß des deutschen Rechts, die zweite geht vom französischen Recht aus, die dritte ist die des englisch-amerikanischen Rechts.

Das Handelsrecht ÖSTERREICHS ist für uns kein fremdes Recht. Denn dort — und damit auch in den früher österreichischen Gebieten der Nachfolgestaaten — gilt noch heute das früher gemeinsame ADHGB. vom 17. 12. 1862, die Allg. WO. vom 25. 1. 1850. Ebenso schließt sich die neuere Spezialgesetzgebung Österreichs nahe an die deutsche an; Hinweise hierüber bei den einzelnen Materien[1]. Das HGB. von UNGARN (1875) ist eine Bearbeitung des ADHGB., und auch in einigen anderen Staaten sind die Handelsgesetzbücher vom deutschen Handelsrecht unmittelbar beeinflußt. Besonders erwähnt sei davon das HGB. JAPANS von 1899, revidiert 2. 5. 1911[2].

Die SCHWEIZ hat kein selbständig ausgeführtes Handelsrecht. Die handelsrechtlichen Materien sind, und zwar unter weitgehendem Anschluß an das deutsche Recht, in der allgemeinen Kodifikation des Zivilrechts mit behandelt, teils in der Form in sich abgeschlossener Abschnitte des Bundesgesetzes über das Obligationenrecht (1911), teils in Einzelnormen, die in diesem Gesetz und im Zivilgesetzbuch (1907) verstreut sind[3].

In FRANKREICH ist das Handelsrecht, wie bereits erwähnt, im Code de Commerce von 1807 kodifiziert, indessen, soweit das Landhandelsrecht in Frage kommt, doch nur sehr lückenhaft, so daß neuere Gesetze, sowie die aus den Normen des Code civil entwickelten Rechtsbildungen fast eine überwiegende Bedeutung haben[4]. Der

---

[1] PISKO, Lehrbuch des österr. Handelsrechts (1923); ders., Österr. Ausgabe des STAUBschen Kommentars z. ADHGB.; PISKO-SCHLESINGER, HGB., Manzsche Ausgabe, 22. Aufl. (1926). — ALTMANN u. a. in Handausgabe österr. Gesetze[2] (1926). — Entwurf eines neuen HGB., 1921; vgl. POLLAK, Rhein. Z. 10, 360. — BundesGes. vom 16. 2. 1928 betr. Änderung einiger Bestimmungen des HGB. über die Kaufleute, anlehnend an das deutsche HGB. §§ 2, 4, vgl. ENGEL, ZBH. 3, 129.

[2] RIPERT-KOMACHIYA, Code de Commerce de l'Empire du Japon (1924), S. 12ff. — Vom Jap. HGB. ist dann wieder CHINA beeinflußt, s. Législation Commerciale de la Republique de Chine, 1914—1923 (Peking 1924).

[3] Schweiz.OR. Art. 425—465, u. z. B. Art. 104 III (Verzugszinsen), ZGB. Art. 895 II (Retentionsrecht). Die von Handelsgesellschaften, Wertpapieren und Geschäftsfirmen (einschließlich Wechsel und Handelsregister) handelnde dritte Abteilung des OR. (Titel 24—33, Art. 552ff.) gilt heute noch nach dem ursprünglichen Text von 1881; doch liegt bereits ein Revisionsentwurf in zweiter Fassung vor (Vorlage vom Dezember 1923; Protokoll der Expertenkommission 1926), s. hierzu HAAB, ZHR. 90, 262ff. Manche aus dem Handelsrecht stammende Normen sind in der schweizerischen Gesetzgebung zu solchen des allgemeinen bürgerlichen Verkehrs geworden, z. B. die Rügepflicht bei Mängeln der Kaufsache, OR. Art. 201, s. v. TUHR, Allgem. Teil. des Schw.OR. S. 3. WIELAND, Handelsrecht S. 36. SCHNEIDER-FICK, Schweiz.OR.[2].

[4] Nach WAHL, Droit commercial (1922) S. 9 n. 19 bildet der Code de commerce heute nicht einmal mehr das „Knochengerüst" des französischen Handelsrechts. S. a. PLANIOL, Droit civil I n. 98. — LYON-CAEN u. RENAULT, Traité du droit commercial[5] (1921—1930); SIREY, Code de commerce annoté; ROUSSEAU, Sociétés Commerciales[5]; THALLER-PERCEROU, Traité général de droit com.[7]; LACOUR, Précis de droit com.[12] (1921).

C. com. regelt im 2. Buch den Seehandel, im 3. das Konkursrecht (nach französischem — wie übrigens auch nach schweizerischem — Recht sind nur Kaufleute konkursfähig, Art. 437: faillite). In dem dem allgemeinen Handelsrecht gewidmeten 1. Buch (189 Art.) wird auch das Wechselrecht behandelt. Von neueren französischen Gesetzen sind zu erwähnen: die das Aktienrecht enthaltende loi sur les sociétés, vom 24. 7. 1867, das Scheckgesetz von 1865/1926, neuestens die auf dem deutschen GmbH.-Gesetz beruhende loi tendant à instituer des sociétés à responsabilité limitée, vom 7. 3. 1925.

Der Code de commerce fand mit der napoleonischen Gesetzgebung in vielen andern Ländern Eingang oder diente ihnen doch als Vorbild. Wie nach dem eben Gesagten erklärlich, ist er aber inzwischen vielfach durch neue Handelsgesetzbücher ersetzt worden, die ihrerseits zum großen Teil mehr vom deutschen Recht beeinflußt sind. So in ITALIEN am 31. 10. 1882[1], in SPANIEN am 22. 8. 1885[2], in PORTUGAL am 28. 6. 1888[3], in BULGARIEN am 29. 5. 1897[4], und neuestens in PERSIEN am 10. 5. 1925 und der TÜRKEI am 28. 6. 1926. In BELGIEN ist der C. com. zwar nicht formell aufgehoben, aber seit 1872 nach und nach umgestaltet worden. In den NIEDERLANDEN wurde er 1838 in das Weetboek van Koophandel eingearbeitet[5].

Was man in ENGLAND als commercial oder mercantile law bezeichnet, ist die Zusammenfassung der zahlreichen und bedeutsamen Spezialgesetze, die vor allem für das Lebensgebiet des Handels von Wichtigkeit sind, z. B. derjenigen über das Gesellschaftsrecht (Companies consolidation Act, 1908). Ein materielles Handelsrecht im eigentlichen Sinne, das nur gerade für Kaufleute Geltung hätte, besteht dort aber nicht. Auch für Handelssachen gilt das allgemeine Privatrecht, wie es aus Common law und Equity, sowie aus zahlreichen Einzelgesetzen (Statutes) zu entnehmen ist[6].

Ebenso ist der Rechtszustand in den VEREINIGTEN STAATEN VON NORDAMERIKA. Doch sind hier die Spezialgesetze über handelsrechtliche Gegenstände nicht von der Union, sondern von den Einzelstaaten erlassen, immerhin aber so, daß sie inhaltlich weithin übereinstimmen, z. B. Statutes on Corporations (Aktienrecht). Das zugrunde liegende allgemeine Privatrecht ist das aus englischer Quelle stammende Common law, soweit nicht in den Einzelstaaten Zivilgesetzbücher ergangen sind, wie in Kalifornien und Louisiana[7].

---

[1] VIVANTE, Trattato di diritto commerciale[5] (1922); BOLAFFIO, Comm.[5] (1922); NAVARRINI, Trattato teoricopratico (1920); VIDARI, Corso di dir. comm.[6]. Entwurf eines neuen HGB., Projetto del codice di commercio 1925 (vgl. L. MOSSA, Problemi fondamentali del diritto Commerciale, Rivista Dir. Comm. 24 [5/6], Martin WOLFF, Z. f. ausl. u. int. PrivR. 1, 509; MOLITOR, ZHR. 89, 181); SIMON im Auslandsrecht 1926, 201.

[2] BENITO, Manual de Derecho mercantil.

[3] Über die Handelsgesetzbücher von ARGENTINIEN (9. 10. 1889), BRASILIEN (25. 6. 1850), CHILE (23. 11. 1865) und im übrigen LATEINAMERIKA vgl. OBRÉGON (u. EDW. BORCHARDT), Latin-american commercial law (1921).

[4] SCHÖNDORF, Einführung in das slavische Recht I, 161 (1922).

[5] MOLENGRAAF, Nederlandsche Handelsrecht [5] (1923).

[6] Vgl. S. GOLDSCHMIDT in Handelsgesetze des Erdballs XI, I, S. 36; ERNST HEYMANN, Überblick des Engl. Privatrechts (KOHLER-HOLTZENDORFF, Enzykl.[2] II, 349ff.). The Commercial Laws of Great Britain, von POLLOCK u. a. (1913). SMITH and WATT's Compendium of Mercantile Law (Watts)[12], 1924; CURTI, Englands Privat- u. HandelsR. (1927). BUCKLEY, on the Companies Acts[10]; über die Reform des englischen Aktienrechts, s. S. GOLDSCHMIDT, Auslandsrecht 7, 145 (1926); ROSENDORFF, Die Reform des englischen Aktienrechts durch den Companies Act 1929, 1929. CURTI, Die englische Aktiengesellschaft nach neuem Recht, 1929. — S. GOLDSCHMIDT, Zur Abänderung des englischen Aktienrechts, Z. f. ausl. u. int. PrivR. 2, 398ff., 848ff. — Select Essays in Anglo-american legal history I, 283ff.; III, 1ff. (Law Merchant). — CHALMERS, Bill of exchange[9] (1927); eine deutsche Bearbeitung der Englischen Wechselordnung (1882) von MAX HEINSHEIMER in ZHR., Bd. 28, Beilageheft.

[7] HUBRICH in Handelsgesetze des Erdballs I, 1, 15ff.; KENT, Commentaries on american Law; PURDY-BEACH, On private corporations u. v. a.

Ähnlich wie England haben die Länder SKANDINAVIENS keine Kodifikation des Handelsrechts und keine eigentliche Sonderung desselben vom bürgerlichen Recht, wohl aber zahlreiche Einzelgesetze, zu denen hier noch die gewohnheitsrechtliche Übernahme mancher Grundsätze des mitteleuropäischen Handelsrechts tritt[1].

§ 4. Handelsgesetze. Handelsgewohnheiten. Richterrecht.

Das HGB. behandelt in vier Büchern zunächst das, was man das Organisationsrecht des Handels nennen kann, sodann das Geschäftsrecht, nämlich in Buch 1 und 2 den Handelsstand und die Handelsgesellschaften, in Buch 3 und 4 die Handelsgeschäfte (das Landhandelsrecht) und den Seehandel (das Seerecht); neben dem seinen Hauptinhalt darstellenden Handelsprivatrecht enthält es auch den unmittelbar dazu gehörenden Stoff an öffentlich-rechtlichen Normen (s. z. B. § 8ff.: Handelsregister), sowie strafrechtliche Spezialbestimmungen (vgl. § 312ff.: Aktienstrafrecht)[2]. — Wichtige Gegenstände des Handelsrechts sind in besonderen Gesetzen geregelt: in der Wechselordnung und dem Scheckgesetz, im Gesetz betr. die Gesellschaften mit beschränkter Haftung, dem Börsengesetz, dem sog. Depotgesetz, dem Warenzeichengesetz, dem Gesetz gegen den unlauteren Wettbewerb. — Über den örtlichen Geltungsbereich des deutschen Handelsrechts s. unten die Anmerkung über Internationales Privatrecht[3].

Für das Landesrecht konnte auf handelsrechtlichem Boden nur noch geringer Raum bleiben; die unbedeutenden Vorbehalte in EHGB. Art. 15ff. sind wenig ausgenützt[4].

Das Gewohnheitsrecht ist durch die Gesetzgebung in den Hintergrund gedrängt. Allerdings ist früheres Gewohnheitsrecht, soweit es nicht nur örtlicher oder partikularer Art war, durch das Kodifikationsprinzip nicht schlechthin beseitigt, s. EBGB. Art. 32, 2. Es kann noch für solche Tatbestände fortbestehen, die einer positiven gesetzlichen Regelung entbehren[5]. Auf derartigen besonderen Lebensgebieten kann sich heute in längeren Zeiträumen auch noch neues Gewohnheitsrecht bilden, so namentlich bei Neubildungen des Verkehrslebens. Daß sich auch im Bereich gesetzlich geregelter Verhältnisse praeter et contra legem Gewohnheitsrecht zu bilden

[1] Vgl. REHME, a. a. O. 314ff. Für NORWEGEN s. HAMBRO in Handelsges. des Erdballs XI, 1, Norw. S. 4ff. In SCHWEDEN schließen sich die neueren Gesetze z. T. noch an den Handelsbalk von 1723 an; s. TORE ALMÉN, Das Skandinavische Kaufrecht, deutsche Ausgabe von F. K. NEUBECKER (1922) I, S. 1ff; in dem schwedischen, mit Norwegen und Dänemark im wesentlichen übereinstimmenden Gesetz über Kauf und Tausch von Fahrnis (20. 6. 1905) ist bürgerlicher und Handelskauf vereinigt, vgl. § 4; die englische Sale of Goods Act (1899) s. das. III, 110ff. mit deutscher Übersetzung.

[2] CONRAD in Stengleins Kommentar zu den Strafrechtlichen Nebengesetzen[5] (1929), II Ziff. 17: Handelsgesetzbuch.

[3] INTERNATIONALES PRIVATRECHT. Über den örtlichen Geltungsbereich der deutschen handelsrechtlichen Normen entscheiden zunächst die Vorschriften in EBGB. Art. 7—31. Sie zeigen aber gerade in der hier wichtigsten Frage, nämlich der Beurteilung von Gültigkeit und Wirkungen obligatorischer Verträge (z. B. eines Warenkaufs Hamburg—London) eine Lücke, die sich aus der Schwierigkeit einer befriedigenden gesetzlichen Regelung erklärt. Die hierzu in der deutschen Rechtsprechung im wesentlichen anerkannten Grundsätze sind die folgenden: in erster Reihe ist auf den Willen der Vertragsparteien zu sehen, so daß ein Vertrag einheitlich nach demjenigen Rechte zu beurteilen ist, dem sich beide Teile offenbar unterwerfen wollten, RGZ. 120, 70. In zweiter Linie entscheidet das Recht des Erfüllungsortes der in Frage stehenden Obligation, RGZ. 95, 164 (während z. B. nach französischem Recht das am Orte des Vertragsschlusses geltende Recht maßgebend ist). Vgl. WALKER, Internationales Privatrecht[3] (Wien 1924) S. 321ff.; FRANKENSTEIN desgl. 2, 158ff. (1929); BRÄNDL, LZ. 1925, 816; NEUMEYER in dieser Enzyklopädie XV S. 27ff. — Über ausländische Aktiengesellschaften s. unten S. 83 Anm. 5.

[4] Zu EBGB. Art. 16 (Lagerscheine, Lagerpfandscheine) s. unten S. 144 Anm. 2. — Vgl. ferner § 595 (Löschzeit).

[5] So waren z. B. das Scheckgesetz (1908) und das Gesetz über das Verlagsrecht (1901) im wesentlichen nur die Kodifizierung von Normen, die seit langem gewohnheitsrechtlich gebildet waren, nunmehr aber durch die Gesetzgebung klarer erkennbar gemacht werden sollten.

vermag, kann theoretisch zugegeben werden. Doch bedürfte es heute stets einer sich über das ganze Reichsgebiet erstreckenden Übung und Überzeugung.

Die gerichtliche Praxis allein kann kein echtes Gewohnheitsrecht schaffen. Das entscheidende Merkmal eines solchen ist, daß es „gilt", wie ein Gesetz gilt, daß also die Gerichte ihm unterworfen sind (GVG. § 1), nur sein Dasein zu konstatieren, aber nicht seine inhaltliche Angemessenheit zu prüfen haben. Die von ihnen selbst aufgestellten Rechtsansichten dagegen haben die Gerichte immer wieder auf ihre Richtigkeit zu prüfen[1]. In diesem Rahmen freilich kommt der Rechtsprechung der Gerichte eine außerordentlich große Bedeutung für die Auslegung und Handhabung der Rechtsnormen zu, vor allem einer in „ständiger Rechtsprechung" festgehaltenen Rechtsansicht des höchsten Gerichtshofs. Während der äußerlich unveränderten Geltung des Gesetzes vollzieht sich in dessen Rahmen durch Rechtswissenschaft und Rechtspraxis eine immer weitergehende innere Fortentwicklung und Verfeinerung des Rechts, die in den Entscheidungen der Gerichte zu Tage tritt. Teils durch Neubildungen des Lebens, teils durch die stets wiederholte Durcharbeitung der rechtlichen Probleme angeregt, führt dieses „Richterrecht" zwar nicht zu neuen, mit imperativer Kraft verpflichtenden, „geltenden" Rechtsnormen, wohl aber — als „kognitive Rechtsquelle[2]", — zu einer autoritativen Erkenntnis des jeweils gegenwärtigen Rechtszustandes und tritt immer mächtiger hervor, je älter das Gesetz wird.

Von großer Bedeutung sind die im Handelsverkehr herrschenden Handelsgewohnheiten und -gebräuche (§ 346). Sie stellen die besondere Verkehrssitte des Handels dar. Die Handelsgebräuche sind Tatsachen des Verkehrslebens. Sie sind nicht nur bei der Auslegung der Verträge, sondern auch bei der Beurteilung von Handlungen und Unterlassungen der Kaufleute zu berücksichtigen, mögen sie den Beteiligten bekannt gewesen sein oder nicht; sie kommen so in ihrer Wirkung den dispositiven Rechtssätzen sehr nahe, haben aber doch keineswegs die Bedeutung gewohnheitsrechtlicher Normen. Denn auch sie „gelten" nicht, wie ein Gesetz gilt; dies zeigt sich insbesondere daran, daß das Gericht einem an sich festgestellten Handelsbrauch dennoch die Berücksichtigung zu versagen hat, wenn er sich als Mißbrauch darstellt[3]. S. das Nähere unten § 64.

§ 5. Handelsgerichtsbarkeit. Handelskammern.

Literatur: L. Rosenberg in Ehrenbergs Handbuch I, 449ff.; Silberschmidt, ZHR. Bd. 55, Beilageheft.

Die streitige Gerichtsbarkeit in Handelssachen[4] liegt heute nicht mehr in der Hand besonderer, nur aus Kaufleuten bestehender Handelsge-

[1] Wenn z. B. Cosack, Lehrb. S. 14, die in der Rechtsprechung seit lange anerkannte Haftung der offenen Handelsgesellschaft für Delikte der Gesellschafter auf Gewohnheitsrecht stützen will, so vgl. dazu z. B. RGZ. 15, 121; 46, 18; Gruch. 51, 1023, wo die Haftungsfrage immer wieder kurz geprüft wird. — Ein besonders markantes Beispiel richterlicher Rechtsfindung bietet ferner der Grundsatz, daß bei der Aktiengesellschaft, Gesellschaft mit beschränkter Haftung und Genossenschaft, wenn sie einmal registermäßig entstanden sind, die Beitrittserklärung des einzelnen Mitglieds nicht mehr wegen Willensmängel angefochten werden könne (s. unten S. 81); wenn das Reichsgericht hier neuestens (RGB. 123, 102) selbst einmal von dem „Gewohnheitsrecht" spricht, das die seit vielen Jahrzehnten gleichbleibende Rechtsprechung herausgebildet habe, so setzt es jenes Wort zutreffend in Anführungszeichen.

[2] K. Heinsheimer, Lebendiges Recht (Heidelberger Rektoratsrede, 1928).

[3] Ebensowenig findet der Satz, daß das Gericht die Rechtsnormen „kennt", auf die Handelsgebräuche Anwendung. Ihre Feststellung im Prozeß ist Sache der Instanzgerichte, welche hierüber u. a. Gutachten der Handelskammern (Parere) einholen können (vgl. auch GVG. § 114). Dagegen kann die Revision nicht auf die Nichtbeachtung eines Handelsbrauchs gestützt werden, eben weil ein solcher keine Rechtsnorm ist, ZPO. § 550; vgl. Laband, ZHR. 17, 466; Kann, ZPO. § 550 n. 1e; Stein-Jonas, ZPO. § 549 II.

[4]) Neben der staatlichen Rechtspflege ist in Handelssachen das Schiedsgerichtswesen von größter Bedeutung, sowohl auf Grund von Einzelschiedsverträgen, wie auf Grund von Börsen-

richte[1], sondern bildet ein Stück der allgemeinen ordentlichen Gerichtsbarkeit. Jedoch können, wo ein Bedürfnis besteht, bei den Landgerichten neben den Zivilkammern Kammern für Handelssachen eingerichtet werden, wie dies in allen Bezirken mit einigermaßen entwickeltem Handelsverkehr geschehen ist, GVG. §§ 93—114[2]. Dieselben bestehen aus einem Berufsrichter als Vorsitzenden und aus zwei Handelsrichtern, ehrenamtlich tätigen, fachmännischen Laienrichtern, die auf Vorschlag der Handelskammer aus der Zahl der im Handelsregister eingetragenen oder eingetragen gewesenen Kaufleute oder Gesellschaftsvorstände des Bezirks für je drei Jahre ernannt werden. Wo eine Kammer für Handelssachen errichtet ist, tritt sie in Handelssachen an die Stelle der Zivilkammer, sowohl erstinstanzlich, wie als Rechtsmittelgericht. Der Begriff der Handelssachen ist im GVG. § 95 im einzelnen bestimmt; es sind einmal Klagen gegen einen Kaufmann aus beiderseitigen Handelsgeschäften, und sodann gewisse Klagen von handelsrechtlicher Signatur auch unter Nichtkaufleuten, so Wechselklagen und Ansprüche aus dem Firmen- und Gesellschaftsrecht[3,4]. Der Sinn der Institution tritt im Gesetz unmittelbar hervor in GVG. § 114, wonach die Kammer für Handelssachen über Gegenstände, zu deren Beurteilung eine kaufmännische Begutachtung genügt, sowie über das Bestehen von Handelsgebräuchen, aus eigener Sachkunde und Wissenschaft entscheiden kann.

Sehr bedeutsame Aufgaben weist das HGB. den Gerichten auf dem Gebiete der freiwilligen Gerichtsbarkeit zu. Entsprechend dem pfleglichen, rechtspolizeilichen Charakter dieser staatlichen Tätigkeit handelt es sich dabei in erster Reihe um die Mitwirkung und Kontrolle bei der Begründung oder Festlegung von privatrechtlich wichtigen Rechtsverhältnissen oder Tatbeständen. Dahin gehört vor allem die Führung des Handelsregisters, mit welcher auch die Prüfung des Gründungshergangs bei einzutragenden Aktiengesellschaften u. dgl. verbunden ist, §§ 8ff., 29, 195ff., 200. Aber auch in manchen Fällen eines Widerstreits von Interessen wird zur Vermeidung von Prozessen der Weg der freiwilligen Gerichtsbarkeit eröffnet, so in bestimmten gesellschaftsrechtlichen Fragen mehr sekundärer Art, vgl. z. B. §§ 146, 166, 254. Die Verfahrensnormen sind, soweit sie nicht im HGB. selbst aufgestellt sind (§ 8ff.), im Reichsgesetz über die Angelegenheiten der freiwilligen Gerichtsbarkeit enthalten, 7. Abschn.: Handelssachen. Als „Register-

---

ordnungen, Verbandssatzungen und sonstigen generellen Schiedsklauseln. So auch im internationalen Verkehr, für welchen jetzt das vom Völkerbund aufgelegte Genfer Protokoll vom 24. 9. 1923 (RGBl. 1925, II, 47) die gegenseitige Anerkennung schiedsgerichtlicher Handelsentscheidungen durch die verschiedenen Staaten angebahnt hat. — Vgl. ZPO. § 1024ff.; Haeger, Schiedsgerichte der Handelswelt; v. Staff, Schiedsgerichtsverfahren (1926); Nussbaum, Internat. Jahrb. f. Schiedsgerichtswesen (seit 1926).

[1] So z. B. noch in Frankreich, wo die Handelsrichter durch Wahl der Kaufleute aus deren Mitte bestellt werden, Code de commerce Art. 615ff.; vgl. Dalloz, Répertoire pratique, IV, 771; V, 345.

[2] An den Amtsgerichten und anderseits an den Oberlandesgerichten und dem Reichsgericht gibt es keine besonderen Organisationen für Handelssachen.

[3] Übrigens wird die laienrichterliche Jurisdiktion den Parteien nicht aufgezwungen: die Kammer für Handelssachen wird nur dann mit der Klage befaßt, wenn es vom Kläger in der Klageschrift oder vom Beklagten in der mündlichen Verhandlung beantragt wird, GVG. §§ 96, 98.

[4] Für Rechtsstreitigkeiten zwischen Prinzipal und Handlungsgehilfen aus dem Arbeitsverhältnis waren früher in den größeren Gemeinden Kaufmannsgerichte gebildet, paritätische Standesgerichte, deren Beisitzer in allgemeinen Wahlen je von der Prinzipal- und der Gehilfenschaft gewählt wurden; Ges. über die Kaufmannsgerichte vom 6. 7. 1904. Das Arbeitsgerichtsgesetz vom 23. 12. 1926 beruft an deren Stelle die allgemein eingesetzten, selbständigen Arbeitsgerichte; die Beisitzer sind aus Vorschlagslisten zu entnehmen, die von den wirtschaftlichen Vereinigungen der Arbeitgeber und der Arbeitnehmer eingereicht werden; Arbeitsgerichtsbehörden höherer Instanz sind die bei den Landgerichten gebildeten Landesarbeitsgerichte und das Reichsarbeitsgericht, ArbGerG. § 14ff., s. unten § 26.

gericht“ sind die Amtsgerichte zuständig, FGG. § 125, s. a. § 145, und über die Beschwerdeinstanzen §§ 19, 28, 30[1].

Die Handelskammern[2] sind öffentlich-rechtliche, auf Wahl beruhende Selbstverwaltungskörper für die Gesamtinteressen des Handelsstandes ihres Bezirks („Organe des Handelsstands“, FGG. § 126). Sie haben die Behörden durch Mitteilungen, Anträge, Gutachten in den den Handel betreffenden Angelegenheiten zu unterstützen; ihre organisatorische Regelung ist bis jetzt eine landesrechtliche. Das HGB. § 192 beruft sie zur Mitkontrolle bei qualifizierten Gründungen, das FGG. § 126 zur Mitsorge für Richtigkeit und Vollständigkeit des Handelsregisters, Ordnungsmäßigkeit der Firmen (s. S. 18 Anm. 4), das GVG. § 108, wie oben erwähnt, zum Vorschlag von Handelsrichtern. Über die von Handelskammern veröffentlichten Gutachten über Handelsgebräuche s. unten § 64.

---

[1] SCHLEGELBERGER, Komm. z. FGG.[3] (1927), S. 725ff. Die Beschwerde gegen Verfügungen der Registergerichte geht an die Kammern für Handelssachen, FGG. § 30.

[2] In Preußen werden die Handelskammern (Gesetz vom 24. 2. 1870/19. 8. 1897) seit der VO. vom 1. 4. 1924 „Industrie- und Handelskammern“ genannt. — Eine Zusammenstellung sämtlicher deutscher Ländergesetze bei WENDTLANDT, Handbuch der deutschen Industrie- und Handelskammern und sonstiger amtlicher Handelsvertretungen (1927). — Vgl. auch RVerf. Art. 7 Ziff. 10.

Erster Abschnitt.

Der Kaufmann und das kaufmännische Unternehmen.

Erstes Kapitel.

Die Kaufmannseigenschaft.

§ 6. Der Begriff „Kaufmann".

Literatur: EHRENBERG in seinem Handbuch II, 1ff.

Der Begriff „Kaufmann" bildet die Grundlage des Handelsrechts. Denn Handelsgeschäfte sind nur die Geschäfte eines Kaufmanns, § 343. Dieser von der Sprache des Lebens in verschiedenem Sinne verwendete Begriff muß daher durch Aufstellung deutlicher und leicht erkennbarer Merkmale zum Rechtsbegriffe gemacht werden.

Kaufmann im Sinne des HGB. ist, wer ein Handelsgewerbe betreibt, § 1 I[1]. Damit ist zunächst allgemein gesagt: es muß ein Betrieb vorliegen, in dem sich die Einzelgeschäfte zu einer nach außen hervortretenden wirtschaftlichen Einheit von gewisser Dauer zusammenschließen[2]; der private Spekulant, der Gelegenheitshändler sind keine Kaufleute. Dieser Betrieb muß ein gewerblicher sein, d. h. in Erwerbsabsicht unternommen, die Leistung also bestimmungsgemäß gegen eine Gegenleistung bewirkt werden, die nicht bloß Selbstkostendeckung sein soll; das Unternehmen eines rein gemeinnützigen Vereines ist kein Gewerbebetrieb[3]. Auch ist der Begriff Gewerbe, wie jeder vom Gesetz aus dem Leben entnommene Begriff, nach der Volksauffassung näher zu bestimmen; als Gewerbe gilt nicht, was allgemein zu einer anderen Betätigungsart gerechnet wird, namentlich die Kunst und die eigentlich wissenschaftlichen Berufe, z. B. die Privatklinik eines Arztes, wenn sie nur den äußeren Rahmen für seine persönliche Berufstätigkeit bildet[4]. — Das Gewerbe betreibt und Kaufmann im Sinne des HGB. ist der Geschäftsinhaber und nur er; denn die im Betriebe abgeschlossenen Handelsgeschäfte sind seine Geschäfte, mögen sie auch durch gewillkürte oder gesetzliche Vertreter getätigt sein. Die Handlungsgehilfen, Prokuristen, Vorstände von Aktiengesellschaften haben für ihre Person keine Kaufmannseigenschaft (vgl. GVG. § 109 I); Kaufmann ist der fünfjährige Fabrikbesitzer, nicht sein Vormund [5, 6]. Und auch beim Geschäftsinhaber

---

[1] Die Begriffsbestimmungen des HGB. über den Kaufmann sind übrigens meist auch da maßgebend, wo dieser Begriff in anderen Gesetzen verwendet wird, s. z. B. BGB. § 196[1], RGZ. 89, 163. — Als Gewerbetreibender untersteht der Kaufmann auch der Gewerbeordnung (mit Ausnahme der Apotheker, GewO. § 6); s. auch HGB. § 7. Die Gewerbefreiheit erstreckt sich grundsätzlich auch auf Ausländer (vgl. GewO. § 12 I); Handelsverträge enthalten bezüglich der Niederlassung und des Gewerbebetriebs durch Angehörige der Vertragsstaaten meist entweder die Gleichbehandlungs- oder Meistbegünstigungsklausel, vgl. E. ISAY, Fremdenrecht S. 118ff.

[2] RGZ. 66, 51; 74, 150; RGSt. 47, 238.

[3] KG. in JW. 1928, 238.

[4] Vgl. KG. in OLG. 8, 89, auch RGZ. 109, 73; die Grenzziehung ist streitig, s. STAUB-BONDI, § 1 Anm. 9.

[5] Ein Minderjähriger, dem der gesetzliche Vertreter mit Genehmigung des Vormundschaftsgerichts die Ermächtigung zum selbständigen Betrieb eines Handelsgeschäfts erteilt hat, kann damit auch selbständig die Kaufmannseigenschaft erlangen, s. BGB. § 112. Dagegen wird diese Eigenschaft nicht begründet durch einen ohne diese Voraussetzung von einem nicht voll Geschäftsfähigen unternommenen Geschäftsbetrieb, vgl. RGSt. 36, 357 (Bankrottvergehen). — Über Be-

erstreckt sich die Kaufmannseigenschaft eben nur auf den Bereich seines Handelsgewerbes; wenn ein Fabrikant sich einen Anzug bestellt oder sich für seinen Bruder verbürgt, so sind das keine Handelsgeschäfte, § 343.

Nicht jedes Gewerbe aber ist ein „Handelsgewerbe". Dieser engere Begriff ist in §§ 1—3 näher bestimmt, und zwar nach zwei verschiedenen Gesichtspunkten. Danach sind zu unterscheiden Kaufleute kraft Grundhandelsgewerbes und solche kraft Eintragung[1].

§ 7. Kaufleute kraft Grundhandelsgewerbes.

Das HGB. zählt in § 1 II diejenigen Gattungen von Gewerben auf, die ihrem Gegenstande nach unter Handelsrecht gestellt werden, weil die in ihnen betriebenen Geschäfte an sich kommerzieller Art, Grundhandelsgeschäfte sind. Wer ein solches Grundhandelsgewerbe betreibt, hat Kaufmannseigenschaft, und zwar notwendigerweise, ohne weiteres, als Folge eines solchen Gewerbebetriebes[2]. Diese Kaufleute kraft Grundhandelsgewerbes müssen sich zwar, falls sie nicht bloß Minder-Kaufleute sind (§ 4), in das Handelsregister eintragen lassen, doch wird ihre Kaufmannseigenschaft durch die Eintragung nicht begründet, sondern nur kundgegeben.

a) Der gesetzliche Katalog der Grundhandelsgeschäfte nennt vor allem

1. den Waren- und Wertpapierhandel, also das, was dem Kaufmann den Namen gibt, das Ein- und Verkaufen, das Umsatzgewerbe, soweit seinen Gegenstand Waren oder Wertpapiere bilden[3]. Unter „Waren" versteht das HGB. nur bewegliche Sachen, soweit sie Gegenstand des Handelsverkehrs sind; Grundstücke können

---

schränkungen der gesetzlichen Vertreter bei vertretungsweiser Führung eines Geschäftsbetriebs des Minderjährigen oder Entmündigten s. BGB. § 1822[3], [11], 1823, 1825 II, 1643. S. hierzu O. Schreiber, Grundgedanken zum System eines künftigen Handelsrechts S. 41 (Veröffentlichung der Vereinigung der Handelsrechtslehrer Deutscher Hochschulen, Heft 1, 1928).

[6] Über die Stellung der Frau im Handelsrecht (s. Geiler bei Düringer-Hachenburg Bd. I, S. 68ff., Glitsch in Ehrenbergs Handbuch II, 157ff.) enthält das HGB. keine Vorschriften mehr. Eine Ehefrau bedarf nicht der Zustimmung des Mannes, um die Kaufmannseigenschaft zu erwerben (oder zu behalten) und in das Handelsregister eingetragen zu werden. Die Erteilung oder Verweigerung der Zustimmung des Mannes zu einem selbständigen Geschäftsbetrieb der Frau wird aber, falls nicht Gütertrennung besteht, für die Frage wichtig, welche Rechte der Mann am Geschäftsvermögen der Frau geltend machen kann, ob die Geschäftsgläubiger ohne weiteres in das ganze Vermögen ihrer Schuldnerin vollstrecken können u. dgl., BGB. § 1405, s. a. § 1367 und vgl. RGZ. 84, 45. Über die güterrechtlichen Verhältnisse gibt auch bei Kaufleuten nicht das Handelsregister, sondern nur das allgemeine Güterrechtsregister Auskunft; doch muß die Eintragung in dieses, wenn ein Ehegatte (Mann oder Frau) Kaufmann ist, außer am bürgerlichen Wohnsitz des Mannes auch am Ort der Handelsniederlassung jenes Ehegatten erfolgen, EHGB. Art. 4 vgl. mit BGB. § 1538, 1435.

[1] Über Kaufmannseigenschaft ohne Betrieb eines Handelsgewerbes s. unten § 10: Kaufleute kraft Rechtsform. — S. ferner § 5: wird ein Gewerbetreibender, dessen Gewerbe nicht unter § 1—3 fällt, also kein Handelsgewerbe ist, gleichwohl zum Handelsregister eingetragen, so wird er dadurch zwar nicht Kaufmann, aber doch das, was man Scheinkaufmann nennt. Solange die Eintragung besteht, kann gegenüber demjenigen, der sich auf sie beruft, nicht geltend gemacht werden, der Eingetragene sei nicht Kaufmann; dies gilt sowohl zugunsten eines Dritten, wie zu seinen eigenen Gunsten, übrigens nur in privatrechtlichen Beziehungen; vgl. M. Wolff, Berliner Festgabe für Gierke II, 138ff.; Hueck, ArchBürgR. 43, 415. Ob auch derjenige, welcher, ohne überhaupt ein Gewerbe zu betreiben, zum Handelsregister eingetragen ist, und sogar derjenige, der, ohne eingetragen zu sein, im Rechtsverkehr als Kaufmann „auftritt", sich als Kaufmann behandeln lassen muß, ist streitig; verneinend die soeben Angeführten; bejahend Staub-Bondi, Anhang zu § 5, s. auch RGZ. 65, 412; 89, 163.

[2] Manche bezeichnen danach die Kaufleute des § 1 II als Mußkaufleute, wie die des § 2 als Sollkaufleute, die des § 3 als Kannkaufleute; doch scheinen mir diese Ausdrücke nicht empfehlenswert zu sein. Vgl. auch Staub-Bondi, § 1, Anm. 31.

[3] Martin Wolff, Ware, in Ehrenbergs Handb. IV 1, 1ff.; E. Jacobi, Wertpapiere, ebenda IV 1, 125ff. Unter „Wertpapieren" sind in erster Reihe Inhaber- und Orderpapiere zu verstehen; aber auch Rektapapiere (nichtindossable Namenspapiere) können darunter fallen, wenn sie ihrer besonderen Art nach ausnahmsweise handelbar sind (z. B. Teilschuldverschreibungen), RGZ. 106, 157.

zwar ebenfalls Gegenstand von Handelsgeschäften sein[1], doch ist der Handel in Liegenschaften kein Grundhandelsgeschäft. Ein- und Verkäufe müssen, wirtschaftlich betrachtet, Gegengeschäfte sein; es muß eingekauft werden, um zu verkaufen (Spekulationskauf). Der Warenhandel als Grundhandelsgewerbe umfaßt ein ungemein großes Gebiet: Ein- und Ausfuhrhandel, Groß- und Zwischenhandel, Einzel- oder Kleinhandel mit Waren aller erdenklichen Art. Das Gebiet erfährt aber eine weitere Ausdehnung dadurch, daß das Gesetz nicht nur den Absatz von Waren in unverändertem Zustand, sondern auch alle diejenigen Gewerbe hierher zählt, welche bewegliche Stoffe anschaffen und nach deren Be- und Verarbeitung das Produkt weiter veräußern[2]. Grundhandelsgewerbe sind also auch Industrie und Handwerk, soweit sie mit gekauften Rohstoffen oder Halbfabrikaten arbeiten; denn dann sind die Unternehmer eben auch „Händler". Dagegen liegt kein Grundhandelsgewerbe vor, wo bewegliche Sachen veräußert werden, die nicht „angeschafft", sondern durch Urerzeugung oder Aneignung gewonnen sind (Steinbruch, Fischerei), oder wo solche zwar angeschafft, aber nicht als bewegliche Sachen veräußert werden (Baugewerbe), und ebensowenig, wo die angeschafften Sachen nur Arbeitsmittel und dergleichen Zutaten sind, der „Gegenstand" des Unternehmens also nicht sowohl in deren Veräußerung, als in der Arbeit selbst liegt[3]. Auf die Größe des Betriebs kommt es an sich nicht an; Umsatzgewerbe gibt stets Kaufmannseigenschaft. Umfang und Art des Geschäfts sind nur dafür entscheidend, ob der es Betreibende Voll- oder Minderkaufmann ist, s. unten § 9.

b) Als Grundhandelsgewerbe sind ferner eine Reihe von Geschäften anerkannt, die ihrem Wesen nach Hilfsgeschäfte des Handels oder der umsetzenden Industrie sind, die sich aber im Laufe der wirtschaftlichen und technischen Entwicklung zu selbständigen Gewerben mit kommerzieller Signatur herausgebildet haben. Diese Unternehmungen, deren geschäftliche Tätigkeit nicht in Kauf und Verkauf, sondern im Rahmen anderer Vertragstypen, wie Werkverträgen, Dienstverträgen u. dgl. sich vollzieht, sind in § 1 Ziff. 2—7 aufgezählt, nämlich:

2. Be- und Verarbeitung von Waren für andere, falls der Betrieb über den Umfang des Handwerks hinausgeht[4];

3. Übernahme von Versicherungen gegen Prämie[5];

4. das Bankgeschäft, von dessen Bestandteilen das Geldwechselgeschäft im Gesetz besonders hervorgehoben wird. Als Bankier ist anzusehen, wer, im Besitz entsprechenden Kapitals, den Geld-, Wertpapier-, Kreditverkehr in seinen verschiedenen, im Geschäftsleben anerkannten Formen, in „bankmäßiger" Weise betreibt, ein Merkmal, das nicht weiter zergliedert, sondern nur aus der Verkehrsanschauung heraus beurteilt werden kann[6]. Einzelne besonders wichtige Teile des

---

[1] Anders früher ADHGB. Art. 275. S. jetzt den ganz allgemein lautenden § 343. S. übrigens auch unten § 8 zu HGB. § 2.

[2] Dahin gehören z. B. auch Wirte, die Speisen verabreichen, vgl. RGZ. 82, 24.

[3] Z. B. das vom Photographen verwendete Papier. Über das Baugewerbe vgl. z. B. BayOLG. in OLG. 24, 110.

[4] Z. B. fabrikmäßige Färbereien, große Waschanstalten, Sägemühlen oder dgl. Darüber, daß hier, im Gegensatz zu Ziff. 1, der Umfang des Betriebs entscheidet, s. auch unten § 9.

[5] Die Lebensversicherung gegen Prämien darf von Privatunternehmungen nur in der Form der Aktiengesellschaft betrieben werden, ebenso einige andere Versicherungsarten; ein privater Versicherungsverein auf Gegenseitigkeit fällt nicht unter Ziff. 3, untersteht aber im übrigen den Vorschriften über Kaufleute und ist handelsregisterpflichtig. Vgl. Ges. über die privaten Versicherungsunternehmungen (Versicherungsaufsichtsges.) v. 12. 5. 1901, §§ 6, 16, 30, 117. Das materielle Versicherungsrecht ist geregelt im Gesetz über den Versicherungsvertrag vom 30. 5. 1908. Vgl. Ehrenberg in dieser Enzykl. XIII.

[6] Bei bloßen Geldverleihern fehlt das Merkmal der Bankmäßigkeit, ebenso bei sog. Winkelbankiers, die Geschäfte über Wertpapiere mit Privaten abschließen, ohne selbst Verbindung mit der Börse zu haben. Das Wort „Bank" darf in solchen Fällen nicht gebraucht werden, s. § 18 II, UnlWettbGes. § 3. Vgl. OLG. 42, 209. — Auch eine Kreditgenossenschaft darf sich nur

Bankgeschäfts sind: das Depotgeschäft, d. i. die Verwahrung und Verwaltung von Wertpapieren (Effekten); das Depositengeschäft, d. i. die Annahme von Geldbeträgen zur Verzinsung, Verwahrung und Verwaltung, sowie die planmäßige Kreditgebung mittels solcher Depositengelder und anderer Kapitalien; der Ein- und Verkauf von Wertpapieren; die Wechseldiskontierung; die Gründungsgeschäfte u. a. m.[1];

5. das Fracht- und Transportgewerbe, und zwar Güterbeförderung stets, Personenbeförderung dagegen nur dann, wenn sie entweder zur See erfolgt oder durch Anstalten (größere Unternehmungen) betrieben wird, s. unten § 81;

6. und 7. die sich besonders deutlich als Hilfsgeschäfte darstellenden Geschäfte der Kommissionäre, Spediteure und Lagerhalter, sowie der Handlungsagenten und Handelsmäkler (§§ 383—424, 84—104).

c) Endlich zählt das Gesetz noch als Grundhandelsgewerbe auf:

8. und 9. die Verlagsgeschäfte, sowie die sonstigen Geschäfte des Buch- und Kunsthandels, die infolge ihrer besonderen Gestaltung nur zum Teil unter Ziff. 1 und 6 fallen würden[2], sowie die größeren Druckereien.

§ 8. Kaufleute kraft Eintragung.

a) Zahlreiche gewerbliche Unternehmungen betreiben zwar Geschäfte, die nicht ihrer Gattung nach als Grundhandelsgeschäfte erklärt werden können, sind aber doch nach Art und Umfang so gestaltet, daß sie einen in kaufmännischer Weise eingerichteten Geschäftsbetrieb erfordern (volle Buchführung, kaufmännisch geschultes Personal u. dgl.). Auch solche Betriebe dem Handelsrecht zu unterstellen, ist wünschenswert und wird vom HGB. durch seinen § 2 erreicht (s. oben S. 4). Nicht, wie nach § 1, der Gegenstand des Gewerbes, sondern die Ausgestaltung des einzelnen Betriebes ist hier entscheidend. Vor mehreren Unternehmungen mit gleichem Gegenstand wird die eine größere unter Handelsrecht gestellt, die andere kleinere dagegen nicht. Die Eigenschaft als Handelsgeschäft kann aber in solchen Fällen nicht ohne weiteres eintreten, eben weil es auf die individuellen Verhältnisse des einzelnen Betriebs ankommt und diese kein nach außen deutlich hervortretendes Merkmal bilden. Das Gesetz erfordert daher hier zunächst die Eintragung zum Handelsregister. Ein Unternehmen, das Geschäfte anderer Art als die in § 1 bezeichneten betreibt, soll als Handelsgewerbe gelten, wenn es sowohl nach Art wie nach Umfang eine vollkaufmännische Betriebsweise erfordert und wenn außerdem die Firma des Inhabers zum Handelsregister eingetragen ist; und zwar ist der Unternehmer eintragungspflichtig, genau wie ein Grundhandelsgeschäfte betreibender Vollkaufmann, nur daß eben seine Kaufmannseigenschaft nicht schon mit dem Beginn eines solchen Geschäfts, sondern erst mit seiner Registrierung entsteht, § 2. Beispiele ergeben sich leicht: Urerzeugungs- und Aneignungsgewerbe fallen zwar, wie gezeigt, nicht unter § 1, wohl aber dann unter § 2, wenn es sich um entsprechend bedeutende Unternehmen handelt (Bergwerke, Ziegeleien, Steinbruchsunternehmungen, Hochseefischerei), und das gleiche gilt für Bauunternehmer, Elektrizitätswerke, Grundstücksmakler, Auskunfteien, Kraftwerke, Theaterunternehmungen, Verleihgeschäfte u. v. a.[3].

---

bei genügender kapitalistischer Grundlage als Bank bezeichnen, BayObLG. in JW. 1928, 240. — Eine öffentliche (Gemeinde-)Sparkasse kann, wenn sie bankmäßige Geschäfte betreibt, Kaufmannseigenschaft haben, RGZ. 115, 318; 116, 207, 247.

[1] Einzelheiten s. z. B. unten § 77: Depotgesetz (Kommissionsgeschäft in Wertpapieren), § 66: Giroverkehr, § 95: Scheckverkehr. — Über die Reichsbank s. Bankgesetz vom 30. 8. 1924; vgl. auch Privatnotenbankgesetz vom gleichen Tage über die Privatnotenbanken in Bayern, Sachsen, Württemberg und Baden; s. Koch-Schacht, Münz- und Bankgesetzgebung[5] (1926). Über Hypothekenbanken s. Ges. v. 13. 7. 1899.

[2] Riezler, Die Geschäfte des Buch- und Kunsthandels, in Ehrenbergs Handb. V 2, S. 1ff.

[3] Vgl. z. B. RGZ. 60, 80; KG. in OLG. 7, 145; 8, 247; 9, 238; 37, 11. Über Bergwerke vgl. z. B. RG. in JW. 1904, 475, s. aber auch EHGB. Art. 5.

b) Nur Land- und Forstwirtschaft erscheinen dem Gesetzgeber — im Hinblick nicht nur auf die sachliche Art ihrer Produktionsfähigkeit, sondern auch auf ihren persönlich berufsständischen Charakter — als vom Kommerziellen so verschieden, daß sie selbst dann nicht unter Handelsrecht gestellt werden, wenn die Betriebsart, z. B. eines großen Gutes, tatsächlich eine durchaus kaufmännische sein sollte, § 3 I. Land- und Forstwirte haben also für ihren eigentlichen Betrieb niemals Kaufmannseigenschaft[1]. Betreiben sie aber ein Nebengewerbe, das, wie z. B. ein Sägewerk, eine Brauerei oder Zuckerfabrik, zwar mit der Land- oder Forstwirtschaft des Unternehmens zusammenhängt, indem es die in dieser gewonnenen Rohstoffe weiterverarbeitet, aber doch nicht notwendig dazu gehört und eine gewisse Selbständigkeit besitzt, so können sie, wenn dieses Nebengewerbe einer kaufmännischen Einrichtung bedarf, durch Eintragung zum Handelsregister Kaufmannseigenschaft erlangen, natürlich aber nur für den Nebenbetrieb als solchen. Sie sind jedoch nur eintragungsberechtigt, nicht -verpflichtet, der einzige Fall, wo es im Belieben eines Unternehmers liegt, ob das HGB. auf ihn angewendet werden soll oder nicht, § 3 II[2].

§ 9. Minderkaufleute.

Literatur: Bovensiepen, Der Minderkaufmann und sein Recht; Ehrenberg in seinem Handbuch II, 108ff. — Österreich: Handelsgesetznovelle v. 16. 2. 1928 § 3 I.

Innerhalb des Kaufmannsbegriffs scheiden sich die Vollkaufleute, auf die das HGB. in vollem Umfang Anwendung findet, von solchen Gewerbetreibenden, die zwar auch Kaufleute (kraft Grundhandelsgewerbes) sind, aber nach Gattung und Umfang ihres Gewerbes doch nur in minderem Maß kaufmännischen Charakter zeigen, und für die daher manche Einrichtungen und Rechtssätze des Handelsrechts nicht passen, sog. Minderkaufleute, § 4. Gewiß ist es richtig, daß ein Schuhmachermeister das eingekaufte Leder fachmännisch auf seine Mustermäßigkeit zu untersuchen hat und daher dem § 377 HGB. ebenso unterstellt wird, wie ein Schuhfabrikant: jeden Schuhmacher aber ins Handelsregister einzutragen, wäre störend und ist für das Verkehrsinteresse nicht erforderlich. Auch sachlich braucht er für seinen Betrieb kein besonderes Firmenrecht, das auf eine gewisse Verselbständigung des Unternehmens gegenüber der Person des Unternehmers hinausläuft, wovon bei den Minderkaufleuten tatsächlich nicht die Rede sein kann. Sie stehen ihrem Wesen nach außerhalb des Kreises der vollrechtlichen Registerkaufleute.

Zu den Minderkaufleuten gehören einmal die Handwerker, vorausgesetzt, daß sie überhaupt Kaufmannseigenschaft haben. Bearbeiten sie nämlich nur von der Kundschaft gelieferte Stoffe, oder liefern sie keine beweglichen Sachen (Flickschuster, Anstreicher), sog. Lohnhandwerker, so sind sie, weil unter keine der Gruppen des § 1 fallend, Nichtkaufleute, nicht etwa Minderkaufleute. Dagegen gehören hierher alle sog. Warenhandwerker, die aus selbstangeschafften Stoffen bewegliche Sachen herstellen (Schuhmacher, Schreiner, Schneider mit Stofflager), § 1 Ziff. 1 vgl. mit Ziff. 2. Bei der Abgrenzung des Handwerks gegenüber der vollkaufmännischen Fabrik ist nicht nur und nicht schlechterdings auf den Umfang des Betriebs zu sehen, sondern vor allem auf die Betriebsweise, die bei dem Handwerk auf die persönliche Mitarbeit eines als Lehrling und Geselle ausgebildeten Meisters zugeschnitten ist. Aber auch sonstige Merkmale sind zu beachten. Im Einzelfall kann nur die jeweils herrschende Verkehrsanschauung ent-

[1] Zur Landwirtschaft in diesem Sinne gehört auch Weinbau u. dgl.; ebenso die Gärtnerei (OLG. 21, 366, bestr., vgl. Kaskel, Arbeitsrecht 3. Aufl., 1928, S. 38 Anm. 5; L. Richter, Zugehörigkeit oder Nichtzugehörigkeit von Gärtnereibetrieben zum Gewerbe (1928). — Eine zum Betrieb der Landwirtschaft gegründete GmbH. steht kraft Rechtsform unter Handelsrecht, s. S. 16.

[2] Marxheimer, Nebenunternehmungen im Handelsrecht (1913). Vgl. z. B. OLG. 6, 233; 7, 380; KGJ. 22 A 88.

scheiden[1]. — Unter § 4 fallen ferner alle Kleingewerbetreibende, z. B. die kleinen Spezerei- oder Gemüseläden, in denen ein örtlich begrenzter Kundenkreis vom Inhaber persönlich bedient wird, ferner Trödler, Hausierer, kleine Wirte, gewöhnliche Fuhrleute, kleine Vermittler (§ 104) u. v. m.[2].

Der Minderkaufmann ist nach § 4 ausgeschlossen vom Firmenrecht; er hat sich für sein Geschäft stets seines bürgerlichen Namens zu bedienen; er darf nicht zum Handelsregister eingetragen werden[3]. Auch die innerlich mit dem Firmenrecht zusammenhängenden Rechtsformen der Prokura und der offenen Handelsgesellschaft sind ihm verschlossen. Er kann nur einfache Handlungsbevollmächtigte haben, übrigens auch Generalhandlungsbevollmächtigte (z. B. die Meisterswitwe ihren Sohn oder den Altgesellen), und eine Vereinigung Mehrerer zu gemeinsamem Handwerks- oder Kleingewerbebetrieb ist, weil sie keine Gesellschaftsfirma führen kann, nicht eine Handelsgesellschaft, sondern eine Gesellschaft des bürgerlichen Rechts[4]. Der Minderkaufmann ist weiterhin von der kaufmännischen Buchführungspflicht befreit. Endlich finden auf ihn, als einen nicht kaufmännisch Durchgebildeten, gewisse Schutzvorschriften des bürgerlichen Rechts Anwendung, die für den Vollkaufmann keine Geltung haben: Schriftform für Bürgschaften, Ermäßigung von Vertragsstrafen u. dgl., s. § 351. Im übrigen untersteht er dem HGB.

§ 10. Juristische Personen. Handelsgesellschaften.

Die Vorschriften der §§ 1—3 gelten in gleicher Weise für den Einzelkaufmann (s. § 28), wie für die ein kaufmännisches Unternehmen betreibenden Vereinigungen, insbesondere für juristische Personen. Diese letzteren erlangen, wenn sie ein Handelsgewerbe betreiben, ebenfalls Kaufmannseigenschaft. Fallen sie wegen des Gegenstandes ihres Gewerbebetriebs unter § 1 oder mit Rücksicht auf seine Art und Umfang unter § 2, so müssen sie sich zum Handelsregister eintragen lassen, § 33, so z. B. rechtsfähige Vereine des bürgerlichen Rechts mit wirtschaftlichem Geschäftsbetrieb (BGB. § 22). Auch der Fiskus und sonstige juristische Personen des öffentlichen Rechts stehen für Unternehmungen kaufmännischer Art unter Handelsrecht (z. B. eine staatliche Porzellanmanufaktur, ein städtisches Gaswerk), sind jedoch nicht verpflichtet, sich ins Handelsregister eintragen zu lassen; die Eintragung erfolgt nur auf Antrag, § 36[5]. Die Post gilt nicht als Kaufmann, § 452, s. unten § 81.

Die auf dem Gebiet des Handelsrechts selbst erwachsenden Vereinigungen nennt das HGB. mit dem technischen Ausdruck „Handelsgesellschaften", s. unten § 32. Auf sie — also z. B. auf eine offene Handelsgesellschaft — finden die Vorschriften über Kaufleute ebenfalls Anwendung, § 6 I, wobei die Frage, ob auch der einzelne Gesellschafter für seine Person Kaufmannseigenschaft hat, für jede Gesellschaftsform besonders zu prüfen bleibt. Diejenigen Handelsgesellschaften, welche als juristische Personen gestaltet, also selbständig rechtsfähig sind (Aktiengesellschaft, Kommanditgesellschaft auf Aktien, Gesellschaft mit beschränkter Haf-

---

[1] Ein kleiner Bijouteriefabrikant kann wegen des erforderlichen Kapitals und weil er auf Vorrat für den Großhandel arbeitet, Vollkaufmann sein, während ein Schuhmachermeister, der regelmäßig nur auf Einzelbestellung Privater liefert, Handwerker ist, mag auch die Zahl der Arbeitnehmer bei beiden Betrieben die gleiche sein. Vgl. RGZ. 57, 381, und OLG. 8, 92, 250. — Auch die „Handwerksnovelle" (Ges. f. Änderung der GewO. v. 11. 2. 1929) gibt keine Begriffsbestimmung des Handwerks, s. § 104o.

[2] Vgl. z. B. OLG. 21, 366 und über Wirte: RG. in JW. 1908, 148 und OLG. 9, 240. — Nach österr. Gesetz (s. o.) sind nur Kleingewerbetreibende Minderkaufleute; Handwerker dagegen haben, wenn Kaufleute, volle Kaufmannseigenschaft.

[3] Ist aber ein Minderkaufmann trotzdem eingetragen, so gilt er nach § 5 als Vollkaufmann.

[4] Anders nur, wenn Handwerker eine Kapitalgesellschaft, z. B. eine GmbH., gründen, s. unten § 10.

[5] Vgl. Düringer bei Holdheim 9, 81. — Die Reichsbank, sowie die Reichsbahngesellschaft werden nicht zum Handelsregister eingetragen, BankGes. § 47, Reichsbahnges. § 16 VI.

tung), sowie die Erwerbs- und Wirtschaftsgenossenschaften nehmen insofern eine besondere Stellung ein, als das Gesetz ihnen, weil sie sich in wesentlich kommerziellen Rechtsformen organisiert haben, die Eigenschaft von Handelsgesellschaften oder die Kaufmannseigenschaft ohne Rücksicht darauf beilegt, ob sie ein Handelsgewerbe betreiben oder überhaupt gewerblichen oder etwa nur geselligen, wohltätigen oder sonstigen Zwecken dienen. Sie sind also Kaufleute kraft Rechtsform und zwar Vollkaufleute, mag auch ihr Betrieb, wie das z. B. bei Genossenschaften vorkommt, nur ein kleingewerblicher sein, §§ 6, 210, GmbH. § 13, GenG. § 17. Vgl. hierzu unten S. 120 Anm. 1.

Zweites Kapitel.

Das Handelsregister.

§ 11. Inhalt und Führung.

Literatur: EHRENBERG in seinem Handbuch I, S. 524ff.; SCHLEGELBERGER, FGG.[3] S. 725ff.; TH. COHN, Das Handels- und Genossenschaftsregister[3] (1910); BRAND u. MEYER ZUM GOTTESBERGE, Die Registersachen in der gerichtlichen Praxis[2] (1927). — STRAUSS, Handelskammern und Handelsregister in der Rechtsprechung seit 1900[2] (1926, mit Sobernheim). Handelsregister des Amtsgerichts Berlin-Mitte (jährlich). Über das Handelsregister im Ausland s. FRIESE, JW. 1925, 434, 1926, 346 und 1929, ferner 1929, 3443.

Die Führung des Handelsregisters ist ein bedeutsames Stück der rechtspolizeilichen Tätigkeit des Staates; sie ist Aufgabe der Amtsgerichte, § 8, FGG. § 125[1]. Das Handelsregister bezweckt — und zwar vorwiegend zur Sicherung des privatrechtlichen Verkehrs — die öffentliche Verzeichnung der vollkaufmännischen Unternehmungen — der Einzelkaufleute wie der Handelsgesellschaften — sowie die Kundbarmachung ihrer für den Handelsverkehr wichtigsten, juristisch wesentlichen Merkmale. Demgemäß werden darin eingetragen: die Firma, ihre Begründung, Änderung, Erlöschen; ihr jeweiliger Inhaber; Prokuristen; Rechtsform und Vertretungsverhältnisse der Handelsgesellschaften u. a. m.[2], wie dies im Lauf der Darstellung im einzelnen zu zeigen ist, vgl. §§ 29, 31.

Die Eintragungen haben bei dem Gericht der Haupt- wie jeder Zweigniederlassung zu geschehen, §§ 13, 15 III; s. hierzu unten § 17. Sie erfolgen nur auf Anmeldung der Beteiligten, die entweder persönlich beim Registergericht zu bewirken oder in öffentlich beglaubigter Form einzureichen ist, § 12. Die Anmeldung ist regelmäßig vom Firmeninhaber selbst, seinem gesetzlichen Vertreter oder allgemeinen Rechtsnachfolger zu bewirken, sei es persönlich, sei es durch einen ausdrücklich hierzu Bevollmächtigten; der Prokurist als solcher ist nicht zu Anmeldungen befugt, s. § 12[3]. Die Anmeldungspflicht ist öffentlich-rechtlicher Natur. Ihre Erfüllung ist vom Registergericht durch befristete Anordnungen mit Strafdrohung und sodann durch Ordnungsstrafen selbst zu erzwingen, die, jeweils in Höhe bis zu 1000 M., so lange fortzusetzen sind, bis die Anmeldung erfolgt; § 14, 2. DurchfV. z. MünzG. vom 12. 12. 1924 § 2; FGG. §§ 132, 133, das. §§ 134—139 über Einspruchs-

[1] In Frankreich ist ein registre du commerce erst durch Gesetz vom 18. März 1919 eingeführt worden, wobei neben den in den einzelnen Handelsgerichtsbezirken geführten Registern ein Zentralhandelsregister in Paris angelegt wurde.

[2] Nur solche Vertretungsverhältnisse sind registerfähig, bei denen der Umfang der Vertretungsmacht durch handelsrechtliche Normen generell und absolut bestimmt ist, wie beim Prokuristen, beim Vorstand der Aktiengesellschaft, beim Geschäftsführer der GmbH.; dagegen können nicht eingetragen werden: Handlungsbevollmächtigte (§ 54), verfassungsmäßige Vertreter nach BGB. § 31, der Vormund u. dgl.

[3] Ist einer von mehreren Anmeldungspflichtigen, z. B. ein Gesellschafter, auf Klage der übrigen zur Mitwirkung bei einer Anmeldung (z. B. des Erlöschens der Gesellschaft, § 143) rechtskräftig verurteilt, so ersetzt das Urteil seine Mitwirkung, § 16.

verfahren und Beschwerde. All dies gilt auch für Löschungen; jedoch kann, was bei positiven Eintragungen ausgeschlossen ist, die Löschung einer Firma auch von Amts wegen erfolgen, wenn ein Zwangsverfahren gegen Anmeldungspflichtige nicht durchführbar ist, § 31 II 2, FGG. § 141[1]. Auch eine sich nachträglich als unzulässig ergebende Eintragung kann von Amts wegen wieder gelöscht werden, FGG. § 142[2]. Die erfolgte Eintragung steht, dem Offenkundigkeitszweck des Registers entsprechend, nicht nur jedermann zur Einsicht offen, und zwar mitsamt allen vom Anmeldenden eingereichten Schriftstücken, sondern sie ist auch alsbald durch das Gericht im Reichsanzeiger und in mindestens einem anderen, regelmäßig mehr lokalen Blatte zu veröffentlichen, §§ 9—11. Wird ein zur Zeichnung der Firma Berechtigter eingetragen, so hat er die Firma in eigenhändiger Unterschrift bei Gericht zu zeichnen, als Vergleichsmaterial für die Echtheit späterer Unterschriften im geschäftlichen Verkehr, § 12, s. §§ 29, 53, 108, 234. — Die Einrichtung der Handelsregister im übrigen, sowie die Form der Eintragungen zu bestimmen, ist den Ländern überlassen geblieben[3].

Die Aufgabe des Registergerichts erschöpft sich, wie schon das bisher Gesagte erkennen läßt, keineswegs in der formalen Erledigung angemeldeter Eintragungen. Das Handelsregister ist nicht etwa nur bestimmt, wiederzugeben, was ein Gewerbetreibender der Öffentlichkeit über sich aussagen will. Es soll vielmehr nur das enthalten, was zulässigerweise eingetragen werden darf, anderseits auch alles enthalten, was notwendigerweise eingetragen werden muß. Das Gericht hat daher, wenn die Zulässigkeit der beantragten Eintragung irgendwie zweifelhaft sein kann, diese von Amts wegen zu prüfen, s. FGG. § 12. Die Reinhaltung des Registers von unrichtigen Einträgen ist eine im Interesse des sicheren und redlichen Verkehrs besonders wichtige Präventivaufgabe, bei deren Erfüllung die Registergerichte, wie überhaupt bei der Führung des Handelsregisters, von den Handelskammern unterstützt und, da diesen ein selbständiges Antrags- und Beschwerderecht eingeräumt ist, in gewissem Sinne sogar kontrolliert werden, FGG. § 126[4]. Die Prüfungspflicht erstreckt sich auf alle rechtlichen Voraussetzungen der Eintragung, z. B. darauf, ob die angemeldete Firma korrekt gebildet, ein beantragter Firmenzusatz nicht täuschender Art ist (§ 18 II). Das Gericht hat aber auch etwaigen Zweifeln nachzugehen, die an der Wahrheit der angemeldeten Tatsachen bestehen, z. B. ob der angebliche Firmeninhaber nicht nur ein zum Schein vorgeschobener Strohmann ist[5].

§ 12. Rechtliche Bedeutung.

Die Rechtswirkung der in das Handelsregister eingetragenen Tatsachen tritt im allgemeinen nicht erst durch die Eintragung ein. Diese hat in der Regel nur Be-

---

[1] Von Amts wegen einzutragen ist die Konkurseröffnung, § 32, KO. § 112, ebenso die Eröffnung des gerichtlichen Vergleichsverfahrens zur Abwendung des Konkurses, VergleichsO. § 37 (hier erhält die Firma den Zusatz „im Vergleichsverfahren").

[2] Eine solche Löschung kann auch von einem durch die Eintragung in seinen Rechten verletzten Dritten beantragt werden, z. B. wegen Beeinträchtigung seines Firmenrechts. Gegen die Ablehnung des Antrags steht ihm die Beschwerde zu (vgl. auch FGG. § 143), während gegen die Eintragung als solche nicht im Beschwerdeweg vorgegangen werden kann, vgl. Schlegelberger, § 19 Anm. 4, § 20 Anm. 20.

[3] In Preußen, Baden und anderwärts zerfällt das Handelsregister in zwei Abteilungen: A für Einzelfirmen und Personalgesellschaften, B für Aktiengesellschaften und sonstige juristische Personen. Eine Eintragung des von dem Kaufmann betriebenen Geschäftszweigs findet nicht statt, doch wird derselbe auf Antrag in der Bekanntmachung angegeben, s. Cohn S. 178.

[4] Über die Rechte und Pflichten der Handelskammern in bezug auf die Führung des Handelsregisters s. Th. Cohn, ZBH. 4, 68. — Ein Beschwerderecht steht den Handelskammern allerdings nur zu, wenn sie in einer Angelegenheit selbst den Antrag gestellt haben, FGG. § 126, also z. B. dann nicht, wenn die von dem Beteiligten beantragte Eintragung einer Firma entgegen der gutachtlichen Äußerung der Handelskammer erfolgt ist.

[5] S. Brand, ZBH. 1928, 971; Schlegelberger, FGG. § 127, I; teilweise a. M. Staub-Bondi, Anhang zu § 8.

kundungszweck. Nur in einigen besonderen Fällen kommt ihr eine konstitutive Bedeutung zu. So bildet sie namentlich bei der Entstehung einer Aktiengesellschaft oder einer sonstigen juristischen Person des Handelsrechts ein notwendiges Stück des rechtserzeugenden Tatbestands, § 200, GmbHG. § 11, GenG. § 13. Ähnliches gilt für die Begründung der Kaufmannseigenschaft in den Fällen des § 2, s. oben § 8.

Grundsätzlich aber ist die materiellrechtliche Erheblichkeit, die dem Handelsregister vom Gesetze beigelegt wird, eine andere. Sie besteht zunächst darin, daß, wenn der Eintragungspflicht genügt, also eine einzutragende Tatsache ordnungsgemäß eingetragen und bekanntgemacht worden ist, sie nunmehr als allgemein bekannt gilt. Niemand kann geltend machen, er habe davon nichts erfahren. Wird z. B. die Veräußerung eines Handelsgeschäfts mit Firma Ende Mai registriert und publiziert, so kann ein Schuldner, der noch Anfang Juni an den früheren Inhaber des mit Aktiven und Passiven veräußerten Geschäfts zahlt, sich, auch wenn er von dem Gläubigerwechsel tatsächlich keine Kenntnis erlangt hatte, nicht auf BGB. § 407 berufen, falls der neue Inhaber nochmals Zahlung fordert. Er muß wissen, was im Register steht. Immerhin läßt das HGB. den Nachweis offen, daß die Unkenntnis trotz des Registeraktes eine unverschuldete war, z. B. wenn jene Zahlung zu einer so frühen Zeit erfolgte, daß das die Veröffentlichung enthaltende Blatt noch nicht am Wohnort des Schuldners eingetroffen sein konnte, § 15 II.

Stimmt das Handelsregister mit der wirklichen Sach- und Rechtslage nicht überein, so erhebt sich die Frage, ob und in welchem Sinne ihm eine Publizitätswirkung zukommt, so daß sein Inhalt trotz der Unrichtigkeit als richtig gilt. Diese Frage beantwortet sich verschieden, je nachdem die Abweichung des Registerinhalts von der wirklichen Sach- und Rechtslage darin besteht, daß eine vorgeschriebene Eintragung unterblieben, oder aber darin, daß etwas Unrichtiges zur Eintragung gelangt ist.

Nur im ersteren Falle legt das Gesetz dem Handelsregister eine materielle Publizitätswirkung bei. Das Register gilt stets als vollständig; eine einzutragende Tatsache kann, solange sie nicht eingetragen und bekanntgemacht ist (beides zusammen ist erforderlich), von demjenigen, in dessen Angelegenheiten sie einzutragen war, einem gutgläubigen Dritten nicht entgegenhalten werden, § 15 I. Wurde z. B. jenes Handelsgeschäft schon im März veräußert, dies aber erst im Mai eingetragen und veröffentlicht, so kann ein Lieferant, der der Firma im April Waren verkauft hat, sich hierwegen auch noch an den früheren, damals im Register noch nicht gelöschten Inhaber halten, es sei denn, daß der Firmenübergang dem Gläubiger besonders mitgeteilt oder sonstwie bekannt geworden war. Dieser Vertrauensschutz, der übrigens nur im rechtsgeschäftlichen Verkehr Platz greifen kann[1], wird zutreffend als negative Publizitätswirkung des Handelsregisters bezeichnet: dem Dritten kann die richtige Rechts- und Sachlage nicht entgegengehalten werden, wenn sie, obgleich eintragungspflichtig, nicht eingetragen war[2].

Ist dagegen umgekehrt etwas Unrichtiges eingetragen, so findet ein entsprechender positiver Vertrauensschutz nicht statt[3]. Das Handelsregister genießt nicht,

---

[1] Denn nur dort hat das Kennen oder Nichtkennen des Dritten Einfluß auf die von ihm eingenommene Rechtsstellung. Vgl. RGZ. 93, 238: Ein vom Fuhrwerk der Firma Verletzter kann seine Deliktsforderung nicht gegen einen ausgeschiedenen, wenn auch im Handelsregister noch nicht gelöschten Gesellschafter geltend machen. RAUCH, Grenzen der negativen Publizität des Handelsregisters.

[2] Dieser negative Satz soll nach einer verbreiteten Meinung den Vertrauensschutz sogar dann begründen, wenn ein ordnungswidrig nicht eingetragenes Rechtsverhältnis wieder aufgehoben und diese Aufhebung ebenfalls nicht eingetragen ist. Ist z. B. eine offene Handelsgesellschaft, die bereits ihre Geschäfte begonnen hatte, noch ehe ihre Eintragung erfolgte, wieder aufgelöst worden, so kann ein Dritter, mit dem jetzt noch namens der Firma Geschäfte geschlossen werden, sich gemäß § 15 an alle Gesellschafter halten, s. RGZ. 15, 33; a. Mg. HUECK, ArchZivPr. 118, 350.

[3] Vgl. HERBERT MEYER, ZHR. 81, 386ff. — Die Vorschrift des § 5 (oben S. 12 Anm. 1) gehört nicht eigentlich hierher; denn auf die Eintragung des Scheinkaufmanns zum Handelsregister kann sich auch ein nicht gutgläubiger Dritter, sowie der Eingetragene selbst berufen.

wie etwa das Grundbuch, öffentlichen Glauben in dem Sinne, daß sich ein gutgläubiger Dritter auf das darin Eingetragene berufen könnte, auch wenn es unrichtig ist. Ist z. B. infolge eines Versehens des Registerrichters, der zwei ähnliche Firmen miteinander verwechselte, ein Prokurist bei der unrichtigen Firma eingetragen worden, so kann sich ein Dritter, der mit dem Eingetragenen ein Geschäft abschloß, dem Inhaber dieser Firma gegenüber nicht auf die Eintragung berufen[1]. Dabei ist indessen zu beachten, daß jede Eintragung dem Antragsteller bekannt zu machen ist, FGG. § 130 II, und daß ein Kaufmann ohnedies verpflichtet erscheint, sich um die Veröffentlichungen zu kümmern, die aus dem Handelsregister in bezug auf seine Firma erfolgen. Wenn er also eine unrichtige Eintragung fortbestehen läßt, statt sofort die Löschung zu beantragen, so kann hierin eine Nachlässigkeit liegen und er dadurch nach allgemeinen Rechtsgrundsätzen den auf den äußeren Tatbestand vertrauenden Dritten gegenüber haftbar werden. Ebenso kann sich, wenn etwas Unrichtiges auf Antrag desjenigen eingetragen wurde, um dessen Angelegenheiten es sich handelt (z. B. ein Kaufmann meldet einen Gesamtprokuristen irrtümlich als Einzelprokuristen an), eine Haftung des Anmeldenden gegenüber Dritten aus allgemeinen Rechtsgrundsätzen ergeben.

Drittes Kapitel.

Das Handelsgeschäft.

a) Die Firma.

§ 13. Grundsätze.

Literatur: Pisko in Ehrenbergs Handb. II, 277ff.; Marx, Firmenrechtliche Grundbegriffe (1912); Opet, ZHR. 49, 51; Adler, das. 85, 93.

Firma ist der Name, unter dem der Kaufmann im Handel seine Geschäfte betreibt und die Unterschrift abgibt; auch kann er in Handelssachen unter seiner Firma klagen und verklagt werden, § 17. Die Firma — das Wort kommt von firmare, unterzeichnen — ist also der Handelsname, nur eine Bezeichnung für den Kaufmann, nicht aber ein selbständiges Etwas, das neben ihm seine Existenz hätte, insbesondere nicht ein selbständiges Rechtssubjekt, so sehr auch der läßliche Sprachgebrauch des Lebens eine solche Auffassung zu unterstützen scheint[2].

Jeder Vollkaufmann — Einzelkaufmann wie Handelsgesellschaft — darf und muß eine nach alsbald zu erörternden Regeln geformte Handelsfirma führen, hat also Firmenrecht und Firmenpflicht. Die praktische Notwendigkeit des Firmenrechts tritt bei Handelsgesellschaften deutlich darin hervor, daß sie nur so einen eigenen Geschäftsnamen erhalten und nicht mehr auf das Nebeneinander der Namen ihrer sämtlichen Gesellschafter angewiesen sind. Die Firmenpflicht soll gewährleisten, daß der Kaufmann an seiner Firma deutlich erkannt wird und von anderen unterschieden werden kann. Daher muß die gewählte Firma eingetragen werden (Öffentlichkeit der Firma) und ist in dieser festen Form im geschäftlichen Leben ausschließlich zu verwenden. Hat Karl August Berger die Firma „Karl A. Berger“ gewählt, so darf er seine öffentlichen Ankündigungen u. dgl. nicht mit „K. Berger“

[1] Dieses Beispiel nach ROHG. 23, 285. S. auch OLG. 19, 293.

[2] Daher ist insbesondere, wenn ein Kaufmann unter seiner Firma klagt oder verklagt wird, der Firmeninhaber selbst Prozeßpartei, und zwar derjenige, der es zur Zeit der Klagerhebung ist, vgl. RGZ. 54, 15. — Auch bezeichnet die Firma den Kaufmann eben nur in Handelssachen; daher kann z. B. ein vom Einzelkaufmann erworbenes Grundstück nur auf seinen persönlichen Namen, nicht auf seine Firma zum Grundbuch eingetragen werden, mag es sich auch um sein Geschäftshaus oder seine Fabrik handeln, OLG. 6, 504 (bestr.).

unterzeichnen, §§ 29, 37. Anderseits steht dem Kaufmann das Firmenrecht zu, ein absolut geschütztes Individualrecht, das, ähnlich dem Namensrecht, personenrechtlichen Charakter trägt[1], aber mit einem noch weitergehenden Ausschließungsrecht, als dieses, verbunden ist. Denn das Gesetz gewährt dem berechtigten Firmenträger einen mindestens lokal ausschließlichen Firmenschutz als Folge der Firmeneintragung: eine neue Firma muß sich von jeder schon am gleichen Ort eingetragenen deutlich unterscheiden, § 30. Während Karl Berger nicht verhindern kann, daß ein anderer Berger seinem Sohn den Namen Karl gibt, zwingt er dadurch, daß er für sein Geschäft die Firma „Karl Berger" eintragen läßt, jeden anderen Karl Berger, der für sein ebenda zu betreibendes Geschäft seinen Namen als Firma gebraucht, zur Annahme eines unterscheidenden Firmenzusatzes.

Die Firma ist ein Name des Kaufmanns, nicht des Unternehmens als solchen. Aber sie wird vom Kaufmann für ein bestimmtes Unternehmen geführt und bürgert sich so als Kennzeichen dieses Unternehmens ein[2]. Wechselt das Unternehmen den Inhaber durch Erbgang, Veräußerung, Gründung oder Änderung einer Gesellschaft u. dgl., so wird die Fortdauer der bisherigen Geschäftsbeziehungen oft wesentlich davon abhängen, ob der neue Inhaber die alte Firma fortführen kann. Das Gesetz gestattet dies unter gewissen Voraussetzungen, gibt also die Möglichkeit einer Erhaltung der Firma zwecks Erhaltung des Unternehmens und verleiht dem Firmenrecht erst damit seinen vollen Wert, § 22. Daraus ergibt sich, daß das Verhältnis von Form und Inhalt der Firma zu Person und Namen ihres Inhabers ein verschiedenes sein muß, je nachdem es sich um ein neugegründetes oder ein mit der Firma übernommenes Geschäft handelt (neue Firma, abgeleitete Firma).

§ 14. Neue Firmen.

Für neugegründete Geschäfte gilt der Grundsatz der Firmenwahrheit. Die neue Firma ist den wirklichen Verhältnissen entsprechend so zu formen, daß der Verkehr vor einer Täuschung bewahrt bleibt, insbesondere im Interesse Kreditgebender die für die Schuldenhaftung maßgebende Rechtsform des Unternehmens erkennbar wird.

a) Demgemäß muß ein Einzelkaufmann eine Einzelfirma annehmen, die jeden Anschein vermeidet, als ob mehrere den Gläubigern haftbare Gesellschafter vorhanden wären. Dies gilt auch dann, wenn er einen stillen Gesellschafter hat, da ein solcher den Gläubigern nicht haftet. Die Firma eines Einzelkaufmanns darf ferner keine reine Sachfirma (z. B. Rheinische Motorenfabrik) sein, da hierbei die Person des Inhabers verhüllt bliebe, vielmehr muß sie als Personenfirma gebildet werden, den Namen des Inhabers (seit 1900 mit mindestens einem ausgeschriebenen Vornamen) wahrheitsgemäß angeben[3]. Aber sie braucht sich nicht hierauf zu beschränken: zur näheren Unterscheidung oder Kennzeichnung des Geschäfts oder des Inhabers können neben seinem, den Firmenkern bildenden Namen noch sachliche oder persönliche Zusätze in die Firma aufgenommen werden, vorausgesetzt, daß sie nicht zu einer Täuschung geeignet sind, § 18. Demnach wäre z. B. „Karl Berger Import-Gesellschaft" als Einzelfirma unzulässig, dagegen zulässig „Karl Berger Möbelfabrik", falls er wirklich eine Fabrik und nicht bloß ein Händlergeschäft betreibt[4]. Nimmt ein Kaufmann eine von ihm geführte Geschäftsbezeichnung nicht in die Firma auf, so wird ein solcher Etablissementsnamen (z. B. „Hotel Schwan")

---

[1] Die Firma ist demgemäß kein Gegenstand der Zwangsvollstreckung, fällt insbesondere nicht in die Konkursmasse, KO. § 1; veräußert der Konkursverwalter das Geschäft des Gemeinschuldners (KO. § 134), so kann die Firma nur dann mit übertragen werden, wenn der letztere zustimmt.

[2] Über die Firma von Zweigniederlassungen s. unten § 17.

[3] Vgl. KG. in OLG. 40, 178: nicht der Künstlername (Film).

[4] S. z. B. „Fabrik", „Werk", „Werke", OLG. 27, 309; 30, 297; 42, 209; 43, 277; JW. 1928, 1231; über „Treuhand" RGZ. 99, 23; JFG. 1, 112; 2, 78.

nur nach UWG. § 16 geschützt. Daß dann, wenn am gleichen Orte schon eine eingetragene Firma gleichen Vor- und Zunamens besteht, ein deutlich unterscheidender Zusatz (jr. oder dgl.) angenommen werden muß, § 30, ist schon oben angeführt.

b) Ist es eine Handelsgesellschaft, die das neue Geschäft gründet, so muß eine Gesellschaftsfirma angenommen werden, die bei Personalgesellschaften, also einer offenen Handelsgesellschaft oder einer Kommanditgesellschaft, ebenfalls als Personenfirma zu bilden ist. Sie muß den Namen mindestens eines persönlich haftenden Gesellschafters, mit oder ohne Vorname, enthalten und so geformt sein, daß das Vorhandensein einer Gesellschaft ersichtlich ist (z. B. Aal & Geiger; Fr. Aal & Co; Gebrüder Bär). Ob die Gesellschaft eine offene oder eine Kommanditgesellschaft ist, braucht die Firma nicht zu sagen, darf aber andererseits auch nicht den Namen eines Kommanditisten enthalten, da ein solcher nicht unbeschränkt persönlich haftet, § 19[1]. Dagegen muß aus der Firma einer Aktiengesellschaft oder sonstigen Kapitalgesellschaft ersichtlich sein, daß Firmenträger nur eine juristische Person ist und welcher Gattung dieselbe angehört; die Firma muß daher einen die Rechtsform angebenden Zusatz haben. Im übrigen soll eine Aktiengesellschaft in der Regel eine Sachfirma annehmen, die von dem Gegenstand des Unternehmens entlehnt ist; doch kann das Register nach Ermessen auch eine z. B. vom Namen des Hauptbeteiligten abgeleitete Firma zulassen. Die Gesellschaft mit beschränkter Haftung kann ihre Firma entweder dem Gegenstand des Unternehmens entlehnen[2] oder aus dem Namen von Gesellschaftern bilden, übrigens auch Sach- und Personenbezeichnungen mischen, § 20, GmbH. § 4; z. B. Maschinenfabrik Tellus A.-G.; O. Werner G. m. b. H. — Ältere Firmen s. EHGB. Art. 22.

§ 15. Abgeleitete Firmen.

Die Firma als solche ist nicht übertragbar; sie kann nicht ohne das Handelsgeschäft veräußert werden, für das sie geführt wird, § 23. Wohl aber kann sie mit diesem Geschäft auf dessen Erwerber übergehen, § 22. Sie kann es, sie muß es nicht; überträgt der Firmeninhaber das Geschäft ohne Firma auf einen Dritten, so erlischt die Firma, und der Erwerber hat eine neue nach den Regeln der §§ 18—20 anzunehmen. Indem das Gesetz hiernach in § 22, um sehr bedeutsamer wirtschaftlicher Interessen willen, es gestattet, daß die Firma unverändert bleiben kann, wenn die Inhaberschaft des Unternehmens wechselt[3], wird der Grundsatz der Firmenwahrheit nicht sowohl aufgehoben, als vielmehr durch den Grundsatz der Firmendauer modifiziert. Die einstmals von Marie Schmidt gegründete Firma „Marie Schmidt" kann allerdings heute der Geschäftsname von Peter Frey sein, aber doch nur dann, wenn dieser in Wahrheit der unmittelbare oder mittelbare rechtmäßige Nachfolger der früheren namengebenden Inhaberin in dem gleichen Geschäftsbetriebe ist. Übrigens muß der jeweilige Inhaber der Firma registermäßig bekannt gegeben werden, § 31, und an offenen Läden ist die Firma und der Name anzuschreiben, GewO. § 15a (EHGB. Art. 9).

---

[1] Ist die Gesellschaft nur zum Schein gegründet, um einen zur Konkurrenz tauglichen Namen in die Firma zu bekommen, ohne daß der Träger dieses Namens ernstlich Gesellschafter sein soll, so ist die Firmenbildung unzulässig, weil keine wirkliche Handelsgesellschaft vorliegt, s. unten § 16.

[2] Diesem Erfordernis ist nur dann genügt, wenn der Wortlaut der Firma eine sachliche Beziehung zum Gegenstand des Unternehmens hat; daß dieser Gegenstand auch objektiv unzweideutig bezeichnet sein müsse, kann aber nicht gefordert werden. So die neuere Praxis: KG., JW. 1925, 639 („Aeriola"); s. aber auch JW. 1927, 1107 („Wille und Weg" nicht genügend).

[3] Ebenso wenn nicht die Person wechselt, sondern sich nur ihr Name ändert, z. B. bei Verheiratung der Geschäftsinhaberin, § 21.

Der Übergang der Firma auf einen neuen Inhaber ist nur zur Fortführung des bisherigen Unternehmens zulässig[1]: die Firma darf von dem Erwerber nicht für ein anderes Unternehmen verwendet werden[2]. Der Übergang des Geschäfts kann sich entweder von Todes wegen oder unter Lebenden, entweder endgültig, durch Verkauf des Handelsgeschäftes oder dgl., oder auf Zeit, wie insbesondere bei Verpachtung des Unternehmens, vollziehen. Immer kann die Firma fortgeführt werden, aber immer nur dann, wenn der bisherige Inhaber (oder dessen Erbe) ausdrücklich einwilligt. Auch wenn er die Firma selbst nur als abgeleitete Firma führte, bedarf es, wenn er das Geschäft weiterveräußert, seiner Zustimmung zur Fortführung der Firma, weil diese, wie oben dargelegt, in jedem Fall eine persönliche Bezeichnung des Kaufmanns darstellt[3]. Ob die Firma unverändert oder mit einem Nachfolgezusatz fortgeführt werden soll, steht zur Wahl der Beteiligten. Gesetzlich vorgeschrieben ist eine Änderung selbst dann nicht, wenn eine Einzelfirma auf eine Handelsgesellschaft oder eine Gesellschaftsfirma auf einen Einzelkaufmann übergeht. Nur die juristischen Personen des Handelsrechts müssen auch einer übernommenen Firma ihren Formzusatz beifügen, § 22 I 2. Im übrigen gilt jedoch der Grundsatz des § 18 II, wonach Täuschungen unzulässig sind, auch bei Fortführung einer übernommenen Firma. Enthält diese, abgesehen von dem berechtigterweise übergehenden Firmenkern, noch Zusätze, welche nur für die Person des bisherigen Inhabers zutrafen, so können diese nicht auf einen Nachfolger übergehen[4]. Über die Wirkungen der Firmenfortführung in der Frage der Schuldenhaftung s. § 25 (unten § 18).

Bei teilweisem Wechsel der Inhaberschaft kann die Firma ebenfalls unverändert bleiben. Nimmt der Einzelkaufmann einen Gesellschafter auf, so kann die Gesellschaft die Einzelfirma beibehalten[5]; scheidet aus einer Gesellschaft, aus welchem Grunde auch immer, ein Gesellschafter aus, so braucht die bisherige Firma nicht geändert zu werden, und einer Zustimmung des Ausscheidenden (oder seiner Erben) bedarf es zur Weiterführung der Firma nur dann, wenn sein Name in ihr enthalten ist, § 24.

§ 16. Unbefugter Firmengebrauch.

a) Die Vorschriften der §§ 17ff. sind öffentlichen Rechts. Zu ihrer Durchführung hat das Registergericht gegen jeden, der eine ihm nach diesen Vorschriften nicht zustehende Firma gebraucht, nach vergeblicher Abmahnung mit Ordnungsstrafen einzuschreiten, § 37 I, FGG. § 140. So namentlich dann, wenn ein überhaupt nicht Firmenberechtigter eine „Firma“ führt (zwei Handwerker nennen sich „& Cie.“), oder wenn ein Kaufmann anders als eingetragen oder mit einem ihm nicht zukommenden Namen als Vornamen firmiert, oder die ihm nicht überlassene Firma seines Geschäftsvorgängers benützt, oder täuschende Firmenzusätze verwendet. Durch eine etwaige Eintragung der unzulässigen Firma wird die Unzulässigkeit nicht nur nicht geheilt, vielmehr liegt in der Herbeiführung des Eintrags eine be-

[1] Die zeitweilige Einstellung des Betriebs steht, wenn nur das Handelsgeschäft an sich noch fortbesteht, seiner Veräußerung mit Firma nicht entgegen, RGZ. 110, 422.

[2] Die Firmenführung durch den Erwerber wird also unzulässig, wenn der Erwerber das Unternehmen so umgestaltet, daß keine Kontinuität mehr besteht. — Über die Verwendung abgeleiteter Firmen bei teilweiser Neugründung s. Bondi, ZBH. 1, 11.

[3] Eine Zustimmung des ursprünglichen Firmeninhabers ist hierzu weder genügend, noch an sich erforderlich, selbst wenn sein Name in der Firma steht; indessen ist nicht ausgeschlossen, daß der Erwerber nach dem ursprünglichen Vertrage die Firma nur für seine Person soll fortführen dürfen oder bei der Wahl seines Firmennachfolgers an die Zustimmung des früheren Inhabers gebunden wird, vgl. RGZ. 76, 265.

[4] So z. B. der Dr.-Titel des bisherigen Inhabers, KG. in JW. 1927, 720; ebenso Loewenthal, Titel und Würden als Firmenzusätze, ZHR. 83, 418. Übrigens kann schon bezweifelt werden, ob es nach § 18 II, der nur Unterscheidungszusätze gestattet, zulässig ist, daß ein den Dr.-Titel Führender diesen in seine eigene kaufmännische Firma aufnimmt.

[5] Auch wenn der bisherige Alleininhaber in der neuen Gesellschaft nur Kommanditist ist, kann sein Name in der Firma bleiben; § 19 IV gilt nur für neue Firmen.

sonders starke Rechtswidrigkeit. Die unzulässige Firma ist daher im Handelsregister wieder zu löschen, sei es von Amts wegen, sei es auf Antrag eines in seinen Rechten verletzten Dritten. Auch die Organe des Handelsstands können einen solchen Antrag stellen, FGG. §§ 126, 142, 143.

b) Werden durch die unbefugte Führung einer Firma oder durch sonstigen unbefugten Gebrauch einer solchen Dritte in ihren Rechten verletzt, so reagiert auch das Privatrecht gegen den Firmenmißbrauch. Der Verletzte hat nach Handelsrecht einen Unterlassungs- und Löschungsanspruch, nach bürgerlichem Recht unter Umständen außerdem einen Anspruch aus Schadensersatz, § 37 II, BGB. § 823 I[1]. Das verletzte Recht wird meist selbst ein Firmenrecht sein. So z. B. in dem eben erwähnten Falle, daß der Geschäftsnachfolger die Firma weiterführt oder sonstwie gebraucht[2], obgleich ihm dies vom Veräußerer oder dessen Erben nicht bewilligt wurde. Insbesondere wird dies Klagerecht einem eingetragenen Firmenberechtigten wegen Verletzung seiner Firmenpriorität gewährt, wenn ein anderer am gleichen Orte die gleiche oder ähnliche sich nicht deutlich unterscheidende Firma verwendet, § 30[3]. Dies lokale Ausschließungsrecht ist nicht auf gleichartige Geschäfte beschränkt und unabhängig davon, ob tatsächlich Verwechselungen (bei Abnehmern, bei der Post, den Banken u. dgl.) zu befürchten sind.

Ist dies letztere aber der Fall, weil es sich um konkurrierende Firmen des gleichen Geschäftszweiges handelt oder weil sonstwie Verwechselungen im geschäftlichen Verkehr eintreten können, so kann sich innerhalb wie außerhalb des Ortsbereichs ein Unterlassungsanspruch auch aus den Vorschriften gegen den unlauteren Wettbewerb ergeben, UWG. § 16, s. auch § 1. Blüthner in Leipzig braucht nicht zu dulden, daß ein anderer Blüthner den Namen für eine neue Klavierfabrik irgendwo in einer Firmenform verwendet, die zu Verwechslungen geeignet ist[4]. Dabei kann eine Verwechslungsmöglichkeit sehr wohl auch dann vorliegen, wenn sich die beiden Firmen, als Ganzes betrachtet, hinreichend deutlich unterscheiden, so daß die neue Firma nach § 30 an sich nicht unzulässig wäre. Denn eine Verwechslungsfähigkeit im Sinne von UWG. § 16 liegt schon dann vor, wenn ein nach der Auffassung des Verkehrs besonders charakteristischer einzelner Bestandteil der ersten Firma, ein sog. Schlagwort, in der zweiten Firma ebenfalls in einer die Aufmerksamkeit auf sich ziehenden Art benutzt wird[5]. Ist übrigens in dem erwähnten Beispiel zur Erschleichung einer ähnlichen Firma ein Strohmann vorgeschoben worden (z. B. ein Schneidergeselle namens Blüthner), dann ist die Firma schon nach HGB. § 18 unzulässig, weil sie nicht den wirklichen Geschäftsinhaber benennt[6]. Ein Verbietungsanspruch gegenüber einer Firma kann sich weiterhin aus dem Warenzeichenrecht ergeben, wenn bei Bildung einer jüngeren Firma ein für einen anderen bereits als Warenzeichen geschütztes Wort verwendet und dadurch eine Verwechslungsgefahr begründet wird, dies besonders dann, wenn diese Wortwahl eine willkürliche ist,

[1] Über den internationalen Schutz des „nom commercial" s. unten S. 32 Anm. 5.

[2] Z. B. der Erwerber einer liquidierten Fabrik firmiert zwar mit seinem eigenen Namen, bezeichnet sein Geschäft aber bei Ankündigungen u. dgl. mit: „früher...".

[3] An das Erfordernis deutlicher Unterscheidung müssen im Interesse eines redlichen Verkehrs strenge Anforderungen gestellt werden. Über die (oft schwankende) Praxis s. Staub-Bondi, § 30 Anm. 5, 6. Nach BayObLG. in JW. 1928, 2639 sollen „Hans" und „Johann" hinreichend deutlich unterschieden sein.

[4] Da es sich hier nicht sowohl um absoluten Rechtsschutz, als vielmehr um die Anwendung von Rechtsgedanken des Wettbewerbsrechts handelt, ist wesentlich auch auf die subjektive Seite zu sehen: ist die Firma aus nicht zu mißbilligenden Motiven gegründet, so kann dem einzigen Inhaber die Führung seines Familiennamens (§ 18) auch dann nicht verboten werden, wenn eine gewisse Verwechslungsmöglichkeit bleibt, so RGZ. 116, 209 (Stollwerk), vgl. Breit, JW. 1928, 321 (bestr.); s. ferner RG. Warn. 1928 Nr. 49.

[5] Z. B. „Hoff" in „Hoffs Malzextrakt", s. RG. in MuW. 11, 83, vgl. Rosenthal, UWG.[6], § 16, Anm. 27.

[6] Vgl. RGZ. 22, 58 (Faber); 114, 90 (Neuerburg); JW. 1906, 774 (Röderer); MuW. 8, 105 (Marie Mumm). S. oben § 14 (S. 22 Anm. 1) und unten § 20.

die Firma also, wie z. B. bei einer GmbH., auch in anderer Weise gebildet werden konnte, vgl. WZG. § 13[1].

Aber das Verbietungsrecht aus HGB. § 37 II kommt nicht nur bei Rechtsverletzungen in Frage, bei denen es sich um geschäftliche Interessen handelt. Auch ein Nichtkaufmann kann einen solchen Anspruch geltend machen, wenn der unbefugte Firmengebrauch sein Namensrecht verletzt, BGB. § 12. Wenn z. B. Arndt sein Geschäft ohne Firma an Bauer veräußert hat, so kann, wenn dieser gleichwohl den Namen Arndt in seiner Firma benutzt, auch irgendein anderer Träger dieses Familiennamens auf Unterlassung klagen[2].

b) Das Unternehmen.

§ 17. Handelsgeschäft und Niederlassung.

Literatur: R. Isay, Das Recht am Unternehmen (1910); Pisko, Das Unternehmen als Gegenstand des Rechtsverkehrs (1907), sowie in Ehrenbergs Handb. II, 195ff.; Oppikofer, Das Unternehmensrecht (1927); Dicksee, Goodwill; Cendrier, Le fonds de commerce; Denzler, Die Stellung der Filiale im internen und internationalen Privatrecht (1902), K. Neumeyer, Internationales Verwaltungsrecht II, 188ff.: Zweigniederlassungen ausländischer Unternehmungen; Silberschmidt, ZHR. 82, 277ff.

a) Das Handelsgeschäft oder Unternehmen des Kaufmanns ist die zu einer geschäftlichen Organisation gestaltete Einheit von Sachen, Rechten und tatsächlichen Beziehungen, mittels deren jener sein Erwerbsziel in Umsatz, Produktion oder sonstiger handelsgewerblicher Tätigkeit verfolgt[3]. Außer den Einzelwerten, wie Grundstücken, Warenlager, Maschinen, Patenten, Firmenrecht usw.[4], gehört dazu insbesondere die „Kundschaft“, d. i. die gesicherte Absatzgelegenheit (sog. Chancen, goodwill). Gibt es doch sogar Handelsgewerbe, in denen die Kundschaft oder die Organisation alles ist, während Sachgüter nur eine untergeordnete Rolle spielen, und die doch einen hohen „Geschäftswert“ haben können, z. B. ein Agenturgeschäft oder ein Zeitungsverlag.

Das Unternehmen ist nur eine ökonomische, nicht eine rechtliche Einheit. Insbesondere stellt das Unternehmen eines Einzelkaufmanns nicht ein Sondervermögen dar, das ein von seinem Privatvermögen verschiedenes rechtliches Schicksal hätte. Seine Geschäftsgläubiger können sich an sein Privatvermögen ebenso halten, wie seine Privatgläubiger an sein Geschäftsvermögen; sein Konkurs ergreift beides ohne Sonderung; seine Bilanz muß auch den Stand seines Privatvermögens ersichtlich machen[5]. Indessen ist das Unternehmen als Ganzes doch in

---

[1] Ist z. B. für A. & Co. das Zeichen „Meteor“ für Motorräder geschützt, so kann A. & Co., der von einem jüngeren Unternehmer gewählten Firma: „Automobilfabrik Meteor G. m. b. H.“ widersprechen, vgl. RG. in Warn. 1920, Nr. 55 (Gillette). Ebenso steht umgekehrt einem Firmeninhaber ein Löschungsanspruch zu, wenn das Schlagwort seiner Firma für das jüngere Warenzeichen eines anderen verwendet werden sollte. RG. in Warn. 1914, Nr. 105 (Benedictiner), JW. 1927, 653 (Salvator); RGZ. 117, 215; RGStr. 30, 13; unten S. 29 Anm. 1.

[2] Vgl. RGZ. 29, 125; 56, 190; 100, 182. Olshausen, Das Verhältnis des Namenrechts zum Firmenrecht (1900).

[3] Über die verschiedenen Formen der Zusammenfassung von Unternehmungen s. unten § 62. Hier, in § 17ff., ist zunächst nur an das Einzelunternehmen als selbständigen Wirtschaftskörper zu denken, wobei der Unternehmer entweder ein Einzelkaufmann oder irgendeine Handelsgesellschaft sein kann.

[4] Die Vorschriften, die in BGB. § 98 Ziff. 1, 314 über das Zubehör gewerblicher Grundstücke aufgestellt sind, sind auf das Zubehör eines Unternehmens entsprechend erweitert anzuwenden. Vgl. Oppikofer S. 119ff.

[5] S. unten § 21. Bei den Handelsgesellschaften hat zwar das Geschäftsvermögen rechtliche Selbständigkeit als gesamthänderisches Sondervermögen der Gesellschafter oder als Vermögen der juristischen Person. Unternehmen und Geschäftsvermögen sind aber nicht gleichbedeutend, das letztere vielmehr der weitere Begriff; denn zum Geschäftsvermögen gehört auch das dem Geschäft gewidmete Geldkapital des Unternehmers, das bei einer Veräußerung des Handelsgeschäfts nicht mitveräußert wird.

zahlreichen wichtigen Beziehungen rechtlich von Bedeutung. Es kann insbesondere Rechtsobjekt obligatorischer Gesamtvorgänge, vor allem, wie schon unter § 15 angeführt, einer Veräußerung oder Verpachtung sein[1]. Es genießt ferner nach besonderen Vorschriften Rechtsschutz gegenüber unlauterem Wettbewerb, und ein eingerichteter Gewerbebetrieb stellt auch nach allgemeinen Grundsätzen ein gegen rechtswidrige Eingriffe Dritter geschütztes Rechtsgut des Unternehmers dar (BGB. § 823 I).

b) An dem Orte, an dem das Handelsgeschäft geführt wird und der vielleicht ein anderer als der persönliche Wohnsitz des Kaufmanns ist, befindet sich dessen Handelsdomizil: die Handelsniederlassung, § 29. Hier ist der Erfüllungsort der Geschäftsschulden, hier ein Gerichtsstand für alle auf den Geschäftsbetrieb bezüglichen, gegen den Inhaber gerichteten Klagen, hier die Zuständigkeit für das Konkursverfahren begründet, BGB. § 269, ZPO. § 21, KO. § 71.

Ein Unternehmen kann mehrere Niederlassungen haben: eine Hauptniederlassung und eine oder mehrere Zweigniederlassungen (Filialen), und zwar entweder an verschiedenen Orten oder auch innerhalb der gleichen Stadt. Aber nicht jede gesonderte Verkaufs- oder Betriebsstelle ist eine Zweigniederlassung. Als solche sind vielmehr nur solche Niederlassungen anzusehen, die, unter einer im Inneren selbständigen Leitung, in Einkauf, Verkauf, Produktion usw. das ganze Handelsgewerbe der Hauptniederlassung ausüben, die also, ihrer geschäftlichen Betätigung nach, als selbständige Unternehmen bestehen könnten, wenn sie auch im Gesamtunternehmen nur eines von mehreren Gliedern darstellen. Dies zeigt sich äußerlich darin, daß zwar eine einheitliche Firma besteht (die Zweigniederlassung hat die Firma der Hauptniederlassung), daß die Firma für die Zweigniederlassung aber mit einem besonderen Zusatz versehen werden kann, der sie als Zweigniederlassung kenntlich macht (z. B. Stuttgarter Bank A.G. Filiale Ulm vormals Herrel & Co.)[2]. Wenn es die lokale Verschiedenheit erfordert, muß ein solcher Zusatz gewählt werden, § 30 III. Besteht eine besondere Filialfirma, so ist die Erteilung einer auf die Zweigniederlassung beschränkten Prokura (Filialprokura) möglich, §§ 50, 126. Die Eintragungen zum Handelsregister haben stets sowohl bei dem der Haupt-, wie bei dem jeder Zweigniederlassung zu erfolgen, §§ 13, 15, s. a. §§ 201, 286[3]. Über die Eintragung inländischer Filialen ausländischer Unternehmungen s. § 13 III.

Betreibt ein Kaufmann mehrere selbständige Unternehmungen nebeneinander z. B. ein Bergwerk und eine Maschinenfabrik, so kann er für jede derselben, innerhalb der in §§ 14, 15 dargelegten Schranken, eine besondere Firma wählen, vgl. § 50 III 1. Rechtlich sind solche Unternehmungen aber wiederum nicht selbständige Subjekte oder Vermögensmassen. Ganz wie dies bei Haupt- und Zweignieder-

---

[1] Gegenstand dinglicher Rechte oder Rechtsvorgänge kann das Unternehmen als solches nicht sein. Insbesondere gibt es nicht eine Zwangsvollstreckung (Pfändung) des Unternehmens, RGZ. 95, 235. Anders nach österr. ExekutionsO. § 341—344 (Exekution auf gewerbliche Unternehmungen und Handelsbetriebe durch Zwangsverwaltung und Pachtung). Das französische Recht kennt eine Verpfändung des fonds de commerce (Ges. v. 17. 3. 1909, Art. 8ff.) durch Registereintrag. Die Vorschläge zur Einführung eines Registerpfandrechts in Deutschland haben noch zu keinem Ergebnis geführt; vgl. Maurer, ZHR. 89, 163; Friedländer, Eckhardt, ZBH. 1, 99, 253. — Über die steuerliche Bewertung des gewerblichen „Betriebsvermögens" s. RBewertungsGes. §§ 26—33.

[2] Die Eintragung einer besonderen Filialfirma wird neuestens auch dann zugelassen, wenn es sich um eine am Ort der Hauptniederlassung bestehende Zweigniederlassung handelt, KG. in JW. 1929, 671. — Auch eine Handelsgesellschaft (z. B. eine G. m. b. H.) darf für ihre Zweigniederlassungen keine besonderen Firmen, sondern nur ihre Hauptfirma in reiner Form oder mit einem die Filialnatur deutlich bezeichnenden Zusatze führen, so RGZ. 113, 213 (das. die Gegenmeinungen). — Besteht eine besondere Filialfirma, so kann der die Zweigniederlassung bildende Teil des Unternehmens mit dieser Firma durch Veräußerung abgetrennt werden, RGZ. 77, 60.

[3] Über die Frage, inwieweit hierbei dem Zweigregistergericht ein selbständiges Prüfungsrecht auch bezüglich der im Hauptregister bereits eingetragenen Tatsachen zusteht, vgl. Staub-Bondi § 13 Anm. 8.

lassungen der Fall, ist der Inhaber allein Subjekt aller mit ihnen zusammenhängenden rechtlichen Beziehungen[1].

§ 18. Veräußerung des Handelsgeschäfts. Schuldenhaftung.

Literatur: Domke, Die Veräußerung von Handelsgeschäften.

Bei einer Veräußerung des Unternehmens kann es sich um Verträge sehr verschiedener Art handeln: um einen Verkauf, um ein Einbringen des Unternehmens in eine Gesellschaft, um die Übergabe an den Sohn als Ausstattung u. dgl. mehr. Stets bildet das Unternehmen den einheitlichen Gegenstand des schuldrechtlichen Veräußerungsvertrags, während die dingliche Übertragung auf den Erwerber sich nur durch Übereignung der einzelnen, nach Vertrag und Handelsbrauch in die Veräußerung fallenden Werte vollziehen kann. Was der Veräußerer insbesondere zu tun hat, um dem Erwerber die „Kundschaft" zu übertragen und inwieweit er sich hierwegen in seiner eigenen gewerblichen Tätigkeit fernerhin Beschränkungen auferlegen muß, beurteilt sich, wenn nicht ein besonderes Wettbewerbsverbot vereinbart wird, den Umständen des Falles entsprechend, nach Treu und Glauben[2]. Im übrigen unterliegen die Rechtsfolgen den Vorschriften des BGB. über den Kauf, die, obgleich hier nicht eine Sache oder ein Recht verkauft ist (§ 433), doch entsprechend anzuwenden sind[3].

Das HGB. regelt, seiner verkehrsmäßigen Einstellung nach außen entsprechend, von den bei der Veräußerung eines Handelsgeschäftes auftauchenden Fragen nur die eine: welche Wirkung die Veräußerung des Geschäfts auf die Aktiva und Passiva, d. h. die im Zeitpunkt der Veräußerung vorhandenen Geschäftsforderungen und Geschäftsschulden, den Schuldnern oder den Gläubigern gegenüber ausübt. Es beantwortet diese Frage im Zusammenhang mit dem Firmenrecht, also verschieden, je nachdem die Firma fortgeführt wird oder nicht, §§ 25, 26. Führt der Erwerber das Geschäft mit der Firma fort, so haftet er für die geschäftlichen Verbindlichkeiten des bisherigen Inhabers, und zwar persönlich, nicht etwa bloß mit den übernommenen Werten. Dies gilt nicht bloß für Geldschulden, sondern für alle im Betrieb des Geschäfts begründeten Verbindlichkeiten, z. B. die Bindung aus Kartellverträgen. Diese Haftung des Erwerbers ist ganz unabhängig davon, ob der Übergang der Passiva unter den Parteien selbst vereinbart und ob dem Erwerber die Fortführung der Firma vom Veräußerer gestattet wurde oder nicht. Sie tritt den Geschäftsgläubigern gegenüber lediglich als Wirkung der Außentatsache ein, daß der Erwerber das Geschäft unter der alten Firma fortführt, mag er auch einen Nachfolgerzusatz beifügen[4]. Seine Haftung entfällt nur dann, wenn der Nichtübergang der Passiva rechtzeitig in das Handelsregister eingetragen und bekanntgemacht oder aber von einem der Beteiligten dem Gläubiger besonders mitgeteilt wurde[5]. Von selbst versteht sich, daß neben dem nach § 25 I haftenden Erwerber auch der bisherige Geschäftsinhaber Schuldner bleibt, und zwar für alle bei der Geschäfts-

---

[1] Vgl. ROHG. 15, 176; 20, 34; RGZ. 116, 284. — Eine Handelsgesellschaft, die mehrere Unternehmungen betreibt, hat die Möglichkeit einer Firmenmehrheit nicht, da für sie die Firma die einzige persönliche Bezeichnung bildet; vgl. RGZ. 85, 399. Doch können die gleichen Personen unter sich mehrere Gesellschaften bilden, s. RGZ. 16, 16.

[2] Vgl. RGZ. 117, 176 (vgl. auch 96, 171).

[3] So sind namentlich in der Frage der Mängelhaftung des Verkäufers die Grundsätze der §§ 459ff., 477 BGB. über Sachmängelhaftung entsprechend anzuwenden. RGZ. 67, 86; 63, 57. Vgl. Staub-Koenige III vor § 373 Anm. 3.

[4] Durch geringfügige Änderungen des Firmenwortlauts, die die Identität für die normale Verkehrsauffassung nicht aufheben, kann die Haftung nach § 25 nicht abgewendet werden, RGZ. 113, 307.

[5] Eintragung und Bekanntmachung (und zwar beide) müssen nicht gerade schon bei Beginn der Fortführung des Geschäfts, aber doch im unmittelbaren Anschluß daran geschehen sein, wenn nicht die strenge Folge des § 25 eintreten soll, vgl. RGZ. 75, 139.

übernahme bestehenden, nicht bloß für die in diesem Zeitpunkt bereits fälligen Verbindlichkeiten. Doch läuft zu seinen Gunsten von der Eintragung an eine fünfjährige Verjährung, § 26. Führt der Erwerber die Firma nicht weiter — weder unverändert noch in einer Nachfolgeform —, so kann gleichwohl seine Haftung für die Passiva speziell handelsrechtlich dadurch begründet werden, daß er die Übernahme der Verbindlichkeiten in handelsüblicher Weise, durch Zirkular oder dergleichen, bekanntgemacht hat, § 25 III.

Auch die Geschäftsforderungen gelten, den Schuldnern gegenüber, als auf den Erwerber des Unternehmens übergegangen, wenn er die Firma vorbehaltlos fortführt. Doch tritt diese, dem Veräußerer nachteilige Wirkung nur dann ein, wenn er in die Fortführung der Firma ausdrücklich oder stillschweigend eingewilligt hat. Ist dies der Fall, so ist der Firmenübernehmer nunmehr allein Gläubiger des Geschäftsschuldners, wie er dies im Falle einer wirklich vollzogenen Abtretung wäre. Ist jene Einwilligung aber nicht erteilt, so nützt dem Schuldner sein guter Glaube an die Legitimation des Erwerbers nichts, 25 I; s. aber auch hier § 25 II.

Führen nach dem Tode des Unternehmers dessen Erbe oder Erben das Handelsgeschäft unter der bisherigen Firma weiter, so haften sie ebenfalls für die Geschäftsschulden persönlich, also ohne die Möglichkeit erbrechtlicher Haftungsbeschränkung. Doch entfällt diese Wirkung, wenn sie das Geschäft binnen drei Monaten wieder einstellen, oder wenn die Ausschließung der handelsrechtlichen Haftung rechtzeitig zum Handelsregister eingetragen oder sonst bekanntgegeben wird, § 27 i. Verb. mit § 25 II[1].

Über den Eintritt eines Gesellschafters in ein bestehendes Handelsgeschäft, § 28 s. unten S. 59.

§ 19. Warenzeichen.

Literatur: Jos. Kohler, Warenzeichenrecht (1910); Alb. Osterrieth, Lehrbuch des gewerblichen Rechtsschutzes (1908). — Elster, Gewerbl. Rechtsschutz² (1929). — Kommentare zum WZG.: Hagens (1927); Seligsohn³ (1925); Freund-Magnus⁶ (1924); Pinzger-Heinemann (1926); Busse (1927). — Ulmer, Warenzeichen und Wettbewerb (1929). — Haensel, Eintragbarkeit von Warenzeichen (1912). — Alexander-Katz, Das Patent- und Markenrecht aller Kulturländer². Edwin Katz, Weltmarkenrecht (1926). — Zeitschriften: Markenschutz und Wettbewerb (MuW.), hrsg. v. M. Wassermann; Gewerblicher Rechtsschutz und Urheberrecht, Zeitschr. des Vereins für den Schutz des gewerblichen Eigentums. (Amtliches) Blatt für Patent-, Muster- und Zeichenwesen, hrsg. v. Reichs-Patentamt. — Ebermayer in Stengleins Strafrechtl. Nebengesetze⁵ II Ziff. 9 (1907).

Eine bedeutsame Aufgabe im Rechtsschutz zahlreicher kaufmännischer oder sonstiger gewerblicher Unternehmen kommt dem Recht des Marken- oder Zeichenschutzes zu[2]. Während viele Warengattungen sozusagen anonym in den Handel gehen, werden andere vom Produzenten oder Großhändler mit einem Herkunftszeichen versehen, das sie dauernd als aus seinem Geschäftsbetrieb stammend erkennen läßt und von anderen Waren unterscheidet, auch noch in der Hand des Zwischenhändlers und des Kleinverkäufers. Da für den Käufer das Vertrauen auf die Herkunft der Ware vielfach an die Stelle der ihm oft nicht ohne weiteres möglichen Qualitätsprüfung tritt, werden Warenzeichen namentlich bei solchen Warengattungen verwendet, bei denen starke, aber äußerlich schwer erkennbare Qualitätsunterschiede bestehen. Eine eingeführte Warenbezeichnung ist daher für den Erzeuger ein sehr wirksames Konkurrenzmittel[3].

---

[1] S. a. Stegemann, Die Vererbung eines Handelsgeschäfts; Bondi, Der Testamentsvollstrecker des Kaufmanns, ZBH. 1, 308.

[2] Österreich: Gesetz betr. den Markenschutz vom 6. 1. 1890; Em. Adler, System des Österreichischen Markenrechts. — Frankreich: Loi sur les marques de fabrique et de commerce, 1857. England: Trade Mark Act, 1905.

[3] Die Marke ermöglicht auch dem Erzeuger, den Kleinverkaufspreis seinerseits zu bestimmen und bis in die Hand des Detaillisten hinein dauernd zu kontrollieren. Daher nehmen „Markenartikel" (vgl. RGZ. 120, 47: Markenschutzverband) im Verkehr eine ganz besondere Stellung ein.

Den besonderen Rechtsschutz gegen Nachahmung und Mißbrauch von Warenzeichen gewährte zuerst das Gesetz über den Markenschutz (1874), heute das Gesetz zum Schutz der Warenbezeichnungen, WZG. von 1894, in der Fassung vom 7. 12. 1923. Das Warenzeichenrecht ist ein Teil des sog. gewerblichen Rechtsschutzes (propriété industrielle), ein Immaterialgüterrecht absoluter Natur[1]. Während es sich aber beim Patentrecht und Gebrauchsmusterschutz um eine technische Eigenschaft oder Gestaltung der Ware, beim Geschmacksmusterschutz um deren ästhetische Form handelt, hat der Markenschutz überhaupt nichts mit der sachlichen Beschaffenheit der Ware als solcher zu tun, sondern nur mit deren Beziehung zu einem bestimmten Geschäftsbetrieb, die durch ein äußeres Zeichen angezeigt werden soll[2].

Zu einer solchen Bezeichnung seiner Waren stehen jedem Gewerbetreibenden zunächst sein Name und seine Firma zur Verfügung, die in der Tat häufig an Waren angebracht werden. In Ergänzung der allgemeinen Schutznormen des Namens- und Firmenrechts gewährt WZG. § 14 durch Schadensersatz- und Strafnormen einen spezifischen Schutz gegen deren mißbräuchliche Verwendung durch Dritte auf Waren, Preislisten, Geschäftsbriefen u. dgl.[3], s. a. UWG. § 16.

Aber diese Art der Warenbezeichnung ist weder überall möglich, noch überall ausreichend. Vielfach kommt es weniger darauf an, den Lieferanten ausdrücklich namhaft zu machen, als die Ware selbst mit einem eigenartig geformten besonderen Warennamen oder sonstigem Unterscheidungsmerkmal (Adalin; Pfeilringfigur) zu versehen, die sich leicht einprägen und ein deutliches Erinnerungsbild hinterlassen, welches die Wiedererkennung der gleichen Ware für die Zukunft verbürgt. Dies sind die eigentlichen Warenzeichen oder Marken. Jeder Kaufmann oder sonstige Gewerbetreibende kann ein oder mehrere Warenzeichen in seinem Geschäftsbetrieb zur Unterscheidung seiner Waren von den Waren Anderer verwenden. Das ausschließliche Zeichenrecht wird durch Eintragung in die beim Patentamt für das ganze Reich einheitlich geführte Zeichenrolle erworben, §§ 1, 12. Diese Eintragung erfolgt auf Grund der Anmeldung nach einer Vorprüfung, aber ohne das (bei Patenten vorgeschriebene) Aufgebotsverfahren, § 4ff.; über das Verfahren s. § 10, sowie VO. vom 9. 3. 1917, über die Veröffentlichung der Eintragungen (und Löschungen) im Warenzeichenblatt s. § 3 II. Das Zeichenrecht gilt zunächst für 10 Jahre, kann aber um die gleiche Frist beliebig oft erneuert werden, also immerwährende Dauer haben (während ein Patent nicht über 18 Jahre bestehen kann), § 8 I, s. a. § 4 III.

Das Warenzeichen ist, als ein Merkmal für die persönliche Beziehung des Berechtigten zu seiner Ware, recht eigentlich als ein Bestandteil seines Unternehmens gestaltet. Es wird nur für einen bestimmten Geschäftsbetrieb geschützt und kann nur mit ihm vererbt und veräußert werden, §§ 2, 7; wird der Betrieb eingestellt, so

---

Preisschleuderei von Markenartikeln (d. h. Verkauf derselben unter dem festgesetzten Preise) kann, auch wenn die Ware aus dem Zwischenhandel erworben ist, so daß eine vertragliche Bindung des Detaillisten gegenüber dem Erzeuger selbst nicht besteht, unter das Verbot von UWG. § 1 fallen, RGZ. 88, 9. — Bücher sind Markenartikel kraft gesetzlichen Zwanges, da sie nach RPreßG. § 6 Firma und Name des Verlegers angeben müssen.

[1] Die neuere Rechtsprechung läßt aber den absoluten Schutz des gewerblichen Sonderrechts in Grenzfällen als mehr formal zurücktreten, wenn er sich mit den allgemeinen Normen des Wettbewerbsrechts (UWG. § 1, BGB § 826) in Widerspruch setzen würde (Kritisches in der oben genannten Schrift von Ulmer). So kann, obgleich das absolute Schutzrecht des WZG. nur durch Eintragung konstitutiv entsteht, doch auch ein nicht eingetragenes Zeichen relativen Schutz gegenüber einem Dritten genießen, wenn dieser durch die Verwendung des Zeichens sittenwidrig handelt, und dies sogar dann, wenn der Dritte die Eintragung für sich erlangte, vgl. RGZ. 106, 253. Ferner kann sich nach Erlöschen des formalen Zeichenrechts durch Zeitablauf nach allgemeinen Normen ein Verbietungsrecht gegenüber der Aneignung des Zeichens durch Dritte (auch nach Ablauf der zweijährigen Sperrfrist des § 4 III) ergeben, RGZ. 120, 95.

[2] Auch ist das Warenzeichenrecht nicht, wie das Patentrecht, ein „selbständiges" Vermögensrecht, da es nicht frei veräußerlich ist, sondern (ähnlich wie das Firmenrecht) nur mit dem Geschäftsbetrieb selbst übertragen werden kann, § 7, s. S. 30 Anm. 1.

[3] Z. B. „nach System Lahmann", RGSt. 29, 331.

steht jedem Dritten eine Popularklage auf Löschung des Zeichens zu, § 9 I Ziff. 2[1]. Trotzdem gilt das Zeichenrecht nicht für den Betrieb als solchen (keine sog. Firmenmarke); es wird vielmehr nur für bestimmte Warengattungen gewährt, die bei der Anmeldung und Eintragung zu benennen sind, §§ 1, 2, 12. Die Eintragung des Wortzeichens „Falke" für Motorräder des A hindert den B nicht, seine Ferngläser ebenso zu markieren. Das Patentamt hat eine Warenklasseneinteilung mit 41 Klassen und Unterklassen aufgestellt; die Anmeldung kann für mehrere Klassen erfolgen. — Auf Anmeldung von seiten rechtsfähiger gewerblicher Verbände, von (z. B. weinbauenden) Gemeinden oder sonstigen juristischen Personen des öffentlichen Rechts können Verbandsmarken zur ausschließlichen Verwendung ihrer Mitglieder eingetragen werden (z. B. Württembergische Landesbuttermarke), § 24 a—h[2].

Ein Warenzeichen kann, seinem Sinne nach, entweder Fabrikmarke oder Handelsmarke sein, jenes, wenn z. B. ein Fabrikant von Seife seine Produkte, dieses, wenn z. B. ein Einfuhrhändler von Tee seine Ware damit versieht. Seiner Gestalt nach kann ein Warenzeichen entweder Bildzeichen oder Wortzeichen oder ein aus Figuren und Wörtern zusammengesetztes Kombinationszeichen sein[3]. Die Zulässigkeit des einzelnen Warenzeichens sodann hängt im wesentlichen von vier Voraussetzungen ab: es muß individuell bezeichnend, es darf nicht anstößig, es darf nicht täuschend und es darf nicht mit älteren Zeichen des gleichen Warengebiets verwechselbar sein.

Nicht für den Einzelnen schützbar sind demgemäß zunächst Freizeichen, die bereits für die fragliche Warengattung in allgemeiner Benützung stehen, sowie Staatswappen u. dgl., § 4, vgl. auch § 16[4]. Ebensowenig, weil nicht individualisierend, Zeichen, die ausschließlich aus Zahlen oder Buchstaben gebildet sind; nur als Bestandteile figürlicher Zeichen können einzelne Zahlen oder Buchstaben verwendet werden. Insbesondere aber, und dies ist für das ganze Rechtsgebiet charakteristisch, dürfen die zu einem angemeldeten Warenzeichen verwendeten Wörter nicht ausschließlich sachliche Angaben über die Ware, deren Beschaffenheit, Herstellungsort', Preisverhältnisse u. dgl. enthalten, § 4 Ziff. 1 und 2[5]. Es würden sonst Gattungsbezeichnungen, die allen zur Verfügung bleiben müssen, für einen allein monopolisiert, während das Zeichen nur zur Unterscheidung innerhalb der nicht monopolisierten Gattung dienen soll. So wären z. B. für einen Rasierapparat die Worte Selbstrasierer, Immerscharf oder New-York als Warenzeichen nicht zulässig. Positiv ergibt sich hieraus, daß als reines oder kombiniertes Wortzeichen nur ein solches zulässig ist, das entweder über eine individuelle Beziehung der Ware aussagt (Kathreiners Malzkaffee) oder ein bereits vorhandenes oder neu gebildetes Wort in eine nur in der Phantasie bestehende Beziehung zu der Ware bringt (Ramses; Aga)[6].

Die Eintragung ist zu versagen, wenn das Zeichen eine ärgerniserregende Darstellung enthält, also unanständig oder sonstwie anstößig ist, berechtigte Empfindungen verletzt u. dgl. Weiterhin und vor allem aber, wenn die Angaben des Zeichens

[1] Vgl. RGZ. 120, 402, sowie JW. 1928, 2079 (Scheinveräußerung eines tatsächlich aufgehobenen Betriebs zwecks Übertragung des Warenzeichens).

[2] Vgl. Magnus, ZHR. 73, 179ff. Dagegen kann z. B. für einen Konzern keine Marke eingetragen werden.

[3] Das Markenschutzgesetz von 1874 kannte nur Bildzeichen; erst das WGZ. von 1894 brachte den Schutz der Wortmarke, die seither eine so außerordentliche Ausdehnung gefunden hat.

[4] Über die Uneintragbarkeit des Roten Kreuzes s. Ges. zum Schutze des Genfer Neutralitätszeichens v. 22. 3. 1902.

[5] Eine Abbildung der Ware selbst kann nicht als Warenzeichen eingetragen werden, RG. in JW. 1929, 1196.

[6] Indessen sind Zeichen, die sich bereits im Verkehr durchgesetzt haben, nach der Washingtoner Übereinkunft Art. 6 Ziff. 2 und RG. v. 31. 3. 1913 auch dann eintragbar, wenn sie nur aus Zahlen oder Buchstaben bestehen, oder eine Herkunfts- oder Beschaffenheitsangabe enthalten, so z. B. „4711" (RG. in JW. 1926, 2536; MuW. 27/28, 428ff.), „MAN", „Deutzer Motor", „Standard", s. Wassermann, ZBH. 4, 86.

ersichtlich den tatsächlichen Verhältnissen widersprechen und die Gefahr einer Täuschung begründen, § 4 Ziff. 3. Das Zeichenrecht soll dem redlichen Verkehr dienen, nicht zu Wahrheitswidrigkeiten mißbraucht werden. Daher sind Zeichen zurückzuweisen, welche in Bild oder Wort einen falschen Eindruck von Art und Eigenschaften der Waren erwecken (Himbeerzweig für Kunstsaft), und namentlich auch solche, die eine falsche Herkunftsangabe enthalten oder andeuten (die Münchener Frauentürme im Warenzeichen einer an anderem Platze betriebenen Brauerei); übrigens ist die Verwendung unrichtiger Herkunftsangaben auf Waren u. dgl. schon an sich unter Strafe gestellt § 16[1].

Um Kollisionen mit älteren Zeichenrechten zu vermeiden, hat zunächst das Patentamt eine neue Anmeldung demjenigen mitzuteilen, der ein übereinstimmendes Zeichen für dieselben oder für gleichartige Waren früher angemeldet hat[2]. Erhebt er keinen Widerspruch, so erfolgt die Eintragung; andernfalls entscheidet das Patentamt. Durch dieses Widerspruchsverfahren wird aber der Rechtsweg nicht verschlossen. Der abgewiesene Anmelder kann ebenso gegen den Widersprechenden auf Anerkennung des Eintragungsrechts klagen, wie jeder durch die vollzogene Eintragung in seinen Rechten verletzte Dritte auf Löschung klagen kann, vor allem jeder, wenn auch nicht eingetragene Vorbenutzer des gleichen Zeichens, §§ 5, 6, 9, s. auch 4 Ziff. 3[3]. Dabei steht, wie überhaupt im Zeichenrecht, der völligen Übereinstimmung eine solche Ähnlichkeit gleich, welche trotz der vorhandenen Abweichungen die Gefahr einer Verwechslung im Verkehr begründet, § 20[4]. In dieser praktisch überaus wichtigen Frage — denn unveränderte Nachbildungen fremder Zeichen sind ebenso selten, wie die Versuche von Verwechslungsmanövern mit irgendwie ähnlichen Zeichen häufig sind — ist auf die Wirkung zu sehen, welche beide Zeichen im gewöhnlichen Verkehr ausüben. Der Unterschied muß so auffällig sein, daß er auch einem durchschnittlichen Beschauer deutlich wird, der von dem alten Zeichen nur das Erinnerungsbild, aber kein gegenwärtiges Vergleichsexemplar besitzt und bei Prüfung der Identität nur die nicht eben große Aufmerksamkeit anwendet, die der Verkehr in solchen Fragen anzuwenden pflegt[5]. Ist freilich das ältere Zeichen selbst nur ein „schwaches", dem nach seiner Art und Verbreitung eine besondere Unterscheidsamkeit nicht oder nicht mehr zuzuerkennen ist, so wird sein Schutzumfang enger zu ziehen sein, als bei starken Zeichen von großer Wirksamkeit[6];

[1] Allerdings kann eine Ortsbezeichnung, wenn auch nur ausnahmsweise, aus einer Herkunftszur einfachen Gattungsbezeichnung geworden sein, § 16 II, UWG. § 5 III. Bei Weinen sind geographische Namen stets Herkunftsbezeichnung; Champagner, Cognak u. dgl. sind für deutsche Erzeugnisse unzulässig; vgl. Weingesetz vom 7. 4. 1909/1. 2. 1923, §§ 6—7a, 17, 18, Versailler Vertrag Art. 275.

[2] Die Ausdehnung des Schutzbereichs auf Waren, die mit den angemeldeten gleichartig sind, tritt kraft Gesetzes auch dann ein, wenn die Anmeldung für eine ganz speziell bezeichnete Warengattung erfolgt ist, RGZ. 122, 207. Gleichartig im Sinne der §§ 5, 9 I sind nicht nur solche Waren, die ihrer Art nach ähnlich sind, sondern auch solche, die mit einer gewissen Häufigkeit dem gleichen Geschäftsbetriebe entstammen oder in den gleichen Geschäften feilgeboten werden, weil dann im Verkehr durch die Gleichheit der Zeichen die Auffassung entstehen kann, daß die Waren aus der gleichen Quelle kommen (z. B. Sprechmaschinen und Musikinstrumente), vgl. RGZ. 60, 32; 74, 146; s. ferner RGZ. 118, 401 (Salamander).

[3] Über Vorbenutzung vgl. RGZ. 120, 325.

[4] Unzulässig z. B. „Aspirinersatz", RG. in JW. 1926, 47.

[5] Vgl. RGZ. 60, 154; 104, 315: Wortzeichen sind nach Bildwirkung, Klangwirkung und Sinn geschützt; 108, 1: Bildzeichen auch im dargestellten Motiv, vgl. RG. in JW. 1928, 342. Bild und Wortzeichen können, richtiger Ansicht nach, auch gegenseitig kollidieren: ist dem A. das Bild des Apollo von Belvedere für seine Schokolade geschützt, so kann B. nicht das Wort Apollo für seine Pralinen eintragen lassen. — Über das Verhältnis von „Phöbus" und „Apollo" vgl. Patentamt in MuW. 24, 140; s. ferner RGZ. 118, 201.

[6] Vgl. RGZ. 97, 302; 98, 225; JW. 1927, 1569. Eine Zigarrenmarke Viktoria wird kaum gegen eine zweite mit Vittorio geschützt sein. Dagegen hat das Patentamt bereits 33 mit Odol ähnliche Wortzeichen für Mundwässer abgewiesen, und dies, obgleich für den Inhaber des „Odol"-Zeichens noch 24 ähnlich klingende sog. Defensivzeichen eingetragen sind; vgl. MuW. 25, 254, Finger S. 22.

dies kann insbesondere bei sog. Vorratszeichen zutreffen, die überhaupt nicht in wirklichen Gebrauch genommen worden sind[1].

Die unbefugte Verwendung eines geschützten Zeichens durch Dritte — unverändert oder innerhalb des Schutzbereichs von § 20 — gibt, dem Wesen des absolut geschützten Rechts entsprechend, einen Unterlassungsanspruch auch dann, wenn der Dritte keine Kenntnis vom Bestehen des geschützten Zeichens hatte und zu haben brauchte[2]. Liegt aber ein grobes Verschulden vor, so besteht außerdem Schadensersatzpflicht. Bei wissentlichem Handeln ist die Zeichenverletzung strafbar, s. im einzelnen §§ 12—14, 18, 19[3]; das bisher nach § 14 II bestehende Antragserfordernis ist durch Gesetz vom 21. 3. 1925 aufgehoben.

Eintragbar ist nur ein an der Ware oder ihrer Umhüllung graphisch anzubringendes Zeichen, nicht dagegen die Gestalt der Ware selbst. Falls aber die äußere Ausstattung von Waren, Verpackungen oder sonstigen geschäftlichen Dingen eines Gewerbetreibenden innerhalb der beteiligten Verkehrskreise tatsächlich als Kennzeichnung seiner Waren gilt, so genießt er hierfür ohne weiteres den sog. Ausstattungsschutz gegen einen Dritten, der zum Zwecke der Täuschung die gleiche Ausstattung für gleichartige Waren verwendet, § 15. Man denke z. B. an eine besondere Automobil- oder Flaschenform, deren Bedeutung nicht in der Erhöhung der Brauchbarkeit, sondern in der auffallenden Unterscheidbarkeit liegt.

Der Markenschutz ist, weil durch die Staatsgewalt erteilt, seinem Wesen nach territorial beschränkt, das inländische Zeichen also an sich nicht gegen Nachbildung oder Verbreitung im Auslande geschützt[4]. Es ist aber klar, daß hierdurch die Interessen der Zeicheninhaber in einer weltwirtschaftlichen Epoche nicht befriedigt werden können. Daher besteht neben dem Zeichenrecht der einzelnen Länder seit lange ein besonders organisierter internationaler Schutz, an dessen Ausbau ständig weitergearbeitet wird. Fast sämtliche Staaten der Welt bilden einen „Verband zum Schutze des gewerblichen Eigentums“ (Union pour la protection de la propriété industrielle“); s. Pariser Verbandsübereinkunft (Unionsvertrag) vom 20. 3. 1883 und die Madrider Abkommen über die internationale Registrierung von Fabrik- und Handelsmarken, sowie über die Unterdrückung falscher Herkunftsangaben auf Waren von 1891, beide revidiert in Brüssel 1900, in Washington 1911, zuletzt im Haag 1925, ReichsGes. vom 31. 3. 1928[5]. Die Grundgedanken des internationalen Schutzes bestehen — vorbehaltlich zahlreicher, sehr ins einzelne gehender Einschränkungen und Modalitäten — in folgendem: jeder Angehörige eines Verbandsstaates kann regelmäßig in jedem anderen Verbandsstaate den vollen Schutz nach dem Rechte dieses Staates erlangen, Pariser Unionsvertrag Art. 2; außerdem aber soll eine im Ursprungslande vorschriftsmäßig eingetragene Marke regelmäßig auch

[1] An sich ist die Eintragung von Vorratszeichen, die der Anmelder sich für künftige Benutzung sichern will, sowie von Defensivzeichen, die er nicht benutzen, sondern mit denen er nur sein Hauptzeichen schützen will, im Umfange anerkennenswerten Interesses zulässig; s. RGZ. 69, 376; 108, 34; 112, 160; JW. 1926, 566; 1927, 108. Aber, wenn auch eine eigentliche Benutzungspflicht nicht besteht, so verliert das Zeichen doch durch langdauernde Nichtbenutzung an seiner Schutzkraft, insbesondere einem gutgläubigen Drittbenutzer gegenüber, vgl. RGZ. 111, 192, JW. 1927, 774; 1929, 1206; Hagens § 12 Anm. 5.

[2] Eine Einschränkung erfährt der Schutz von Warenzeichen insofern, als ein Dritter dadurch nicht gehindert werden darf, seinen Namen oder seine Firma oder sachliche Angaben auf seinen Waren anzubringen, § 13. Hat A das Wortzeichen „Neumond“, so kann er einem Träger dieses Namens die entsprechende Firma nicht verbieten. Indessen bleibt auch hier der Schutz gegen unlauteren Wettbewerb immer vorbehalten, vgl. oben S. 25 Anm. 1.

[3] Vgl. z. B. RGSt. 49, 86: Eingießen fremden Likörs in markierte Flasche. — Über die Verurteilung zu Buße (§ 18) s. RGSt. 60, 13.

[4] So jetzt RGZ. 118, 76, unter Aufgabe der früheren Praxis.

[5] Die jetzt gültige Fassung der Unionsverträge s. in RGBl. 1928 II S. 175ff. — Vgl. auch Versailler Vertrag Abschn. VII, „Gewerbliches Eigentum“, Art. 306—311 und Berner Abkommen vom 30. 6. 1920. — Der Weg bis zur Schaffung der wahren „Weltmarke“ ist hiernach noch weit genug.

in jedem anderen Verbandslande zur Hinterlegung zugelassen werden und damit in diesem Lande zusätzlich geschützt sein, ebenda Art. 6—10; sie kann aber regelmäßig auch bei dem Internationalen Büro zum Schutze des gewerblichen Eigentums in Bern hinterlegt werden und dadurch die zusätzliche Anerkennung als international geschützte Marke erlangen, Madrider Abkommen, Art. 1ff.

§ 20. Unlauterer Wettbewerb.

Literatur: Pisko in Ehrenbergs Handb. II, 423ff. (1914); Jos. Kohler, Der unlautere Wettbewerb (1914); Lobe, Die Bekämpfung des unlauteren Wettbewerbs (1907). — Kommentare zum UWG.: Alfr. Rosenthal[7] (1928); Becher (1928); Baumbach (1929); Pinner-Elster[8] (1927); Callmann (1929); Ebermayer in Stengleins Strafr. Nebengesetzen[5] II Ziff. 8 (1927); Goldbaum (1926); Wassermann[2] (1911). Zeitschriften s. zu § 19.

Das Gesetz gegen den unlauteren Wettbewerb vom 7. 6. 1909 (früher 1896)[1] bezweckt den Schutz gewerblicher Unternehmungen gegen unzulässige Auswüchse des Konkurrenzkampfes[2]. Diese, die redlichen Mitbewerber, sollen hier geschützt werden, nicht etwa die Abnehmer. Denn, wenngleich unlautere Konkurrenzmanöver tatsächlich oft auch zum Schaden des Publikums ausschlagen, so ist dies doch nicht immer so und jedenfalls für die Normen des UWG. nicht der maßgebende Gesichtspunkt. Betrügerisches Gebaren Gewerbetreibender gegenüber ihren Abnehmern untersteht den allgemeinen Normen über Betrug, Nahrungsmittelfälschung und dgl. m.; wird aber der Kunde durch unwahre Reklame des X (§ 3) oder dgl. nur verlockt, eine Ware, die er anderswo ebenso bekäme, bei X statt bei dessen Konkurrenz zu kaufen, so ist offensichtlich nur die Konkurrenz, aber nicht der Kunde geschädigt. Das Wettbewerbsrecht ist weiterhin zu scheiden von gewerbepolizeilichen Vorschriften, durch die gewisse Handlungen, welche im Wettbewerb eine Rolle spielen können, ganz allgemein verboten werden, wie z. B. das Aufsuchen von Privaten durch Reisende, GewO. § 44[3]. Die Gewerbetreibenden selbst aber sollen durch das UWG. nicht gegen die Konkurrenz als solche, sondern nur gegen die illoyale Konkurrenz geschützt werden, und zwar richtet sich das UWG. immer nur gegen das einzelne unlautere Konkurrenzmittel, die einzelne unzulässige Wettbewerbshandlung, kann aber niemals zum Verbot eines Geschäftsbetriebs schlechthin führen[4].

Während das Warenzeichen- und Firmenrecht positive und absolute Herrschafts- und Ausschließungsrechte an konkreten Rechtsgütern verleiht und Ansprüche gegen Dritte nur als Reaktion bei Verletzung dieser Rechtsgüter entstehen läßt, handelt es sich im Wettbewerbsrecht primär um Abwehrbefugnisse „gegen" Dritte, also um relative, dem Wesen von Deliktsnormen entsprechende Schutzmöglichkeiten im Kampfe gegen Unrecht oder doch gegen Unlauterkeit. Daraus erklärt sich der weit schmiegsamere Charakter der wettbewerbsrechtlichen Normen. Zugleich aber zeigt sich die tiefere Verwurzelung des Wettbewerbsrechts in allgemeinen

---

[1] Über internationalen Schutz gegen „concurrence déloyale" s. Art. 10 bis der Rev. Pariser Verbandsübereinkunft (vorige Anm.). — Österreich: Gesetz gegen den unlauteren Wettbewerb vom 26. 9. 1923; hierzu: Weinmann-Walden (1927).

[2] Auf das UWG. kann sich nicht bloß der kaufmännische oder sonstige geschäftliche Unternehmer, sondern z. B. auch die Rechtsanwaltschaft berufen (gegenüber Nichtanwälten, die sich rechtsanwaltähnliche Bezeichnungen zulegen) s. RGZ. 99, 191; 105, 379; s. a. JW. 1926, 562. Artisten s. RGZ. 101, 226.

[3] Wenn in UWG. § 6—10 Vorschriften gegen den Ausverkaufsunfug als solchen gegeben und nach § 11 zur Verhinderung von Quantitätsverschleierungen die Einhaltung bestimmter Maßeinheiten für den Einzelverkehr (z. B. in Garnen) vorgesehen werden kann, so gehören diese Dinge zwar ihrem Wesen nach ebenfalls in das Gewerbepolizeirecht, enthalten aber insofern auch Wettbewerbsrecht, als hier ein Klagrecht der Konkurrenten gegeben ist, s. § 13. Über die Abgrenzung der an sich zulässigen Saison- und Inventurausverkäufe (§ 9 II) s. RGZ. 117, 276. Vgl. auch RGSt. 45, 46 (Ausfüllung einer Gesetzeslücke).

[4] S. RGZ. 117, 318.

Rechtsgedanken. Die neuere Praxis folgert hieraus in Konfliktsfällen ein gewisses Übergewicht des Wettbewerbsrechts über jene absoluten Berechtigungen und schränkt deren formale Ergebnisse vielfach durch den in UWG. § 1 ausgesprochenen Rechtsgrundsatz ein[1].

Das UWG. richtete sich zunächst (1896) nur gegen einzelne, bestimmt umschriebene Tatbestände. Dagegen hat das UWG. von 1909 nicht nur diese Tatbestände weiter ausgebaut, sondern den allgemeinen Grundsatz an die Spitze gestellt, daß auf Unterlassung und Schadensersatz in Anspruch genommen werden kann, wer im geschäftlichen Verkehr zu Zwecken des Wettbewerbs Handlungen vornimmt, die gegen die guten Sitten verstoßen. Mit diesem, auf BGB. § 826 zurückgehenden Satz des § 1 ist der Rechtsgedanke ausgesprochen, der dem ganzen Wettbewerbsrecht zugrunde liegt. Die Rechtsprechung könnte vielleicht mit diesem Satz allein zu ausreichenden Ergebnissen gelangen. Da das Gesetz aber, aus immerhin triftigen Gründen, in § 3ff. auch jene Einzelnormen beibehalten hat, tritt die praktische Bedeutung der Generalklausel des § 1 deutlicher hervor, wenn die Darstellung, wie dies im folgenden geschieht, sich zuerst den Einzeltatbeständen des UWG. zuwendet.

Diese Einzeltatbestände, an welche sich außer Unterlassungs- und Schadensersatzansprüchen zum Teil auch strenge Strafdrohungen knüpfen, zerfallen in zwei Gruppen, je nach der Richtung, die der unzulässige Konkurrenzakt hat. In der einen Gruppe handelt es sich um unlautere Machenschaften, durch die der Handelnde sich vor der Konkurrenz im allgemeinen in Vorteil setzen will, in der zweiten um solche, die sich gegen bestimmte einzelne Konkurrenten richten. Jene ersten Tatbestände sind: unwahre Reklame, Angestelltenbestechung, §§ 3—13. Die Tatbestände der zweiten Art zerfallen wieder in direkte Angriffshandlungen gegen einen Konkurrenten: Anschwärzung, §§ 14, 15, und in unlautere Versuche des Einschleichens in die von dem Anderen erlangte Wettbewerbsposition: Verwechslungsmanöver, Verrat (Mißbrauch) von Geschäftsgeheimnissen, §§ 16—20. Bei diesen individuellen Schädigungen ist der verletzte Einzelne allein anspruchsberechtigt. In jener ersten Gruppe dagegen stehen Unterlassungsanspruch und Strafantragsrecht, nach Art der Popularklage, jedem Gewerbetreibenden gleicher oder verwandter Art, außerdem aber auch den rechtsfähigen gewerblichen Verbänden zu, die eine entsprechende Zwecksatzung haben[2]. Bei Verletzung der Generalklausel des § 1 können sowohl jene Individual-, wie diese Popular- und Verbandsansprüche geltend gemacht werden, s. §§ 13, 22.

Die gewöhnlichste Art unlauteren Wettbewerbs ist die unlautere Reklame, §§ 3—5. Eine solche liegt, nach der gesetzlichen Norm, dann vor, wenn in öffentlichen Bekanntmachungen, Anzeigen, Anschlägen, Rundschreiben u. dgl. über geschäftliche Verhältnisse unrichtige Angaben gemacht werden, die den Anschein eines besonders günstigen Angebots hervorzurufen geeignet sind. Es scheiden also aus: einmal private Mitteilungen an einzelne Kunden, sodann die bloß marktschreierischen Anpreisungen, die verständigerweise keine Täuschung hervorrufen können („größtes Spezialhaus"), vor allem aber Äußerungen, die lediglich subjektive Werturteile des Gewerbetreibenden enthalten („eleganteste Ausführung"). Nur „Angaben", deren tatsächliche Richtigkeit einer objektiven Prüfung zugänglich ist, so daß sie, auch im Munde des daran Interessierten, eine Überzeugungskraft haben können, fallen unter das Gesetz. Eine Reihe von Punkten, auf die sich solche unrichtige Angaben beziehen können, sind im Gesetz beispielsweise angeführt, vor allem die Beschaffenheit, der Ursprung, die Preisbemessung, die Bezugsart der

---

[1] S. oben S. 29 Anm. 1. — Kritik dieser Rechtsprechung bei ULMER, Warenzeichen und Wettbewerb (1929).

[2] Die Unterlassungsklage eines Berechtigten schließt die eines andern Berechtigten nicht aus, RGZ. 120, 47.

Waren. „Echte Offenbacher Lederwaren eigener Erzeugung 20% unter Verbandspreisen" kann Unrichtigkeiten aller vier Arten enthalten. Als Angaben über sonstige „geschäftliche Verhältnisse" kommen z. B. in Betracht solche, die auf einen angeblichen staatlichen oder kommunalen Charakter des Unternehmens, auf die besondere Vorbildung des Inhabers, die Größe des Umsatzes, die angebliche Patentierung der Ware u. dgl. hinweisen[1]. Immer ist erforderlich, daß die Angabe, wenn richtig, das Angebot als ein besonders günstiges erscheinen läßt, wobei nicht bloß an die Preishöhe zu denken ist[2]. Ist sie unrichtig, so liegt unlauterer Wettbewerb vor, auch wenn das Angebot vielleicht aus anderen Gründen in der Tat ein besonders günstiges sein sollte[3]. Diese unwahre öffentliche Reklame löst, wenn Wiederholungsgefahr besteht, ohne weiteres den Unterlassungsanspruch aus, auch wenn sie gutgläubig geschehen sein sollte, § 3; bei Schuldhaftigkeit (Kennen oder Kennenmüssen) besteht außerdem eine Schadensersatzpflicht, § 13 II. Die wissentlich unwahre ist außerdem mit Gefängnis- und Geldstrafe bedroht, § 4[4].

Das Gegenstück der unlauteren Selbstanpreisung des § 3 bildet die Herabsetzung eines Anderen, die sog. Anschwärzung (dénigrement) eines bestimmten einzelnen Konkurrenten, § 14. Danach ist schadensersatzpflichtig, wer zu Wettbewerbszwecken über das Erwerbsgeschäft, die Person, die Waren oder Leistungen eines Anderen eine nicht erweislich wahre Tatsache behauptet oder verbreitet, die dessen Geschäftsbetrieb oder Kredit zu schädigen geeignet ist. Diese Norm trifft nicht nur öffentliche, sondern gerade auch private Äußerungen (z. B. gegenüber einem Kunden, den man dem Andern abspenstig machen will). Auch sie bezieht sich aber nicht auf bloße Urteile (die Maschinen von X & Co. taugen nichts), sondern nur auf tatsächliche Behauptungen (X verwende unechtes Material oder habe schon Bankrott gemacht). Die Haftung ist eine überaus strenge. Einmal trifft den Behauptenden die Beweislast für die Wahrheit seiner Behauptung, es sei denn, daß es sich um vertrauliche Mitteilungen in Wahrnehmung berechtigter Interessen handelt, § 14 I, vgl. mit II[5]. Sodann und vor allem aber soll hier nicht nur der Unterlassungs-, sondern auch der Schadensersatzanspruch von jedem Verschulden unabhängig sein. Während die allgemeine Norm von BGB. § 824 nur dann wegen Kreditschädigung haften läßt, wenn der Behauptende die Unwahrheit seiner Mitteilung mindestens kennen mußte, stellt das UWG. in § 14 eine solche subjektive Voraussetzung nicht auf. Wer zu Wettbewerbszwecken über einen Andern etwas Nachteiliges behauptet, handelt auf eigene Gefahr. Ist die Behauptung wider besseres Wissen aufgestellt, so tritt auf Antrag auch Bestrafung ein, §§ 15, 22. Die Strenge des UWG. zeigt sich schließlich noch in einem für die Fälle des § 14

---

[1] Ferner z. B. unrichtige Angaben über den Anlaß und Zweck des Verkaufs, z. B. Vortäuschung eines privaten Gelegenheitsverkaufs wegen Todesfalls, während tatsächlich rein gewerbsmäßige Verkäufe vorliegen.

[2] Die Norm des § 3 — dies wird besonders wichtig wegen der Strafbestimmung des § 4 — kann daher auch mittelbar gegen gewisse geschäftliche Mißbräuche mobil gemacht werden, die irgendwie in der Reklame zum Ausdruck kommen, so z. B. gegen das Zugabewesen, wenn durch die Ankündigung der Eindruck erweckt wird, daß in der Zugabe noch ein über die Leistungen der Konkurrenz hinausgehender Mehrwert bei gleicher Preisstellung geboten werde, oder gegen Ausspielungsmanöver, RGSt. 61, 59, 281.

[3] A. verkauft wirklich billiger als die Konkurrenz, begründet dies aber unrichtigerweise durch die Angabe „ohne Zwischenhandel". Vgl. RGSt. 35, 235; 47, 280.

[4] Das früher in § 22 aufgestellte Antragserfordernis für das Vergehen gegen § 4 wurde gestrichen durch das Ges. vom 21. 3. 1925 über den Beitritt des Reiches zu dem Madrider Abkommen. Über die Zulässigkeit der Privatklage s. § 22 III. — Zu § 4 vgl. z. B. RGSt. 44, 143; 47, 161, 417.

[5] Vgl. RGZ. 118, 133. — Auch die Verbreitung einer wahren Tatsache kann gegen das UWG. verstoßen, wenn sie sich nach § 1 als sittenwidrig darstellt; dies kann zutreffen, wenn ein sachliches Interesse an der Mitteilung nicht besteht (z. B. daß der Vater des X Bankrott gemacht habe, während X ein eigenes, von dem des Vaters ganz verschiedenes Geschäft betreibt). Vgl. hierzu RGZ. 76, 110; Haymann, Gruchot Beitr. 70, 70.

besonders wichtigen Zusammenhang: wird eine unter §§ 1, 3, 14, 16 fallende Handlung von einem Angestellten (z. B. Reisenden) eines Geschäfts vorgenommen, so kann, falls Wiederholungsgefahr besteht, der Geschäftsinhaber auf Unterlassung in Anspruch genommen werden, ohne daß ihm die sonst nach BGB. § 831 mögliche persönliche Exkulpation offenstünde, §§ 13 III, 14 III, 16 IV[1].

Der Mißbrauch fremden Geschäftspersonals zu Wettbewerbszwecken wird durch zwei Strafbestimmungen des UWG. getroffen. § 12 wendet sich gegen die (aktive und passive) Bestechung der Angestellten von Kunden, wobei der Empfänger bestimmt werden soll oder zusagt, dem Geber durch unlauteres Verhalten eine Bevorzugung vor seinen Konkurrenten zu verschaffen, sei es bei einer Bestellung von seiten des Dienstherrn, sei es bei einer Lieferung durch diesen. Auch bei diesem Kampf gegen das „Schmiergelderunwesen" handelt es sich nur um den Schutz der redlichen Mitbewerber: die Bestechung muß im geschäftlichen Verkehr zu Zwecken des Wettbewerbs geschehen sein. Daß der Dienstherr selbst geschädigt werden soll, ist keineswegs erforderlich; sollte dies der Fall sein, so greifen auch die allgemeinen Strafbestimmungen über Untreue ein[2].

In einem anderen Zusammenhang ist der Dienstherr selbst das Opfer unlauterer Konkurrenzmanöver: eine zweite Gruppe von Strafbestimmungen bedroht sog. wirtschaftlichen Verrat, d. i. den Verrat von Geschäfts- oder Betriebsgeheimnissen durch Angestellte oder Arbeiter an dritte Konkurrenten des Dienstherrn oder die Verleitung hierzu, sowie die unbefugte Verwertung von Geschäftsgeheimnissen, Vorlagen, Rezepten usw. durch den späterhin selbst zum Konkurrenten gewordenen Angestellten (Gefängnis- und Geldstrafen), §§ 17—20[3]. Dies gilt sowohl dann, wenn das Geschäftsgeheimnis dem Angestellten auf ordnungsmäßigem Wege anvertraut oder sonst zugänglich gemacht worden war, wie erst recht dann, wenn er sich die Kenntnis davon durch eine gesetz- oder sittenwidrige Handlung verschafft hat[4].

Gegen die Erschleichung fremder Konkurrenzmittel wendet sich das UWG., indem es den Schutz von Geschäftsbezeichnungen und sonstigen Kennzeichen weiter ausbaut. Die absoluten Vorschriften des Namens-, Firmen- und Zeichenrechts genügen, wie schon oben S. 24 und 29 angeführt, in mehrfacher Beziehung nicht, um geschäftlich unerträgliche Verwechslungen abzuwehren. UWG. § 16 gibt daher ganz allgemein einen Unterlassungs- und, im Falle des Verschuldens, einen Schadensersatzanspruch gegen denjenigen, der im geschäftlichen Verkehr ein Kennzeichen, dessen sich ein anderer befugterweise bedient, in einer zu Verwechslungen geeigneten Weise benutzt. Solche Kennzeichen können sein: ein Name, eine Firma, die besondere Bezeichnung eines Erwerbsgeschäfts oder einer Druckschrift oder ein in den beteiligten Kreisen anerkanntes Geschäftsabzeichen. „Besondere Bezeichnungen" sind z. B. Schillertheater, Badischer Hof, Struwwelpeter, Landwirtschaftliche Maschinenzeitung, dagegen nicht Kurhaus, Illustrierte Zeitung, die nur

---

[1] Für den Schadensersatzanspruch greift dagegen § 831 auch im Wettbewerbsrecht Platz. — Über die strafrechtliche mittelbare Täterschaft s. UWG. § 4 II, 15 II.

[2] Vgl. RGSt. 48, 293; 56, 251; 58, 429. — Ein „Verein gegen das Bestechungswesen" hat sich die Reinigung des Geschäftslebens von diesen Mißbräuchen zur Aufgabe gemacht. — Geschieht die Bestechung von Angestellten nicht zu Zwecken des Wettbewerbs, sondern um hinter dem Rücken des Prinzipals billigere Preise u. dgl. zu erlangen, so kann sich die Nichtigkeit oder Anfechtbarkeit des namens des Prinzipals mit dem Dritten abgeschlossenen Vertrags wegen Sittenwidrigkeit oder arglistiger Täuschung ergeben, s. RGZ. 86, 146; 107, 211; Warn. 1927, 178; **1928, 35.**

[3] Vgl. z. B. RGZ. 83, 385 (Musterheft); RGSt. 31, 93 (Kundenlisten); 32, 136 (Fabrikationsmethode); 51, 185 (Chemisches Verfahren); 161, 418 (Film); JW. 1929, 1227 (Optische Konstruktionsziffern).

[4] Wo ein Vertrauensbruch der einen oder anderen Art nicht begangen wurde, stellt die Verwertung der im Betrieb erlangten Kenntnisse keine Rechtswidrigkeit dar, RGSt. 33, 62; 61, 279.

Gattungsbezeichnungen sind und denen es daher an genügender Individualisierungskraft fehlt[1].

Dieses Nebeneinander von Einzelvorschriften, die, so zahlreich sie sind, doch unter sich keinen Zusammenhang haben, zeigt schon, daß die wechselnden Formen unlauteren Wettbewerbs durch Einzelnormen überhaupt nicht ausreichend bekämpft werden können. Das UWG. hat daher jenen allgemeinen § 1 an die Spitze gestellt, der Wettbewerbshandlungen, welcher Art auch immer, für unzulässig erklärt, wenn sie gegen die guten Sitten verstoßen, also dem geschäftlichen Anstandsgefühl in unerträglicher Weise zuwiderlaufen. Diese Norm wird unterstützt durch diejenige in BGB. § 826, in der Praxis zu einer immer reicher fließenden Quelle der Rechtsbildung werdend. Besonders interessante Beispiele für die Anwendung der Generalklausel bietet etwa die Nachahmung einer originellen, wenn auch an sich nicht geschützten Warenform oder die sonstige illegale Ausnutzung fremder Arbeitsergebnisse; die Ankündigung, daß man die Ware eines anderen in genauer Nachahmung liefern könne; die Verleitung von Kunden zum Vertragsbruch; die Verhetzung von Angestellten eines Konkurrenten und vieles mehr[2].

Viertes Kapitel.

Handelsbücher.

§ 21. Die kaufmännische Buchführung.

Literatur: R. FISCHER in Ehrenbergs Handb. II[1], S. 462ff.; LEITNER, Grundriß der Buchhaltung und Bilanzkunde[6] (1923); SCHÄR, Buchhaltung und Bilanz (1922); SCHMALENBACH, Dynamische Bilanz[4] (1926); GERSTNER, Kaufmännische Buchhaltung und Bilanz; NICKLISCH, Wirtschaftliche Betriebslehre[5] (1922); E. WALB; Die Erfolgsrechnung öffentlicher und privater Betriebe (1926); HUMMEL, in Praxis der AG. (1929) S. 251ff.

Die kaufmännische Buchführung, diese seit alters ausgebildete und gerade neuestens sehr fortgeschrittene Technik, mittels deren sich der Kaufmann den Überblick über seine einzelnen Geschäfte und über die Gesamtlage seines Unternehmens sichert, wird durch das HGB. zur Rechtspflicht gemacht. Der Vollkaufmann muß Geschäftsbücher führen, muß seine Handelskorrespondenz in Urschrift und Abschrift aufbewahren, muß Inventar und Bilanz aufstellen, §§ 38, 39 und § 44. Diese Verpflichtungen bestehen unabhängig davon, ob der Kaufmann einem Dritten, z. B. einem Gesellschafter, privatrechtlich zur Buchführung verpflichtet ist. Denn sie gehören zur öffentlich-rechtlichen Ordnung des Handelsstands. Freilich entbehren sie, der Natur der Sache nach, einer unmittelbaren Sanktion: weder wird ihre Erfüllung staatlich überwacht, noch ist ihre Nichterfüllung an sich strafbar. Aber wenn der Kaufmann seine Zahlungen einstellt oder in Konkurs kommt, wird er, falls er keine ordnungsmäßigen Handelsbücher geführt hat, wegen Bankrotts bestraft, KonkO. § 240 (s. a. § 239). Daß der Zusammenbruch tatsächlich durch die mangelnde Übersichtlichkeit des Geschäfts verursacht wurde, ist dabei nicht Voraus-

---

[1] Vgl. z. B. RGZ. 90, 183; 104, 88; KG. in OLG. 43, 121. Besondere Einrichtungen sind z. B. eigenartige Firmenschilder. Ein Schutz der Warenausstattung selbst findet nur nach WZG. § 15 statt. UWG. § 16 wendet sich übrigens gegen Verwechslungen im geschäftlichen Verkehr schlechthin, nicht bloß mit Konkurrenten des gleichen Geschäftszweiges, RGZ. 114, 96 („Neuerburg“-Tabak gegen „Neuerburg“-Likör).

[2] Vgl. RGZ. 73, 294; 88, 183; 111, 254; 115, 180 (originelle Puppen); 115, 319 (Schneeballensystem); 116, 277 (sog. persönliche Reklame durch Gegenüberstellung der eigenen Waren mit denen eines genannten Konkurrenten). RGZ. 117, 16 gibt eine Unterlassungsklage der Konkurrenten nach § 1 sogar dann, wenn ein Gewerbetreibender mit seinen Arbeitern niedrigere Löhne vereinbart, als sie der allgemein verbindliche Tarifvertrag vorschreibt. — S. ferner oben S. 35 Anm. 5, 28 Anm. 3 (Preisschleuderei bei Markenartikeln).

setzung der Strafbarkeit. Verpflichtung und Strafe treffen den Geschäftsinhaber persönlich, ebenso alle persönlich haftenden, wenn auch nicht an der Geschäftsführung teilnehmenden Gesellschafter, und sämtliche Mitglieder des Vorstands einer Aktiengesellschaft. Sie haben zwar die Bücher nicht in Person zu führen, aber sie haften, wenn ihnen die mangelhafte Führung zum Verschulden angerechnet werden kann[1].

Indessen darf die Buchführungspflicht auch rein juristisch nicht nur von der konkursrechtlichen Strafbestimmung aus gewertet werden[2]. Den Handelsbüchern kommt im Prozeß eine große Bedeutung als Beweismittel zu. Ordnungsmäßig geführt, haben sie hohen Beweiswert zugunsten des Kaufmanns selbst, während unordentliche Buchführung als starkes Indiz gegen ihn sprechen muß, wenn eine Behauptung, für die er beweispflichtig ist (z. B. eine Zahlung), aus seinen eigenen Büchern nicht nachgewiesen werden kann. In einem Rechtsstreit kann das Gericht die Vorlegung der Handelsbücher einer Partei von Amts wegen oder auf Antrag anordnen, und zwar auch dann, wenn der Gegner Nichtkaufmann ist und nach allgemeinen Rechtsgrundsätzen einen Vorlegungsanspruch nicht geltend machen könnte, §§ 45—47. Bei Nichtbefolgung der Anordnung gilt ZPO. § 427.

Das HGB. schreibt nicht vor, welche Bücher und nach welchen Methoden sie zu führen sind, sondern nur, daß der Kaufmann in von ihm zu führenden Büchern „seine Handelsgeschäfte und die Lage seines Vermögens nach den Grundsätzen ordnungsmäßiger Buchführung ersichtlich zu machen“ hat, § 38 I. Zu buchen sind hiernach die einzelnen Handelsgeschäfte, jedoch nicht mit ihrem ganzen sachlichen Inhalt, sondern nur nach ihren geldlichen Ergebnissen an Forderungen, Schulden, Zahlungen usw. Die Geschäfte des Privatlebens bedürfen nicht der Buchung. Doch hat der Einzelkaufmann, da er die „Lage seines Vermögens“ ersichtlich machen muß, in seinen Bilanzen auch den Betrag seines Privatvermögens anzugeben[3]. Wenn auch die sog. doppelte Buchführung für Geschäfte eines gewissen Umfangs tatsächlich durchaus erforderlich zu sein scheint, so müssen doch, da das Gesetz eine bestimmte Methode nicht vorschreibt, die Bücher rechtlich als ordnungsmäßig geführt gelten, falls die Eintragungen nach irgendeiner im kaufmännischen Leben üblichen Methode richtig und vollständig so bewirkt sind, daß ein kaufmännischer Sachverständiger die Geschäfts- und Vermögenslage ohne besondere Schwierigkeiten festzustellen vermag. S. a. §§ 43, 44: äußere Form; zehnjährige Aufbewahrungspflicht[4].

§ 22. Inventar und Bilanz.

Neben den laufenden Buchungen muß der Kaufmann von Zeit zu Zeit sein Vermögen im ganzen feststellen, um sich über die Liquidität des Unternehmens und dessen fortschreitende oder rückläufige Entwicklung, Gewinn oder Verlust,

[1] Vgl. RGSt. 13, 241 (Verein. Strafsen.); 45, 387; Ebermayer, StGB., zu KO. § 240 n. 18ff. Über die strafrechtliche Haftbarkeit des Vorstandes der Aktiengesellschaft usw. vgl. KO. § 244, GmbH. § 83.

[2] Die Buchführungspflicht gemäß § 38 besteht nach RAbgO. § 163 zugleich im Interesse der Besteuerung, so daß die Unterlassung der Buchführung unter der Ordnungsstrafe von RAbgO. § 377 steht, vgl. RGSt. 62, 212; über die steuerrechtliche Buchführungspflicht s. ferner RAbgO. § 162, 208.

[3] So RGSt. 41, 41 (bestr.). — In der Betriebsbilanz, die in großen Betrieben dem Betriebsrat auf Verlangen vorzulegen ist (BetrRGes. § 72), bleibt das Privatvermögen des Unternehmers außer Betracht, s. § 1 des BetrBilGes. v. 5. 2. 1921.

[4] Nach § 43 II „sollen“ die Bücher gebunden und fortlaufend paginiert sein. Lose Zettel, Notizbücher u. dgl. genügen keinesfalls, vgl. RGSt. 50, 131. Anders steht es dagegen mit der „Loseblattbuchführung“, die als neueste Buchungstechnik ausgebildet ist und ihre Vollendung durch die maschinelle Ausführung der Buchungen findet; da es sich hierbei um ein nach dem heutigen Stande „ordnungsmäßiges“ Verfahren handelt (§ 38), tritt die Sollvorschrift des § 43 II dagegen zurück.

zu vergewissern. Er hat periodisch, erstmals bei Eröffnung des Geschäfts, sodann alljährlich, ein Inventar aufzustellen, d. h. ein genaues Verzeichnis der einzelnen Vermögensgegenstände mit Angabe ihres Werts, also Liegenschaften, Maschinen, Geld, Forderungen, Schulden, Stück für Stück. Er hat sodann auf Grund des Inventars eine Bilanz, d. i. eine Abschlußrechnung, auszuarbeiten, in der die Aktiva und Passiva nach Hauptgattungen übersichtlich zusammengestellt sind und das Verhältnis der beiderseitigen, gegeneinander abzuwägenden Summen, das Plus oder Minus, in einem Ausgleichsposten, Saldo, angegeben wird, § 39, s. a. Abs. 3. Der Geschäftsinhaber und, bei einer Handelsgesellschaft, alle persönlich haftenden Gesellschafter müssen beide Beurkundungen stets persönlich unterzeichnen und damit eigenhändig bestätigen, daß sie diese Aufstellung und Berechnung kennen und anerkennen; dies gilt insbesondere auch für die nicht geschäftsführenden Gesellschafter einer offenen Handelsgesellschaft, § 41[1].

Für die Aufstellung der Bilanz gilt der selbstverständliche Grundsatz der Bilanzwahrheit: die Bilanz darf keine Aktiven oder Passiven verzeichnen, die nicht wirklich vorhanden sind, und darf nicht nur keine Passiven verschweigen, sondern hat auch die Gesamtheit der vorhandenen Aktiven irgendwie anzugeben. Die wichtigste und schwierigste Frage des Bilanzrechts ist aber die, wie der Wert dieser Vermögensgegenstände im einzelnen und ganzen festzustellen und einzusetzen ist. Das Gesetz bestimmt nur, daß sämtliche Vermögensgegenstände und Schulden nach dem Wert anzusetzen sind, der ihnen in dem Zeitpunkt beizulegen ist, für welchen die Aufstellung stattfindet, § 40 II, III. Dieser Stichtag ist der Schlußtag des Geschäftsjahrs; die Aufstellung der Bilanz selbst dagegen kann erst in einem späteren Zeitpunkt vollendet sein, und das Gesetz verlangt nur ihre Aufstellung innerhalb der einem ordnungsmäßigen Geschäftsgang entsprechenden Zeit, § 39 II 2 (s. a. § 260 II). Indessen will § 40 doch wohl nicht nur den für die Bewertung maßgebenden Zeitpunkt feststellen, sondern auch die Art der Bewertung selbst dahin regeln, daß der wirkliche Wert eingesetzt werden müsse. Grundsätzlich gilt also auch für die Bewertung das Erfordernis der Bilanzwahrheit, doch bleibt zugleich die allgemeine Regel des § 38 anwendbar, so daß für die nähere Behandlung der Frage auch die anerkannten Grundsätze ordnungsmäßiger Buchführung heranzuziehen sind. Diese Grundsätze gestatten keine Überbewertung, wohl aber gestatten, ja fordern sie unter bestimmten Voraussetzungen und in gewissem Umfange eine Unterbewertung einzelner Aktiva.

Die regelmäßige Bilanz des § 39 soll nur den bei der Weiterführung des Unternehmens zugrunde zu legenden Status, sowie den Betrag feststellen, der etwa als Gewinn entnommen werden kann (vgl. § 120). Eine solche Gewinnbilanz muß mit Vorsicht aufgestellt werden; insbesondere sind Anlagewerte und Betriebsgegenstände, die nicht verkauft werden sollen, nicht einfach zum gemeinen Werte, sondern zu dem Werte einzusetzen, den sie als Bestandteile dieses lebenden Geschäfts darstellen, wobei Abschreibungen zwar nicht willkürlich, aber doch in üblicher Weise zulässig sind[2]. Außergewöhnliche Bilanzen dagegen, namentlich die Liquidations- und Konkursbilanz (§ 154; KO. § 124), sind reine Vermögensbilanzen, bei denen es sich darum handelt, die effektive Höhe des Reinvermögens oder einer Überschuldung zu ermitteln, und bei denen daher Abschreibungen vom wirklichen derzeitigen Wert ausgeschlossen sind[3].

Die Schwierigkeiten, die sich für die Aufstellung der Bilanzen aus der Geldentwertung ergaben, waren um so größer, als § 40 I ausdrücklich verlangt, daß die

---

[1] Die Unterzeichnung durch einen Prokuristen genügt nicht, RGZl. 112, 25.

[2] Das in § 261 für die Bilanzen der Aktiengesellschaften gesetzlich Vorgeschriebene darf auch bei Einzelunternehmungen als Richtschnur dienen, s. unten § 54.

[3] Die Bewertungsvorschriften des Steuerrechts (RAbgO. § 137ff.) gestatten im allgemeinen keine über die tatsächliche Abnutzung hinausgehenden Abschreibungen. Daher ist zwischen handelsrechtlicher Bilanz und Steuerbilanz zu unterscheiden, vgl. RGSt. in JW 1927, 1761.

Bilanzen in Reichswährung aufzustellen seien, was zuletzt zu inhaltlich unverständlich gewordenen Papiermarkbilanzen führte. Mit der Stabilisierung des Geldwerts wurde durch die VO. über die Goldbilanzen vom 28. 12. 1923 die Goldmark als Wertmesser eingeführt. Die VO. vom 12. 12. 1924 hat dann an deren Stelle die Reichsmark und damit § 40 I wieder in Geltung gesetzt. Vgl. unten § 57: Umstellung der Aktiengesellschaften auf Goldmark.

Fünftes Kapitel.

Personal und Hilfspersonen des Kaufmanns.

a) Prokura und Handlungsvollmacht.

§ 23. Handelsrechtliche Vertretung im allgemeinen.

Die Stellvertretung im Handelsrecht trägt besonders charakteristische Züge. Bei den im bürgerlichen Leben vorkommenden Vollmachtsverhältnissen lassen sich allgemeine Regeln über den Umfang der Vertretungsmacht nicht aufstellen. Der Umfang der Vollmacht bestimmt sich gemäß BGB. § 167 nach dem jeweils erklärten Willen des Vollmachtgebers; wer mit einem Vertreter abschließt, muß also dessen Vollmacht von Fall zu Fall prüfen. Dagegen bilden sich in Handelsunternehmungen, die, je größer sie sind, um so mehr Hilfskräfte erfordern, typische Arten von Vollmachtsverhältnissen heraus. Hier kann das Gesetz selbst den Umfang der Vertretungsbefugnis nach deutlichen Merkmalen bestimmen und muß es tun, um dem Verkehr mit Bevollmächtigten eines Kaufmanns eine besonders sichere Grundlage zu gewährleisten. Demgemäß verweist das HGB. bei den mehr oder weniger weitgehenden Handlungsvollmachten auf die typische Gestaltung des konkreten Handelsgeschäfts, §§ 54—58, hat außerdem aber in der zum Handelsregister einzutragenden Prokura eine rein handelsrechtliche Form umfassender Vertretungsmacht geschaffen, deren Umfang das Gesetz in absoluter Weise generell festlegt, §§ 48—53.

Das HGB. regelt diese kaufmännischen Vollmachten völlig getrennt von dem kaufmännischen Dienstverhältnis der Handlungsgehilfen (5. und 6. Abschn. des 1. Buches). Wie es zahlreiche Handlungsgehilfen gibt, die keine Geschäfte abschließen und daher keine Handlungsvollmacht haben (z. B. Buchhalter, Lagerist), so kann umgekehrt Prokura oder Handlungsvollmacht an Personen erteilt werden, die nicht in einem Dienstverhältnis zum Geschäftsinhaber stehen (z. B. an ein Familienmitglied oder an einen Beauftragten seiner Gläubiger). Auch wo aber, wie dies allerdings tatsächlich meist zutrifft, der Prokurist oder Handlungsbevollmächtigte ein Angestellter des Prinzipals ist, ist scharf zu scheiden zwischen der Frage der Ermächtigung nach außen, Dritten gegenüber (dem Handelnkönnen) und den Rechtswirkungen des Dienstverhältnisses im Innern, dem Prinzipal gegenüber (dem Handelnsollen und Handelndürfen)[1].

Prokuristen und Handlungsbevollmächtigte haben eine vom Prinzipal erteilte Vertretungsmacht innerhalb eines Unternehmens, an dessen Spitze der Prinzipal selbst steht und geschäftlich handelt. Diese Vertretungsformen sind immer gewillkürte und gelangen gleicherweise im Geschäft eines Einzelkaufmanns wie einer Handelsgesellschaft zur Verwendung. Bei den Handelsgesellschaften im besonderen aber bedarf es einer den Verhältnissen des Handelsrechts entsprechenden Regelung

[1] Die Trennung von Vollmacht und Auftrag, heute Gemeingut des deutschen Zivilrechts, ist zuerst im Handelsrecht entscheidend herausgearbeitet worden, vgl. LABAND, Die Stellvertretung nach dem ADHGB., ZHR. 10, 183ff.

der Vertretungsfrage auch in der Sphäre der Prinzipalität selbst. Die Handelsgesellschaft als solche kann nicht für sich selbst handeln, muß also Vertreter haben, in denen sie sich nach außen darstellt, Repräsentanten, Organe. Auch hier hat, wie im Gesellschaftsrecht des näheren darzulegen ist, das Handelsrecht die angedeuteten Grundsätze scharf herausgearbeitet. Bei den als juristische Personen gestalteten Handelsgesellschaften, der Aktiengesellschaft u. a., entspricht es schon dem Vereinsrecht des BGB., daß der Vorstand als „gesetzlicher Vertreter" mit unbeschränkter Vertretungsmacht bekleidet ist, § 235; vgl. BGB. § 26 II, s. a. GmbHG. § 37, GenG. § 27. Aber auch bei den Personalgesellschaften, bei denen die Gesellschafter selbst die Vertreter der Gesellschaft sind, insbesondere bei der offenen Handelsgesellschaft, hat das HGB. den Umfang dieser Vertretungsmacht absolut und so weitgreifend als möglich bestimmt, § 126, s. a. § 149, 151.

Zusammenfassend kann gesagt werden: alle zum Handelsregister einzutragenden Vertretungsverhältnisse des Handelsrechts sind ihrem Umfang nach gesetzlich bestimmte Allgemeinvertretungen, wenn auch verschiedenen Grades, so daß der Dritte für sein geschäftliches Handeln mit solchen Vertretern einen absolut sicheren Boden hat; bei den nicht zum Handelsregister einzutragenden Formen der Handlungsvollmacht aber darf der Dritte nach § 54 wenigstens auf die typischen Merkmale der konkreten Sachlage vertrauen, ist also relativ gesichert[1].

Eine charakteristische Besonderheit des handelsrechtlichen Vertretungsrechts ist es ferner, daß die Vertretungsmacht überaus häufig als sog. Gesamtvertretung in die Hand Mehrerer zusammengelegt ist, sowohl bei den Stellvertretungsverhältnissen, s. § 48 II, Gesamtprokura, wie auch in verschiedenem Maße bei den Vertretungsverhältnissen des Gesellschaftsrechts, s. § 125, § 231/32, GmbHG. § 35, GenG. §§ 24, 25. Über die sog. gemischte Gesamtvertretung, bei welcher verschiedenartige Vertreter, z. B. ein Gesellschafter und ein Prokurist, zu gemeinschaftlicher Vertretungsmacht verbunden sind, vgl. zu §§ 125, 232. Wegen der Wirkungen der Gesamtvertretung im allgemeinen s. den folgenden § 24.

§ 24. Prokura.

Literatur: Titze in Ehrenbergs Handb. II, 2, S. 913ff. Vgl. aus der Entstehungszeit des neueren Handelsrechts: Thöl, Handelsrecht I § 56; Laband, ZHR. 10, 183.

a) Die Prokura ist eine besondere Art handelsrechtlicher Allgemeinvollmacht, in dieser Absolutheit und Abstraktheit eine Besonderheit des neueren deutschen Rechts (ADHGB. Art. 42)[2]. Nur wer firmenberechtigt ist, also nur ein Vollkaufmann, kann Prokuristen bestellen, § 4. Die Erteilung der Prokura muß durch den Inhaber selbst geschehen[3], und zwar mittels ausdrücklicher Erklärung, die den Ernannten deutlich als Prokuristen bezeichnet, § 48 I. Sie ist ins Handelsregister einzutragen, aber in ihrer Wirksamkeit nicht dadurch bedingt, § 53.

Der Umfang der Prokura ist durch das Gesetz selbst fest bestimmt, in allen Fällen der gleiche und nahezu unbeschränkt: die Prokura ermächtigt zu Handelsgeschäften schlechthin, zu allen gerichtlichen und außergerichtlichen Geschäften und Rechtshandlungen, die der Betrieb irgendeines Handelsgewerbes mit sich

---

[1] Wegen der Liquidatoren und der sich durch den konkreten Zweck ergebenden Beschränkung ihrer Vertretungsmacht s. unten § 38.

[2] Anders z. B. Schweiz. OblR. Art. 459, 462, wonach der Prokurist nur als zu solchen Rechtshandlungen (und zwar nur einem gutgläubigen Dritten gegenüber) ermächtigt gilt, die der Zweck des Gewerbes oder Geschäftes des Geschäftsherrn mit sich bringen kann. Das französische und das englische Recht kennen keine Prokura. — Sprachlich führt das Wort auf procuratio, Stellvertretung, zurück.

[3] Oder durch seinen gesetzlichen Vertreter. Vgl. BGB. § 1822 Ziff. 11 (Vormund). — Der Prokurist selbst ist Bevollmächtigter, d. h. gewillkürter, nicht gesetzlicher Vertreter (wie dies der Vorstand einer Aktiengesellschaft ist), vgl. daher z. B. RGZ. 66, 240.

bringt, d. h. mit sich bringen kann, § 49 I[1]. Das Handelnkönnen des Prokuristen beschränkt sich also keineswegs auf solche Geschäfte, die nach Art und Umfang dem individuellen Geschäftsbetrieb entsprechen, in dem die Prokura erteilt ist. So gut ein Klavierfabrikant unter seiner Firma eine Spekulation in Zucker als Handelsgeschäft abschließen kann, ebensogut kann dies sein Prokurist namens der Firma tun, die er „per procura" unbeschränkt zeichnet, § 51[2]. Von der Vertretungsmacht des Prokuristen an sich nimmt das Gesetz nur die Veräußerung und Belastung von Grundstücken aus, § 49 II[3]. Sie erstreckt sich ferner nicht auf solche Angelegenheiten, die das Gesetz dem Prinzipal persönlich zur Pflicht macht oder vorbehält, wie die Unterzeichnung der Bilanz[4] und vor allem die Erteilung einer Prokura selbst, §§ 41, 48 I (s. auch § 52 II)[5]. Endlich ergibt sich eine Begrenzung der Vertretungsmacht des Prokuristen durch die Grenzen dessen, was „der Betrieb eines Handelsgewerbes" mit sich bringen kann: von ihr ausgeschlossen sind daher einerseits alle rein persönlichen, ihrem Wesen nach außerkommerziellen Angelegenheiten (z. B. die Erteilung einer Prozeßvollmacht in einem Erbrechtsstreit) und anderseits solche, die zwar zum geschäftlichen Bereiche gehören, aber nicht sowohl in einem Handelsgewerbe vorkommen, als vielmehr dieses selbst zum Gegenstand haben, wie z. B. die Löschung oder Änderung der Firma, die Veräußerung des Unternehmens, die Aufnahme eines Gesellschafters, der Antrag auf Konkurseröffnung.

Der sich hiernach kraft Gesetzes ergebende, außerordentlich weitgreifende Umfang der Prokura kann durch den Prinzipal nicht eingeengt oder irgendwie bedingt werden. Erteilt er Prokura, so ist deren gesetzlicher Inhalt unbeschränkbar. Jede Einschränkung, z. B. daß der Prokurist keinen Wechsel, keine Prozeßvollmacht unterzeichnen dürfte, ist Dritten gegenüber schlechthin wirkungslos, § 50[6]. Indem der Prinzipal einen Prokuristen bestellt, enthebt er den Verkehr jeder weiteren Prüfung. Der Dritte schließt selbst dann gültig mit dem Prokuristen ab, wenn er erkennen könnte oder sogar weiß, daß dieser gegen Anordnungen des Prinzipals verstößt, z. B. Kredit gibt, wo jener Abschluß gegen bar vorgeschrieben hat. Nur wenn der Prokurist und der Dritte in der Absicht zusammenwirken, den Prinzipal durch Mißbrauch der Vollmacht zu schädigen, sog. Kollusion, schützt den Prinzipal das Deliktrecht, BGB. §§ 826, 823[7].

[1] Die Zustellung der Klage usw. in den durch den Betrieb eines Handelsgewerbes hervorgerufenen Rechtsstreitigkeiten kann an den Prokuristen erfolgen, ZPO. § 173. Zur Stellung von Strafanträgen ist er jedenfalls insoweit befugt, als es sich um materielle (geschäftliche) Interessen handelt, z. B. nach UWG. § 22, vgl. RGSt. 15, 144.

[2] Daß er der Firma seinen eigenen Namen mit einem die Prokura andeutenden Zusatz beizufügen habe, ist nur Ordnungsvorschrift. Eine Erklärung ist auch dann gültig, wenn der Prokurist sie mit der Firma allein zeichnet, vgl. RGZ. 50, 51; 74, 69. Der Prokurist des Einzelkaufmanns, bei welchem Geschäft und Privatsphäre nicht trennbar sind, muß auch als ermächtigt gelten, in dessen persönlichem Namen zu handeln, z. B. bei Akzeptierung eines auf den Namen statt auf die Firma des Prinzipals gezogenen Wechsels, vgl. Titze S. 917 Anm. 8, sowie unten § 33.

[3] Wird die Ermächtigung zu Grundstücksgeschäften besonders erteilt, sog. Immobiliarklausel, s. § 49 II, so bedeutet dies nicht eine selbständige Vollmacht, sondern eine Erweiterung der Prokura, kann also zum Handelsregister eingetragen werden (bestr.).

[4] S. RGZ. 112, 25.

[5] So ist der Prokurist einer Aktiengesellschaft auch befugt, eine Generalversammlung einzuberufen, s. § 253; OLG. 24, 159.

[6] Beim Betrieb einer Zweigniederlassung mit besonderer Firma kann die Prokura als sog. Filialprokura räumlich auf diese Zweigniederlassung allein beschränkt werden, ebenso wie in diesem Falle eine Prokura für die Hauptniederlassung allein erteilt werden kann, § 50 III. Bei der sachlichen Unbeschränktheit der Prokura und der persönlichen Einheit des Gesamtgeschäfts hat eine solche Beschränkung aber nur da entscheidende Bedeutung, wo es sich um Rechtsstreitigkeiten oder Rechtsverhältnisse handelt, die gerade unter der Filialfirma laufen, z. B. Hypotheken, vgl. KGJ. 32 A, 203.

[7] Kollusion heißt betrügerisches Zusammenspiel. Über diesen, für sämtliche Arten von Vertretungsverhältnissen gleich bedeutsamen Grundsatz vgl. z. B. RGZ. 71, 219; 108, 407. Vereinbart beispielsweise ein Prokurist mit seinem eigenen, persönlichen Gläubiger heimlich

Die abstrakte Natur der Vollmacht tritt bei der Prokura besonders hervor. Kein Prinzipal könnte seinem Prokuristen rechtsgültig den Auftrag geben, für ihn alle denkbaren Handelsgeschäfte nach eigenem Ermessen abzuschließen; aber er gibt ihm die Ermächtigung dazu, und ist bei Auftragsüberschreitung auf etwaige Schadensersatzansprüche gegen den Prokuristen beschränkt. Im übrigen hängt die Prokura zwar auch, wie jede andere Vollmacht, mit dem zugrunde liegenden Rechtsverhältnis, dem sog. Gestionsverhältnis (in aller Regel ein Dienstverhältnis, § 59)[1], insofern zusammen, als sie gemäß BGB. § 167 erlischt, wenn dieses, z. B. durch Entlassung des Prokuristen, endigt (s. aber auch §§ 53 III, 15 I). Sie ist aber grundsätzlich dem Gestionsverhältnis gegenüber unabhängiger gestaltet, da sie kraft Rechtsnotwendigkeit stets widerruflich ist, ohne daß, wie bei anderen Vollmachten, das Grundverhältnis oder eine besondere Vereinbarung hieran etwas ändern könnte, § 52[2].

b) Prokura kann entweder als Einzelprokura (an einen allein oder an mehrere Einzelprokuristen nebeneinander) erteilt werden oder aber als Gesamtprokura an mehrere gemeinschaftlich, und wird, da hierbei durch die Notwendigkeit des Zusammenwirkens der mehreren Gesamtprokuristen die Gefahr mißbräuchlicher oder ungeschickter Verwendung der Vertretungsmacht einigermaßen gemildert wird, sehr häufig in dieser Weise erteilt; dies geschieht auch bei Bestellung einer größeren Zahl von Prokuristen meist so, daß je zwei derselben vertretungsberechtigt sind, § 48 II; Eintragung der Gesamtprokura zum Handelsregister s. § 53 I. Gesamtprokuristen haben Vertretungsmacht im vollen sachlichen Umfang des § 49, aber sie haben sie nur zur gesamten Hand. Bei einer Willenserklärung namens der Firma müssen beide mitwirken, beide unterzeichnen. Da dies tatsächlich nicht immer geschehen kann und jedenfalls nicht immer geschieht (wie etwa bei fernmündlichen Geschäftsabschlüssen oder bei Abwesenheit eines der Gesamtprokuristen), können sich für die Sicherheit des Verkehrs bedenkliche Gefahren ergeben, weil scheinbar normal abgeschlossene Geschäfte wegen des Mangels alleiniger Vertretungsmacht ungültig sein können[3]. Indessen hat die Rechtsprechung nach und nach den Grundsatz herausgearbeitet, daß es, sogar bei formbedürftigen Rechtsgeschäften, genügt, wenn der eine Gesamtvertreter abschließt und der andere, sei es dem Dritten, sei es dem Handelnden selbst gegenüber, seine Zustimmung oder nachträgliche Genehmigung erklärt, was auch stillschweigend geschehen kann[4]; daß eine vom Prinzipal selbst aus-

---

eine Bürgschaftsübernahme zu Lasten der Firma, so ist der Vertrag zwar an sich namens der Firma gültig, weil Bürgschaften unter § 49 fallen und ein Selbstkontrahieren, wie es im BGB. § 181 verboten wird, nicht vorliegt; jedoch wird dem Prinzipal regelmäßig dem Gläubiger gegenüber die Einrede der Arglist gegeben sein, RG. in Gruch. 63, 84. — S. auch oben S. 36 Anm. 2: Bestechung von Angestellten.

[1] Auch arbeitsrechtlich ändert sich in der Rechtsstellung eines kaufmännischen Angestellten als Arbeitnehmers an sich nichts dadurch, daß ihm Prokura erteilt wird. Besonderheiten gelten für Prokuristen nur dann, wenn sie Geschäftsführer oder Betriebsleiter sind (sog. leitende Angestellte); in diesem Falle gehören sie nicht mehr zu den Angestellten im Sinne des Betriebsrätegesetzes, s. BetrRG. § 12, II, und können als Arbeitgeberbeisitzer in die Arbeitsgerichte berufen werden, ArbGerG. § 22 III Ziff. 1, s. auch § 30 II 2: besondere Fachkammer für Rechtsstreitigkeiten leitender Angestellter.

[2] Vgl. RGZ. 3, 186; 27, 35 (daher kann auch ein Recht auf Prokuraerteilung nicht durch Vertrag begründet werden). Grundlose Entziehung der Prokura kann aber im Innenverhältnis eine Vertragswidrigkeit darstellen, die den Angestellten zur sofortigen Kündigung mit Schadensersatzanspruch berechtigt, RArbG. in Bensh. Samml. 5, 379. — Über Widerruf der Prokura durch Eintragung zum Handelsregister (auch ohne Erklärung, z. B. gegenüber dem flüchtigen Prokuristen), vgl. H. MEYER, ZHR. 81, 365.

[3] Kritische Anmerkungen über das Institut der Gesamtvertretung s. bei BRODMANN, GmbH. S. 135, und dazu STAUB-BONDI I Anh. zu § 58 Anm. 30.

[4] Über diese in allen Fällen der Gesamtvertretung wiederkehrenden schwierigen Fragen vgl. z. B. RGZ. 81, 325; 100, 140; 101, 342; 118, 168 (Wechselzeichnung durch einen Gesamtvertreter allein); JW 1927, 167. — Daß zwei Gesamtprokuristen zusammen einem von ihnen Vollmacht zur Vornahme einzelner Geschäfte (Handlungsvollmacht, s. zu § 54) erteilen können,

gehende derartige Ratihabition die gleiche Wirkung hat, ergibt sich schon aus BGB. § 177.

In Gesellschaftsunternehmungen kann Prokura auch in der Weise erteilt werden, daß der Prokurist nur gemeinsam mit einem Gesellschafter oder Vorstandsmitglied zur Vertretung ermächtigt ist, sog. gemischte Gesamtvertretung, vgl. §§ 125 III, 232 II; eine solche ist ferner in der Weise möglich, daß ein Gesamtprokurist gemeinsam mit einem Handlungsbevollmächtigten soll handeln können, s. unten S. 45 Anm. 3[1].

§ 25. Handlungsvollmacht.

Literatur: TITZE in Ehrenbergs Handb. II, 2, S. 944ff.

Handlungsvollmacht nennt das HGB. § 54 die in einem Handelsgewerbe erteilte, auf den Abschluß von Handelsgeschäften gerichtete Vollmacht, die nicht Prokura ist[2]. Das Gesetz unterscheidet dabei drei, dem Umfange nach verschiedene Gattungen: die Handlungsvollmacht ist entweder General- oder Art- oder Spezialhandlungsvollmacht, je nachdem sie sich auf den Betrieb des Handelsgewerbes im ganzen erstreckt (sog. Generalhandlungsbevollmächtigte, Geschäftsführer, Filialleiter u. dgl.) oder auf eine bestimmte Art von Geschäften beschränkt ist (Kassierer, Verkäufer und ähnliche Fälle) oder nur für einzelne zu dem Handelsgewerbe gehörende Geschäfte (z. B. einen Fabrikbau oder einen bestimmten Einzelabschluß) erteilt ist[3].

In allen drei Fällen wird die nähere Begrenzung des Umfangs der Vertretungsmacht, wie schon in § 23 bemerkt, typisch bestimmt. Die Handlungsvollmacht ermächtigt zu allen Geschäften und Rechtshandlungen, die ein derartiger Gewerbebetrieb oder die Vornahme derartiger Geschäfte gewöhnlich mit sich bringt, § 54 I. Es kommt also zwar auf Art und Größe des fraglichen Handelsgewerbes an: innerhalb des sich hieraus ergebenden Rahmens gilt dann aber das regelmäßig Übliche. Hat z. B. der Inhaber eines mittleren Tuchgeschäftes einen Geschäftsführer bestellt, so wäre zwar ein von diesem vorgenommener Ankauf von Wertpapieren oder ein Tucheinkauf in übertriebener Höhe für den Prinzipal nicht bindend, wohl aber ein Tucheinkauf in normalem Umfang, mag auch der Prinzipal eine hinter diesem Normalen zurückbleibende engere Grenze bestimmt haben, jenseits deren er sich dem Geschäftsführer gegenüber seine Einwilligung zu einzelnen Abschlüssen vorbehalten hat. Nur dann müßte der Dritte eine solche spezielle Beschränkung der Handlungsvollmacht gegen sich gelten lassen, wenn er sie kannte oder kennen mußte. Denn da der Umfang der Vertretungsmacht hier nicht, wie bei der Prokura, kraft Gesetzes fest bestimmt, sondern aus der Gestaltung der konkreten Verhältnisse abzuleiten ist, müssen eben alle bekannten und erkennbaren Umstände berücksichtigt werden, § 54 III. Dies gilt insbesondere für die Hauptfrage, ob das betreffende Geschäft an sich nach Art und Umfang als gewöhnlich oder nach der einen oder anderen

---

ist zwar nicht, wie bei gesamtvertretungsberechtigten Gesellschaftern oder Vorstandsmitgliedern in § 125 II 2, 232 I 2, vom Gesetze ausdrücklich ausgesprochen, wird aber, in Analogie dieser Bestimmungen, allgemein anerkannt, vgl. STAUB-BONDI a. a. O. und RGZ. 80, 182. — Zur passiven Vertretung (Entgegennahme von Erklärungen) ist jeder Einzelne befugt, s. BGB. § 28 II. — Arglist oder Kenntnis eines von mehreren Gesamtvertretern schadet dem Vertretenen, RGZ. 81, 433; 117, 64; umgekehrt kann dieser sich auf Kollusion des Dritten mit einem der Gesamtprokuristen auch bei Gutgläubigkeit der übrigen berufen, RG. Warn. 1928, 35.

[1] Werden zwei Personen bevollmächtigt, und zwar so, daß dem einen von ihnen Einzelprokura erteilt wird, so kann dem andern weder bloße Gesamtprokura noch auch bloße Gesamthandlungsvollmacht mit jenem ersten zusammen erteilt werden (bestr.).

[2] Daher darf der Handlungsbevollmächtigte nicht per procura zeichnen, sondern nur z. B. „per", § 57. Inwieweit er überhaupt die Firma zeichnen darf, beurteilt sich nach § 54. — Zum Handelsregister kann der Handlungsbevollmächtigte, auch bei weitgehendster Ermächtigung, nicht eingetragen werden, s. S. 17 Anm. 2.

[3] Über die besondere Stellung, die der Filialdirektor einer Aktiengesellschaft (Bank) u. U. einnimmt, s. unten S. 88 Anm. 2.

Richtung als ungewöhnlich zu erachten ist[1]. Grundstücksverfügungen und — enger als bei der Prokura — Darlehnsaufnahme, Wechselzeichnung und Prozeßführung fallen nicht in die Handlungsvollmacht; hierzu bedarf es besonderer Ermächtigung, § 54 II. Hat ein Handlungsreisender Handlungsvollmacht, was sich keineswegs von selbst versteht[2], so umfaßt diese regelmäßig das Inkasso und die persönliche Entgegennahme von Mängelanzeigen, § 55.

Zur Erteilung der Handlungsvollmacht[3] bedarf es nicht ausdrücklicher Erteilung. Auch für die Frage, ob eine Vollmacht stillschweigend erteilt ist, entscheiden die erkennbaren Umstände. Wenn der Geschäftsinhaber wissentlich duldet, daß sein Sohn im Geschäft frei schaltet und waltet, so hat er ihm damit bis auf weiteres entsprechende Handlungsvollmacht erteilt; insbesondere kann auch die besondere Ermächtigung zur Wechselzeichnung (§ 54 II) stillschweigend erteilt werden[4].

In einem besonderen Falle soll es aber nicht einmal einer solchen stillschweigenden Vollmachtserteilung bedürfen: Ladenangestellte gelten als zu üblichen Verkäufen und Empfangnahmen ermächtigt, selbst wenn sie tatsächlich nicht zum Abschluß irgendwelcher Geschäfte, sondern etwa nur zum Herbeibringen der Waren angestellt sind[5]. Schon das Antreffen eines solchen Angestellten in der offenen Verkaufsstelle begründet also den Vertrauensschutz, wenn kein erkennbarer Umstand (etwa ein Anschlag „Zahlungen nur an der Kasse") entgegensteht, §§ 56, 54 III[6].

b) Handlungsgehilfen.

§ 26. Dienstverhältnisse im allgemeinen. Begriff des Handlungsgehilfen.

Literatur: Titze, Das kaufmännische Hilfspersonal in Ehrenbergs Handb. II, 2, S. 545 bis 906; Kaskel, Arbeitsrecht[3] in dieser Enzyklopädie XXXI; Hueck, Arbeitsvertragsrecht in Nipperdey-Hueck, Lehrbuch des Arbeitsrecht (1928) I, S. 86—380; Nipperdey bei Staudinger[9] Vorbemerkung zu § 611 BGB.; Lehmann-Hoeniger I, S. 146—180; Horrwitz, Das Recht der Handlungsgehilfen und Handlungslehrlinge (1905); Baum, Der Dienstvertrag der kaufmännischen Angestellten (1908); Lotmar, Der Arbeitsvertrag (1902/8). — Entscheidungen des Reichsarbeitsgerichts und der Landesarbeitsgerichte (zit.: Bensh. Samml.). — Zeitschriften: Das Gewerbe- und Kaufmannsgericht, jetzt: Das Arbeitsgericht (34. Jahrg.); Jahrbuch des Berliner Kaufmannsgerichts. — Neue Zeitschrift für Arbeitsrecht. — Jahrbuch des Arbeitsrechts von Hoeniger-Schulz-Wehrle. Textausgabe: Hoeniger, Arbeitsrecht. Hoeniger, Gewerberecht.

a) Die Dienstverhältnisse, die im kaufmännischen Unternehmen vorkommen, haben bis jetzt keine einheitliche Rechtsquelle[7]. Das HGB. regelt nur diejenigen

[1] Vgl. z. B. einerseits RGZ. 52, 89: ungewöhnlich hohe Bestellungen; anderseits 86, 89; Auskunft durch einen Bankschalterbeamten; 118, 234: Valutageschäfte durch Angestellte der Depositenkasse einer Großbank.

[2] So RGZ. 97, 1. — Stadtreisende fallen nicht unter § 54.

[3] Zur Erteilung ist nicht nur der (Voll- oder Minder-) Kaufmann persönlich, sondern auch ein Prokurist und, innerhalb des nach § 54 Üblichen, auch ein Handlungsbevollmächtigter selbst befugt, s. a. § 58. — Bevollmächtigt werden kann auch eine juristische Person, z. B. eine Aktiengesellschaft oder eine Gesellschaft m. b. H., s. Bondi, ZBH. 4, 34. — Eine Handlungsvollmacht kann als Gesamtvollmacht erteilt werden, auch in der Weise, daß der Bevollmächtigte nur zusammen mit einem Gesamtprokuristen zeichnen kann. Doch können dann die in § 54 II bezeichneten Geschäfte regelmäßig nicht auf letztere Art (Prokurist und Handlungsbevollmächtigter zusammen) vorgenommen und der Handlungsbevollmächtigte auch hier nicht in das Handelsregister eingetragen werden.

[4] Löst z. B. der Prinzipal Wechsel, die der Angestellte in Überschreitung seiner Vollmacht namens der Firma gezeichnet hat, wiederholt ein, ohne Beanstandungen zu erheben, so ermächtigt er ihn dadurch stillschweigend bis auf weiteres, kann also späteren Wechselgeschäften nicht den Einwand mangelnder Vertretungsmacht entgegenhalten, vgl. RGZ. 43, 189; 116, 247; 117, 164; Warn. 1926, 119, 154.

[5] RGZ. 65, 295; 100, 48.

[6] Nicht so bei Angestellten in einem Kontor, RGZ. 108, 49. Doch muß ein Prinzipal, der z. B. einen Fernsprechanschluß unterhält, eine von einem Angestellten in seiner Abwesenheit abgenommene Erklärung in üblichem Umfange gegen sich gelten lassen, auch wenn sie ihm nicht ausgerichtet wurde, vgl. RGZ. 61, 125; 102, 295 (Mängelanzeige durch Telephon).

[7] Über den Entwurf eines Allgemeinen Arbeitsvertragsgesetzes s. Molitor-Hueck-Riezler, Der Arbeitsvertrag.

des eigentlich kaufmännischen Personals, der Handlungsgehilfen, §§ 59, 83[1]. Der Gewerbeordnung bleiben überlassen die Arbeiter im Handelsgewerbe (Bankdiener, Wagenführer u. dgl.), sowie die nicht im Umsatz-, sondern im Produktionsprozeß beschäftigten Personen, seien sie nun Gesellen und Fabrikarbeiter oder Betriebsbeamte, Maschinentechniker, Chemiker oder sonstige Gewerbegehilfen, GewO. §§ 105b, 133a—f. Für Dienstverhältnisse, die weder kaufmännischer noch gewerblicher Art sind, z. B. für Syndici, Redakteure, Schauspieler, bewendet es beim Dienstvertragsrecht des BGB., § 611ff.

Dieser Dreiteilung des materiellen Arbeitsvertragsrechts entsprach früher eine solche der Gerichtsbarkeit. Als Arbeitsgerichte der Handlungsgehilfen waren regelmäßig die Kaufmannsgerichte zuständig (Ges. vom 6. 7. 1904), für Gewerbegehilfen und Arbeiter regelmäßig die Gewerbegerichte (Ges. vom 29. 9. 1901), im übrigen die ordentlichen Gerichte. Das Arbeitsgerichtsgesetz vom 23. 12. 1926[2] brachte hier Einheitlichkeit, indem es die besonderen Gewerbe- und Kaufmannsgerichte aufhob und alle mit dem Arbeitsverhältnis zusammenhängenden Rechtsstreitigkeiten für sämtliche Arbeitnehmer an die gleichen, selbständigen Arbeitsgerichte verwies, in denen nur im Wege der inneren Geschäftseinteilung getrennte Kammern für Arbeiter und für Angestellte (Angestelltenkammer) gebildet werden müssen und besondere Fachkammern (also z. B. für Handlungsgehilfen) gebildet werden können, ArbGerG. §§ 2, 5, 17, s. oben § 5.

Aus der Gewerbeordnung kommen für die Handlungsgehilfen vor allem die wesentlich öffentlich-rechtlichen Bestimmungen über Sonntagsruhe, Ladenschluß und Arbeitsordnung in Betracht, GewO. § 105a—i, 139c—k. In bedeutsamster Weise greifen sodann die allgemeinen Grundsätze und Normen des Arbeitsrechts ein, namentlich die VO. über Tarifverträge und das Betriebsrätegesetz. Während dies Sozialrecht den einzelnen Arbeitnehmer als Angehörigen seiner Gruppe erfaßt, behandelt das HGB., mit den ergänzenden Regeln des BGB., das Dienstverhältnis des Einzelarbeitsvertrags als Ausfluß individuellen Vertragswillens, den es übrigens aus sozialen Erwägungen mehrfach durch zwingende Rechtsnormen einengt. An dieser Stelle ist von dem Recht der Handlungsgehilfen nur das Arbeitsvertragsrecht, und zwar in seinem speziell handelsrechtlichen Teil, zu behandeln, im übrigen auf die Darstellung des Arbeitsrechts zu verweisen.

b) Handlungsgehilfe ist, wer in einem Handelsgewerbe zur Leistung kaufmännischer Dienste gegen Entgelt angestellt ist, § 59. Kaufmännisch in diesem Sinne ist jede vorwiegend geschäftliche Arbeit. Handlungsgehilfen sind also die mit dem Abschluß oder mit der Vorbereitung, Durchführung und Weiterbehandlung der Handelsgeschäfte in nicht bloß mechanischer Weise befaßte Personen, z. B. Verkäufer, Buchhalter, Frachtkalkulatoren u. v. m. Im einzelnen entscheidet die Verkehrsauffassung[3]. Immer wird eine entsprechende Ausbildung erforderlich sein, wenn auch nicht gerade die Absolvierung einer förmlichen kaufmännischen Lehre. Über Handlungslehrlinge s. §§ 76—82, Volontär § 82a[4].

---

[1] Die Handlungsgehilfen gehören arbeitsrechtlich zu den „Angestellten". Vgl. Versicherungsges. f. Angestellte § 1 Ziff. 3, Über „leitende Angestellte" s. oben S. 43 Anm. 1.

[2] DERSCH-VOLKMAR, Arbeitsgerichtsgesetz, 1928.

[3] Kein Handlungs-, sondern Gewerbegehilfe ist z. B. der Oberkellner, obgleich er namens des Prinzipals Handelsgeschäfte abschließt, also Handlungsbevollmächtigter ist, vgl. ROHG. 24, 270; ebenso fehlt der Stellung einer einfachen Kassiererin in einem Kino die besondere „kaufmännische Signatur", RArbGer. in JW. 1929, 73. — Dagegen sind Organisationsbeamte, z. B. die mit der Sozialversicherung in großen Betrieben betrauten Angestellten, als Handlungsgehilfen anzusehen.

[4] Über den kaufmännischen Lehrvertrag vgl. TITZE S. 874ff., über den Handlungsvolontär dens. S. 900ff. — Auch der Lehrvertrag ist seinem Wesen nach ein Arbeitsvertrag, der Lehrling Arbeitnehmer, wenn, wie dies in der Regel der Fall, der Lehrling nicht bloß seine Ausbildung erhält, sondern Arbeit gegen Entgelt zu leisten hat, s. KASKEL S. 141ff., ArbGerGes. § 5, RArbGer. Bensh. Samml. 4, 86.

Im Geschäft eines Kaufmanns angestellt ist, wer auf Grund Vertrages dem fremden gewerblichen Organismus für eine gewisse Dauer als unselbständiges Glied eingefügt und in seiner Tätigkeit von den Anordnungen des Prinzipals abhängig ist. Daher z. B. sind der Direktor (Vorstand) einer Aktiengesellschaft oder der Geschäftsführer einer Gesellschaft mit beschränkter Haftung keine Handlungsgehilfen, obgleich sie auf Grund von Dienstverträgen kaufmännische Dienste leisten. Denn sie arbeiten nicht unter einem persönlichen Prinzipal, sondern stehen an Prinzipals Statt. Für ihre Dienstverträge gelten demgemäß nicht die Vorschriften dieses 6. Abschnitts, sondern diejenigen des BGB., s. unten § 50[1].

§ 27. Pflichten und Rechte aus dem Arbeitsvertrag.

Verpflichtungen und Ansprüche des Handlungsgehilfen gegenüber dem Prinzipal[2] regeln sich nach Vertrag und Ortsgebrauch, § 59. Insbesondere kann Inhalt und Umfang der Arbeitspflicht des Gehilfen im einzelnen nur nach der Verkehrssitte und Treu und Glauben bestimmt werden. Man denke z. B. an die Frage, ob und wann ein für ein bestimmtes Fach angestellter Gehilfe sich zur Arbeit in einem anderen Fache verstehen muß[3]. Aus der Einordnung des Arbeitnehmers als eines unselbständigen Gliedes in das Unternehmen eines anderen ergibt sich vor allem die Gehorsamspflicht des Handlungsgehilfen, der das Direktionsrecht des Prinzipals gegenübersteht. Aus der persönlichen Verbundenheit des Handlungsgehilfen erwächst ferner eine gewisse Treupflicht; sie äußert sich z. B. in seiner Pflicht zur Verschwiegenheit, deren rechtliche Bedeutung sich keineswegs in den engen Strafvorschriften des UWG. §§ 17, 18 erschöpft, und tritt ferner in dem gesetzlichen Konkurrenzverbot des HGB. §§ 60, 61 zutage. Der Handlungsgehilfe darf im Handelszweige des Prinzipals keine Geschäfte machen, weder für eigene noch für fremde Rechnung, z. B. ein Reisender nicht Aufträge zur Selbstausführung oder für eine dritte Firma übernehmen. Im Falle einer Zuwiderhandlung kann der Prinzipal nach seiner Wahl entweder Schadenseratz oder, mittels einer Art von Eintrittsrecht, die Verrechnung des Geschäfts zu seinen eigenen Gunsten verlangen. In anderen Handelszweigen darf der Handlungsgehilfe zwar wohl einzelne Geschäfte machen, aber, da er dem Prinzipal seine ganze Arbeitskraft zur Verfügung stellen muß, nicht ein volles eigenes Handelsgewerbe betreiben[4].

Das dem Handlungsgehilfen zu gewährende Entgelt kann in Geld oder in Naturalleistungen (Wohnung, Unterhalt) bestehen. Die Gehaltszahlung muß am Schluß jedes Monats erfolgen, soweit nicht kürzere Termine vereinbart sind, § 64. Neben dem festen Gehalt kommen eine Reihe anderer Vergütungsformen vor, namentlich Provision für die einzelnen von dem Gehilfen (z. B. einem Reisenden) vermittelten oder abgeschlossenen Geschäfte, § 65; Tantieme, d. i. ein nach dem Gesamtertrag des Unternehmens periodisch berechneter Gewinnanteil[5]; Gratifikationen, d. s. ver-

[1] Die gesetzlichen Vertreter der juristischen Personen stehen da, wo es sich um Fragen des persönlichen Verhaltens handelt (z. B. § 71 Ziff. 4), den Handlungsgehilfen des Unternehmens selbst als „Prinzipal" gegenüber. Sie gehören nicht zu den Arbeitnehmern im Sinne des ArbGerGes. § 5 II; doch kann die Zuständigkeit der Arbeitsgerichte vereinbart werden, § 3 II. — Auf der andern Seite bedarf es der Abgrenzung namentlich gegenüber dem Handlungsagenten, s. unten § 30. — Entscheidend ist stets, ob es sich um „abhängige Arbeit" handelt, s. RArbGer. Bensh. Samml. 4, 255.

[2] Im Zusammenhang des gesamten Arbeitsrechts dargestellt bei Kaskel S. 73—118. — Die Rechte und Pflichten aus dem Dienstvertrag sind zwar im Zweifel nicht übertragbar, BGB. § 613, 2, doch wird die Übertragbarkeit regelmäßig für den Fall als stillschweigend vereinbart anzusehen sein, daß das Unternehmen als Ganzes an einen andern Prinzipal veräußert wird, vgl. Hueck in Lehrb. des Arbeitsrechts S. 247ff.

[3] Vgl. hierzu BetriebsräteGes. § 84 Ziff. 3.

[4] S. z. B. RGZ. 109, 355: Valutaspekulationen der Leiter einer Depositenkasse.

[5] Der Gewinnanteil des „commis interesse" berechnet sich nach der normalen Bilanz des Unternehmens, mindert sich also auch durch Abschreibungen, soweit sie nicht böswillig oder willkürlich sind, RArbGer. in Bensh. Samml. 5, 29; vgl. § 237.

einbarte oder übliche Zusatzleistungen; Pension für die Zeit der dauernden Dienstunfähigkeit. — Das im bürgerlichen Recht geregelte Gegenseitigkeitsverhältnis zwischen Dienstleistung und Vergütungsanspruch[1] ist handelsrechtlich in einem Punkte näher bestimmt: der Gehaltsanspruch des Handlungsgehilfen bleibt bei unverschuldeter Dienstbehinderung durch Krankheit und dgl. fortbestehen, jedoch höchstens bis zu sechs Wochen, § 63 vgl. mit BGB. § 616[2]. — Neben der Vergütungspflicht[3] trifft den Prinzipal dem Handlungsgehilfen gegenüber eine gewisse Fürsorge- oder Schutzpflicht; er ist zu tunlichst sicherer und unschädlicher Einrichtung des Betriebes (der Arbeitsgrundlage) verpflichtet, und zwar kontraktlich, aus dem Dienstvertrag heraus, so daß er z. B. für ein hierbei unterlaufendes Verschulden seiner Aufsichtspersonen schlechthin einzustehen hat, § 62, BGB. § 278, vgl. GewO. § 139g, h[4].

§ 28. Ordentliche und außerordentliche Kündigung.

a) Das Dienstverhältnis des Handlungsgehilfen kann, wenn es nicht für eine von vornherein festbestimmte Zeit eingegangen worden ist, von jedem der beiden Teile auf Vierteljahrsschluß mit sechswöchiger Frist gekündigt, d. h. durch eine dem andern Teil gegenüber abzugebende, einseitige Erklärung aufgehoben, beendigt werden, § 66[5]. Während diese gesetzliche Befristung nach BGB. § 622 dispositive Regel ist, läßt das HGB. vertragsmäßige Abweichungen nur in beschränktem Maße zu. Eine von der gesetzlichen Norm abweichende Vereinbarung darf als Kündigungstermin nur den Monatsschluß vorsehen, die Kündigungsfrist nicht kürzer als einen Monat bemessen und muß sowohl bei Verlängerung, wie bei Verkürzung der Frist „beide Teile gleich" behandeln. Eine Vereinbarung, daß der Gehilfe frühestens nach zwei, der Prinzipal schon nach einem Jahre kündigen dürfe, wäre also ungültig, nicht dagegen die umgekehrte, da diese, aus sozialen Gründen für zwingend erklärten Sondernormen nur den Schutz der Gehilfen bezwecken, § 67[6]. Für ältere Angestellte mit langjähriger Dienstzeit ist die Kündigungsfrist des Arbeitgebers durch das Kündigungsschutzgesetz vom 9. 7. 1926 auf drei bis sechs Monate verlängert worden[7].

---

[1] In der besonders umstrittenen Frage, ob der Arbeitnehmer nach BGB. § 615 seinen Lohnanspruch verliert, wenn die Arbeitsleistung z. B. wegen Teilstreik anderer Arbeitnehmer nicht erfolgen kann, hat sich nunmehr die Auffassung durchgesetzt, daß der Arbeitnehmer mit Rücksicht auf seine Verbundenheit mit dem Betrieb das Betriebsrisiko insofern mit zu tragen hat, als es sich um den mit der Stellung der Arbeitnehmer verbundenen Gefahrenkreis handelt und die Billigkeit es erfordert, vgl. RArbGer. in Bensh. Samml. 3, 116, 129, 179; 5, 38, 366.

[2] Dieser Anspruch auf Vergütung bis zu 6 Wochen bei einer durch „unverschuldetes Unglück" eingetretenen Dienstbehinderung verbleibt dem Handlungsgehilfen, auch wenn der Prinzipal aus diesem Grunde (z. B. anhaltende Krankheit des Gehilfen) zu fristloser Kündigung schreitet, § 72 II. Der Anspruch ist abdingbar (bestr.), dagegen kann nicht gültig vereinbart werden, daß der Gehilfe sich das Krankengeld auf den Lohn anrechnen lassen muß, § 63 I vgl. mit II, 2.

[3] Ein Recht auf Arbeit also einen Anspruch, tatsächlich beschäftigt zu werden, hat der Arbeitnehmer in der Regel nicht, RArbGer. in Bensh. Samml. 3, 190 (Handlungsreisender).

[4] Vgl. RGZ. 77, 408. — Über den Prima-facie-Beweis in der Frage des Kausalzusammenhangs zwischen dem ungesunden Arbeitsraum und einer eingetretenen Gesundheitsbeschädigung s. Heinsheimer, JW. 1922, 485, sowie RheinZ. 13, 1ff.

[5] Über die Beendigung des Arbeitsverhältnisses s. Kaskel, Arbeitsrecht, S. 118—139; Nipperdey bei Staudinger BGB.[9] II 2, von und zu § 620/8.

[6] So RGZ. 68, 317 (für die Lehre von der Gesetzesauslegung im allgemeinen wichtig). — Die Normen des § 67 gelten nicht für Gehilfen über einer gewissen Gehaltsgrenze (5000 M.) und in Übersee, § 68, vgl. unten S. 51 Anm. 1. S. auch § 69: Anstellung zur Aushilfe.

[7] Gesetz über die Fristen für die Kündigung von Angestellten vom 9. 7. 1926: Angestellten, die nach Vollendung des 25. Lebensjahres 5, 10, 12 Jahre ununterbrochen in der gleichen Stelle waren, darf nur mit Frist von 3, 5, 6 Monaten gekündigt werden, vorausgesetzt, daß der Arbeitgeber regelmäßig mehr als zwei Angestellte beschäftigt, und unbeschadet der Bestimmungen über fristlose Kündigung. S. Baum, JW. 1926, 2048, Dersch, NZfArbR. 1926, 577ff., 653ff.; vgl. z. B. RArbG. in JW. 1928, 1075, 2929 (Einrechnung der Beschäftigung als Arbeiter; Abweisung von Umgehungen des Gesetzes), Bensh. Samml. 5, 347 (Rechtsnachfolge auf seiten des Arbeitgebers).

b) Neben dieser befristeten, aber von Gründen unabhängigen, ordentlichen Kündigung[1] steht unabdingbar das Recht zur außerordentlichen, fristlosen Kündigung aus wichtigen Gründen, § 71 I[2]. Ein solcher wichtiger Grund, der den Handlungsgehilfen zu sofortigem Austritt, den Prinzipal zu sofortiger Entlassung berechtigt, kann sowohl in einer schweren Verletzung der Vertragspflichten durch den andern Teil, wie auch darin liegen, daß eine unverschuldete Tatsache in der Person des einen oder andern Teils eingetreten ist, angesichts deren ein Zwang, den Vertrag bis zum ordentlichen Kündigungstermin, bei langfristigen Verträgen vielleicht noch auf Jahre hinaus, fortsetzen zu müssen, als harte Unbilligkeit erscheinen müßte. Das Interesse des Kündigenden an der sofortigen Auflösung des Dienstvertrages muß ein gerechtfertigtes und gegenüber dem Interesse des anderen Teils an dessen normaler Fortsetzung ein entscheidend überwiegendes sein, unter Berücksichtigung des Verhaltens beider Teile und der für beide eintretenden Folgen. Das BGB. § 626 beschränkt sich auf die Aufstellung des Prinzips vom wichtigen Grunde. Das HGB. aber, das konkreter bestimmte Lebensverhältnisse zum Gegenstand hat, kann den allgemeinen Satz durch zwei Reihen von Einzelfällen ergänzen, in denen entweder der Handlungsgehilfe, § 71, oder der Prinzipal, § 72, zu sofortiger Kündigung berechtigt sein soll. Es sind vor allem solche eines besonders schweren Verschuldens, z. B. erhebliche Ehrverletzungen, Untreue, beharrliche Dienstverweigerung. Von unverschuldeten Umständen führt das Gesetz an, daß der Gehilfe durch langandauernde Krankheit an den Dienstverrichtungen verhindert oder daß er zur Fortsetzung seiner Dienste unfähig wird; in ersterem Falle ist der Prinzipal, in letzterem, der offenbar den ersteren einschließt, der Gehilfe selbst zur Kündigung berechtigt, wie dies namentlich bei langfristigem Ausschluß der ordentlichen Kündigung wichtig werden kann. Die vom Gesetz aufgezählten Gründe sind nicht absolut gemeint. Aber sie sind doch auch nicht bloße Beispiele. Liegt einer der gesetzlichen Fälle vor, so ist die fristlose Kündigung begründet, „sofern nicht besondere Umstände eine andere Beurteilung rechtfertigen“. Gehört dagegen der geltend gemachte Kündigungsgrund nicht zu den vom Gesetz als besonders schwer aufgezählten, so muß seine „Wichtigkeit“ im Einzelfall positiv feststehen, wenn die Kündigung zu Recht bestehen soll[3].

---

[1] Soweit das Betriebsrätegesetz reicht, ist auch die ordentliche Kündigung auf ihre Motive nachprüfbar, BetrRGes. § 84ff. Der Arbeitnehmer kann beim Betriebsrat (Angestelltenrat) Einspruch einlegen und sodann dieser oder der Arbeitnehmer das Arbeitsgericht anrufen, wenn die Kündigung eine unbillige Härte darstellt, ohne Angabe von Gründen erfolgte u. dgl. Indessen ist, wenn der Einspruch für begründet erklärt wird, die Kündigung nicht unwirksam, sondern nur der Arbeitgeber, falls er den Angestellten nicht weiterbeschäftigen will, zu einer gewissen Entschädigung verpflichtet, vgl. KASKEL S. 123ff. Über die jetzige Gestaltung dieses Kündigungseinspruchsverfahrens (Kündigungseinspruchsklage) vgl. ArbGerG. § 2[4], 10, 63, 71; s. DERSCH-VOLKMAR, ArbGerGes. S. 576ff.

[2] Wegen der grundsätzlich zwingenden Natur dieser Vorschrift s. RGWarn. 1919, Nr. 34, JW. 1919, 240; RGRKomm. z. BGB. § 626 Anm. 2; HUECK in Rechtsprechung des Reichsgerichts zum Arbeitsrecht I, 389ff.

[3] Minder schwere Vertragsverletzungen, die aber nach den Umständen die sofortige Auflösung des Dienstverhältnisses rechtfertigen, können z. B. sein, daß der Prinzipal durch seine Anordnungen absichtlich die Autorität des als Betriebsleiter Angestellten zerstört, RG. in LZ. 1924, 461, vielleicht auch, daß der Leiter des Betriebs im Konkubinat lebt, RGZ. 38, 116. Unverschuldete Kündigungsgründe können etwa sein: für den Gehilfen die Notwendigkeit, beim plötzlichen Tode des Vaters dessen Geschäft zu übernehmen; für den Prinzipal wohl auch die Unmöglichkeit der Weiterführung des Geschäfts (z. B. nach dem Tode des bisherigen Inhabers, RGZ. 58, 256 u. RG. in JW. 1924, 177, bestr.); dagegen ist regelmäßig die Verheiratung einer Angestellten kein außerordentlicher Kündigungsgrund für den Prinzipal (RArbGer. in Bensh. Samml. 4, 22, abw. von RGZ. 110, 297). — Wer trotz Kenntnis eines die Kündigung rechtfertigenden Umstandes nicht innerhalb einer gegebenen Zeit kündigt, verzichtet damit nach Treu und Glauben auf dies Kündigungsrecht, auch wenn eine Verzeihung nicht stattgefunden hat. — Vgl. auch allgemein RGZ. 94, 166 über die Notwendigkeit, bei Beurteilung der Wichtigkeit auch die wirtschaftlichen Folgen für beide Teile in Betracht zu ziehen. —

Die fristlose Kündigung löst, wenn begründet, in jedem Falle das Dienstverhältnis mit sofortiger Wirkung auf. Liegt der Kündigungsgrund in vertragswidrigem Verhalten des anderen Teiles, so hat dieser den dem Kündigenden durch die vorzeitige Beendigung entstehenden Schaden zu ersetzen, § 70 II. So wird z. B. der Prinzipal dem wegen gefährlichen Zustands der Arbeitsgelegenheit nach § 71 Ziff. 3, 62 fristlos kündigenden Gehilfen weiter Gehalt zu zahlen haben, indessen nicht über den nächsten ordentlichen Kündigungstermin hinaus, da in der fristlosen Kündigung die normale eventuell mit ausgesprochen ist. Dies macht sich namentlich auch dann geltend, wenn der für die fristlose Kündigung angeführte Grund tatsächlich nicht besteht oder nicht genügend ist. Die Kündigung kann dann, wenigstens bei Dienstverhältnissen mit normal gesetzlichen Kündigungsfristen, als ordentliche aufrechterhalten bleiben. Ist in einem solchen Falle der Prinzipal der Kündigende, so ergibt sich der Gehaltsanspruch des Gehilfen bis zum nächsten Termine daraus, daß jener von der Kündigung an mit der Annahme der Dienste im Verzug ist, BGB. § 615[1].

§ 29. Vertragsmäßiges Wettbewerbsverbot.

Literatur: TITZE S. 796ff.; BAUM, Das vertragliche Wettbewerbsverbot.

Mit der Beendigung des Dienstverhältnisses erlangt der Handlungsgehilfe die Verfügung über seine Arbeitskraft zurück. Er kann jetzt bei einer Konkurrenzfirma eintreten oder selbst ein Geschäft gründen, und dabei die in der bisherigen Stellung gewonnenen Erfahrungen und Beziehungen zum Nachteil des Prinzipals ausnützen, falls er sich nicht etwa dabei eines Verstoßes gegen UWG. § 17 II schuldig macht. Aber diese Freiheit kann vertragsmäßig eingeschränkt werden. Der Prinzipal kann sich im Anstellungsvertrage versprechen lassen, daß der Gehilfe sich künftig einer konkurrierenden gewerblichen Betätigung in bestimmtem Umfange enthalten werde, sog. Konkurrenzklausel, meist durch Vertragsstrafe bestärkt[2]. Das HGB. engt jedoch, namentlich seit der Novelle vom 10. 6. 1914, die Vertragsfreiheit zum Schutze der Handlungsgehilfen auch hier erheblich ein, §§ 74 bis 75f.[3]. Das Wettbewerbsverbot der Handlungsgehilfen kann gültig nur in besonderer Schriftform

---

[1] Bei jeder Beendigung des Dienstverhältnisses kann der Handlungsgehilfe ein schriftliches Zeugnis über Art und Dauer der Beschäftigung fordern, das auf sein Verlangen auch auf die Führung und die Leistungen auszudehnen ist, § 73. — Ein auf Zeugniserteilung lautendes Urteil ist nach ZPO. § 888 zu vollstrecken. — Auf Abänderung eines ungünstigen Zeugnisses kann nur geklagt werden, wenn die Unrichtigkeit der darin behaupteten Tatsachen nachgewiesen werden kann; gegen ungünstige Urteile aber kann nur durch den Nachweis vorgegangen werden, daß sie wissentlich und absichtlich falsch abgegeben wurden, vgl. OLG. 5, 269. — Stellt der Prinzipal wissentlich unrichtigerweise ein zu günstiges Zeugnis aus (z. B. nach stattgehabten Unterschlagungen), so kann er unter Umständen demjenigen, der den Gehilfen daraufhin einstellt, aus BGB. § 826 schadensersatzpflichtig werden, vgl. RGWarn. 1916, Nr. 76 und 253.

[2] ÖSTERREICH: Angestelltengesetz vom 11. 5. 1921, §§ 36, 37.

[3] Diese Bestimmungen gelten nicht für andere kaufmännische Dienstverhältnisse, wie insbesondere die der Direktoren von Aktiengesellschaften, der Geschäftsführer einer GmbH. Hier gewährt nur etwa BGB. § 138 einen Schutz. Ebensowenig finden die beschränkenden Grundsätze der §§ 74ff. auf Wettbewerbsverbote Anwendung, die bei der Veräußerung von Handelsgeschäften zwischen Veräußerer und Erwerber oder beim Ausscheiden eines Gesellschafters abgeschlossen werden, vgl. hierzu RGZ. 101, 375; RGWarn. 1928 Nr. 7. — Konkurrenzklauseln technischer Angestellter sind in GewO. § 133f. ähnlich dem HGB., jedoch ohne bezahlte Karenz, geregelt. — Die §§ 74ff. gelten entsprechend für Volontäre, § 82a. Minderjährige oder mit weniger als 1500 M. bezahlte Gehilfen können nicht durch Konkurrenzklausel gebunden werden, § 74a II. — Als sog. „geheime Konkurrenzklausel" bezeichnet man Vereinbarungen zwischen Prinzipalen, wonach ein früherer Angestellter des einen nicht gegen dessen Willen beim andern eingestellt werden darf; solche Verträge sind nicht an sich unzulässig, doch begründet ihre Ausnutzung dann eine Schadensersatzpflicht des früheren Arbeitgebers nach BGB. § 826, wenn sie, insbesondere bei verbandsmäßiger Erstreckung auf den ganzen Geschäftszweig, die wirtschaftliche Existenz des Arbeitnehmers gefährdet, RArbG. in Bensh. Samml. 3, 61; 5, 123.

und mit der ausdrücklichen Erklärung des Prinzipals vereinbart werden, daß er sich zur Fortzahlung mindestens der halben Bezüge während der Sperrzeit verpflichte (sog. bezahlte Karenz)[1]. Das Verbot darf ferner nach Ort, Zeit und Gegenwart nur so weit gehen, als einerseits ein schutzwürdiges Interesse des Prinzipals besteht und andererseits dem Gehilfen nicht sein Fortkommen trotz des Karenzgeldes unbillig erschwert wird. Keinesfalls darf es länger als zwei Jahre dauern. Geht die vereinbarte Klausel hiernach zu weit, so wird sie auf das zulässige Maß zurückgeführt. Doch tritt völlige Nichtigkeit der Klausel ein, wenn sie durch schlechthin unerträgliche Bindungen gegen die guten Sitten verstößt, § 74a III, BGB. § 138[2].

Ob und wie das Wettbewerbsverbot dann tatsächlich in Wirksamkeit tritt, hängt davon ab, aus welchem Grunde das Dienstverhältnis aufgelöst wird. Voll unverändert wirksam wird das Verbot vor allem in dem Falle, für den es offenbar in erster Linie bestimmt ist, nämlich dann, wenn der Gehilfe seinerseits kündigt, ohne durch ein vertragswidriges Verhalten des Prinzipals dazu veranlaßt zu sein. Muß aber der Gehilfe aus einem solchen Grunde zur Kündigung schreiten, so kann er sich von dem Verbote lossagen. Wenn andererseits der Prinzipal kündigt, ohne daß hierfür ein erheblicher Anlaß in der Person des Gehilfen vorlag, so ist der Gehilfe nur dann an das Verbot gebunden, wenn der Prinzipal die Fortzahlung der vollen Bezüge anbietet. Umgekehrt verliert der Gehilfe den Anspruch auf Entschädigung während der Karenzzeit, wenn er durch vertragswidriges Verhalten den Prinzipal zur außerordentlichen Kündigung gezwungen hat, § 75. Ist eine Vertragsstrafe versprochen, so hat der Prinzipal zutreffendenfalls die Wahl, ob er Erfüllung (Unterlassung des vertragswidrigen Wettbewerbs) oder die Zahlung der Vertragsstrafe verlangen will, nicht aber hat der Handlungsgehilfe das Recht, sich durch Zahlung der Vertragsstrafe vom Konkurrenzverbot loszukaufen, es sei denn, daß eine Regelung im letzteren Sinne dem besonderen Vertragswillen entspreche, § 75c, BGB. § 340[3].

c) Selbständige Hilfspersonen.

§ 30. Handlungsagenten.

Literatur: Schmidt-Rimpler, Der Handlungsagent, in Ehrenbergs Handb. V, 1, S. 1—320 (1926); Jacusiel, Das Recht der Agenten und Mäkler I⁴ (1925); Immerwahr, Das Recht der Handlungsagenten (1900); Albrecht u. Tentler, Das Recht der Agenten; Behm, Der Handelsagent (1913); Wüstendörfer in ZHR. 58, 118ff. S. a. den Artikel „Agenturvertrag" im Rechtsvergl. Handwörterbuch II, 51. — Deutsche Handelsvertreter-Zeitung, hrsg. vom Zentralverband deutscher Handelsvertretervereine.

Handlungsagenten[4] sind Kaufleute, deren Gewerbebetrieb darin besteht, daß sie von einem anderen Kaufmann ständig damit betraut sind, für das Handelsgewerbe dieses Anderen, des Geschäftsherrn, Geschäfte entweder zu vermitteln oder in dessen Namen abzuschließen, § 84. Die Rechtsform des Agenten findet sich, und zwar überwiegend als Vermittlungs-, weit seltener als Abschlußagent, in zahlreichen Geschäftszweigen. Besonders häufig ist der Verkaufsagent, namentlich für

---

[1] Der Karenzgeldzwang entfällt bei Beschäftigung in Übersee und bei hochbezahlten Handlungsgehilfen; die Gehaltsobergrenze beträgt z. Z. noch 8000 M. mal Teuerungszahl, § 75b, VO. v. 23. 10. 1923. In diesen Fällen s. auch § 75c II: nur Vertragsstrafe.

[2] Vgl. z. B. RGZ. 68, 229 (Chemiker); 78, 258 (Schweigegebot unter Ehrenwort); RArbGer. in JW. 1928, 259.

[3] Vgl. RGZ. 70, 439. S. auch oben Anm. 1. — Über die Anrechnung anderweitigen Verdienstes auf das Karenzgeld s. § 74c; RG. in JW. 1927, 247 (Konkurrenzklausel nach dem Reichstarifvertrag der chem. Industrie).

[4] Der Berufsstand selbst gebraucht für sich die Bezeichnung „Handelsvertreter". Hierüber und über Reformwünsche s. Albrecht, ZBH. 4, 78. — Österreich, Handelsagentengesetz vom 24. 6. 1921; Lenhoff, Mäkler, Agenten und Angestellte, sowie ZHR. 83, 321.

Fabrikate; daneben erscheint der Einkaufsagent, ferner z. B. der Schiffahrtsagent; von besonderer Wichtigkeit ist der Versicherungsagent[1].

Ein Abschlußagent, der die Geschäfte selbst zum Abschluß bringt, ähnelt dem gleichfalls für fremde Rechnung tätigen Kommissionär, unterscheidet sich von ihm aber dadurch, daß dieser in eigenem Namen, der Agent im Namen des Geschäftsherrn abschließt, vgl. § 383[2]. Andererseits unterscheidet sich der die Geschäftsabschlüsse nur vermittelnde Handlungsagent von einem Handelsmäkler dadurch, daß dieser ein gelegentlicher und zwischen den Parteien stehender Vermittler ist, während der Agent für einen bestimmten Auftraggeber auf Grund eines dauernden Vertragsverhältnisses und in dessen einseitigem Interesse tätig wird, vgl. § 93. Hierin nähert sich der Handlungsagent dem Handlungsgehilfen, in dessen Nachbarschaft ihn das Gesetz stellt. Doch ist der Agent eben nicht im Handelsgewerbe des Geschäftsherrn angestellt, sondern selbständiger Kaufmann (§ 1[7]), Inhaber eines Geschäfts, in dem er selbst der Prinzipal seiner Angestellten ist. Er ist zwar von dem Geschäftsherrn geschäftlich abhängig, aber nicht ihm als seinem Prinzipal persönlich untergeordnet[3]. Auch kann ein Handlungsagent die „Vertretung" verschiedener Geschäftshäuser nebeneinander haben (z. B. einer Treibriemen- und einer Schmirgelfabrik, einer Lebens- und einer Transportversicherung).

Hat der Agent Abschlußvollmacht, wofür keineswegs etwa eine Vermutung spricht, so beurteilt sich ihr Umfang nach den gleichen Gesichtspunkten, wie bei der Handlungsvollmacht, § 54. Die Vertretungsmacht erstreckt sich aber grundsätzlich nur eben auf den Abschluß des Geschäfts[4], nicht auf seine Abwicklung, die vielmehr in den Händen des Geschäftsherrn selbst liegt. Insbesondere hat der Handlungsagent in der Regel kein Inkasso, § 86 I, s. auch § 87; reisender Handlungsagent. Zur Entgegennahme einer Mängelrüge, einer Stellung zur Disposition u. dgl. ist der Handlungsagent indessen kraft Gesetzes legitimiert, ohne Rücksicht darauf, ob er im übrigen Vertretungsmacht hat oder nicht, § 86 II. Abgesehen hiervon hat der Vermittlungsagent nur den Abschluß vorzubereiten: er übernimmt es, die Offerte des Dritten dem Geschäftsherrn vorzulegen, der dann seinerseits über den Abschluß oder Nichtabschluß entscheidet. Der nahen Beziehung zwischen Geschäftsherrn und Agenten entspricht es aber, daß, wenn ein Vermittlungsagent unter Überschreitung seiner Befugnisse namens des Geschäftsherrn abgeschlossen hat, dieser gebunden ist, falls er nicht unverzüglich nach Kenntnis dem Dritten gegenüber die Ablehnung des Geschäfts erklärt, § 85[5].

---

[1] Über die rechtliche Stellung der Versicherungsagenten gegenüber dem Dritten s. VersVertrGes. §§ 43—48.

[2] Daß das Gesetz die Handlungsagenten und Handelsmäkler hier im 1. Buch, den Kommissionär dagegen im 3. Buch behandelt, erklärt sich eben daraus, daß letzterer dem Dritten gegenüber als selbständiger Kontrahent von Handelsgeschäften auftritt, jene aber, obgleich ebenfalls selbständige Kaufleute, nach außen nur als Hilfs- oder Mittelspersonen tätig werden. — Übrigens schließen Agentur und Kommission sich keineswegs aus; so kann jemand, der nach außen in eigenem Namen handelt, doch zum Geschäftsherrn in einem ständigen Dienstverhältnis stehen, so daß im Innenverhältnis die Regeln der Agentur Anwendung finden, sog. Kommissionsagent. Vgl. RGZ. 69, 363.

[3] Daher steht z. B. die Bevorrechtung, wie Dienstverpflichtete sie für ihre Gehalts- oder Lohnforderung im Konkurse des Prinzipals nach KO. § 61, 1 genießen, einem Agenten nicht zu. Ebensowenig hat er Anspruch auf Dienstzeugnis, vgl. RGZ. 62, 229; 87, 440. — Die Abgrenzung zwischen Handlungsagent und Handlungsgehilfe ist in der Praxis oft schwierig, da es zweifelhaft sein kann, ob in der Tat ein vollständiger Geschäftsbetrieb des Agenten besteht. Übrigens kann ein Agent, auch wenn er nicht Handlungsgehilfe ist, wegen der tatsächlichen Abhängigkeit seiner Position zu den „arbeitnehmerähnlichen Personen" im Sinne von ArbGerGes. § 5 gehören, vgl. RArbGer. in Bensh. Samml. 2, 145; 5, 27, 364 (Annoncenakquisiteur).

[4] Ein solcher Abschluß kann auch „für Rechnung meiner (unbenannten) Auftraggeber" erfolgen, ohne daß der Agent dadurch Selbstkontrahent wird, vgl. RGZ. 97, 260.

[5] Vgl. RGZ. 60, 187; 113, 261; WarnR. 1922, Nr. 125. Hallermann, ZHR. 89, 225.

Der Agenturvertrag, auf welchem das Vertragsverhältnis zwischen dem Handlungsagenten und dem Geschäftsherrn beruht, ist eine Art Dienstvertrag. Kraft desselben ist der Agent verpflichtet, sich um Vorbereitung oder Abschluß der Geschäfte zu bemühen, bei allen Verrichtungen, insbesondere bei der Auswahl des Gegenkontrahenten, das Interesse des Geschäftsherrn mit der Sorgfalt eines ordentlichen Kaufmanns wahrzunehmen und den Geschäftsherrn durch pünktliche und gewissenhafte Berichte zu informieren, § 84. Die von diesem zu gewährende Vergütung ist, falls nichts anderes vereinbart wird, Provision in üblicher Höhe. Sie gebührt dem Agenten für jedes durch seine Tätigkeit zustande gekommene Geschäft, falls dasselbe zur Ausführung gelangt ist und der vom Agenten zugeführte Käufer Zahlung geleistet hat, außerdem aber auch dann, wenn die Ausführung des Geschäfts nur infolge willkürlichen Verhaltens des Geschäftsherrn unterblieben ist, § 88[1]. Ein ausdrücklich für einen bestimmten Bezirk bestellter Agent (sog. Bezirksvertreter) hat im Zweifel aus allen in diesen Bezirk fallenden Geschäften Provision anzusprechen, auch wenn sie vom Geschäftsherrn selbst oder für diesen von einem anderen abgeschlossen wurden, § 89. Die gewöhnlichen Auslagen bleiben zu Lasten des Agenten, § 90. Das Agenturverhältnis unterliegt regelmäßig sechswöchentlicher Kündigung auf Vierteljahrsschluß, ist außerdem aber, und insbesondere wenn es auf längere Zeit eingegangen ist, beim Vorliegen wichtiger Gründe beiderseits fristlos kündbar, § 92.

§ 31. Handelsmäkler.

Literatur: Ernst Heymann, Der Handelsmäkler, in Ehrenbergs Handb. V, 1, S. 321ff. (1926); Jacusiel II[3] (s. zu § 30); Planck-Oegg, BGB.[4] II, S. 1111ff.; Hans Reichel, Die Mäklerprovision (1913); Nussbaum, Börsengesetz § 30ff.; Waldstein, Der Versicherungsmakler (1928).

Handelsmäkler ist, wer sich gewerbsmäßig für andere Personen, zu denen er nicht in einem ständigen Vertragsverhältnis steht, als Vermittler von Verträgen über Gegenstände des Handelsverkehrs betätigt, also von Umsatzgeschäften über Waren oder Wertpapiere, von Versicherungen u. dgl. Solcher Vermittler, deren Tätigkeit zugleich preisausgleichend wirkt, bedarf vor allem jeder Börsenverkehr (Börsenmakler), ferner auch der Importhandel, gewisse Arten des Produktengeschäftes u. v. m.[2] Der Handelsmäkler (oder Makler) ist selbständiger Kaufmann, und seine Rechte und Pflichten sind nach Handelsrecht zu beurteilen, auch wenn im einzelnen Falle die Vertragsparteien selbst nicht Kaufleute sind. Dagegen untersteht die Vermittlung von Geschäften anderer Art, z. B. von Grundstückskäufen, Hypotheken, Dienstverträgen, den Vorschriften des bürgerlich-rechtlichen Mäklervertrags, § 93, § 1[7], BGB. § 652ff. Übrigens greifen diese Vorschriften des BGB. auch beim Handelsmäkler insoweit ein, als die sich aus HGB. § 93ff. ergebende Regelung Lücken läßt. So gilt insbesondere für den Handelsmäkler, daß er normalerweise nicht zu einer Ausführung des Auftrags positiv verpflichtet, sondern eben nur auf Grund des Mäklervertrags berechtigt ist, seine Mäklerprovision zu verlangen, wenn das Geschäft durch seine vermittelnde Tätigkeit oder doch infolge derselben tatsächlich zustande gekommen ist, BGB. § 652[3].

Der Handelsmäkler ist, im Gegensatz zur regelmäßigen Stellung des Zivilmäklers, als neutraler Vermittler gedacht. Er steht zwar zunächst nur zu der Partei,

---

[1] Der Handlungsagent kann von seinem Auftraggeber nach § 91 einen Buchauszug und, falls die Abrechnung sich als mangelhaft erweist, nach BGB. § 810 Einsicht in die Bücher verlangen, RGZ. 87, 10.

[2] Vgl. hierzu E. Heymann S. 353ff., das. auch geschichtliche und rechtsvergleichende Darstellung. Der französische Ausdruck für Mäkler ist courtier, an den Fondsbörsen agent de change; der englische: broker. Das ADHGB. Art. 66 gebrauchte noch den Ausdruck Sensal.

[3] Also nicht erst, wie der Vermittlungsagent (§ 88) nach Ausführung des Geschäfts und Eingang der Zahlung.

die seine Tätigkeit angerufen hat, dem Auftraggeber, in einem Vertragsverhältnis[1]. Aber er kann auch zu der anderen, von ihm aufgesuchten oder mit ihm in Verbindung getretenen Partei, der Gegenpartei, in ein Vertragsverhältnis treten, und tritt jedenfalls in Rechtsbeziehungen zu ihr. Demgemäß hat er regelmäßig den Mäklerlohn (die Courtage) von beiden Parteien je zur Hälfte zu empfangen, § 99[2]. Er ist jeder von beiden gegenüber zur Erfüllung der Mäklerpflichten in unparteiischer Interessenwahrnehmung verbunden (Informationspflicht, Verwahrung der Probe, § 96, usw.) und haftet jeder von beiden für den durch sein Verschulden entstehenden Schaden, insbesondere im Falle einer Verletzung der Mäklertreue durch wahrheitswidrige Mitteilungen, § 98, vgl. hierzu BGB. § 654. Der Handelsmäkler wirkt normalerweise beim Vertragsabschlusse selbst mit, der sich, obgleich der Mäkler an sich nicht Bevollmächtigter einer Partei ist, doch schon damit vollendet, daß die Annahme der Offerte dem Mäkler gegenüber erklärt wird. Er hat sodann, falls nicht hierauf verzichtet wird, jeder Partei über das abgeschlossene Geschäft alsbald eine Schlußnote (Schlußschein) zuzustellen, die von ihm und bei nicht sofort erfüllbaren Geschäften auch von der Gegenpartei zu unterschreiben ist und als Beweismittel für Abschluß und Inhalt des Geschäfts dient. Ihre vorbehaltslose Annahme gilt, nach allgemeinen handelsrechtlichen Grundsätzen, der anderen Partei gegenüber als Genehmigung, §§ 94, 346[3]. Eine Schlußnote kann auch — und dies ist namentlich im Geschäft der Börsenmakler sehr häufig — der Erstpartei allein und unter Vorbehalt späterer „Aufgabe" der Gegenpartei erteilt werden. Die Annahme einer solchen Schlußnote „Aufgabe vorbehalten" von seiten des Auftraggebers wirkt, wenn dann die Gegenpartei rechtzeitig bezeichnet und nicht mit Grund als ungeeignet zurückgewiesen wird, als Vertragsschluß mit dieser; andernfalls kann sich die Partei mit ihrem Erfüllungsanspruch an den Mäkler selbst halten, § 95[4]. Dem Handelsmäkler obliegt noch eine weitere Beurkundungspflicht, und zwar eine solche öffentlich-rechtlicher Art, die durch eine Strafdrohung verstärkt ist: die Führung eines Tagebuchs, in das er alle von ihm vermittelten Geschäfte fortlaufend einzutragen hat, §§ 100—103[5].

Über die besondere halbamtliche Stellung der aus den Reihen der Börsenmakler ernannten Kursmakler s. Börsengesetz §§ 30—34, unten § 73. Vgl. auch BGB. § 385.

[1] Der Auftrag ist frei widerruflich; doch kann das Gegenteil vereinbart sein, vgl. RGZ. 101, 209.

[2] Der Makler hat keinen Anspruch auf Ersatz von, wenn auch ungewöhnlichen, Auslagen, s. BGB. § 652 II.

[3] Vgl. RGZ. 104, 368, sowie 105, 205; s. auch 123, 97 (Abweichungen im Inhalt der beiden Schlußscheine).

[4] Vgl. RGZ. 103, 68. — Der Makler ist also nicht seinerseits zum Selbsteintritt berechtigt (wie der Kommissionär nach § 400). Doch kann er wohl sich selbst als Aufgabe bezeichnen, wenn nichts Gegenteiliges erklärt wird, vgl. E. Heymann S. 458ff. (bestr.).

[5] Vermittler im Kleinverkehr haben weder Schlußnoten- noch Tagebuchpflicht, § 104.

Zweiter Abschnitt.

Gesellschaftsrecht.

§ 32. Übersicht.

Literatur: Wieland, Handelsrecht I, 387ff.; Klausing, Gesellschaftsrecht (in: Die Handelshochschule, 1929, S. 619ff.). — Steinbach, Rechtsgeschäfte der wirtschaftlichen Organisation (1897); Franz Klein, Die wirtschaftlichen und sozialen Grundlagen des Rechts der Erwerbsgesellschaften (1914); Liefmann, Die Unternehmungsformen[4] (1927).

Gesellschaften und Vereinigungen werden auf dem Gebiet des gewerblichen Lebens zu sehr mannigfaltigen Zwecken gebildet. Dem entspricht eine Mehrzahl von Rechtsformen. Unter den vom Handelsrecht speziell geregelten Assoziationsarten stehen in erster Reihe die vom Gesetz technisch als Handelsgesellschaften bezeichneten. Darunter sind zu verstehen solche nach dem besonderen Handelsgesellschaftsrecht gegründeten privatrechtlichen Vereinigungen, deren Zweck es ist, ein Unternehmen unter gesellschaftlicher Firma zu betreiben, die also auf einer Linie mit dem Unternehmen des Einzelkaufmanns stehen, s. § 6. Kollektive Unternehmungen, die nach anderen als handelsrechtlichen Normen organisiert sind, gehören nicht hierher; ein Verein mit wirtschaftlichem Geschäftsbetrieb kann Kaufmannseigenschaft haben, ist aber keine Handelsgesellschaft, s. § 33.

Der Kreis der Handelsgesellschaften ist vom Gesetz abschließend bestimmt. Es sind: die offene Handelsgesellschaft, die Kommanditgesellschaft, die Aktiengesellschaft, die Kommanditgesellschaft auf Aktien, die Gesellschaft mit beschränkter Haftung, §§ 105, 161, 210 II, 320 III, GmbH. § 13 III. Das Gesetz unterscheidet sie charakteristischerweise in erster Linie nach der jeweils verschiedenen Art von Schuldenhaftung, also danach, ob die Gesellschaftsgläubiger sich für ihre Forderungen nur an das Gesellschaftsvermögen oder ob und wieweit sie sich auch an das Privatvermögen der einzelnen Gesellschafter halten können. Danach und nach den sich daraus weiter entwickelnden tiefgreifenden Verschiedenheiten ergeben sich zwei Gruppen von Handelsgesellschaften.

Bei der einen Gruppe, die man als die der Personalgesellschaften bezeichnen kann, umfassend die offene Handelsgesellschaft und die Kommanditgesellschaft, findet eine unmittelbare Haftung der Gesellschafter statt. Hier treten mehrere persönlich Beteiligte zum Betrieb eines gemeinschaftlichen Geschäfts zusammen. Das Unternehmen hängt von der Individualität der Gesellschafter ab, baut sich auf ihrem Personalkredit auf und wird von ihnen selbst geleitet; die Gesellschafter sind die Unternehmer des unter der Gesellschaftsfirma geführten Handelsgeschäfts. Die Grundform bildet die offene Handelsgesellschaft, bei der sämtliche Gesellschafter den Gesellschaftsgläubigern persönlich mit ihrem ganzen Vermögen haften, während bei der Kommanditgesellschaft die Haftung eines Teils der Gesellschafter auf eine bestimmte Einlage beschränkt ist.

Die andere Gruppe bilden die sog. Kapitalgesellschaften: die Aktiengesellschaft und die Gesellschaft mit beschränkter Haftung, wichtigste Bildungen moderner wirtschaftlicher Entwicklung. Diese Rechtsformen haben unpersönlichen Charakter, Die Gesellschaft gründet sich auf ein von den Gesellschaftern aufgebrachtes Kapital, und die Gesellschaftsgläubiger können sich nur an das Gesellschaftsvermögen, nicht an die Gesellschafter selbst halten. Dementsprechend sind diese Vereinigungen selbständige juristische Personen. Hier ist die Gesellschaft selbst der Unternehmer.

Sie hat ihre besonderen, von den Gesellschaftern verschiedenen Organe. Unternehmensbesitz und Unternehmensleitung sind voneinander getrennt. Daß das Gesetz diese Rechtsgebilde gleichwohl als Gesellschaften, nicht als Vereine bezeichnet, entspricht der Überlieferung und internationalem Sprachgebrauch, rechtfertigt sich aber auch dadurch, daß das Mitgliedschaftsrecht bei ihnen, ebenso wie der Anteil an einer eigentlichen Gesellschaft, ein geldwertes Vermögensrecht darstellt, während dies beim rechtsfähigen Verein schon wegen der Unübertragbarkeit der Mitgliedschaft in der Regel nicht zutrifft[1]. Die Kommanditgesellschaft auf Aktien, eine eigentümliche Mischform, bei der ein Teil der Gesellschafter persönlich haftet, zählt ebenfalls hierher[2].

Im Anschluß an die Handelsgesellschaften werden üblicherweise die Erwerbs- und Wirtschaftsgenossenschaften behandelt, da ihnen wegen ihrer geschäftlichen Tätigkeit Kaufmannseigenschaft beigelegt ist; auch sie sind juristische Personen, aber keine Kapitalgesellschaften, sondern echte Vereine, allerdings besonderer Art.

Das HGB. selbst regelt ferner die stille Gesellschaft. Wie die Überschrift des 2. Buches hervorhebt, ist sie keine „Handelsgesellschaft". Zwar hat auch sie ein Handelsgewerbe zum Gegenstand; dieses wird aber nicht von der Gesellschaft, sondern allein von dem Geschäftsinhaber unter seiner eigenen Firma betrieben; der stille Gesellschafter ist daran nur mit einer Einlage beteiligt, ohne daß das nach außen hervorträte, §§ 335, 18.

Für alle sonstigen Gesellschaftsverhältnisse bewendet es, auch wenn sie zu Handelszwecken eingegangen werden, bei den Normen über die Gesellschaft des bürgerlichen Rechts, wobei jedoch etwaige Gewohnheiten oder Gebräuche des Handelsverkehrs zu beachten sind, §§ 346ff., BGB. §§ 705ff. Dies gilt insbesondere für die sog. Gelegenheitsgesellschaft, bei der sich mehrere Firmen zur gemeinschaftlichen Ausführung eines einzelnen Geschäfts verbinden, z. B. zu einer außergewöhnlich großen oder verschiedene Zweige umfassenden Lieferung, einem Kanalbau oder dgl. Eine besonders ausgebildete Form hierbei ist das sog. Konsortium (Konsortialvertrag, insbesondere von Banken; auch Syndikat genannt) zur gemeinsamen Aufbringung von Finanzierungskapitalien und Verwaltung der sich hieraus ergebenden Berechtigungen und Geschäfte, z. B. Emissionskonsortien für Kommunaldarlehen oder Industrieobligationen, Gründungskonsortien für Aktiengesellschaften und dgl.[3]

Über die Zusammenschlüsse von Unternehmungen in Kartellen und Konzernen s. unten § 62[4].

---

[1] Vgl. Geiler bei Düringer-Hachenburg IV, S. 11.

[2] Die Umwandlung einer Handelsgesellschaft in eine solche anderer Art ist ohne Aufhebung der Identität unter Personalgesellschaften möglich: eine offene Handelsgesellschaft kann in eine Kommanditgesellschaft umgewandelt werden und umgekehrt, vgl. RGZ. 55, 126. Dagegen ist die „Umwandlung" einer Personal- in eine Kapitalgesellschaft im eigentlichen Sinne nicht möglich; soll das Unternehmen einer offenen Handelsgesellschaft „gegründet" werden, so muß deren Auflösung und die Errichtung einer Aktiengesellschaft oder einer Gesellschaft mit beschränkter Haftung erfolgen, die sodann das Unternehmen als Sacheinlage oder sonstwie im Wege der Singularsukzession übernehmen, vgl. § 186 II, RGZ. 74, 6. Über die Umwandlung einer Gesellschaft m. b. H. oder einer Aktienkommanditgesellschaft in eine Aktiengesellschaft s. GmbHGes. § 80, 81, HGB. § 332—334. Über die Umwandlung eines einzelkaufmännischen Unternehmens in eine Gesellschaft s. unten S. 59 Anm. 1. Vgl. K. Lehmann, ZHR. 50, 1ff.

[3] Die Gelegenheitsgesellschaft kann entweder ein reines Innenverhältnis der Beteiligten oder aber eine Außengesellschaft mit Gesamthandsvermögen (BGB. § 718) sein. Über die einzelnen Formen handelsrechtlicher Art s. Geiler bei Staudinger a. a. O. S. 1365ff. Ein Emissionskonsortium s. z. B. in RGZ. 56, 206; über die sich daraus ergebenden Pflichten, über die Stellung des Konsortialleiters (der das Konsortium führenden Bank) und über die sog. Unterbeteiligung Dritter an einem Konsortialanteil vgl. z. B. RGZ. 1, 76; 7, 100; Staub-Pinner II, Anh. zu § 342 Anm. 1—5.

[4] Schon hier sei auf eine Folgerung hingewiesen, die sich aus der Tatsache dieser überaus weit verbreiteten Zusammenschlüsse für die Gestaltung des heutigen Rechts der Handelsgesellschaften ergibt: Die einzelnen Formen der Handelsgesellschaften sind, wie oben dargelegt, von Hause aus als Träger selbständiger Unternehmungen gedacht. Aber ihre Verflechtung

Erstes Kapitel.

Offene Handelsgesellschaft.

§ 33. Wesen. Errichtung.

Literatur: FLECHTHEIM bei DÜRINGER-HACHENBURG IV S. 349—789; GEILER, das. S. 5—273, sowie bei STAUDINGER, BGB.[9] II[3] § 705ff. über die Gesellschaft des bürgerlichen Rechts; HERGENHAHN-TUCHATSCH, Die offene Handelsgesellschaft (1894); LABAND, Beiträge zur Dogmatik der Handelsgesellschaften, ZHR. 30, 469ff.; 31, 1ff.

Die offene Handelsgesellschaft[1] ist eine Gesellschaft von zwei oder mehr Personen zum Betriebe eines Handelsgewerbes, wobei sämtliche Gesellschafter den Gesellschaftsgläubigern unbeschränkt haften, § 105 I[2]. Hier liegt das Charakteristikum dieser Gesellschaftsform: jeder einzelne Gesellschafter haftet für die Gesellschaftsverbindlichkeiten auch mit seinem Privatvermögen. Im Verhältnis der Gesellschafter untereinander kann die Beteiligung der einzelnen beliebig geregelt, etwa bestimmt werden, daß der eine von ihnen nur eine bestimmte Einlage zu leisten hat und jedes Mehr von dem anderen zu tragen oder zu ersetzen ist, — den Gläubigern gegenüber ist eine Begrenzung des den Einzelnen treffenden Risikos ausgeschlossen, §§ 109, 128 Satz 2. Das Begriffsmerkmal der unbeschränkten Haftung ist in § 105 negativ ausgedrückt, weil die volle persönliche Haftung das Normale ist. Betreiben mehrere ein Handelsgeschäft mit einer einheitlichen Firma in Gesellschaft, und ist nicht eine andere Gesellschaftsform wirksam eingeführt, so liegt stets eine offene Handelsgesellschaft vor, vgl. § 176. Daß die offene Handelsgesellschaft eine Firmengesellschaft ist, schließt nichtfirmenberechtigte Gewerbetreibende von dieser Rechtsform aus. Minderkaufleute assoziieren sich nach bürgerlichem Recht, § 4 II. Die vollkaufmännische offene Handelsgesellschaft ist den besonderen Bedürfnissen des Handelsverkehrs angepaßt. Doch stimmt auch sie im Kerne ihres Wesens mit der einfachen Gesellschaft des bürgerlichen Rechts überein und ist daher in allen, vom HGB. nicht geregelten Punkten nach den Vorschriften des BGB. § 705ff. zu beurteilen, § 105 II.

Demgemäß ist die offene Handelsgesellschaft eine echte Gesellschaft, ein individueller Zusammenschluß, keine juristische Person[3]. Das Gesellschaftsvermögen ist Vermögen der Gesellschafter. Diese sind persönlich die Unternehmer des Betriebs[4].

in Konzerne u. dgl. bringt es mit sich, daß heute sehr zahlreiche Aktien- und sonstige Gesellschaften nur als Teile umfassenderer Gesamtverbindungen bestehen. Das führt gegenüber einem von dem Bilde der selbständigen Unternehmensgesellschaft ausgehenden Gesetze zu manchen rechtlichen Schwierigkeiten, auf die — ebenso wie auf die damit zusammenhängenden Reformpläne — im Lauf der Darstellung hinzuweisen ist. Vgl. Wandlungen in den Rechtsformen der Einzelunternehmungen und Konzerne, in den Veröffentlichungen des Enquête-Ausschusses I (1927).

[1] FRANKREICH: société au nom collectif (C. de com. Art. 20ff.); SCHWEIZ: Kollektivgesellschaft (OR. Art. 552ff.); NIEDERLANDE: venootschap onder eene firma (Wetboek van Koophandel Art. 16); ENGLAND: partnership (act 1890).

[2] Auch juristische Personen können Gesellschafter einer offenen Handelsgesellschaft sein, insbesondere eine rechtsfähige Handelsgesellschaft selbst, wie eine Aktiengesellschaft oder eine Gesellschaft m. b. H., vgl. RGZ. 105, 101; OLG. 40, 187 (bestr.).

[3] Diese Auffassung ist heute die herrschende, vgl. z. B. RGZ. 106, 141; 107, 171; 95, 339. A. Mg. STEIN-JONAS, ZPO. § 50 n. 28; E. JAEGER, Die offene Handelsgesellschaft im Zivilprozeß (1915). S. auch KOHLER und K. LEHMANN in ZHR. 74, 456ff. sowie SCHÖNFELD in Iherings Jahrb. 75, 333. — Daraus, daß die offene Handelsgesellschaft ein individueller Zusammenschluß ihrer Gesellschafter ist, ergibt sich z. B., daß der Eintritt eines neuen Gesellschafters nur mit Zustimmung aller Gesellschafter (auch der nicht zur Vertretung berechtigten) erfolgen kann, vgl. RGZ. 91, 412. S. auch RGZ. 92, 163.

[4] Daher nur einfache, keine Doppelbesteuerung, wie z. B. bei der Aktiengesellschaft. Der Geschäftsgewinn der oHG. wird nur von den einzelnen Gesellschaftern anteilmäßig als Einkommen aus Gewerbebetrieb versteuert, wobei jedoch gemäß § 65 EinkStG. eine einheitliche Feststellung des Geschäftsgewinnes erfolgt. Zur Vermögenssteuer ist zwar die Gesellschaft selbst steuerpflichtig, doch wird dafür beim einzelnen Gesellschafter sein Anteil am Gesellschaftsvermögen nicht in Ansatz gebracht, s. EinkStG. § 29, VermStG. §§ 2, 16, Reichsbewertungsges. § 46. Vgl. MIRRE, ZBH. 3, 251ff.

Aber das Gesellschaftsvermögen steht nach BGB. §§ 718, 719 den Gesellschaftern in ihrer Gesamtheit als ein ihnen „gemeinschaftliches Vermögen" zur gesamten Hand zu. Es ist ein gesamthändisch gebundenes Sondervermögen, wodurch namentlich alle anteilsmäßigen Verfügungen der einzelnen Teilhaber ausgeschlossen sind. Die handelsrechtliche Besonderheit besteht vor allem darin, daß die Gesellschafter für diesen ihren gemeinschaftlichen Bereich einen gemeinschaftlichen Handelsnamen führen. Die offene Handelsgesellschaft kann unter ihrer Firma Rechte erwerben und Verbindlichkeiten eingehen, klagen und verklagt werden, § 124 I. Sie funktioniert dadurch, dem Verkehrsbedürfnis entsprechend, leicht und glatt in einheitlicher Form als namengebende Trägerin des von dem Privatvermögen der einzelnen Gesellschafter gesonderten Gesellschaftsvermögens[1]. Dadurch ähnelt sie praktisch einer mit eigener Rechtspersönlichkeit ausgestatteten Körperschaft[2]. Daß sie gleichwohl eine solche nicht ist, zeigt sich in vielen Einzelheiten und tritt im Gesetz bei Vergleichung von § 124 mit § 210 unmittelbar hervor. Daher sind in Gesellschaftsprozessen die Gesellschafter als solche selbst Partei[3], und die Kaufmannseigenschaft der offenen Handelsgesellschaft, § 6, macht ihre einzelnen Teilhaber, da sie mit ihrer ganzen Person eintreten, ebenfalls zu Kaufleuten[4].

Die offene Handelsgesellschaft beruht auf einem Vertrag der Gesellschafter, BGB. § 705. So entsteht z. B. zwischen den mehreren Erben eines Kaufmanns nicht schon dadurch ohne weiteres eine offene Handelsgesellschaft, daß das Handelsgeschäft zunächst für die Erbengemeinschaft unter der bisherigen Firma fortgeführt wird[5]. Übrigens bedarf der Gesellschaftsvertrag keiner besonderen Form, falls eine solche nicht aus bestimmten Gründen, z. B. wegen Einbringens von Grundstücken, erforderlich ist, s. BGB. § 313. Seinen Inhalt bildet das Rechtsverhältnis der Gesellschafter untereinander, § 109, s. aber auch § 125. Die Rechtswirkungen nach außen haben zwar einen gültigen Gesellschaftsvertrag zur Voraussetzung, werden aber durch die internen Einzelheiten grundsätzlich nicht beeinflußt, s. § 128[6].

---

[1] Vgl. RGZ. 118, 298; KAUFMANN, Das Eigentum am Gesellschaftsvermögen (1911). — Daß das Gesellschaftsvermögen ein Sondervermögen, der Anteil des einzelnen Gesellschafters daran von seinem übrigen Vermögen rechtlich gesondert ist, zeigt sich in zahlreichen praktischen Folgerungen. In der Bilanz des Einzelkaufmanns ist sein Privatvermögen anzugeben, in der der offenen Handelsgesellschaft nur das Gesellschaftsvermögen. Der Prokurist der oHG. vertritt nur die Firma, nicht die einzelnen Gesellschafter persönlich. Soll ein Grundstück in die Gesellschaft eingebracht werden, so bedarf es der Auflassung selbst dann, wenn das Grundstück schon bisher im Miteigentum sämtlicher Gesellschafter stand, RGZ. 117, 257.

[2] Namensrecht der offenen Handelsgesellschaft nach BGB. § 12 s. RGZ. 114, 90.

[3] Die Gesellschaft hat nur sog. formelle Parteifähigkeit. Da die Gesellschafter persönlich, wenn auch nur in ihrer Verbundenheit, Partei sind, können sie in Prozessen der Gesellschaft nicht als Zeugen vernommen werden, auch nicht die nicht geschäftsführenden, RGZ. 17, 365 und oft; dagegen sind Parteieide nicht bloß von den die Gesellschaft im Prozesse vertretenden geschäftsführenden, sondern gegebenenfalls auch von den nicht geschäftsführenden Gesellschaftern zu leisten, da diese ebenfalls Streitgenossen und nicht etwa prozeßunfähig sind, somit ZPO. § 472, nicht § 473 zur Anwendung gelangt, vgl. FLECHTHEIM bei DÜRINGER-HACHENBURG § 124 Anm. 10. — Daraus, daß in Gesellschaftsprozessen die Gesellschafter selbst Partei sind, folgt ferner, daß während bestehender Gesellschaft ein Prozeß zwischen einem Gesellschafter und der Gesellschaft als solcher nicht möglich ist, daß also z. B. die Ansprüche auf Leistungen der Beiträge nur unter den Gesellschaftern selbst (mit dem Antrag auf Leistung zum Gesellschaftsvermögen s. § 111) durch die actio pro socio ausgetragen werden können, vgl. HEINSHEIMER, Zweiparteienprinzip, S. 40ff., RG. in JW. 1914, 532; a. Mg. FLECHTHEIM a. a. O. Anm. 2 vor § 109, LZ. 1914, 1260; STAUB-PINNER § 124 Anm. 17b; RG. in JW. 1928, 1565 (für Klagen eines Gesellschafters aus § 110), s. a. RGZ. 116, 116.

[4] Ob der Teilhaber einer offenen Handelsgesellschaft Kaufmannseigenschaft hat oder ob nicht vielmehr nur gewisse persönliche Wirkungen der Kaufmannseigenschaft bei ihm eintreten, ist allerdings streitig; vgl. RGZ. 118, 303; s. unten S. 119 zu § 344.

[5] Vgl. z. B. RGZ. 35, 17.

[6] Ist der Gesellschaftsvertrag aus allgemeinen Gründen nichtig, z. B. wegen Geschäftsunfähigkeit eines Vertragsschließenden oder infolge begründeter Anfechtung wegen Irrtums oder arglistiger Täuschung, so bleibt der einzelne (geschäftsfähige) Beteiligte doch nach außen haft-

Daher ist der Gesellschaftsvertrag auch nicht etwa zum Handelsregister einzureichen. Nur die Gesellschaft an sich und die Personen ihrer Teilhaber sind einzutragen, und zwar auf Anmeldung durch sämtliche Gesellschafter hin, §§ 106/8. Die Wirkungen nach außen, namentlich Vertretungsbefugnis und Gesamthaft, treten ein, sobald die Gesellschaft zum Handelsregister eingetragen ist, bei Grundhandelsgewerbe auch schon mit dem etwaigen früheren Beginn der Gesellschaftsgeschäfte, § 123[1].

§ 34. Innenverhältnis. Geschäftsführung.

Das aus dem Gesellschaftsvertrag sich ergebende Rechtsverhältnis der Gesellschafter untereinander ist höchstpersönlicher Natur, die gesellschaftlichen Rechte sind also nicht übertragbar. Nur einzelne Ansprüche, die sich aus den sozialrechtlichen Beziehungen ergeben, können auf Andere übertragen werden, insbesondere der Anspruch auf einen Gewinnanteil oder auf das dereinstige Auseinandersetzungsguthaben, s. BGB. § 717. Die Regelung der Rechtsverhältnisse der Gesellschafter untereinander kann das Gesetz, da die Gläubiger der offenen Handelsgesellschaft durch die Gesamthaftung aller Gesellschafter weitgehend geschützt sind, in allen Einzelheiten dem Gesellschaftsvertrag überlassen. Es stellt daher hierfür, abgesehen von ganz wenigen zwingenden Vorschriften für äußerste Fälle (§§ 118 II, 133 III), nur dispositive Regeln auf, § 109.

a) Die einzelnen Gesellschafter haben die Gesellschaftszwecke positiv in der dem Vertrag entsprechenden Weise zu fördern, woraus sich regelmäßig auch die Pflicht zu persönlicher Mitarbeit ergibt, BGB. § 705, und sie haben sich negativ einer Störung der Gesellschaftszwecke zu enthalten, insbesondere jeder mit dem Unternehmen der Gesellschaft in Wettbewerb tretenden geschäftlichen Betätigung, s. §§ 112/3[2]. Sie haben sich, falls nichts anderes vereinbart ist, gleichmäßig an der Gesellschaft zu beteiligen. Die Beiträge können in Geldeinlagen oder sonstigen Werten, sie können aber auch ausschließlich in Dienstleistungen bestehen, § 111, BGB. § 706. Ist die Beteiligung eine verschiedene, so sieht das HGB., hierin weit über das BGB. hinausgehend, eine erhebliche Besserstellung der kapitalistisch beteiligten Gesellschafter als Regel vor. Während ein sich bei der Jahresbilanz ergebender Verlust nach Köpfen umgelegt wird, erhalten vom Gewinn die Kapitalanteile zunächst ihre 4%, und nur der Rest wird gleichmäßig unter alle verteilt. Bei Liquidation der Gesellschaft ist das Reinvermögen überhaupt nur unter die einen Kapitalanteil besitzenden Gesellschafter verhältnismäßig zu verteilen, §§ 120, 121, 155, vgl. mit BGB. §§ 721, 722, 733.

---

bar, weil die mit seinem Willen erfolgte Eintragung der Gesellschaft ihn als eine Haftungserklärung gegenüber der Allgemeinheit bindet, s. RGZ. 51, 36; 89, 97; 93, 227. Moos, Die Interessenkonflikte bei betrügerischen Abschlüssen von Gesellschaftsverträgen (1911).

[1] Wird die Gesellschaft eingegangen, um das bisher von einem der Gesellschafter als Einzelkaufmann geführte Geschäft weiter zu betreiben, so tritt die Gesellschaft als neuer Unternehmensträger ein; es besteht nicht etwa eine rechtlich ununterbrochene Identität (vgl. hierzu oben S. 56 Anm. 2), sondern dieser Gesellschafter bringt sein Handelsgeschäft als Einlage in die Gesellschaft ein, so daß es z. B. der Auflassung eines Grundstücks auf die Gesellschaft bedarf. Dabei gilt bezüglich der Haftung für Geschäftsverbindlichkeiten und des Übergangs von Geschäftsforderungen das gleiche, wie bei sonstigen Geschäftsveräußerungen, und zwar auch dann, wenn die Gesellschaft eine neue Firma annimmt, § 28; vgl. z. B. RGZ. 89, 97 u. s. auch unten S. 63 zu § 130.

[2] Das gesetzliche Wettbewerbsverbot bei der offenen Handelsgesellschaft ist einerseits eine Bestätigung der vollpersönlichen Bindung ihrer Gesellschafter (s. dagegen § 165) und unterscheidet sich anderseits charakteristisch von dem für Handlungsgehilfen, sowie für den Vorstand der Aktiengesellschaft aufgestellten. Diesen ist, da sie ihre ganze Arbeitskraft vertragsmäßig zur Verfügung zu stellen haben, außer einer speziell konkurrierenden Tätigkeit auch der Betrieb eines Handelsgewerbes überhaupt verboten, §§ 60, 236 (s. oben § 27). Für den Gesellschafter der oHG. gilt dagegen dies letztere nicht.

Dieser Kapitalanteil erwächst aus den Einlagen, sowie Gewinn- und Ersatzforderungen. Er vermindert sich durch Gewinnentnahmen, die bis zu 4% ohne weiteres, darüber hinaus nur vorbehaltlich entgegenstehender, dringender Gesellschaftsinteressen zulässig sind, sowie durch dasjenige, was infolge der Teilnahme am Verlust und durch etwaige Ersatzverbindlichkeiten zu Lasten des Gesellschafters geht, § 122[1]. Der Kapitalanteil stellt somit eine wechselnde Größe dar, eine Rechnungsziffer, nach der sich die Verteilungen bemessen. Die Zugehörigkeit zur Gesellschaft und Gesamthand selbst dagegen wird nicht dadurch berührt, wie das Kapitalkonto des Gesellschafters jeweils steht und ob es nicht vielleicht sogar mit einem Passivsaldo abschließt. Zu einer Erhöhung der vereinbarten Einlage ist ein Gesellschafter nicht verpflichtet. Während er den Gläubigern unbeschränkt haftet, können im Innenverhältnis von ihm Nachschüsse nicht verlangt werden. Erst nach Beendigung der Gesellschaft wird ein etwaiger Fehlbetrag als Verlust umgelegt, BGB. §§ 707, 735. Daraus ergibt sich zugleich, daß ein Gesellschafter sich wegen Aufwendungen, die er in Gesellschaftsangelegenheiten macht, nur an die Gesellschaft selbst, d. h. an das Gesellschaftsvermögen, halten kann, § 110[2].

Für die Verwaltung der Gesellschaftsangelegenheiten gilt der Grundsatz der Einstimmigkeit als selbstverständliche Auswirkung der Tatsache, daß die offene Handelsgesellschaft ein vertragsmäßiges Rechtsverhältnis, nicht eine organisierte Körperschaft ist. Daher können Beschlüsse über Bilanz und Gewinnverteilung, über außerordentliche geschäftliche Maßnahmen, über die Auflösung der Gesellschaft und dgl. nur dann mit Stimmenmehrheit gefaßt werden, wenn dies im Gesellschaftsvertrag vorgesehen ist, § 119[3].

b) Dieser Grundsatz kann sich aber nicht auch, wie bei der gewöhnlichen Gesellschaft, auf alle laufenden Angelegenheiten des Handelsgeschäfts erstrecken. Wäre zu jeder einzelnen Maßregel die Zustimmung aller Gesellschafter erforderlich, so wäre die Aktionskraft der Firma gelähmt und ein Hauptzweck der offenen Handelsgesellschaft, die erhöhte Erfolgsleistung, gefährdet. Auf dem Gebiet, das im HGB. technisch die Geschäftsführung genannt wird, also bei allen Handlungen, Anordnungen, Abschlüssen, die der Betrieb des Unternehmens gewöhnlich mit sich bringt, ist demgemäß der einzelne Gesellschafter zum Alleinhandeln befugt, wenn der Gesellschaftsvertrag nicht allgemein oder für bestimmte Fälle ein anderes vorschreibt. Aus dem Nebeneinander Gleichberechtigter ergibt sich aber folgerichtig ein Vetorecht jedes anderen. Ein geschäftsführender Gesellschafter kann also nach eigener Entschließung pflichtmäßig handeln, ohne die Zustimmung der anderen eingeholt zu haben, aber er handelt pflichtwidrig, wenn er nicht eine Handlung unterläßt, gegen die ein anderer geschäftsführender Gesellschafter Widerspruch erhoben hat, §§ 115, 116[4].

Das Recht und die Pflicht zur Geschäftsführung steht in der Regel allen Gesellschaftern zu. Doch können einzelne Gesellschafter durch den Gesellschaftsvertrag von der Geschäftsführung ausgeschlossen werden, z. B. wenn von den mehreren in der Gesellschaft verbleibenden Erben eines Kaufmanns der eine zu tätiger Mit-

---

[1] Eine Vergütung für seine Tätigkeit hat der Gesellschafter an sich nicht zu beanspruchen, auch wenn nur ein Teil der Gesellschafter mit der Geschäftsführung befaßt ist; doch kann die Vereinbarung einer solchen auch stillschweigend erfolgen.

[2] RGZ. 77, 102; JW. 1928, 1565.

[3] Dagegen kann z. B. die Entscheidung über Nachschußpflichten der einzelnen Gesellschafter auch durch den Gesellschaftsvertrag nicht einem Mehrheitsbeschluß anheimgegeben werden. Dies würde dem individualistischen Prinzip dieser Gesellschaftsform (BGB. § 707) widersprechen, vgl. RGZ. 91, 166 (bei einer oHG. mit 65 Gesellschaftern).

[4] Das Widerspruchsrecht ist ein Ausfluß der persönlichen Teilhaberschaft und daher nicht durch den Nachweis zu beseitigen, daß die fragliche Handlung tatsächlich dem Interesse der Gesellschaft entspreche. Es gibt daher auch nicht etwa einen klagbaren Anspruch auf Erteilung der Einwilligung (bestr.). Nur darf das Widerspruchsrecht nicht zur bloßen Schikane mißbraucht werden, BGB. § 226. Vgl. RGZ. 109, 56: Erweiterungsbauten.

arbeit nicht in der Lage ist. Auch gegen den Willen eines Gesellschafters kann ihm die Geschäftsführung durch gerichtliches Urteil auf Klage der übrigen entzogen werden, wenn er sich grobe Pflichtwidrigkeiten zuschulden kommen läßt oder ein sonstiger wichtiger Grund vorliegt, §§ 114, 117. Nichtgeschäftsführende Gesellschafter der einen oder anderen Art sind aber nur eben von der laufenden Geschäftsführung ausgeschlossen. Für darüber hinausgehende Entschließungen, z. B. für größere Neubauten, ist ihre Zustimmung um nichts weniger erforderlich, § 116 II[1]. Auch steht ihnen, die mit ihrem ganzen Vermögen für die Verbindlichkeiten der Gesellschaft haften, ein weitgehendes Kontroll- und Informationsrecht zu, insbesondere die Befugnis, sich persönlich von den Angelegenheiten der Gesellschaft zu unterrichten und Bücher und Korrespondenzen einzusehen, § 118. Wie bereits erwähnt, bedarf ferner die Bilanz, die bei der Kommanditgesellschaft dem Kommanditisten lediglich abschriftlich zur Kenntnis gegeben wird (§ 166), bei der offenen Handelsgesellschaft kraft der öffentlich-rechtlichen Vorschrift des § 41 der Unterzeichnung auch durch die nicht geschäftsführenden Gesellschafter, denen dadurch ein Zustimmungsrecht vorbehalten ist.

§ 35. Vertretung.

Völlig getrennt von der Frage der Geschäftsführung, die nur das „Rechtsverhältnis der Gesellschafter untereinander“ betrifft, regelt das Gesetz die Vertretung der Gesellschaft im Außenverhältnis zu Dritten, §§ 125ff. Diese Vertretung liegt, dem Wesen der Gesellschaft entsprechend, mit rechtlicher Notwendigkeit in der Hand der Gesellschafter selbst. Doch schließt hier nicht, wie bei der Gesellschaft des bürgerlichen Rechts, ein vertretungsberechtigter Gesellschafter die Rechtsgeschäfte teils im eigenen Namen, teils in dem seiner Mitgesellschafter als deren Bevollmächtigter ab. Die durch die Firma bewirkte Trennung der Gesellschaftssphäre von der Privatsphäre der einzelnen Gesellschafter führt bei der offenen Handelsgesellschaft zu einer „Vertretung der Gesellschaft“. Der vertretungsberechtigte Gesellschafter handelt im Namen der Gesellschaft, zeichnet ihre Firma. Er ist aber hierbei nicht, wie etwa der Geschäftsführer einer Gesellschaft m. b. H., als Vertretungsorgan willkürlich bestellt, sondern vielmehr geborener Vertreter. Seine Vertretungsmacht ergibt sich unmittelbar aus dem Bestehen der Gesellschaft und kann nur aus besonderen Gründen ausgeschlossen sein, §§ 125 I, 108 II.

Diese gesetzliche Ermächtigung zur Vertretung steht grundsätzlich jedem Gesellschafter, und zwar jedem einzelnen zu. Wenn eine juristische Person sich mehrere Vertreter gibt, so erscheint dies nach außen als eine Sicherungsmaßregel, so daß regelmäßig Gesamtvertretung eintritt, vgl. § 232. Der offenen Handelsgesellschaft aber, die sich als ein Zusammenschluß in höchstem persönlichen Vertrauen darstellt, wobei jeder für alle steht, entspricht die Einzelvertretung der Teilhaber, § 125 I. Hier muß daher umgekehrt jede Abweichung hiervon besonders im Gesellschaftsvertrage vereinbart sein und wirkt auch dann nur, wenn sie zum Handelsregister eingetragen oder dem Dritten bekannt geworden ist. Diese Abweichungen können einmal darin bestehen, daß ein Gesellschafter im Gesellschaftsvertrage von der Vertretungsmacht ausgeschlossen wird[2]; auch kann einem Gesellschafter die Vertretungsmacht auf Antrag der übrigen aus wichtigen Gründen gegen seinen Willen durch gerichtliches Urteil oder einstweilige Verfügung entzogen

[1] Die Erteilung einer Prokura liegt zwar allein in der Hand der geschäftsführenden Gesellschafter, darf aber regelmäßig nur durch sie alle gemeinsam erfolgen, während der Widerruf durch jeden einzelnen von ihnen erklärt werden kann, ohne daß die übrigen ein Widerspruchsrecht haben, § 116 III.

[2] Dem nicht vertretungsberechtigten Gesellschafter kann jedoch eine Handlungsvollmacht erteilt werden.

werden, §§ 125 I, IV, 127, §§ 15, 16[1]. Außerdem aber kann der Gesellschaftsvertrag an Stelle der Einzelvertretung die Gesamtvertretung durch alle oder einzelne Gesellschafter setzen; dabei ist die Einführung einer gemischten Gesamtvertretung — Gesellschafter und Prokurist — zulässig, § 125 II—IV[2].

Die Vertretungsmacht der Gesellschafter ist sachlich unbeschränkt und unbeschränkbar[3]. Sie erstreckt sich auf alle gerichtlichen und außergerichtlichen Geschäfte und Rechtshandlungen, die für eine Handelsgesellschaft Dritten gegenüber vorgenommen werden können, mögen sie auch nicht zum Betrieb eines Handelsgewerbes gehören, wie z. B. Schenkungen. Ist es doch ein Geschäftsinhaber selbst, der hier handelnd auftritt, nicht ein nur vom Prinzipal bestellter Handlungsbevollmächtigter oder Prokurist, § 126. Hier namentlich tritt der Gegensatz zur internen Geschäftsführungsbefugnis hervor. Der einzelne Gesellschafter darf an sich nur gewöhnliche Betriebshandlungen vornehmen, und auch sie nur, wenn kein anderer widerspricht; aber nach außen kann der Vertretungsberechtigte frei mit Wirkung für und gegen die Gesellschaft handeln, zeichnet er die Firma schlechthin. Daß die Erteilung einer Prokura in der Vertretungsmacht des einzelnen Gesellschafters liegt, obgleich sie einen Akt der Gesamtgeschäftsführung bilden soll, hebt das Gesetz ausdrücklich hervor und betont damit den Gegensatz zwischen Außen- und Innenverhältnis mit besonderer Deutlichkeit, § 126 I vgl. mit § 116 III.

Die offene Handelsgesellschaft haftet auch außerkontraktlich für Verrichtungsdelikte ihrer Gesellschafter, z. B. für Patentverletzungen, Betrugshandlungen, Verstöße gegen das UWG., unter sinngemäßer Anwendung des heute im BGB. § 31 ausgesprochenen Grundsatzes[4].

§ 36. Verhältnis zu den Gläubigern.

a) Für die Verbindlichkeiten der Gesellschaft, wie sie aus den Rechtsgeschäften vertretungsberechtigter Gesellschafter oder Bevollmächtigter oder aus gesetzlichen Haftungsgründen verschiedenster Art entstehen können, haftet den Gläubigern zunächst einmal das Gesellschaftsvermögen. Da dieses nicht nur gesamthändisch gebunden, sondern auch durch die gemeinschaftliche Firma selbständig bezeichnet ist, bedarf es zu einer Zwangsvollstreckung in Bestandteile des Gesellschaftsver-

---

[1] Auch wenn nur ein vertretungsberechtigter Gesellschafter vorhanden ist, kann die Entziehung der Vertretungsmacht durch gerichtliche Entscheidung ausgesprochen werden, RGZ. 74, 301. Vertragsmäßig dagegen ist die Ausschließung sämtlicher Gesellschafter von der Vertretung der Gesellschaft mit der Wirkung, daß für diese zwar vielleicht ein Prokurist, aber kein mit voller gesellschaftlicher Vertretungsmacht ausgestatteter Vertreter vorhanden wäre, unzulässig; wird sie vertragsmäßig bestimmt, so bedeutet das, daß Gesamtvertretung durch alle Gesellschafter zusammen stattfindet, wie eine solche ja schon für die eventuelle Abberufung des Prokuristen u. dgl. unentbehrlich ist, s. Flechtheim bei Düringer-Hachenburg § 125 Anm. 4; KGJ. 52 A 90, a. Mg. RGZ. a. a. O.; JW. 1913, 1040; OLG. 42, 214 u. a. — Die Bestellung eines Vertreters durch das Gericht in Analogie von BGB. § 29 ist keinesfalls zulässig.

[2] Die nur mit Gesamtvertretungsmacht ausgestatteten Gesellschafter sind befugt, einzelne aus ihrer Mitte zur Vornahme einzelner oder gewisser Geschäfte zu ermächtigen, § 125 II 2. — Eine gemischte Gesamtvertretung kann nur vorgesehen werden, wenn eine Mehrheit vertretungsberechtigter Gesellschafter vorhanden ist, die selbst nur Gesamtvertretung haben; auch dann bedarf es der Mitwirkung des Prokuristen nicht, wenn sämtliche Gesellschafter zusammen handeln, vgl. OLG. 28, 244; 44, 199. — Bei gemischter Vertretung können Rechtshandlungen, welche die Vertretungsmacht eines Prokuristen überschreiten, z. B. Grundstücksveräußerungen, von dem Gesellschafter und dem Prokuristen zusammen nicht vorgenommen werden; a. Mg. OLG. 43, 282.

[3] Handelt der Gesellschafter zwar innerhalb der formalen Grenzen seiner Vertretungsmacht, aber absichtlich zum Nachteil der Gesellschaft und in betrügerischem Zusammenspiel mit einem Dritten, der Kenntnis von dieser schädigenden Absicht hat, so kann die Gesellschaft diesem nach BGB. § 826 den Einwand der Kollusion entgegenhalten. Vgl. RGZ. 58, 356 (Bürgschaft namens der Firma für eine Privatschuld des Gesellschafters hinter dem Rücken der andern).

[4] Vgl. hierzu oben S. 8 Anm. 1.

mögens eines gegen die Gesellschaft selbst gerichteten vollstreckbaren Schuldtitels. Es muß also die mit formeller Parteifähigkeit ausgestattete Gesellschaft selbst verklagt und verurteilt oder ein sonstiger Titel gegen die Firma erwirkt sein. Ein gegen die einzelnen, wenn auch alle einzelnen Gesellschafter gerichteter Titel genügt nicht, ein Rechtssatz, der zugleich die Privatgläubiger der einzelnen Gesellschafter ohne weiteres von dem Zugriff auf das Gesellschaftsvermögen ausschließt und damit dessen Sonderung erst vollständig macht, § 124 II[1]. Demgemäß findet auch bei Zahlungsunfähigkeit der offenen Handelsgesellschaft ein selbständiges Konkursverfahren über das Gesellschaftsvermögen statt, KO. §§ 209—212[2].

b) Für die Gesellschaftsverbindlichkeiten haften aber nach dem dargelegten Grundprinzip der offenen Handelsgesellschaft den Gläubigern auch die einzelnen Gesellschafter persönlich als Gesamtschuldner, d. h. auf das Ganze und mit ihrem ganzen Vermögen; dies nicht etwa nur nach Bürgenart, sondern unmittelbar, primär neben der Gesellschaft, so daß es ganz im Belieben des Gläubigers liegt, ob zuerst gegen die Gesellschaft und dann gegen diesen oder jenen oder alle Gesellschafter vorgehen, oder aber zunächst einen Gesellschafter persönlich belangen, oder endlich gegen die Gesellschaft und ihre Teilhaber gleichzeitig klagen will, § 128[3].

Diese persönliche Haftung ist sachlich nur eine nach der Seite des einzelnen Gesellschafters hin sich erstreckende Auswirkung der gemeinschaftlichen Verbindlichkeit, die ihn als Mitinhaber des Gesellschaftsunternehmens belastet. Es besteht nicht etwa eine Gesamtschuld zwischen der Gesellschaft einerseits und den Gesellschaftern anderseits, sondern die Haftung der Gesellschafter ist nur eine Auswirkung der auf der Gesellschaft lastenden Schuldverbindlichkeit[4]. Deshalb kann der für eine Gesellschaftsschuld in Anspruch genommene Gesellschafter, soweit ihm nicht persönliche Einwendungen (z. B. aus einer speziell ihm gewährten Stundung oder einer ihm persönlich zustehenden Gegenforderung) gegeben sind, nur solche Einwendungen geltend machen, die auch die Gesellschaft selbst vorbringen könnte. War daher bereits gegen die Gesellschaft geklagt und diese verurteilt, so würde, falls er gleichwohl noch das Bestehen der Gesellschaftsschuld bestreiten wollte, die Einrede der Rechtskraft auch ihm gegenüber durchgreifen, § 129[5]. Das gegen die Gesellschaft erstrittene Urteil kann aber gleichwohl nicht ohne weiteres einen formell vollstreckbaren Titel gegen die Gesellschafter persönlich bilden, da sie durch ein solches Urteil eben nur in ihrer Eigenschaft als Teilhaber des Gesellschaftsvermögens betroffen sind und andernfalls etwaiger persönlicher Einwendungen

---

[1] S. dagegen ZPO. § 736 für die gewöhnliche Gesellschaft des bürgerlichen Rechts.

[2] E. Jaeger, Der Konkurs der offenen Handelsgesellschaft (1897). — Der Antrag auf Konkurseröffnung kann von jedem persönlich haftenden Gesellschafter, nicht nur von den vertretungsberechtigten, gestellt werden, KO. § 210. Gemeinschuldner sind alle Gesellschafter in ihrer Eigenschaft als Eigentümer des mit Konkurs belegten Sondervermögens, vgl. OLG. 35, 257; RGSt. 46, 78.

[3] Auch gegenüber einem Gesellschaftsgläubiger, der selbst zu den Gesellschaftern gehört, tritt diese Haftung der übrigen Gesellschafter ein, wenn es sich um selbständige, außergesellschaftliche Verpflichtungsgründe (z. B. Verkauf oder Vermietung an die Gesellschaft) handelt, während er sich für Sozialansprüche, wie Gewinnauszahlung oder Auslagenerstattung (§ 110), nur an die Gesellschaft selbst halten kann, RGZ. 120, 135.

[4] Neu eintretende Gesellschafter treten in diese Gesamtheit ohne weiteres ein, § 130 (vgl. § 130 II mit § 28 II). — Ausscheidende Gesellschafter, sowie die Gesellschafter einer aufgelösten Gesellschaft haften, mit einer Verjährungsfrist von fünf Jahren, für alle Verbindlichkeiten weiter, die zur Zeit ihres Austritts oder der Auflösung bestanden haben, §§ 159, 160, also z. B. für die Mietzinsen, die aus einem laufenden Mietvertrag bis zum nächsten Kündigungstermin fällig werden, s. RGZ. 86, 60. Vgl. hierzu H. Lehmann, Enthaftung des ausgeschiedenen Gesellschafters aus laufenden Lieferungsverträgen, ZHR. 79, 57. Der Ausgeschiedene wird einfacher Gesamtschuldner neben der Gesellschaft, vgl. RG. in JW. 1928, 2612.

[5] Tritt ein Gesellschafter der Gesellschaft in ihrem Prozeß als Nebenintervenient bei, wozu er nach § 128 i. V. mit ZPO. § 66 berechtigt ist, so hat er im Hinblick auf § 129 die Stellung eines streitgenössischen Nebenintervenienten, ZPO. § 69, vgl. RGZ. 34, 363.

verlustig gingen. Zur Zwangsvollstreckung in das Privatvermögen eines Gesellschafters bedarf ein Gesellschaftsgläubiger daher stets eines gegen diesen Gesellschafter persönlich erwirkten vollstreckbaren Titels, § 129 IV[1].

c) Die Privatgläubiger eines Gesellschafters sind durch § 124 II, BGB. § 719 von dem Zugriff auf das Gesellschaftsvermögen wie auf den ihrem Schuldner daran zustehenden Anteil ausgeschlossen. Auch am Konkurse der offenen Handelsgesellschaft nehmen sie nicht teil (s. aber auch KO. § 212). Da jedoch ein Schuldner seinem Gläubiger die Befriedigung aus seinem Vermögen nicht dadurch entziehen soll, daß er Teile desselben in einer gesamthändischen Sonderbindung beläßt, ermöglicht das Gesetz dem Privatgläubiger selbst eine Lösung dieses Bandes. Er kann den Auseinandersetzungsanspruch pfänden der seinem Schuldner bei dereinstiger Auflösung der Gesellschaft zustehen wird, und kann daraufhin seinerseits die Gesellschaft kündigen. Dabei ist nur vorausgesetzt, daß der Gläubiger zunächst die Vollstreckung in das Privatvermögen des Gesellschafters versucht, hierbei aber eine Befriedigung nicht erlangt hat, §§ 135, 141.

§ 37. Auflösung der Gesellschaft und Ausscheiden von Gesellschaftern.

Literatur: Lastig, Auflösung der kaufmännischen Gesellschaften (1900); K. Lehmann, Schutz u. Erhaltung kaufm. Unternehmungen (1915); Alexander-Katz, ZHR. 70, 80; Breit, Jur. Rundschau 1926, 761, 857.

Die Gründe für eine Auflösung der offenen Handelsgesellschaft sind teils solche Umstände, die sich im Gesellschaftsganzen ereignen, z. B. Ablauf der vorgesehenen Gesellschaftsdauer, teils solche, die von der Person eines einzelnen Gesellschafters ausgehen, z. B. Kündigung, Tod. Die Fälle der ersten Gruppe (Gesamtgründe) sind in § 131^{1-3}, die der zweiten (Einzelgründe) in § 131^{4-6} angeführt. Daß auch solche Einzelgründe nicht etwa, wie bei einem Verein (BGB. §§ 38, 39), nur zur Auflösung des den Einzelnen mit dem Ganzen verknüpfenden Rechtsbandes, sondern zur Auflösung der Gesellschaft überhaupt führen, zeigt besonders deutlich, daß diese eine individualistische Vereinigung, nicht eine von den Einzelmitgliedern rechtlich verschiedene juristische Person ist. Immerhin ist die gesamtauflösende Wirkung dieser Einzelgründe nicht unabwendbar. Besondere Maßnahmen können dazu führen, daß sie im Einzelfall doch nur das Ausscheiden eines einzelnen Gesellschafters bewirken, während die Gesellschaft im übrigen fortbesteht und das Unternehmen unverändert erhalten bleibt, §§ 138—142. Daß die offene Handelsgesellschaft beim Eintritt eines Beendigungsgrundes „aufgelöst“ wird, bedeutet übrigens nicht, daß sie ohne weiteres in diesem Augenblick auseinanderfällt. Vielmehr wird zunächst nur der Aktivzustand beendigt. Die Gesellschaft tritt in das Auflösungsstadium ein und erlischt endgültig erst, wenn die Auseinandersetzung, regelmäßig in Form der Liquidation, durchgeführt ist, §§ 145, 158, vgl. unten § 38. Über die Registeranmeldungen s. demgemäß §§ 143, 157.

a) Der recht eigentlich normale, aus dem Ganzen der Gesellschaft heraufkommende Auflösungsgrund ist der Auflösungsbeschluß der Gesellschafter, § 131 Ziff. 2. Er kann jederzeit und mit alsbaldiger Wirkung gefaßt werden. Als Gesamtwillensakt der Gesellschafter bildet er das Gegenstück zu der Gesellschaftserrichtung. Stimmenmehrheit genügt nur, wenn vertragsmäßig besonders bestimmt, s. § 119[2]. — Von den Auflösungsgründen, die nach allgemeinen Regeln schon im Gesellschaftsvertrage selbst vorgesehen werden können, führt das Gesetz nur einen an: den Ablauf der

---

[1] Die Gesellschaftsgläubiger können ihre Forderungen im Privatkonkurs eines Gesellschafters anmelden; falls aber auch Gesellschaftskonkurs eröffnet ist, nur in Höhe des Ausfalls, den sie in diesem erleiden, KO. § 212.

[2] Die offene Handelsgesellschaft erlischt kraft des Willens der Gesellschafter ohne besonderen Auflösungsbeschluß auch dann, wenn sie das Handelsgeschäft mit der Firma veräußern, da eine Handelsgesellschaft nicht ohne Firma bestehen kann, RGZ. 85, 399.

Zeit, für die die Gesellschaft eingegangen ist, vorausgesetzt, daß die vereinbarte Zeitbestimmung in der Tat als Endtermin für die Gesellschaft und nicht bloß als zeitiger Ausschluß der Kündbarkeit gemeint ist, § 131 Ziff. 1. Über stillschweigende Fortsetzung auf unbestimmte Zeit s. § 134. — Die Eröffnung des Gesellschaftskonkurses löst die Gesellschaft mit gesetzlicher Notwendigkeit auf. An die Stelle der handelsrechtlichen Liquidation tritt das Konkursverfahren über das Gesellschaftsvermögen. Konkursvoraussetzung ist, wie beim Einzelkaufmann, nur die Zahlungsunfähigkeit, nicht auch, wie bei der Aktiengesellschaft, die Überschuldung, §§ 131³, 143—145, KO. §§ 209ff.[1].

b) Daß die offene Handelsgesellschaft durch den Tod eines Gesellschafters aufgelöst wird, ist eine Folgewirkung der höchstpersönlichen Natur des Gesellschaftsverhältnisses und seines ausgeprägten Vertrauenscharakters. Das Gesetz kann weder die Stellung als offener Handelsgesellschafter mit ihren Geschäftsführungs- und Vertretungsbefugnissen auf die zufälligen Erben übergehen lassen, noch anderseits dem zufälligen Vorabsterben des Einen die schwerwiegende Wirkung geben, daß das lebendige Unternehmen den Übrigen allein verbleibt, §§ 131⁴, 137, 146 I². Indessen begründen diese Erwägungen nur eben die gesetzliche Regel. Es versteht sich, daß hier, wie in den anderen Auflösungsfällen, die überlebenden Gesellschafter mit den Erben jede beliebige, zur Erhaltung des Unternehmens dienende Vereinbarung treffen können. Außerdem aber weist das Gesetz selbst darauf hin, daß schon der ursprüngliche Gesellschaftsvertrag etwas anderes anordnen und die Beteiligten somit im voraus binden kann, § 131⁴. Er kann einmal bestimmen, daß beim Tod eines Gesellschafters die Gesellschaft unter den übrigen fortbestehen soll. In diesem Fall scheidet der Verstorbene aus der Gesellschaft aus, und sein Anteil am Gesellschaftsvermögen wächst den verbleibenden Gesellschaftern an, so daß das Unternehmen unberührt bleibt und nur eben die bisher aus z. B. drei Personen bestehende Gesamthand jetzt auf zwei Personen sich beschränkt[2]. Mit dem Ausscheidenden findet auf Grund einer zu diesem Zwecke zu errichtenden Vermögensbilanz eine rechnerische Auseinandersetzung statt, die, je nach dem Ergebnis und dem Stande seines Kapitalkontos, entweder ein Abfindungsguthaben der Erben oder einen von ihnen zu deckenden Fehlbetrag ergeben wird, § 138, BGB. §§ 738, 739[3]. Der Gesellschaftsvertrag kann aber umgekehrt auch bestimmen, daß im Falle des Todes eines Gesellschafters die Gesellschaft mit den Erben fortgesetzt werden soll. In diesem Falle wird die Beteiligung an der offenen Handelsgesellschaft zu einem vererblichen Recht und die Erben an Stelle des Verstorbenen zu Gesellschaftern mit allen Wirkungen der persönlichen Verbundenheit und der unbeschränkten Haftung. Um sie aber nicht vor die Zwangswahl zu stellen, entweder diese Folgen in Kauf zu nehmen oder die Erbschaft auszuschlagen, gibt das Gesetz jedem Einzelnen von ihnen das Recht, sein Verbleiben in der Gesellschaft davon abhängig zu machen, daß ihm die Stellung eines bloßen Kommanditisten eingeräumt werde, § 139. Vertragsbedingungen, die nicht die Erben als solche, sondern eine bestimmte Person als Nachfolger bezeichnen, fallen nicht unter diese Vorschrift; sie sind nach ihrem besonderen Sinne auszulegen.

Auch der wirtschaftliche Zusammenbruch eines Gesellschafters kann zur Auflösung der offenen Handelsgesellschaft führen. Kraft Gesetzes, wenn der Gesell-

---

[1] S. die Bemerkungen oben S. 63 Anm. 2, und vgl. ferner Ernst Jaeger, Kommentar zur KO.⁵ § 209ff.; Mentzel, KO. ebenda.

[2] Diese Klausel ist übrigens auch möglich, wenn nur zwei Gesellschafter vorhanden sind. Es findet dann das zu § 142 III Bestimmte Anwendung.

[3] In der Auseinandersetzungsbilanz ist der wirkliche Wert auf Grund einer echten Vermögensbilanz zugrunde zu legen, wobei auch der sog. Geschäftswert zu berücksichtigen ist, RGZ. 106, 132. Doch kann der Gesellschaftsvertrag ein anderes bestimmen, z. B. die letzte Jahresbilanz für maßgebend erklären (s. z. B. RGZ. 117, 238). S. im einzelnen Flechtheim bei Düringer-Hachenburg IV § 138 Anm. 9ff. — Über die Teilnahme an schwebenden Geschäften s. BGB. § 740.

schafter in Konkurs kommt; sonst kraft der Kündigung eines Privatgläubigers unter den oben § 36 angeführten Voraussetzungen. In beiden Fällen kann aber die Fortsetzung der Gesellschaft unter den Übrigen nicht nur im Gesellschaftsvertrag vorgesehen sein, sondern auch jetzt, bei Eintritt der Tatsache, von ihnen einseitig beschlossen werden, weil es unbillig wäre, sie unter derartigen außerordentlichen, in der Person eines Mitgesellschafters eingetretenen Ereignissen leiden zu lassen, §§ 131^5, 135, 138, 141ff.

c) Endlich und insbesondere kann die offene Handelsgesellschaft durch den Willen des einzelnen Gesellschafters zur Auflösung gebracht werden, entsprechend dem allgemeinen Rechtsgedanken, daß ein die Person bindendes Vertragsverhältnis nicht von schlechthin unbegrenzter Dauer, nicht schlechthin unlösbar sein kann. Ist die Gesellschaft nicht auf eine bestimmte Zeit eingegangen, so kann sie von jedem Gesellschafter auf Schluß jedes Geschäftsjahres mit sechsmonatiger Frist gekündigt werden[1]. Diese von Gründen unabhängige, ordentliche gesetzliche Kündigung ist als ein Akt inter socios, der nichts mit der Betätigung der Gesellschaft als solcher zu tun hat, allen anderen Gesellschaftern, nicht etwa nur den geschäftsführenden gegenüber zu erklären, §§ 131^6, 132, 134. Der Gesellschaftsvertrag kann bestimmen, daß die Einzelkündigung statt der Gesellschaftsauflösung nur das Ausscheiden des Kündigenden bewirken solle; ist das aber nicht im voraus bestimmt, so kann dem Kündigenden sein Recht auf Liquidation nicht durch einen Fortsetzungsbeschluß der Übrigen wider seinen Willen genommen werden, § 138.

Ist die Gesellschaft auf bestimmte Zeit eingegangen oder, wie dies gewiß häufig stattfindet, die Kündigung vertragsmäßig für bestimmte Zeit ausgeschlossen, so versagt insolange die normale Lösbarkeit. Dies darf aber nicht zu unerträglichen Folgerungen führen, wie solche übrigens auch schon bei der verhältnismäßig langen Befristung des gesetzlichen Kündigungsrechts eintreten können. Das Gesetz gewährt daher dem Einzelnen dann, wenn sein Auflösungsbegehren durch einen wichtigen Grund gerechtfertigt wird, ein unbefristetes Auflösungsrecht, das weder verzichtbar noch vertraglich beschränkbar ist. Während aber bei der Gesellschaft des bürgerlichen Rechts auch hier eine private Kündigungserklärung genügt (BGB. § 723^2), gibt das Handelsrecht dem Gesellschafter nur das Recht, auf Auflösung zu klagen. Die Auflösung selbst tritt erst, nachdem das tatsächliche Vorliegen des wichtigen Grundes im Prozeß festgestellt ist, mit der Rechtskraft der dem Antrage stattgebenden gerichtlichen Entscheidung ein. Dadurch wird eine sichere und unzweifelhafte Rechtslage erreicht, wie sie bei der offenen Handelsgesellschaft als der nach außen hervortretenden Trägerin eines wirtschaftlichen Unternehmens unentbehrlich ist, §§ 131^6, 133. Ein hinreichend wichtiger Auflösungsgrund ist gegeben, wenn schutzwürdige und so schwerwiegende Interessen gefährdet sind, daß demgegenüber die normale fernere Vertragsgebundenheit zurücktreten muß. In Betracht kommen einmal solche Umstände, die die Lage der Gesellschaft im ganzen betreffen, z. B. sachliche Unmöglichkeit einer zweckmäßigen Fortführung des Unternehmens. Sodann Tatsachen, die es nur eben dem klagenden Gesellschafter unmöglich machen, weiter in der Gesellschaft zu bleiben, z. B. schwere Erkrankung bei langfristigem Vertrag. Vor allem aber solche Tatsachen, die in der Person eines anderen Gesellschafters vorliegen: grobe Pflichtverletzungen, Vertrauensbrüche, schwere Unverträglichkeit, aber auch unverschuldete Unmöglichkeit weiterer Pflichterfüllung, Geisteskrankheit, Entmündigung, Vermögenszerfall, § 133 II[2].

---

[1] Ein einseitiges Austrittsrecht eines Gesellschafters kann es, nach der Natur des ganzen Rechtsverhältnisses, nicht geben. Dagegen ist das Ausscheiden eines Einzelnen, abgesehen von den im Text erörterten gesetzlichen Fällen, jederzeit durch Vertrag mit den andern Gesellschaftern möglich.

[2] Vgl. z. B. RG. bei Warn. 1929, 84: schwere Zerwürfnisse unter den Sozien; RGZ. 105, 376: Gebrechlichkeitspflegschaft über einen Gesellschafter.

d) Tritt ein Umstand dieser letzteren Art, also ein in der Person eines anderen Gesellschafters liegender, schuldhafter oder unverschuldeter Auflösungsgrund ein, so wäre es aber unbillig, die übrigen Gesellschafter lediglich vor die Wahl zu stellen, ob sie die Gesellschaft mit dem unbrauchbaren Sozius fortsetzen oder sie vollkommen auflösen wollen. Das Gesetz gibt ihnen daher das Recht, statt dessen auf Ausschließung jenes Gesellschafters zu klagen, § 140[1]. Wenn, wie so häufig, die Gesellschaft nur aus zwei Gesellschaftern besteht, so daß nicht eine Ausschließung aus einer Gesellschaft, sondern nur die Ausschließung aus dem Geschäft in Frage kommt, so kann der eine schuldlose Gesellschafter bei entsprechender Sachlage darauf klagen, daß er zur Übernahme des Geschäfts ohne Liquidation für berechtigt erklärt werde, § 142[2]. In beiden Fällen vollzieht sich die Abrechnung mit dem Ausgeschlossenen in der bereits geschilderten Art, während sein Anteil den oder dem Verbleibenden ohne weiteres anwächst[3].

§ 38. Liquidation.

Literatur: Wimpfheimer, Die Gesellschaften des Handelsrechts und des bürgerlichen Rechts im Stadium der Liquidation (1908).

Wie sich die Gesellschafter der offenen Handelsgesellschaft nach der Auflösung auseinandersetzen, darüber entscheidet in erster Reihe der Gesellschaftsvertrag oder eine nunmehr von ihnen getroffene Vereinbarung. So kann z. B. das Geschäft einem der Gesellschafter durch Vertrag überlassen[4] oder das Unternehmen von allen zusammen in eine Aktiengesellschaft eingebracht und die Gegenleistung unter ihnen verteilt werden. Mangels besonderer Vereinbarung aber erfolgt die Auseinandersetzung im Wege der Liquidation, d. h. eines Verfahrens, bei dem durch besondere Organe das Gesellschaftsvermögen in Geld flüssig gemacht wird, um die Gläubiger zu befriedigen und den überschießenden Betrag zu verteilen. Während bei Auseinandersetzung einer bürgerlich-rechtlichen Gesellschaft die einzelnen Gegenstände regelmäßig entweder in natura verteilt oder versteigert werden, vollzieht sich also die Liquidation hier in kaufmännischen Formen und ermöglicht es insbesondere auch jetzt noch, das Unternehmen im ganzen zu veräußern[5], §§ 145, 149, vgl. BGB. §§ 734, 752f., 49.

Soweit der Abwicklungsprozeß es erfordert, gilt die Gesellschaft als fortbestehend; ohne Fiktion gesprochen: sie besteht bis zur Beendigung der Liquidation mit den

---

[1] Die Klage ist von sämtlichen übrigen Gesellschaftern zu erheben, ein Fall der notwendigen Streitgenossenschaft im Sinne von ZPO. § 62; die Ausschließung muß, wenn ein Ausschließungsgrund vorliegt, vom Gericht auf Klage ausgesprochen werden (trotz des „kann" in § 140), RGZ. 122, 312. Sie tritt erst mit der Rechtskraft des (konstitutiv wirkenden) Urteils ein. Wie in allen Fällen, wo das Gesetz ein Auflösungsrecht nur in Form eines Gestaltungsklagrechts gibt (die Analogie der Ehescheidung liegt nahe, vgl. RGZ. 112, 283), kann die Ausschließung nur im Wege der Klage (oder Widerklage) herbeigeführt werden. Eine Vertragsbestimmung, die eine Ausschließung durch Beschluß der übrigen Gesellschafter vorsieht, ist nichtig, vgl. RGZ. 38, 121; s. auch 109, 80.

[2] Die Bestimmung des § 142 trifft nur den Hauptfall; auch bei einer Dreimanngesellschaft muß einem Gesellschafter das Klagerecht auf Ausschließung gegenüber den beiden Mitgesellschaftern zugestanden werden, s. Cahn ZBH. 2, 271.

[3] Auch im Falle des § 142 findet also, in Auswirkung der Grundsätze über die Gesamthand, eine Gesamtrechtsnachfolge im Sinne von BGB. § 738 statt, so daß es z. B. keiner Auflassung der Gesellschaftsgrundstücke an den das Geschäft übernehmenden Gesellschafter bedarf. So, gegenüber früheren Zweifeln, RGZ. 65, 227; 68, 401. — Ansprüche, welche der Gesellschaft dem Ausgeschiedenen gegenüber aus besonderen, mit dem Gesellschaftsverhältnis nicht in Zusammenhang stehenden Rechtsgründen (z. B. Kaufgeschäften) zustehen, können von ihr außerhalb des Auseinandersetzungsverfahrens selbständig eingeklagt werden, RGZ. 118, 295.

[4] Über die rechtliche Natur des Vorgangs s. vorige Anmerkung.

[5] Die Firma kann von den Liquidatoren nicht mit übertragen werden, falls nicht die Gesellschafter oder deren Erben zustimmen, vgl. § 22.

inneren und äußeren Rechtsbeziehungen und Wirkungen, insbesondere der Gesamthaft fort, nur daß sie eben in einen anderen Zustand getreten, aus einer produktiven (werbenden) Gesellschaft zu einer Liquidationsgesellschaft geworden ist, § 156[1]. Handelsregister und Firma vgl. §§ 148, 153 („Weiß & Co. in Liq."). Eine wesentliche Besonderheit betrifft Geschäftsführung und Vertretung: die Liquidation erfolgt durch Liquidatoren, als welche regelmäßig sämtliche Gesellschafter berufen sind, auch die bisher von der Geschäftsführung ausgeschlossenen; mehrere Erben eines verstorbenen Gesellschafters haben einen gemeinsamen Vertreter zu bestellen. Die Gesellschafter können aber statt dessen für die Liquidation eine besondere Vereinbarung treffen. Außerdem können Liquidatoren auf Antrag eines Beteiligten durch das Gericht ernannt werden, wenn ein wichtiger Grund vorliegt. Während sonst die Vertretung der offenen Handelsgesellschaft stets in den Händen von Gesellschaftern liegt, kann die Vertretung im Stadium der Liquidation auf dem einen oder anderen Wege den Gesellschaftern genommen und dritten Personen übertragen werden[2]. Übrigens nimmt ein gerichtlich ernannter Liquidator den Gesellschaftern gegenüber nicht eine irgendwie amtsähnliche Stellung ein: die Beteiligten können durch einstimmigen Beschluß sowohl ihn abberufen wie ihm bindende Weisungen erteilen, §§ 146, 147, 152, FGG. §§ 145, 146.

Dem Umfange nach deckt sich die Vertretungsmacht der Liquidatoren nach außen mit dem Umfang ihrer normalen Geschäftsführungsbefugnis, dies ein wesentlicher Unterschied gegenüber den Verhältnissen der aktiven offenen Handelsgesellschaft, § 149, vgl. mit §§ 116, 126. Die Liquidatoren haben die laufenden Geschäfte zu beendigen, neue aber nur insoweit abzuschließen, als dies zur Beendigung schwebender Geschäfte geschieht, wie z. B. bei Miete eines Geschäftsraums u. dgl. Im übrigen obliegt ihnen in Ausführung der Liquidationsaufgabe die Einziehung von Forderungen, die Veräußerung sonstiger Aktiven, die Befriedigung von Gläubigern. Auf diesen Geschäftskreis beschränkt sich auch ihre Vertretungsmacht, sowohl gerichtlich wie außergerichtlich, kraft Gesetzes, § 149 Satz 2[3]. Dieselbe kann durch die Gesellschafter erweitert, aber Dritten gegenüber nicht unter jenes gesetzliche Maß herunter eingeschränkt werden, § 151. Unter mehreren Liquidatoren besteht regelmäßig nur Gesamtvertretung, § 150[4].

Den Gesellschaftern selbst gegenüber sind die Liquidatoren schließlich mit der Auseinandersetzung des Reinvermögens betraut. Sie haben dasselbe nach dem Verhältnis der Kapitalanteile, entsprechend der Schlußbilanz, zur Verteilung zu bringen, auch schon vorher entbehrliche Gelder vorläufig zu verteilen, § 155 I, II. Bestehen Meinungsverschiedenheiten unter den Gesellschaftern über den Verteilungsmaßstab, so sind die Liquidatoren aber nicht zu einem Prozesse legitimiert, der vielmehr unter den Gesellschaftern selbst ausgetragen werden muß, § 155 III.

---

[1] Aus der Identität der „Abwicklungsgesellschaft" mit der ursprünglichen folgt, daß die Gesellschaft sich aus dem Liquidationszustand auch wieder in eine produktive Gesellschaft zurückverwandeln kann, wenn die Gesellschafter eine dahingehende Vereinbarung treffen, RGZ. 106, 63; s. auch 102, 375 (str.).

[2] Auch einer der Gesellschafter selbst kann zum Liquidator bestellt werden. — Über die Vertretungsverhältnisse s. RGZ. 116, 116.

[3] Schließen die Liquidatoren ein über den Rahmen der Liquidationsaufgaben hinausgehendes Geschäft ab, so muß es die Gesellschaft gleichwohl gegen sich gelten lassen, wenn diese Überschreitung dem Dritten den Umständen nach nicht erkennbar war; vgl. zu dieser Frage FLECHTHEIM bei DÜRINGER-HACHENBURG IV § 149 Anm. 22ff. Ebenso für die Vereinsliquidation: STAUDINGER-RIEZLER, BGB.[9] I § 49 VI.

[4] Aus der gesetzlichen Beschränkung der Vertretungsmacht in der Liquidation folgt, daß die Liquidationsgesellschaft keine Prokuristen mehr haben kann, da deren Vertretungsmacht eine unbeschränkte wäre, RGZ. 72, 122. Vgl. hierzu § 298 III.

Zweites Kapitel.

Kommanditgesellschaft.

§ 39. Wesen. Rechtsverhältnisse.

Literatur: Flechtheim bei Düringer-Hachenburg IV, S. 790ff.; Renaud, Das Recht der Kommanditgesellschaften (1881).

Die Kommanditgesellschaft eröffnet die Reihe derjenigen Handelsgesellschaften, bei denen eine Begrenzung des Risikos stattfindet. Sie ist im Laufe der rechtsgeschichtlichen Entwicklung zu einem etwas komplizierten Institut geworden, das eigenartigen Bedürfnissen dient. Die Kommanditgesellschaft ist eine Gesellschaft mit ungleichartigen Teilnehmern. Der eine Teil — der oder die persönlich haftenden Gesellschafter, auch Komplementare genannt — haftet den Gesellschaftsgläubigern mit seinem ganzen Vermögen und nimmt überhaupt die gleiche Rechtsstellung ein wie ein Gesellschafter der offenen Handelsgesellschaft[1]. Die Verpflichtung des anderen Teils der Gesellschafter dagegen — des oder der Kommanditisten — beschränkt sich auf eine bestimmte Vermögenseinlage. Entgegen dem Wortsinn (commendare = anvertrauen) besteht diese ihre Verpflichtung aber nicht etwa nur im Innenverhältnis, so daß nach außen allein der andere Gesellschafter hervorträte, wie dies bei der stillen Gesellschaft der Fall ist. Vielmehr haftet auch der Kommanditist den Gesellschaftsgläubigern unmittelbar (juristisch gesprochen: „persönlich"), diese Haftung geht aber nicht über den Betrag der Einlage hinaus und entfällt, wenn und soweit und solange diese zum Gesellschaftsvermögen geleistet ist, §§ 161 I, 171, 172[2]. Der Kommanditist setzt also ebenfalls seinen Personalkredit — bis zu gewissen Grenzen — ein. Die Kommanditgesellschaft ist eine Außengesellschaft und Personalgesellschaft, rechtlich nur eine Abart der offenen Handelsgesellschaft, deren Normen in allen nicht gesondert geregelten Punkten auch für sie gelten, § 161 II[3]. Auch hier wird das Unternehmen als ein gesellschaftliches unter gemeinschaftlicher Firma betrieben, und das Gesellschaftsvermögen steht allen Gesellschaftern, Komplementaren wie Kommanditisten, zur gesamten Hand zu, woraus sich z. B. ergibt, daß der Kapitalanteil eines Kommanditisten nicht veräußerlich ist, BGB. §§ 717, 719[4]. Dagegen ist die Rechtsstellung des Kommanditisten vererblich; sein Tod löst die Gesellschaft nicht auf, falls dies nicht im Gesellschaftsvertrag vorgesehen ist, § 177.

Die Besonderheiten in der rechtlichen Stellung des Kommanditisten ergeben sich aus der Grundlage des Rechtsverhältnisses. Weil seine Beteiligung nach außen wirkt, aber nicht seine Person schlechthin ergreift, wird sein Name und Einlagebetrag zwar zum Handelsregister eingetragen, aber nicht veröffentlicht, und sein Name darf nicht in die Firma aufgenommen werden, §§ 162, 19 IV[5]. Die Einlage

[1] Eine Gesellschaft mit beschränkter Haftung kann persönlich haftender Gesellschafter einer Kommanditgesellschaft sein, wie dies aus steuerlichen Gründen gelegentlich vorzukommen scheint (G. m. b. H. & Co.), vgl. RGZ. 105, 101; Warn. 1927, 77. — Zielinski, Grundtypvermischung und Handelsgesellschaftsrecht (1925).

[2] Im Konkurse der Kommanditgesellschaft ist es Sache des Konkursverwalters, den Kommanditisten zur Schuldendeckung bis zum Betrage seiner Einlage heranzuziehen, § 171 II, vgl. RGZ. 51, 33.

[3] Ebenso im Steuerrecht; insbesondere versteuert auch der Kommanditist seine Einkünfte aus der Gesellschaft als Einkünfte aus Gewerbebetrieb, nicht als solche aus Kapitalvermögen, s. EinkStG. § 29, 3 (vgl. auch § 37, 2). — Der Kommanditist kann in Gesellschaftsprozessen nicht Zeuge sein, RGZ. 32, 398.

[4] Eine Übertragung des Kommanditanteils auf einen andern ist nur mit Zustimmung aller übrigen Gesellschafter möglich. Jedoch kann der Gesellschaftsvertrag freie Veräußerlichkeit zulassen, da BGB. § 717 nur dispositiv ist, vgl. RGZ. 92, 163.

[5] Wohl aber darf er beibehalten werden, wenn der namengebende bisherige Inhaber oder Sozius späterhin Kommanditist wird, s. § 22. — Ob der Kommanditist für seine Person Kaufmannseigenschaft hat, ist streitig; gegen die an sich naheliegende Verneinung spricht vielleicht die rechtliche Möglichkeit seiner gesellschaftlichen Beteiligung an der Geschäftsführung, s. Anm. 4.

kann im Innenverhältnis sowohl in Geld wie in anderen Werten bestehen und höher oder geringer sein als der eingetragene Betrag. Nach außen, den Gläubigern gegenüber, bestimmt sich die Haftung nach der Eintragung, §§ 172—176[1]. Was das Gesetz „Vermögenseinlage" nennt, ist also in Wirklichkeit im Außenverhältnis eine Haftsumme, die aber freilich zurücktritt, wenn und soweit im Innenverhältnis eine Einlage von entsprechendem Werte tatsächlich geleistet ist. Wird die Einlage zurückgewährt, so tritt die Haftung wieder voll hervor, so daß z. B. ein aus der Gesellschaft ausscheidender Kommanditist, wenn er seine Einlage hierbei zurückerhält, von den derzeitigen Gläubigern nach §§ 159, 160 noch während der ganzen fünfjährigen Verjährungszeit bis zur Haftsumme in Anspruch genommen werden kann, §§ 171, 172 IV.

Zur Vertretung der Kommanditgesellschaft sind nur die persönlich haftenden Gesellschafter, nicht dagegen der Kommanditist ermächtigt, § 170. Auch im Innenverhältnis ist der Kommanditist von der Geschäftsführung ausgeschlossen, soweit nicht etwas anderes vereinbart ist[2]. Er hat nur gegenüber außergewöhnlichen Handlungen des Komplementars ein Widerspruchsrecht, während beim nicht geschäftsführenden offenen Handelsgesellschafter im gleichen Fall positive Zustimmung eingeholt werden muß, §§ 163, 164. Auch das Informationsrecht des Kommanditisten ist beschränkter: es geht nur auf Mitteilung und Prüfung der jährlichen Bilanz; doch kann er beim Vorliegen wichtiger Gründe auch zwischenzeitlich Büchereinsicht und dgl. verlangen, wofür ihm der Weg der freiwilligen Gerichtsbarkeit eröffnet ist, § 166, FGG. § 145.

Das Verhältnis, in dem der Kommanditist an den Geschäftsergebnissen teilnimmt, ist, wenn nicht im Gesellschaftsvertrage geregelt, nach den Umständen angemessen zu bestimmen. Ihm gutkommender Gewinn kann seinem Kapitalanteil selbst nur insolange zugeschrieben werden, als der Einlagebetrag nicht erreicht ist. Umgekehrt wird der von ihm zu tragende Verlust von seinem Kapitalanteil abgeschrieben; wird dieser dadurch passiv, so dienen etwaige spätere Gewinne zunächst zur Wiederausgleichung; darüber hinaus kann vom Kommanditisten eine seine Einlagepflicht übersteigende Verlustdeckung nicht verlangt werden. Siehe §§ 167—169[3].

Drittes Kapitel.

Stille Gesellschaft.

§ 40. Wesen. Rechtsverhältnisse.

Literatur: Saenger, Die stille Gesellschaft (1924); Flechtheim in Düringer-Hachenburg HGB. V 1 (1924). — Renaud, Das Recht der stillen Gesellschaften (1885); Silberschmidt, Teilhaberschaft und Beteiligung (1915); ders. in ZHR. 79, 465.

Die stille Gesellschaft stimmt mit der Kommanditgesellschaft darin überein, daß der eine Gesellschafter nur in bestimmtem Umfang kapitalistisch beteiligt ist, während der andere mit seiner ganzen Person eintritt. Diese wirtschaftliche

[1] Vgl. E. Jacobi in Jherings Jahrb. 70, 300. — Im Innenverhältnis kann sogar vereinbart werden, daß der Kommanditist die volle Stellung eines persönlich haftenden Gesellschafters haben soll, RG. in JW. 1928, 1565.

[2] Ist der Kommanditist nach dem Gesellschaftsvertrag selbst zur Teilnahme an der Geschäftsführung befugt, so kann ihm diese nur durch gerichtliche Entscheidung nach § 117 entzogen werden, RGZ. 110, 418. — Die Vertretung nach außen kann dem Kommanditisten als solchem auch durch den Gesellschaftsvertrag nicht übertragen, wohl aber kann ihm Handlungsvollmacht oder Prokura gegeben werden. Dagegen gehört er kraft Gesetzes zu den Liquidatoren der Gesellschaft, § 161 II in Verb. mit § 146.

[3] Die Vorschriften über Ausschließung von Gesellschaftern in §§ 140, 142 gelten auch für die Kommanditgesellschaft. Hiernach ist es insbesondere möglich, daß der Kommanditist gegen den Komplementar wegen schwerer Pflichtverletzung auf Übernahme des Geschäfts in seine (des Kommanditisten) alleinige Hand klagt, vgl. RGZ. 82, 362; Flechtheim a. a. O. S. 845, 892.

Ähnlichkeit legt es nahe, die stille Gesellschaft an dieser Stelle des Systems einzuschieben, obgleich sie nicht zu den „Handelsgesellschaften" im technischen Sinne gehört. Denn rechtlich scheidet sie sich von der Kommanditgesellschaft aufs schärfste dadurch, daß das kaufmännische Unternehmen bei ihr nicht von der Gesellschaft selbst als ein gemeinschaftliches, sondern von dem anderen Gesellschafter, dem „Inhaber des Handelsgeschäfts", allein betrieben wird. Dementsprechend geht die Vermögenseinlage des stillen Gesellschafters in das Vermögen des Inhabers über, und dieser wird aus den Betriebsgeschäften allein berechtigt und verpflichtet, §§ 335 I, II. Es besteht kein Gesamthandvermögen, keine gemeinschaftliche Firma, s. § 18 I. Bei der Kommanditgesellschaft besteht Teilhaberschaft, bei der stillen Gesellschaft besteht Beteiligung[1].

Der stille Gesellschafter tritt nach außen überhaupt nicht hervor, sondern steht nur in einem Vertragsverhältnis zum Geschäftsinhaber als dessen Gläubiger[2]. Aber das Guthaben des stillen Gesellschafters ist nicht das eines Darlehensgläubigers, sondern rührt aus einem Gesellschaftsverhältnis her[3]. Den Geschäftsgläubigern haftet der Stille nicht nur nicht persönlich, sondern nicht einmal mit seiner Einlage. Denn, wenn der Geschäftsinhaber in Konkurs kommt, hat der stille Gesellschafter, geradeso wie in allen anderen Fällen der Gesellschaftsauflösung, Anspruch auf Rückgewähr seiner Einlage, soweit sie nicht durch den von ihm im Innenverhältnis zu tragenden Verlust gemindert ist, und kann diesen Anspruch als Konkursforderung geltend machen, §§ 340, 341, BGB. § 728. Dagegen ist bei den Gesellschaftsformen mit beschränkter Haftung der beschränkt Haftende niemals Konkursgläubiger für seine Einlage, die vielmehr im Gesellschaftskonkurs erst recht die Bestimmung hat, zur Befriedigung der Gesellschaftsgläubiger zu dienen[4].

Der Anteil des stillen Gesellschafters am Gewinn und Verlust ist, falls der Gesellschaftsvertrag nichts bestimmt, nach den Umständen angemessen zu berechnen; jedoch kann die Beteiligung am Verlust durch den Vertrag überhaupt ausgeschlossen werden, § 336. Wo dies geschieht oder wo gar ein „Mindestgewinn" garantiert wird, kommt die stille Gesellschaft nahe an das Darlehen mit Gewinnbeteiligung heran[5]. Der Unterschied beider Rechtsverhältnisse liegt u. a. darin, daß das Darlehen nach den ihm eigenen Regeln fällig wird, während die Auflösung der stillen

---

[1] Vgl. Silberschmidt, a. a. O. S. 143. — Dem Gesagten entsprechend versteuert der stille Gesellschafter seine Einkünfte aus der Beteiligung als Einkünfte aus Kapitalvermögen, EinkStG. § 37 Ziff. 2.

[2] Demgemäß besteht, wenn ein Geschäftsinhaber mehrere stille Gesellschaften hat, nicht etwa unter diesen selbst ein Gesellschaftsverhältnis, sondern vielmehr eine Mehrzahl von stillen Gesellschaften. — Tritt der stille Gesellschafter nach außen so auf wie ein offener Handelsgesellschafter, so muß er sich von Dritten als solcher behandeln lassen, vgl. RGZ. 31, 39.

[3] Demgemäß ist das Gesellschaftsverhältnis (BGB. § 717) sowohl von der einen, wie von der anderen Seite unübertragbar, soweit nicht etwas anderes vereinbart ist oder der andere Teil zustimmt. — Die gesellschaftliche Natur der Ansprüche des Stillen ist ferner von größter Bedeutung für die Aufwertungsfrage, s. AufwG. § 63 II 1; RGZ. 122, 205; Quassowski, AufwG.[3] S. 430. — Bei der Auseinandersetzung ist der derzeitige Geschäftswert jedoch nur insoweit in Ansatz zu bringen, als der Mehrwert durch Aufwendung von Gesellschaftsmitteln geschaffen wurde, RGZ. 120, 410 (abw. von der weitergehenden Auffassung in RGZ. 94, 108).

[4] Wurde dem stillen Gesellschafter die Einlage aber erst im letzten Jahre zurückgewährt, so hat der Konkursverwalter ein besonderes Anfechtungsrecht zugunsten der Masse, § 342.

[5] Ob ein Darlehensvertrag oder eine stille Gesellschaft vorliegt, ist in der Praxis oft sehr zweifelhaft. RG. in WarnR. 1925, Nr. 167 bejaht das Vorliegen einer stillen Gesellschaft, obgleich der Vertrag von „Darlehen" sprach, wegen der vereinbarten Beteiligung am Verlust, und RGZ. 120, 200 verneint sie trotz Verwendung des Ausdrucks „stille Gesellschaft", weil nur feste Verzinsung zugesagt. Ebenso nimmt RGZ. 57, 175 ein (partiarisches) Darlehen mit Gewinnbeteiligung an, weil der angebliche „stille Gesellschafter" keinerlei Einfluß oder Kontrolle beim Geschäftsbetrieb haben sollte. — Ein besonderes Charakteristikum der stillen Gesellschaft im Gegensatz zum Darlehen liegt darin, daß das Geld bei ihr nur als „Einlage" gegeben wird, und daher der Geldgeber einen Anspruch darauf hat, daß es für den Geschäftsbetrieb verwendet, wie übrigens auch darauf, daß das Geschäft wirklich betrieben werde.

Gesellschaft, die dem stillen Gesellschafter Anspruch auf Auszahlung des aus seiner Einlage entwickelten Guthabens gibt, eben nach Gesellschaftsrecht stattfindet. Hier greift also z. B. die sofortige Kündigung aus einem im Sinne des Gesellschaftsverhältnisses wichtigen Grunde Platz[1]. Die ordentliche Kündigung unterliegt den gleichen Fristen wie bei der offenen Handelsgesellschaft. Sie kann übrigens nicht nur für eine vertragsmäßig festbestimmte Zeitdauer, sondern auch dadurch hinausgeschoben sein, daß die Gesellschaft offenbar bis zur Durchführung gewisser Geschäfte gewollt ist, §§ 339, 132. Daß der stille Gesellschafter nicht nur Geldgläubiger, sondern gesellschaftlich beteiligt ist, zeigt sich ferner in seinem Kontrollrecht, das dem des Kommanditisten ähnlich ist, § 338, FGG. § 145; ein Widerspruchsrecht gegenüber ungewöhnlichen Geschäften steht ihm aber nicht zu.

Viertes Kapitel.

Aktiengesellschaft.

§ 41. Wesen. Geschichte.

Literatur: Die Literatur zum Aktienrecht steht hinter dem Reichtum der sonstigen handelsrechtlichen Gebiete etwas zurück, insbesondere im Hinblick auf die zahlreichen Probleme der neuesten Entwicklung. Das grundlegende Werk von KARL LEHMANN, Recht der Aktiengesellschaft, stammt aus 1898 (aus älterer Zeit: RENAUD; V. RING u. a.). Im übrigen s. R. FISCHER in Ehrenbergs Handb. III 1; LEHMANN-RING II 2; STAUB-PINNER II; (im Kommentarwerk von DÜRINGER-HACHENBURG fehlt das Aktienrecht noch); F. GOLDSCHMIT, Die Aktiengesellschaft (1927); BRODMANN, Aktienrecht (Gew.- u. Industriekommentar IV, 1928); RING-SCHACHIAN, Die Praxis der Aktiengesellschaften (1929). Übersicht ausländischer Rechte: HAMBURGER, Artikel: Aktiengesellschaft im Rechtsvergl. Handwörterbuch II, 59ff. — Lit. zur Reformfrage s. S. 74 Anm. 2. — Ferner zahlreiche Einzelschriften (s. u.). FRANZ KLEIN, Die neueren Entwicklungen in Verfassung und Recht der Aktiengesellschaften (1904); s. auch unten § 49 Lit. Wirtschaftliche Darstellung: PASSOW, Die Aktiengesellschaft[2] (wirtschaftswissenschaftlich; 1922). — BAUERS Zeitschrift für Aktiengesellschaften und Gesellschaften mit beschränkter Haftung. Zentralblatt für Aktienwesen und Bilanzanalyse. — Handbuch der deutschen Aktiengesellschaften (jährlich).

Mit der Aktiengesellschaft tritt die reine Kapitalgesellschaft in die Reihe der handelsrechtlichen Vereinigungen. Sie baut sich auf einem bei der Gründung aufzubringenden, fest bezifferten Kapitel, dem Grundkapital auf, das in eine bestimmte Zahl ebenfalls in Geldbeträgen bezifferter Anteilsrechte (Aktien) zerlegt ist. Gesellschafter der Aktiengesellschaft (Aktionär) ist, wem eines oder mehrere solcher Anteilsrechte zusteht. Die Verpflichtung der Aktionäre beschränkt sich auf die einmalige Leistung des von vornherein festgesetzten Einlagebetrages; für die Schulden der Gesellschaft haften sie nicht, § 178. Trägerin der Verbindlichkeiten und ebenso der zum Gesellschaftsvermögen gehörenden Rechte ist nur die Gesellschaft selbst. Die Aktiengesellschaft als solche ist die Unternehmerin, von der Person der Gesellschafter rechtlich verschieden, eine selbständig rechtsfähige juristische Person, die ihre eigene Organisation hat, so daß hier, im stärksten Gegensatz zu den Personalgesellschaften, Kapitalbesitz und Kapitalverwaltung voneinander getrennt sind, vgl. § 210² I. Die Aktiengesellschaft steht als Körperschaft an sich dem rechtsfähigen Verein nahe[3], unterscheidet sich aber von ihm in charakteristischer Weise. Denn während das Mitgliedschaftsrecht bei Vereinen höchstpersönlicher Natur, weder vererblich noch veräußerlich ist, gibt die Aktie ein geldwertes, der Verfügung

---

[1] S. z. B. RG. in JW. 1927, 1350: dauernde Unrentabilität.

[2] Französische Bezeichnung: Société anonyme; entsprechend holländisch: naamloze venotschap. Englisch: Company limited by shares.

[3] Demgemäß untersteht die Aktiengesellschaft subsidiär den Vorschriften des BGB. über Vereine; s. vor allem § 31: Haftung der Gesellschaft für Verrichtungsdelikte der Vorstandsmitglieder, sowie § 29: gerichtliche Bestellung fehlender Vertreter in dringenden Fällen.

des jeweiligen Berechtigten unterliegendes Vermögenrecht[1]. Das Mitgliedschaftsrecht des Aktionärs ist notwendigerweise mit einem „Anteilsrecht“ (s. § 212) verbunden. Es ist auch veräußerlich, und seine Verkehrsfähigkeit wird dadurch in besonderer Weise gesteigert, daß das Mitgliedschaftsrecht in einem Wertpapier (Aktie) verbrieft wird, das auf den Inhaber gestellt werden kann, § 179[2].

Die gesetzgeberischen Probleme, die sich an das Institut der Aktiengesellschaft knüpfen, sind vielseitig und schwierig. Wie überall, wo nur ein körperschaftliches Vermögen haftet, wird die Frage des Gläubigerschutzes wichtig, besonders weil die Aktiengesellschaft in aller Regel (§ 210 II) ein wirtschaftliches Unternehmen betreibt. Dazu tritt die besondere Aufgabe des Aktionärschutzes. Die Möglichkeit, sich mit verhältnismäßig geringen Mitteln an einem Gewinn verheißenden Großunternehmen zu beteiligen, wobei das Risiko durch den für die Erwerbung des Anteilsrechts aufgewendeten Betrag begrenzt ist, enthält eine gefährliche Verlockung, besonders durch die leichte Veräußerlichkeit der Aktien, ihre Eignung zum Börsenverkehr. Das Aktienrecht muß daher Sicherheiten gegen unsolide Gründung und Verwaltung schaffen. Innerhalb der Aktionärschaft selbst bedarf es ferner eines gewissen Schutzes der Minderheit gegenüber einem Mißbrauch der kapitalistischen Übermacht der Mehrheit, da an sich der Einfluß des einzelnen Aktionärs auf die Verwaltung der Gesellschaft sich lediglich nach dem größeren oder geringeren Betrag seines Aktienbesitzes bemißt, s. § 252 I 2,

Die Aktiengesellschaft ist ein neuzeitliches Gebilde, aus der nach Kapitalkonzentration drängenden wirtschaftlichen Entwicklung hervorgegangen. Sie erscheint schon früh, wenn auch nur vereinzelt, in Italien und entwickelt sich dann allgemein seit den niederländisch-ostindischen Handelskompagnien des 17. Jahrhunderts („actie“ holl. = actio, Anspruch). Im 19. Jahrhundert wird sie in Industrie und Bankwesen zur weitaus bedeutendsten Unternehmungsform. Sie eignet sich für große und dauernde Unternehmungen mit starkem Kapitalbedarf besonders deshalb, weil ihre ökonomische Grundlage und ihre Organisation von dem persönlichen Schicksal des einzelnen Beteiligten ganz unabhängig sind. Nachdem ihre Gründung lange Zeit nur mittels besonders erteilter Privilegien möglich war, erfolgte schließlich ihre rechtliche Durchbildung durch den Gesetzgeber. Diese ging auf Grund wechselnder Erfahrungen in mehrfach wiederholten Ansätzen vor sich. Das ADHGB. machte die Errichtung einer Aktiengesellschaft noch von der nach Ermessen der Verwaltungsbehörde zu erteilenden staatlichen Genehmigung abhängig[3]. Aber schon durch die sog. erste Aktiennovelle vom 11. 6. 1870 wurde das Konzessionssystem beseitigt und die Rechtsform freigegeben. Seither wirkt der Staat nur noch in der Weise mit, daß er durch das Registergericht die Einhaltung der gesetzlichen, auf Gläubiger- und Aktionärschutz abzielenden Normativbestimmungen prüfen läßt. Ist diesen Bestimmungen genügt, so hat die Gesellschaft ein Recht auf Registrierung, das seinen Schutz in den Vorschriften des FGG. findet, vgl. oben §§ 5, 11. Irgendeine Einwirkung der Verwaltungsbehörde oder sonstige Ermessensentscheidung

---

[1] Die Aktien sind aber unteilbar, § 179 I; steht eine Aktie mehreren Mitberechtigten zu (z. B. mehreren Miterben oder Gesellschaftern), so können sie der Gesellschaft gegenüber nur durch einen gemeinschaftlichen Vertreter handeln, § 225.

[2] Daß Aktienurkunden ausgegeben werden müssen, ist nicht gesetzlich zwingend vorgeschrieben; jedoch hat der Aktionär gegenüber der Gesellschaft einen Anspruch auf Ausgabe von Aktien, vgl. RGZ. 34, 115; 52, 417. Man wird also nicht erst durch die Aktienurkunde Aktionär, sondern man erhält sie, weil man Aktionär ist.

[3] Dies gilt nach ADHG. Art. 208 noch heute in Österreich (s. auch Art. 214: Genehmigungspflicht für Satzungsänderungen). Das österreichische Aktienregulativ vom 20. 9. 1899 unterstellt die Aktiengesellschaften der Staatsaufsicht zur Wahrung des öffentlichen Interesses, § 56 (Staatskommissare). S. a. Österr. Bundesgesetz über die zivilrechtliche Haftung des Vorstands von Bank-Aktiengesellschaften (Bankhaftungsgesetz vom 29. 7. 1924, Art. II.)

findet nicht mehr statt[1]. Jene Normativbestimmungen selbst aber, denen die zur Eintragung angemeldete Aktiengesellschaft zu genügen hat, wurden, ebenso wie die sonstigen Schutzregeln des Aktienrechts, seit 1870 mehrfach verschärft, zunächst in grundlegender Weise durch die zweite Aktiennovelle vom 18. 7. 1884, dann nochmals in Einzelheiten durch das HGB. von 1899. Dieses brachte zugleich formal eine wesentliche Verbesserung dadurch, daß es die Aktiengesellschaft nicht mehr wie das ADHGB. (Art. 173ff., 270ff.) als Anhängsel der Kommanditgesellschaft auf Aktien, sondern an erster Stelle und selbständig behandelt[2].

§ 42. Grundkapital. Aktie.

Unter Grundkapital der Aktiengesellschaft versteht das HGB. die in einer bestimmten Geldsumme ausgedrückte Ziffer, nach der sich die Anteile der Aktionäre berechnen. Das „in Aktien zerlegte Grundkapital“ ist gleich der Summe sämtlicher Aktienbeträge, § 178; z. B. Grundkapital 1,2 Millionen, eingeteilt in 6000 Aktien zu 200 RM. Das Grundkapital ist also keineswegs gleichbedeutend mit dem Vermögen der Aktiengesellschaft. Dieses besteht, wie bei jeder anderen juristischen oder natürlichen Person und insbesondere bei jedem Kaufmann, aus der jeweiligen tatsächlichen Einheit von Aktiven und Passiven, Grundstücken und Waren, Forderungen und Schulden, in stets wechselndem Bestand und Wert. Demgegenüber ist das Grundkapital eine feste, nur im Wege der Satzungsänderung abänderliche Größe, eine „fiktive Ziffer“, die zunächst die Funktion hat, einen Maßstab für die Rechte der Aktionäre abzugeben, vgl. z. B. §§ 214, 300 und s. §§ 278, 288. Das Grundkapital erfüllt aber auch sehr bedeutsame materielle Aufgaben. Da die Aktien nicht für einen geringeren als den Nennbetrag ausgegeben werden dürfen (§ 184), kann, wenn alles mit rechten Dingen zugeht, das Vermögen der Aktiengesellschaft bei ihrer Gründung nicht geringer sein als das angegebene Grundkapital, eine wichtige Sicherung für Gläubiger wie Aktionäre. In der weiteren Entwicklung bleibt diese Gleichung freilich nicht bestehen. Wie das tatsächliche Vermögen der Aktiengesellschaft in irgendeinem Zeitpunkt das Grundkapital um ein Vielfaches übersteigen kann, so kann es durch Verluste unter diesen Wert herabgemindert werden. Die Institution der festen Kapitalziffer macht es aber unmöglich, daß eine solche Vermögensverminderung auch dadurch herbeigeführt werden könnte, daß an die Aktionäre zuviel Gewinn verteilt wird. Denn in der Bilanz muß stets das Grundkapital als Passivum eingesetzt werden, so daß erst dann, wenn es gedeckt ist, ein Gewinn errechnet werden kann, § 261 [5]. Das Grundkapital wirkt dadurch als ein Garantirfonds für die Gläubiger, und das Gesetz sucht diese „Erhaltung des Grundkapitals“ durch zahlreiche Vorschriften sicherzustellen[3].

Die Aktien lauten nicht, wie z. B. die Kuxe der bergrechtlichen Gewerkschaft,

[1] Anders nur in den Ausnahmefällen der Kleinaktien nach § 180 II. — Bedarf der Gegenstand des Unternehmens an sich der staatlichen Genehmigung, wie z. B. der Betrieb eines Schauspielunternehmens oder einer Gastwirtschaft nach GewO. §§ 32, 33, so darf die Eintragung der Aktiengesellschaft zum Handelsregister nur bei Vorlage der Genehmigungsurkunde erfolgen, § 195 Ziff. 6, ebenso GmbHG. § 8 Ziff. 4; für den Einzelkaufmann gilt dies nicht, § 7. S. a. Ges. über Depot- u. Depositengeschäfte v. 26. 6. 1925, § 4[3], wonach (neue) Depositenbanken der staatlichen Zulassung bedürfen; das Gesetz gilt zunächst bis Ende 1929.

[2] Über Reformfragen s. die Verhandlungen des 34. D. Juristentags (1926), Gutachten I, 258: Julius Lehmann, insbesondere über die Bedeutung des englisch-amerikanischen Rechts, ferner den Bericht der von diesem Juristentag eingesetzten Aktienrechtskommission, die Druckschrift Nr. 20 des Deutschen Anwaltsvereins: „Zur Reform des Aktienrechts“, die Verhandlungen und Berichte des Enquêteausschusses über die Wandlungen in den Rechtsformen der Einzelunternehmungen und Konzerne mit Gutachten von Flechtheim, Hachenburg, Geiler und Buchwald; Fritz Haussmann: „Vom Aktienwesen und vom Aktienrecht“, Schlegelberger: „Probleme des Aktienrechts“, Netter: „Probleme des lebenden Aktienrechts“, die verschiedenen Schriften, erschienen in den von Nussbaum in Verbindung mit der Vereinigung für Aktienrecht herausgegebenen gesellschaftsrechtlichen Abhandlungen.

[3] S. z. B. § 240 I: ergibt sich während des Bestehens der Gesellschaft, daß die Hälfte des Grundkapitals verloren ist, so hat der Vorstand sofort eine Generalversammlung einzuberufen. Vgl. ferner auch § 240 II.

auf einen bestimmten Anteil am Vermögen der Gesellschaft, sondern auf einen bestimmten Geldbetrag. Sie sind Summen-, nicht Quotenaktien. Das entspricht der Geldbezifferung des Grundkapitals und erleichtert die geschäftliche Behandlung, namentlich auch bei einer Erhöhung des Grundkapitals, ändert aber nichts an der Tatsache, daß in den Aktien nicht eine Geldforderung, sondern ein Anteilsrecht verbrieft ist (s. § 179: Anteilschein), für dessen jeweiligen Wert (Kurs) in erster Reihe der jeweilige Vermögensstand der Gesellschaft von Bedeutung ist. Die Aktien dürfen, wie bereits angeführt, nicht unter pari, sondern nur gegen eine ihrem Nennwert mindestens gleichkommende Einlageverpflichtung ausgegeben werden, § 184 I, s. a. § 278 III. — Dagegen kann ein höherer Ausgabepreis bestimmt werden (Überpariemission), in welchem Falle die Gesellschaft sofort mit einem das Grundkapital um dies Agio (Aufgeld) übersteigenden Vermögen ins Leben tritt, § 184 II, s. a. § 262[1]. Aktien ohne Vermögenseinlage, z. B. Arbeitsaktien, kennt das deutsche Recht nicht.

Die Aktie muß auf Reichswährung lauten. Der Mindestnennbetrag war früher 1000 M., § 180 I. Durch die GoldbilanzVO. vom 28. 12. 1923 wurde die Papiermark durch die Goldmark ersetzt, an deren Stelle später die Reichsmark trat; zugleich wurde der Mindestbetrag der Aktien auf 100 RM. herabgesetzt — höhere Nennwerte müssen durch 100 teilbar sein — und für das Grundkapital eine Mindestgrenze von 50000 RM. eingeführt. Diese Regeln gelten für Neugründungen, während bei der Umstellung älterer Gesellschaften bis auf 5000 GM. Grundkapital und unter Umständen bis auf 20 GM. Aktiennennwert herabgegangen werden konnte, GoldbilVO. §§ 17, 10, 18, s. unten § 57[1]. Kleinaktien, früher bis zu 200 M., heute bis zu 20 RM. herab, können in zwei Fällen ausgegeben werden: einmal dann, wenn ihre Veräußerung an die Genehmigung der Gesellschaft gebunden wird, und außerdem, mit besonderer Genehmigung des Reichsrats, für gemeinnützige Unternehmungen oder beim Vorliegen einer staatlichen oder kommunalen Ertragsgarantie, §§ 180 II—IV, 222.

Die Aktien können auf den Inhaber oder auf den Namen lauten[2]; schweigt die Satzung, so gilt letzteres, §§ 179 II, 183. Kleinaktien sind stets Namensaktien. Die Ausgabe von Aktienurkunden darf erst nach Eintragung der Gesellschaft zum Handelsregister erfolgen. Inhaberaktien insbesondere dürfen erst nach Vollzahlung des Nennbetrags (zuzüglich eines etwaigen Ausgabeagios) ausgegeben werden. Namensaktien, die vor voller Einzahlung ausgegeben werden, müssen die Höhe der geleisteten Zahlungen angeben, §§ 179, 200, 314[3].

Die weitere Übertragung der Inhaberaktien geschieht nach den für Inhaberpapiere überhaupt geltenden Regeln, also durch Einigung und Übergabe. Bei der Ausgabe von Namensaktien sind die Aktionäre in ein Aktienbuch einzutragen; im Falle einer Veräußerung gilt der Gesellschaft gegenüber stets der Eingetragene als Aktionär, §§ 222 I, 223 III. Doch ist die Wirksamkeit der Veräußerung selbst hiervon nicht abhängig. Vielmehr ist auch die Namensaktie regelmäßig zur Zirkulation besonders vereigenschaftet, denn sie ist Orderpapier, kann also durch Indossament, auch durch Blankoindossament, übertragen werden, wobei die wechselrechtlichen Legitimationsgrundsätze gelten[4]; übrigens ist auch hier eine Abtretungserklärung in anderer Form wirksam, sobald die Übergabe der Aktie

[1] Gegen eine Umgehung der Vorschriften für Neugründungen (z. B. Übernahme des „Mantels" einer alten Gesellschaft) wendet sich § 42 der 2. DurchfVO. z. GBVO. v. 28. 3./23. 10. 1924. Hierbei konnten auch Aktien zum Nennwert von 40, 60, 80 RM. entstehen. Nach der 7. DurchfVO. z. GBVO. vom 7. 7. 1927 sind jetzt aber nur noch Aktien von 20 oder 100 RM. oder einem Vielfachen von 100 zulässig, so daß jene Zwischenwerte umgetauscht werden müssen.

[2] Der Text einer Inhaberaktie lautet etwa: „Lobstädter Maschinenfabrik Aktiengesellschaft zu Lobstädt. Aktie Nr. 14255. Vierhundert Reichsmark. Für gegenwärtige auf den Inhaber lautende Aktie ist der volle Nennwert von 400 RM. bezahlt.

[3] Interimsscheine, d. h. Anteilscheine, die bis zur Ausgabe der endgültigen Aktien vorläufig ausgegeben werden, müssen stets auf den Namen lauten, §§ 179 III, 180 V, 200 II. S. Veit Simon, Die Interimsscheine.

[4] Kostanecki, Das Aktienindossament.

hinzutritt, §§ 222 III, 223 I, II. Die freie Übertragbarkeit der Namensaktien ist indessen nur die gesetzliche Regel: der Gesellschaftsvertrag kann Beschränkungen einführen, insbesondere die rechtsgeschäftliche Übertragung von Namensaktien an die Zustimmung der Gesellschaft knüpfen[1] und mittels solcher gebundener (vinkulierter) Namensaktien eine engere, mehr persönliche Beziehung zwischen Aktionär und Gesellschaft herbeiführen, § 222 II. Gesetzlich vorgeschrieben ist diese gebundene Aktie bei der Nebenleistungsaktiengesellschaft, sowie in dem erwähnten Falle der Kleinaktien, §§ 212, 180 III[2].

§ 43. Gründung. Übersicht.

Literatur: SILBERNAGEL, Gründung der Aktiengesellschaft nach deutschem, schweiz. usw. Aktienrecht; WOLFF u. BIRKENBIHL, Praxis der Finanzierung, in 7. Aufl. völlig neu bearbeitet von BONDI und WINCKLER; WOLFF, Das Gründungsgeschäft im deutschen Bankgewerbe; SCHMALENBACH, Finanzierungen.

Der rechtliche Vorgang bei Gründung einer Aktiengesellschaft zerfällt, wie bei allen Privatkorporationen, die durch staatliche Registrierung zur Rechtsfähigkeit gelangen, in zwei Abschnitte: zunächst „Errichtung" der Gesellschaft durch Willensakte der Beteiligten, sodann, unter der Voraussetzung, daß der Errichtungsakt den gesetzlichen Normativbestimmungen entspricht, gerichtliche Eintragung zum Handelsregister und damit „Entstehung" der Aktiengesellschaft „als solcher", vgl. §§ 188, 198, 200. Das Errichtungsgeschäft beschränkt sich aber nicht, wie etwa beim eingetragenen Verein, darauf, daß die Urmitglieder mit dem Gründungsbeschluß die Satzung feststellen und die ersten Vereinsorgane bestellen. Die Aktiengesellschaft bedarf, um ins Leben treten zu können, noch ihres sachlichen Substrats. Zu ihrer Gründung gehört daher die Aufbringung der Grundkapitals. Diese kann sich so vollziehen, daß die Gründer selbst alle Aktien übernehmen; in diesem Fall spricht man von einer Übernahme- oder, da hierbei alle Errichtungsakte gleichzeitig vonstatten gehen können, einer Simultangründung. Es ist aber auch möglich, wenngleich hiervon kaum je Gebrauch gemacht wird, daß die Gründer nur einen Teil der Aktien übernehmen, so daß die Errichtung der Gesellschaft sich erst dann vollendet, wenn die weiteren Aktien von anderen Personen gezeichnet sind: Zeichnungs- oder Sukzessivgründung, § 190 I, II[3]. Ein weiterer, sachlich tiefgreifender Unterschied findet statt, je nachdem auf das Grundkapital, das immer in Geld ausgedrückt wird, die Einlagen ebenfalls ausschließlich in Geld zu leisten sind (Bargründung oder Geldgründung) oder aber irgendwelche andere Werte von der Gesellschaft darauf angenommen werden sollen (Sachgründung). Da in letzterem Falle die Gefahr einer Überbewertung solcher Sacheinlagen besteht, bedarf es besonderer Maßregeln, um die Reellität des Grundkapitals zu sichern, wie diese auch noch gegen manche ähnliche Gefahr, z. B. hohen Gründerlohn, geschützt werden muß (sog. qualifizierte Gründung). Zu dieser vorbeugenden Regelung des Gründungsvorgangs treten sodann noch Vorschriften über die besondere zivil- und strafrechtliche Haftung aus der Gründung. Das Gründungsrecht des HGB. bildet somit einen umfangreichen und vielfältigen Normenkomplex, §§ 182—209, 313[4].

§ 44. Gesellschaftsvertrag.

Der „Gesellschaftsvertrag" der Aktiengesellschaft ist die Satzung, das Statut der rechtsfähigen Körperschaft, § 182, s. oben § 32. Die darin enthaltenen Er-

[1] Auch sonstige Beschränkungen der Veräußerung (z. B. nur an Mitglieder einer bestimmten Familie) können im Gesellschaftsvertrag vorgesehen werden, soweit dadurch nicht das Mitgliedschaftsrecht illusorisch gemacht wird, vgl. RGZ. 49, 77.

[2] Über Kaduzierung und Amortisierung von Aktien s. unten § 48 zu §§ 219, 227.

[3] Die Bestimmungen über Zeichnung von Aktien bei der Sukzessivgründung sind gleichwohl praktisch deswegen sehr wichtig, weil sie bei der Erhöhung des Grundkapitals entsprechend zur Anwendung gelangen, s. § 281.

[4] Bei Gründung einer Aktiengesellschaft entsteht regelmäßig eine Kapitalverkehrssteuerschuld in Höhe von 4% der von den ersten Aktien zu bewirkenden Einlageleistungen, KapVerkStG. §§ 3, 6, 11.

klärungen der Gründer stellen also sachlich nicht sowohl einen Vertrag, als vielmehr einen konstitutiven Gesamtwillensakt dar, gerichtet auf Schaffung einer von den Gründern rechtlich unabhängigen juristischen Person[1]. Daher ist der Gesellschaftsvertrag, wenn es einmal zur Eintragung der Gesellschaft gekommen ist, jedem weiteren Einfluß der Gründer entzogen. Seine Änderung und ebenso die Auflösung der Gesellschaft kann sich nurmehr durch verfassungsmäßige körperschaftliche Akte vollziehen, §§ 274—277, 292 Ziff. 2. Die Feststellung des Gesellschaftsvertrages hat aber doch auch obligatorische Wirkungen unter den Beteiligten. Indem sie eine Gesellschaft „errichten", zu deren endgültiger Entstehung es noch weiterer Schritte bedarf, verpflichten sie sich, gemeinsam alles zu tun, was noch erforderlich ist, schließen also untereinander eine auf Schaffung der Aktiengesellschaft gerichtete Gesellschaft des bürgerlichen Rechts[2]. Aus dieser sog. Gründergesellschaft heraus könnte z. B. geklagt werden, wenn ein Gründer sich ohne rechtfertigenden Grund weigerte, bei der Anmeldung zum Handelsregister mitzuwirken, BGB. §§ 705, 723.

Der Gesellschaftsvertrag muß in gerichtlicher oder notarieller Verhandlung errichtet werden, und zwar von mindestens fünf Personen, deren jede zugleich Aktien übernimmt, § 182 I. Gründer kann also nur sein, wer sich auch als Aktionär an der Gesellschaft beteiligt. Andererseits sind nicht alle Erstaktionäre „Gründer" in dem besonderen technischen Sinne, den das Gesetz mit Rücksicht auf die Verantwortlichkeit und Haftungsregelung diesem Begriffe gibt, sondern nur diejenigen, welche entweder an der Feststellung der Satzung teilnehmen oder aber Sacheinlagen machen, § 187, vgl. §§ 191, 192, 202, 313[3].

Als gesetzlichen Mindestinhalt muß die Satzung Bestimmungen enthalten über a) Firma und Sitz, Gegenstand des Unternehmens[4], Bestellung des Vorstandes, Berufung der Generalversammlung, sowie über die Art der Bekanntmachungen, die bei der Gesellschaftsverwaltung notwendig werden, weil die jeweiligen Aktionäre nicht oder nicht sicher bekannt sind, das Gesetz übrigens auch aus anderen Gründen eine gewisse Publizität des Aktienwesens vorsieht. Der Gesellschaftsvertrag hat außerdem als besonderes Essentiale b) die Höhe des Grundkapitals und der einzelnen Aktien ziffernmäßig zu bestimmen, § 182 II, III. Mangelt es an einer dieser wesentlichen Bestimmungen, so begründet dies, selbst wenn es zu einer Eintragung der Gesellschaft gekommen ist, deren Nichtigkeit; doch können Mängel der unter a) zusammengefaßten Punkte durch nachträglichen Generalversammlungsbeschluß geheilt werden, §§ 309—311[5].

---

[1] Diese Auffassung des Rechtsvorgangs (s. O. Gierke, Genossenschaftstheorie S. 128ff.) ist heute die durchaus herrschende. Vgl. K. Lehmann, Recht der Aktiengesellschaften 1, 322ff., sowie RG. in JW. 1918, 178; Ruth, ZHR. 88, 454. S. auch unten § 45 a. E.

[2] So die herrschende Meinung, vgl. RGZ. 83, 373. Von dieser erst mit der Satzungsfeststellung nach § 182 entstehenden und mit der Entstehung der Aktiengesellschaft endigenden Gründergesellschaft ist die sog. Vorgründungsgesellschaft zu unterscheiden. Eine solche liegt vor, wenn unter den an der künftigen Gründung Beteiligten ein Vertrag (sog. Vorgründungsvertrag) geschlossen wird, der die gegenseitigen Verpflichtungen und Ansprüche bei der Gründung und oft auch während der Dauer der Gesellschaft im Verhältnis unter ihnen obligatorisch festlegt. Ein solcher Vorvertrag bedarf öffentlicher Beurkundung, RGZ. 106, 176 (bestr.).

[3] Auch eine juristische Person (z. B. eine andere Aktiengesellschaft oder der Staat) kann zu den Gründern gehören. Die strafrechtliche Gründerverantwortlichkeit trifft dann den für sie handelnden gesetzlichen Vertreter.

[4] Die Angabe über den Gegenstand des Unternehmens, die nach § 275 II nur mit erhöhter Mehrheit geändert werden darf und schon hierdurch in ihrer Bedeutung gekennzeichnet ist, darf nicht zu allgemein gefaßt sein (z. B. nicht: „Zweck: Handelsgeschäfte"). Die für die Aktiengesellschaft geplante Betätigung muß vielmehr irgendwie erkennbar sein.

[5] Die Nichtigkeit der Gesellschaft kann von Amts wegen durch Löschung der Eintragung, außerdem von jedem Gesellschafter und jedem Mitglied des Vorstandes oder Aufsichtsrats durch eine gegen die Gesellschaft zu richtende Nichtigkeitsklage geltend gemacht werden, § 309, FGG. § 144. Bis zur Nichtigerklärung besteht die Gesellschaft, wenn auch nur mit der Wirkung, daß die mit Dritten abgeschlossenen Geschäfte wirksam und die Aktionäre, soweit hierzu erforderlich, zur Leistung der Einlagen verpflichtet bleiben, § 311. — Ob auch andere

Im übrigen kann der Gesellschaftsvertrag die Rechtsverhältnisse der Aktiengesellschaft nach den verschiedensten Richtungen hin näher bestimmen. Diese Freiheit findet ihre Grenze nur an den gesetzlichen Vorschriften, die, wie sich das aus dem Wesen der Normativbestimmungen ergibt, grundsätzlich nicht dispositiver Natur sind. Soweit also eine aktienrechtliche Frage im Gesetz selbst geregelt ist, kann der Gesellschaftsvertrag nur dann und insoweit davon abweichen, als das Gesetz dies besonders zuläßt. Der Gesetzgeber hat das aber in zahlreichen und wichtigen Punkten getan, so daß die regelmäßige Aktienform für sehr verschiedenartige sachliche Bedürfnisse gemodelt werden kann. So kann der Gesellschaftsvertrag z. B. die an sich bestehende Rechtsgleichheit der Aktionäre dahin modifizieren, daß verschiedene Gattungen von Aktien mit verschiedenen Rechten ausgegeben werden sollen (z. B. Vorzugsaktien, die bei der Verteilung des Gewinns oder des Gesellschaftsvermögens den anderen, sog. Stammaktien in bestimmter Weise vorgehen), § 185[1]; er kann ferner z. B. jede Gewinnverteilung ausschließen, § 213 u. a. m. Diese verhältnismäßige Freiheit der korporativen Gestaltung ist um so wichtiger, als, wie schon oben § 10 angeführt, eine Aktiengesellschaft nicht bloß für den Betrieb eines Handelsgewerbes, sondern für Unternehmen beliebiger Art gegründet werden kann, z. B. für gemeinnützige oder gesellige Zwecke oder als eine zwar wirtschaftliche, aber nicht auf den Eigenbetrieb eines Handelsgewerbes gerichtete Organisationsform (z. B. als Beteiligungs- oder Finanzierungsgesellschaft oder als sog. holding company), § 210 II.

Indem der Gesetzgeber die Sonderregelung gewisser Punkte zwar freigibt, aber diese für satzungspflichtige Gegenstände erklärt, schafft er zugleich eine besondere Kautel dadurch, daß derartige Sonderregelungen eben auch nur dann wirksam sind, wenn sie im Gesellschaftsvertrag selbst, dem Grundgesetz der Aktiengesellschaft, enthalten sind. Da der Gesellschaftsvertrag zum Handelsregister einzureichen ist (§ 195), können auf diese Weise heimliche Nebenberedungen der Gründer verhindert oder doch der Gesellschaft gegenüber unschädlich gemacht, und Offenkundigkeit und allseitige Kontrolle namentlich bezüglich einiger Punkte verbürgt werden, die erfahrungsgemäß bei Aktiengründungen oft eine gefährliche Rolle spielen. So ist die Festsetzung besonderer Vorteile für einzelne Aktionäre[2] oder die Vereinbarung einer zu Lasten der Gesellschaft gehenden Entschädigung oder Vergütung für die Gründungstätigkeit (Gründerlohn) nur wirksam, wenn im Gesellschaftsvertrag selbst verlautbart, § 186 I, III, und das gleiche gilt insbesondere für die näher zu behandelnden Fälle der Sachgründung, § 186 II.

Sehr häufig werden Aktiengesellschaften gegründet, um ein schon bestehendes, bisher in anderer Rechtsform geführtes Unternehmen zu erwerben und weiterzubetreiben, wobei der das Unternehmen einbringende Gründer den Gegenwert ganz oder teilweise in Aktien erhält. Auch in anderen Fällen werden in die zu errichtende Gesellschaft oft bestimmte Werte, Grundstücke, Anlagen, Bahnen, Patente, Forderungen u. dgl. eingebracht. Bei solchen Sacheinlagen (Apports) ist die Gleichung zwischen Grundkapitalziffer und Einbringungswert nicht, wie bei Bargründungen, ohne weiteres gegeben. Die Gefahr liegt nahe, daß die Gesellschaft auf unterwertiger oder gar wertloser Grundlage (z. B. einem unergiebigen Tonlager) mit einem hinter dem angegebenen Grundkapital zurückbleibenden Vermögen ins Leben tritt. Hier-

---

als die in § 309 aufgezählten Mängel, wenn trotz ihrer die Eintragung erfolgt ist, die Nichtigkeit der Gesellschaft zur Folge haben oder ob die Eintragung solche anderen Mängel heilt (z. B. Gründung durch weniger als fünf Personen), ist bestritten, wird aber überwiegend bejaht, s. RGZ. 114, 77, sowie 82, 291, vgl. Grützmann, ArchZivPr. 122, 61.

[1] Über Stimmrechtsaktien u. dgl. s. unten zu § 52.

[2] Hierbei ist an besondere Vorteile für die Person eines Aktionärs, nicht an die in § 185 behandelte Schaffung verschiedener Aktiengattungen gedacht. Z. B. freie Wohnung des seine Fabrik einbringenden Gründers oder dgl. Die Zusicherung von Bezugsrechten bei künftigen Kapitalerhöhungen ist seit der Aktiennovelle von 1884 ausgeschlossen, § 283 II.

gegen bedarf es besonderer Vorkehrungen. Das Gesetz schreibt daher vor, daß eine von einem Gründer auf das Grundkapital zu machende Sacheinlage und der ihm hierfür zu gewährende Aktienbetrag im Gesellschaftsvertrag selbst festgesetzt werden müssen, § 186 II[1]. Einlegbar sind an sich alle verkehrsfähigen Vermögensgegenstände, die in die Bilanz als Aktiva eingestellt werden können. Über die Angemessenheit der dem Sacheinleger zugesagten Gegenleistung ist ein Gründerbericht mit Belegen zu erstatten und von besonderen Revisoren nachzuprüfen, §§ 192, 193, s. unten § 45.

Diese Sicherung gegen unsolide Gründung könnte indessen leicht umgangen werden, wenn die Gründer eine Bargründung aufmachen, schon im Gründungsstadium aber einem Dritten oder einem aus ihrer Mitte für die demnächstige Hergabe des Sachwerts ein Geldäquivalent namens der zu errichtenden Gesellschaft zusagen. Das Gesetz verlangt daher auch in diesem Falle einer sog. Übernahme jene Festsetzung im Gesellschaftsvertrag, der insoweit dann nur einen historischen Bericht zwecks Offenlegung der ökonomischen Grundlagen der Gesellschaft darstellt, §§ 186 II, IV, 191 ff. Andererseits sind solche Übernahmeverträge ein interessanter Beleg dafür, daß, bei Einhaltung der gesetzlichen Schranken, schon im Gründungsstadium namens der werdenden Gesellschaft wirksam kontrahiert werden kann, s. unten § 47.

Die Bestimmungen über Übernahmegründungen gelten an sich nur, wenn die Sachübernahme schon im Gründungsstadium festgelegt wird[2]; ist die Gesellschaft bereits eingetragen, so ist der Erwerb von Sachwerten eine gewöhnliche Verwaltungsaufgabe ihrer Organe. Auch dies aber soll nicht zu einer Umgehung der Gründungsvorschriften mißbraucht werden. Wenn daher in den ersten zwei Jahren Anlagen oder Grundstücke für eine ein Zehntel des Grundkapitals übersteigende Vergütung erworben werden sollen, so verlangt das Gesetz hierfür wenigstens noch einen mit besonderer Mehrheit zu fassenden Generalversammlungsbeschluß, der sodann zum Handelsregister einzureichen ist (sog. Nachgründung), § 207[3]. S. a. § 208: Ausdehnung der Gründerverantwortlichkeit auf Erwerbungen, die zufolge einer vor Eintragung der Gesellschaft getroffenen Vereinbarung binnen zwei Jahren nach dieser vollzogen werden.

§ 45. Weiterer Verlauf der Gründung.

An die Festsetzung des Gesellschaftsvertrages schließt sich im Falle der Simultangründung alsbald die Aufbringung des Grundkapitals. Durch Erklärung in der gerichtlichen oder notariellen Verhandlung „übernimmt" jeder Gründer mindestens eine Aktie, dergestalt, daß die Übernahmeerklärungen zusammen das ganze Grundkapital decken, §§ 182, 188. Die Gesellschaft erhält also ihr Grundkapital zunächst nicht durch effektive Leistungen, sondern in der Form von Forderungen an die Aktionäre. Indessen soll es auch schon im Gründungsstadium dabei nicht sein Bewenden behalten. Auf jede Aktie, für die eine Geldeinlage zu leisten ist, muß mindestens ein Viertel des Nennbetrages (bei Überpariemission außerdem das ganze Aufgeld) bar bezahlt und, daß diese Summe im Besitz des Vorstandes ist, von diesem bei der Anmeldung zum Handelsregister förmlich bestätigt werden, § 195 III, 311 Ziff. 1[4]. Sacheinlagen brauchen in diesem Vorstadium noch nicht effektiv ge-

[1] Der Einbringensvertrag ist kein Kaufvertrag, bei dem die Aktien den Kaufpreis darstellen, sondern ein Teil der gesellschaftlichen Vereinbarung selbst, fällt aber unter den allgemeinen Begriff des obligatorischen Veräußerungsvertrags nach BGB. § 445, 493; daher finden die Vorschriften über Gewährleistung wegen Rechts- oder Sachmängel Anwendung.

[2] Über verschleierte Sachgründungen s. S. 80 Anm. 1.

[3] Eine Prüfung durch Revisoren (§ 192, 193) findet in diesem Falle nicht statt.

[4] Nach VO. vom 24. 5. 1917 kann die Einzahlung, statt in barem Gelde, auch mittels bestätigten Reichsbankschecks oder durch Gutschrift auf Reichsbank- oder Postscheckkonto erfolgen. Sonstige Ersatzmittel der Barzahlung (Wechsel, gewöhnliche Bankgutschrift usw.) genügen dagegen nicht, erst recht nicht eine nur scheinbare Zahlung, vgl. RGSt. 30, 318; 53, 150, sowie RGZ. 94, 62.

leistet zu werden, wie denn z. B. eine Grundbucheintragung auf die Gesellschaft noch gar nicht ausgeführt werden könnte.

Nach Aufbringung des Grundkapitals ist der erste Aufsichtsrat zu wählen und der Vorstand zu bestellen, § 190 I, III. Diese Organe müssen schon im Gründungsstadium geschaffen werden, da die Aktiengesellschaft als rechtsfähiges Gebilde nicht unorganisiert ins Leben treten könnte. Aber auch im Gründungsstadium selbst obliegt ihnen die Aufgabe einer Gründungskontrolle im Interesse der von ihnen vertretenen Gesellschaft. Vorstand und Aufsichtsrat haben, ehe sie zur Anmeldung der Gesellschaft beim Registergericht schreiten, den Gründungshergang zu prüfen, insbesondere bei qualifizierter Gründung die vom Gesetz als besonders gefährlich erachteten Umstände zu untersuchen. Sie haben sodann das Ergebnis dieser Prüfung in einem schriftlichen Bericht verantwortlich niederzulegen und sich dabei insbesondere über die Angemessenheit der für Sacheinlagen gewährten Beträge zu äußern, §§ 192 I, 193 II, 204. Ist einer der Gründer als Aufsichtsrat oder Vorstand bestellt, oder liegt ein Fall von qualifizierter Gründung vor, so muß außerdem die gleiche Prüfung noch durch unbeteiligte Revisoren stattfinden, die von der Handelskammer oder dem Registergericht ernannt werden, §§ 192 II bis 194. Daß der Revisorenbericht günstig ausfalle, ist zwar nicht rechtlich Voraussetzung der Eintragung; doch können die Beteiligten tatsächlich nicht wohl zu einer Anmeldung schreiten, wenn die Revisoren z. B. die Schätzung einer Sacheinlage erheblich bemängeln und die Gründer diese Einwendungen nicht zu entkräften vermögen, vgl. § 199 II.

Die Anmeldung der Gesellschaft zum Handelsregister ist von sämtlichen Gründern und allen Mitgliedern des Vorstandes und Aufsichtsrats zu bewirken, der letzte, die eigentliche Verantwortlichkeit begründende Schritt, §§ 195 I, 202, 313. Mit dem Gesellschaftsvertrag sind die erwähnten Erklärungen, Berichte und Belege einzureichen, § 195 II, III. Das Gericht hat, da die Eintragung die schwerwiegende konstitutive Bedeutung als Inkorporierungsakt einer juristischen Person hat, außer der formalen Ordnungsmäßigkeit der Anmeldung auch die Wahrheit der abgegebenen Erklärungen zu prüfen, wenn Bedenken an deren Richtigkeit bestehen[1].

Eingetragen wird nur die Gesellschaft selbst, Grundkapital und Organisation, veröffentlicht aber werden auch die Gründer, Sacheinlagen u. dgl., §§ 198, 199. Die Eintragung läßt die Gesellschaft als juristische Person entstehen, falls nicht etwa wesentliche Mängel vorliegen; aus diesem Grunde sagt das Gesetz auch nur negativ, daß die Gesellschaft vor der Eintragung nicht als solche bestehe, §§ 200, 210, 309—311, s. S. 77 Anm. 2. Über die Anmeldung der Aktiengesellschaft zum Register ihrer Zweigniederlassungen s. § 201 I—IV, über inländische Niederlassungen ausländischer Aktiengesellschaften s. § 201 V, unten § 47.

Haben die Gründer nur einen Teil der Aktien übernommen, so daß sich die Gründung als Sukzessivgründung vollenden muß, so ist zunächst der übrige Teil des Grundkapitals durch Zeichnung der Aktien von dritter Seite aufzubringen, § 189 I. Die formale Ausgestaltung des Verfahrens soll einerseits die Zeichner, die erst nach Festsetzung des Gesellschaftsvertrages zur Beteiligung herangezogen werden, gegen Unklarheiten, anderseits die Gesellschaft gegen jede Anzweiflung der Beteiligung schützen. Die Beteiligungserklärung muß schriftlich mittels eines Zeichnungsscheins erfolgen. Aus diesem muß, bei Strafe der Nichtigkeit, Zahl und Art der gezeichneten Aktien hervorgehen. Der Zeichnungsschein hat außer-

---

[1] So ist z. B. die Eintragung einer angemeldeten Bargründung abzulehnen, wenn sich ergibt, daß in Wirklichkeit Sacheinlagen vereinbart sind, vgl. OLG. 43, 295, aber auch Hachenburg, JW. 1924, 199. Daß auch die Richtigkeit der tatsächlichen Gültigkeitsvoraussetzungen (z. B. die Verfügungsmacht eines Sacheinlegers) zu prüfen ist, ergibt sich aus FGG. § 12 ohne weiteres.

dem die wesentlichen Merkmale der Gesellschaft selbst wiederzugeben, insbesondere etwaige Sacheinlagen u. dgl.; Mängel in dieser Richtung werden jedoch geheilt, wenn die Eintragung der Gesellschaft erfolgt und der Zeichner tatsächlich als Aktionär auftritt[1]. Die Zeichnung wird unverbindlich, wenn die Gesellschaft nicht bis zu dem in dem Schein anzugebenden Termine errichtet wird. Sonstige Vorbehalte und Beschränkungen sind unzulässig und, wenn außerhalb des Scheins vereinbart, der Gesellschaft gegenüber unwirksam, § 189 II—V. Ist es gelungen, die Zeichnung sämtlicher Aktien zu erhalten, so hat eine erste Generalversammlung der Gründer und Zeichner die Gesellschaftsorgane zu bestellen, § 190 II, und sodann, nach der Anmeldung, aber vor Eintragung zum Handelsregister, erst noch eine zweite Generalversammlung, die vom Gericht einzuberufen und zu leiten ist, darüber zu beschließen, ob die Aktiengesellschaft nun wirklich errichtet werden soll, §§ 196, 197.

Die Aktienzeichnung und ebenso die Übernahme von Aktien durch die Gründer selbst stellen sich rechtlich nicht als ein mit den Gründern vorgenommenes Rechtsgeschäft, sondern als ein der Allgemeinheit gegenüber vorgenommener, auf Schaffung der juristischen Person gerichteter konstitutiver Akt dar. Daraus ergibt sich insbesondere, daß eine Anfechtung von Zeichungs- oder Übernahmeerklärungen wegen Irrtums oder arglistiger Täuschung (z. B. über den Umfang der übernommenen Verpflichtungen oder die Eigenschaften der Gesellschaft selbst) ausgeschlossen sein muß. Dieser Grundsatz, der eine Stütze auch in positiven Rechtssätzen findet (s. insbesondere § 311 III, sowie § 213 Satz 1), ergibt sich aus der rechtlichen Gestaltung der Körperschaft und ihres Werdegangs im allgemeinen und ist für die Aktiengesellschaft, nicht minder wie für die Gesellschaft mit beschränkter Haftung und die eingetragene Genossenschaft, in der Rechtsprechung unbezweifelbar festgestellt[2].

§ 46. Verantwortlichkeit aus der Gründung.

Neben die präventiv wirkenden rechtspolizeilichen Gründungsvorschriften, wie sie in §§ 44, 45 dargelegt sind, treten repressive Haftungs- und Strafnormen. Die für die Gründung verantwortlichen Personen haften, kraft aktienrechtlicher Sondernormen, der Gesellschaft selbst gegenüber, falls diese infolge von Gründungsmängeln ihr Grundkapital nicht reell und voll erhalten hat[3]. In erster Linie haften die Gründer (§ 187), wenn sie, um die Eintragung zum Handelsregister zu erlangen, unrichtige oder unvollständige Angaben über Zeichnung und Einzahlung des Grundkapitals, über Gründerlohn und Sacheinlagen gemacht, insbesondere die Gesellschaft durch Sacheinlagen böslich geschädigt haben. Und zwar haftet als Gesamtschuldner jeder Gründer, der nicht nachzuweisen vermag, daß ihm ein Verschulden nicht zur Last falle, § 202 I, II[4]. Wissentlich falsche Angaben stellen außerdem ein mit schwerer Strafe bedrohtes Vergehen dar, § 313 Ziff. 1[5]. Ist die Gründung und Zeichung an sich in Ordnung, ergibt sich aber dann ein Ausfall infolge von Zahlungsunfähigkeit eines Aktionärs, so haften die Gründer dafür nicht ohne weiteres; es besteht also keine Gesamtbürgschaft für das Grundkapital. Wohl aber trifft sie eine Ersatzpflicht

[1] Vgl. RGZ. 85, 286.

[2] S. Lehmann-Hoeniger, Lehrb.[3] § 67 Ziff. 5; RGZ. 54, 128; 79, 115; 82, 375; vgl. auch unten S. 85 Anm. 3. Gegen eine sich aus Geschäftsunfähigkeit des Zeichners ergebende Ungültigkeit der Zeichnung kann die Gesellschaft allerdings nicht geschützt werden.

[3] Daneben kann eine Haftung gegenüber sonstigen Geschädigten, insbesondere gegenüber Mitgründern oder Zeichnern, nach allgemeinen Rechtsgrundsätzen in Frage kommen, so etwa nach BGB. § 826. Einer Bezugnahme auf § 823 II stände im Wege, daß die Vorschriften von § 185ff. nur den Schutz der Gesellschaft, nicht der Aktionäre, bezwecken (bestr.).

[4] Das Maß der erforderlichen Sorgfalt ist dasjenige „eines ordentlichen Geschäftsmanns", auch wenn der Gründer Privatmann ist.

[5] Vgl. z. B. RGSt. 49, 340 (Sacheinlagen).

dann, wenn sie die Zahlungsunfähigkeit bei Entgegennahme der Beteiligungserklärung des Aktionärs gekannt haben, § 202 III. Die Geltendmachung der Ersatzansprüche muß auch auf Verlangen einer Minderheit durchgeführt und kann durch Verzicht oder Vergleich erst nach Ablauf von fünf Jahren ausgeschlossen werden, s. im einzelnen §§ 205, 268.

Mit den Gründern haften für Gründungsmängel als sog. Gründergenossen diejenigen Personen, die den verheimlichten Gründerlohn empfangen oder bei der Schädigung durch Sacheinlagen wissentlich mitgewirkt haben, § 202 IV. Daneben hat die Gesellschaft, wie bereits angeführt, nach allgemeinen Grundsätzen ihre Ansprüche wegen Sach- und Rechtsmängel aus den ·Einbringensverträgen, BGB. §§ 493, 445.

Eine besonders eigenartige aktienrechtliche Haftung trifft ferner die Emissionshäuser, die, vor Ablauf der ersten zwei Jahre, die Aktien durch öffentliche Ankündigung in den Verkehr einführen. Das Finanzhaus, das die Aktien ins Publikum bringt, wird, auch wenn es bei der Gründung selbst nicht mitgewirkt hat, der Gesellschaft gegenüber zur Verantwortlichkeit für die von den Gründern gemachten Angaben mit herangezogen. Diese gesamtschuldnerische Haftung tritt nicht nur ein, wenn das Emissionshaus von der Unrichtigkeit oder Unvollständigkeit der von den Gründern gemachten Anmeldungsangaben Kenntnis hatte, sondern schon im Falle des Kennenmüssens, und zwar unabhängig davon, ob in dem vom Emissionshaus ausgegebenen Prospekt auf jene Angaben Bezug genommen ist oder nicht, § 203[1]. Über die Strafbarkeit des Emittenten wegen eigener unwahrer Angaben im Prospekt s. § 313 Ziff. 2[2].

Endlich haften auch, wie in § 45 bereits erwähnt, die Mitglieder des Vorstands und Aufsichtsrats, die es bei der Prüfung des Gründungshergangs an der notwendigen Sorgfalt fehlen lassen, indessen nur subsidiär für den Fall, daß die Gesellschaft nicht bei den Gründern und Gründergenossen vollen Schadeneratz zu erlangen vermag, § 204; strafrechtlich s. § 313 Ziff. 1, 3.

§ 47. Rechtsfähigkeit der Aktiengesellschaft.

Daß die Eintragung, falls kein Nichtigkeitsgrund gegeben ist, die Aktiengesellschaft als solche entstehen läßt (§ 200 I), bedeutet, daß die schon im Gründungsstadium als errichtet vorhandene Gesellschaft nunmehr endgültig zustande gekommen und rechtsfähig geworden ist. Sie tritt damit ohne weiteres in diejenigen Rechtsverhältnisse ein, welche schon im Gründungsstadium in ihrem Namen eingegangen wurden, soweit dieselben notwendig zur Errichtung selbst gehörten, wie etwa der Dienstvertrag des ersten Vorstands. Andere Geschäfte werden für sie erst durch Genehmigung seitens ihrer nunmehr zur Vertretungsmacht gelangenden Organe wirksam. Auf jeden Fall haftet derjenige, der in diesem Vorstadium namens der noch nicht rechtsfähigen Gesellschaft gehandelt hat, persönlich für die eingegangene Verbindlichkeit, § 200 I 2, ein Satz, der im BGB. § 54 Satz 2 (Vertreter des nicht rechtsfähigen Vereins) ein interessantes Analogon hat[3].

Die wirksam entstandene Aktiengesellschaft ist eine juristische Person des bürgerlichen Rechts, rechtsfähig und damit zugleich im Prozesse parteifähig, § 210 I,

---

[1] Heim, Die Rechtsstellung des Emissionshauses bei der Einführung von Aktien in den Verkehr.

[2] Geschädigten Dritten gegenüber kann das Emissionshaus, abgesehen von der Haftung aus Vertrag (Verkauf der Aktie u. dgl.), aus § 313[2] i. V. mit BGB. § 823 II haftbar werden; vgl. RGZ. 39, 245. Über die Prospekthaftung bei Einführung an der Börse s. BörsenG. § 45ff., unten § 73.

[3] Vgl. RGZ. 32, 97 (Maschinenkäufe). — Die Haftung aus § 200 I 2 tritt ein, auch wenn beim Abschluß des Geschäfts noch kein förmlicher Gesellschaftsvertrag geschlossen war, RGZ. 122, 172. — Genehmigt die Gesellschaft späterhin den Vertrag, so wird der Handelnde nach dem mutmaßlichen Willen der Beteiligten in der Regel frei, RGZ. 72, 401; 116, 71.

ZPO. § 50. Die Aktiengesellschaft hat demgemäß als solche selbständig ihre Rechte und Pflichten, und diese ihr eigenen Rechtsbeziehungen aktiver oder passiver, materiellrechtlicher oder prozessualer Art sind nicht Rechtsbeziehungen ihrer Mitglieder, der Aktionäre[1].

Die Rechtsfähigkeit der Aktiengesellschaft erstreckt sich auf das ganze privatrechtliche Gebiet, soweit dies nicht nur für physische Personen in Frage kommen kann. Die Aktiengesellschaft kann z. B. Vereinsmitglied, Aktionär, Gesellschafter in einer offenen Handelsgesellschaft sein[2]. Nur die für juristische Personen überhaupt geltenden Beschränkungen gelten eben auch für sie; sie kann zwar Erbe werden, aber nur unter den landesrechtlichen Vorbehalten nach EBGB. Art. 86. Im übrigen mag es freilich manchmal zweifelhaft sein, ob sich alle zunächst auf den Menschen zugeschnittenen Tatbestände privatrechtlicher Normen ohne weiteres auch auf eine juristische Person anwenden lassen. Entscheidend muß sein, ob die Tatbestandsmerkmale ihrem Wesen nach nicht nur auf physische Personen abgestellt sind[3].

Inwieweit die Aktiengesellschaft in öffentlich-rechtlicher Beziehung als selbständiger Rechtsträger anerkannt wird, ist für jede einzelne Frage besonders und positivrechtlich zu untersuchen. Auf dem Gebiet des Steuerrechts ist sie selbständiges Steuersubjekt: ihr Einkommen unterliegt der besonderen Körperschaftssteuer, KörpStG. §§ 2, 4, daneben haben die Aktionäre ihrerseits die Dividenden als persönliches Einkommen zu versteuern, EinkStG. § 37[4]. Für Fragen des internationalen und des Völkerrechts wird wichtig, welchem Staate eine Aktiengesellschaft zuzurechnen ist, in welchem Staate sie also die „Staatsangehörigkeit" besitzt, wie man im übertragenen Sinne sagt. Nach durchaus herrschender Auffassung ist dies derjenige Staat, in dem sie ihren Sitz hat, unter dessen Rechtsnormen also sie Rechtsfähigkeit erlangt hat und von dessen Recht sie diese dauernd ableitet[5].

---

1 Dies gilt auch dann, wenn sich sämtliche Aktien in der Hand eines einzigen Aktionärs vereinigen. Die Aktiengesellschaft erfordert zu ihrer Gründung eine Mehrzahl von Mitgliedern, kann aber fortbestehen, auch wenn sie zur „Einmann-Gesellschaft" (one man company) geworden ist. Auch in einem solchen Falle bleiben die Vermögen des Aktionärs und der Gesellschaft durchaus getrennt, und die letztere kann auch hier nur durch ihre normalen Organe funktionieren, wobei die Generalversammlung der Aktionäre eben aus einer einzigen Person besteht. Ein typischer Fall der Einmanngesellschaft ergibt sich bei Konzernen, wenn ein Unternehmen als Tochtergesellschaft des Hauptunternehmens errichtet wird und beide Aktiengesellschaften sind, s. unten § 62.

2 Zu letzterer Frage (bestritten) s. FLECHTHEIM a. a. O. § 105 Anm. 20; ZIELINSKI, Grundtypvermischung und Handelsgesellschaftsrecht; WIELAND I, 835; ELTZBACHER, ZHR. 45, 40, sowie RGZ. 105, 104.

3 Z. B.: Gilt die Vorschrift von BGB. § 310, wonach Veräußerungsverträge über künftiges Vermögen nichtig sind, nur für Menschen, die sich nicht ihrer Erwerbsfähigkeit sollen entkleiden können, oder steht sie auch einem Vertrag entgegen, in welchem sich eine Aktiengesellschaft zur späteren Fusion mit einer anderen verpflichtet? GEILER, Gesellschaftl. Organisationsformen S. 63; ULLMANN, JW. 1927, 630. — Daß eine juristische Person im Prozesse kein Armenrecht erhalten kann, weil eine „Beeinträchtigung des Unterhalts" (ZPO. § 114) nicht denkbar ist, wird unbestritten angenommen, vgl. RG. bei Warn. 1926 Nr. 123 (anders für die offene Handelsgesellschaft). Andererseits wird bejaht, daß eine juristische Person sich im Sinne der Wucherbestimmung in einer „Notlage" befinden könne, s. RGZ. 93, 28 zu BGB. § 138.

4 Über diese Doppelbesteuerung vgl. HENSEL, Steuerrecht S. 93ff. (Enzykl. XXVIII). Bei der Vermögenssteuer wird die Doppelbesteuerung von Aktiengesellschaft und Aktionär dadurch gemildert, daß die Aktien beim Aktionär nur mit dem halben Steuerkurswert angesetzt werden, VermStG. §§ 2, 5, Reichsbewertungsges. § 43.

5 MAMELOK, Die juristische Person im internationalen Privatrecht; NEUMEYER, Z. f. Völkerrecht 12, 261; MARBURG, Staatsangehörigkeit und feindlicher Charakter juristischer Personen (1927); GIESEKE, Ausländische juristische Personen, im Rechtsvergl. HWörtB. 2, 326. — Im Weltkriege wurde statt der „Sitztheorie" vielfach die sog. Kontrolltheorie angewendet, d. h. die Nationalität juristischer Personen nach der Nationalität derjenigen Menschen bestimmt, in deren Händen sich ihr Kapital ganz oder überwiegend befand; vgl. RGZ. 92, 74. Übrigens bedarf die Sitztheorie offenbar einer Einschränkung dahin, daß die Wahl des Sitzes nicht bloß in Umgehungsabsicht entgegen den tatsächlichen Verhältnissen erfolgte. — Aus EBGB. Art. 7 folgt nach dem Grundsatze des Textes weiter, daß das deutsche Recht eine Aktiengesellschaft, die ihren Sitz im Ausland hat und die nach dem am Orte ihres Sitzes geltenden Rechte rechts-

Hieraus folgt u. a., daß eine Aktiengesellschaft aufgelöst wird, wenn sie ihren Sitz ins Ausland verlegt[1].

Wenn oben gesagt wurde, daß eine Aktiengesellschaft auch selbst Aktionär sein könne, so war dabei zunächst an den Besitz der Aktien einer anderen Gesellschaft gedacht. Fraglich mag aber erscheinen, ob eine Aktiengesellschaft auch ihr eigener Aktionär sein kann. In einem solchen Zusammentreffen von Korporation und Mitgliedschaft scheint auf den ersten Blick ein Widerspruch zu liegen. Das Gesetz spricht indessen nur aus, daß eine Aktiengesellschaft eigene Aktien im regelmäßigen Geschäftsbetrieb für eigene Rechnung nicht erwerben „soll" und erklärt einen Erwerb nur dann für ungültig, wenn es sich um noch nicht vollbezahlte Aktien oder um Interimsscheine handelt, § 226 I, II. Eine aktive Berechtigung aus der Aktie kann aber nicht ausgeübt werden, solange sie im Eigentum der Gesellschaft steht. Insbesondere ruht das Stimmrecht gesellschaftseigener Aktien in der Generalversammlung, da andernfalls die Gesellschaftsorgane in den Rechtsbereich der Aktionäre eingreifen würden[2].

§ 48. Die Aktionäre. Verpflichtungen und Rechte.

a) Das Rechtsverhältnis der Aktionäre zur Gesellschaft ist sehr einfach gestaltet und leicht übersehbar, einer der Hauptgründe für die weite Einbürgerung der Aktienform. Die einzige Verpflichtung des Aktionärs besteht in der Leistung der übernommenen oder gezeichneten Kapitaleinlage. Seine Beteiligungspflicht ist also durch den Nennbetrag der Aktien oder den im Gesellschaftsvertrag bestimmten höheren Ausgabekurs begrenzt, § 211. Der Inhaber einer volleinbezahlten Aktie hat nur Rechte, aber keine Verpflichtungen gegenüber der Gesellschaft (s. daher § 179 III). Insbesondere ist ein Aktionär zu Nachschüssen über den von vornherein festgesetzten Einlagebetrag hinaus nicht verpflichtet; eine solche Verpflichtung kann, als dem Prinzip des Aktienrechts widerstreitend, auch durch die Generalversammlung nicht eingeführt werden, weder zwecks Deckung von Verlusten noch zwecks Hereinbringung neuer Betriebsmittel. Nur ein Antrieb zur freiwilligen Leistung von Zuzahlungen ist in der Weise möglich, daß den Zuzahlenden Vorzugsrechte gewährt werden, vgl. § 262 Ziff. 3[3]. S. auch unten § 55: Bezugsrecht, nicht Bezugspflicht der Aktionäre bei Ausgabe neuer Aktien im Falle einer Kapitalserhöhung.

Ist im Gründungsstadium nur ein Teil der Einlage geleistet (s. § 195 III), so werden die weiteren Einzahlungen mit der Einforderung fällig, die von den Gesellschaftsorganen an alle Aktionäre gleichmäßig zu richten ist. Irgendwelche nachträgliche Befreiung von der Einlagepflicht, aber auch eine die Barzahlung umgehende Aufrechnung ist unzulässig, § 221[4]. Wird die Zahlung nicht rechtzeitig

---

fähig ist, grundsätzlich auch im Inland als rechtsfähig anerkennt; RGZ. 83, 367. In Handelsverträgen wird dies häufig ausdrücklich bestätigt, s. z. B. den deutsch-schweizerischen vom 14. 7. 1926, Art. 3, sowie die eingehende Regelung im Handelsabkommen zwischen Deutschland und Frankreich vom 17. 8. 1927, Art. 26; vgl. Makarov, Das internationale Privatrecht der europäischen und außereuropäischen Staaten, I (1929), S. 287—332 mit 153 Staatsverträgen über diesen Gegenstand, darunter 18 von Deutschland abgeschlossene (s. das. S. 28).

[1] So RGZ. 7, 68; 107, 97.

[2] Runkel-Langsdorff, Die Folgen des Erwerbs eigener Aktien durch die Aktiengesellschaft; Cosack, Eigene Aktien als Bestandteil des Vermögens einer Aktiengesellschaft; Hachenburg, GmbH.[5] § 33 Anm. 14—16. Vgl. RGZ. 103, 64.

[3] Dies kann ohne Änderung des Grundkapitals geschehen und mit der für Satzungsänderungen vorgeschriebenen Mehrheit beschlossen werden. Eine Verletzung des Grundsatzes der Gleichberechtigung (s. S. 86 Anm. 2) liegt nicht vor, falls nur die Möglichkeit zur Erlangung von Prioritätsaktien allen Aktionären gleichmäßig eröffnet und die verbleibenden Stammaktien ebenfalls nicht verschieden behandelt werden. Vgl. RGZ. 52, 287; 80, 85.

[4] Nur die einseitige Aufrechnung ist ausgeschlossen, nicht dagegen eine vertragsmäßige Verrechnung, vorausgesetzt, daß Forderung und Gegenforderung materiell gleichwertig sind; im Falle einer Überschuldung der Aktiengesellschaft würde diese Voraussetzung nicht zutreffen, s. RGZ. 94, 63. Nur bei der Einzahlung der ersten 25% und des Ausgabeagios ist auch vertragsmäßige Aufrechnung unzulässig.

bewirkt, so kann nach öffentlicher Aufforderung eine Verfallserklärung (Kaduzierung) der Aktie erfolgen. An ihrer Stelle ist dann eine neue Aktie auszugeben, die von einem etwaigen Rechtsvorgänger des ausgeschlossenen Aktionärs einzulösen ist, sonst aber zur öffentlichen Versteigerung gelangt, §§ 219, 220.

Andere Mitgliedspflichten als Kapitaleinlagen können den Aktionären nicht auferlegt werden, z. B. nicht Dienstleistungen, Pflicht zur Teilnahme an der Generalversammlung oder dgl. Nur eine Sonderbildung ist möglich: eine Gesellschaft, deren Anteilsrechte auf den Namen gestellt und gebunden sind, kann neben der Kapitaleinlage die Lieferung wiederkehrender Naturalleistungen als satzungsmäßige Verpflichtung einführen, sog. Nebenleistungsaktiengesellschaft, z. B. Zuckerfabriken mit Rübenlieferungspflicht der Aktionäre, §§ 212, 216, 276[1].

b) Die Rechte des Aktionärs sind teils individualrechtliche Ansprüche gegenüber der Gesellschaft, teils sozialrechtliche (organrechtliche) Befugnisse bei Verwaltung der Gesellschaft. Über letztere s. unten § 52 (Generalversammlung). Jene Eigenrechte des Aktionärs entsprechen seiner Beteiligung am Grundkapital als eines für die Gesellschaftszwecke gebundenen. Daher hat er, solange die Gesellschaft besteht, nur einen Anspruch auf Teilnahme am Reingewinn[2]. Rückzahlungen auf die Einlage dürfen, abgesehen von den Fällen der Herabsetzung des Grundkapitals und der Aktienamortisation, unter keinen Bedingungen erfolgen, §§ 213, 214[3]. Ebenso unzulässig ist die Zusage fester Zinsen (auch nicht in Form einer von der Gesellschaft selbst übernommenen Dividendengarantie), da sie, wenn kein entsprechender Gewinn erzielt wird, nur unter Schmälerung des Grundkapitals erfüllt werden könnte. Nur während der Vorbereitung des Unternehmens können sog. Bauzinsen gewährt werden, § 215. Der Anspruch auf den jeweiligen Gewinnanteil kann zunächst nicht vom einzelnen Aktionär isoliert geltend gemacht werden. Das konkrete Dividendenrecht gelangt vielmehr erst durch den Beschluß der Generalversammlung zur Entstehung, der die Gewinnverteilung auf Grund der Jahresbilanz festsetzt. Damit freilich löst es sich als reines Gläubigerrecht von den mitgliedschaftlichen Beziehungen los, so daß z. B. eine Annullierung wegen neuerlich eintretender Verluste nicht mehr zulässig ist[4]. Über die Dividendenscheine (Kupons) und Erneuerungsscheine (Talons) s. § 230. Auch der dem Aktionär nach Auflösung der Gesellschaft zustehende Anspruch auf die Liquidationsquote, d. h. auf verhältnismäßigen Anteil am Reinvermögen, ist nur nach näherer Maßgabe der gesetzlichen Vorschriften gegeben, §§ 300, 301. Daß dieses Recht der Aktionäre durch den Gesellschaftsvertrag ausgeschlossen oder beschränkt werden könne, ist zwar nicht, wie bezüglich des Gewinnanteils, im HGB. selbst ausgesprochen, wohl aber nach dem für Aktiengesellschaften subsidiär geltenden Vereinsrecht anzunehmen, wenn dies freilich auch nur selten praktisch werden wird, vgl. BGB. § 45[5].

Hat ein Aktionär den gesetzlichen Vorschriften zuwider Zahlungen empfangen, so ist er nicht nur der Gesellschaft zur Rückgewähr verpflichtet, sondern haftet in

---

[1] Eug. Wolff, Die Nebenleistungsaktiengesellschaft; Ebert, desgl.; Leist, Untersuchungen zum inneren Vereinsrecht. Die Bestimmung des § 212 trifft den Fall, daß die wiederkehrenden Leistungen den Gegenstand einer gesellschaftlichen Verpflichtung der Aktionäre als solcher bilden sollen (über die Gegenleistung s. § 216); schließt die Aktiengesellschaft mit ihren Aktionären selbständige, nicht mit dem Aktienrecht verknüpfte Nebenverträge verpflichtenden Inhalts, so greifen die beschränkenden Vorschriften des § 212 nicht ein, vgl. RGZ. 79, 335; 84, 328.

[2] Ein Recht auf Benutzung der Gesellschaftseinrichtungen (z. B. Ermäßigung auf den Dampfern der Gesellschaft) könnte den Aktionären durch den Gesellschaftsvertrag eingeräumt werden.

[3] Auch unter dem Gesichtspunkt des Schadensersatzes (z. B. wegen betrügerischer Verleitung zur Aktienzeichnung oder wegen Entwertung der Aktien durch schlechte Geschäftsführung) kann ein Anspruch des Aktionärs gegen die Gesellschaft niemals in Frage kommen, RGZ. 54, 132; 77, 11; s. a. 88, 271; vgl. oben S. 81 Anm. 2.

[4] Egger, Das Dividendenbezugsrecht des Aktionärs[2] (1930). Vgl. RGZ. 37, 62.

[5] Vgl. RGZ. 7, 70.

Höhe des Erlangten auch den Gesellschaftsgläubigern unmittelbar. Bei gesetzwidriger Kapitalrückgewähr (Einlagen, Liquidationserlös) gilt dies schlechthin, bei unzulässigem Bezug von übermäßigen Dividenden oder von Zinsen aber nur dann, wenn der Aktionär schlechtgläubig war, § 217.

c) Das Rechtsverhältnis zwischen Aktionären und Gesellschaft kann, soweit das Gesetz überhaupt die Satzungsfreiheit anerkennt, durch eine mit der erforderlichen Mehrheit beschlossene Satzungsänderung auch gegen den Willen des einzelnen Aktionärs in einer ihm nachteiligen Weise geändert werden, z. B. durch Einführung von Dividendenbeschränkungen, §§ 274, 275. Nur die nachträgliche Einführung von Nebenleistungspflichten ist ausdrücklich an die Zustimmung aller davon Betroffenen geknüpft, § 276. Daneben besteht aber auch für die Aktiengesellschaft der Grundsatz von BGB. § 35, wonach Sonderrechte eines Mitglieds nicht ohne seine Zustimmung beeinträchtigt werden dürfen. Dies gilt zunächst für eigentliche Vorrechte, die der Gesellschaftsvertrag einem einzelnen Aktionär (z. B. dem Vorbesitzer des Unternehmens) gewährte. Handelt es sich freilich um Vorrechte für ganze Gattungen von Aktien, so bedarf es zu einer Zurücksetzung derselben nicht der Zustimmung jedes einzelnen Aktienbesitzers, sondern nur eines Mehrheitsbeschlusses dieser Gruppe, § 275 III, s. a. §§ 278, 288. Außer den Vorrechten sind aber als Sonderrechte auch gewisse allgemeine Mitgliedschaftsrechte zu behandeln, die zwar allen Aktionären zustehen, aber die Rechtsstellung jedes einzelnen entscheidend bestimmen[1]. Dahin gehört vor allem der Grundsatz der Gleichberechtigung aller Aktionäre, für die nicht vor Ausgabe der Aktie eine nachteilige Besonderheit statuiert war[2]. Gewisse Aktionärrechte sind aber so wesentlich, daß ihre Beeinträchtigung durch Mehrheitsbeschluß selbst dann nicht zulässig sein kann, wenn sie für alle gleichmäßig eingeführt werden soll. So könnte etwa das Recht auf den Liquidationserlös nicht durch nachträgliche Satzungsänderung beseitigt, die ursprünglich frei veräußerlichen Aktien nicht nachträglich vinkuliert werden[3].

Für einen besonderen Fall ist dieser Grundsatz ausdrücklich anerkannt. Das Gesetz gestattet, daß der Gesellschaftsvertrag eine Einziehung (Amortisation) von Aktien vorsieht, d. h. eine Aufhebung von Mitgliedschaftsrechten in der Weise, daß die Gesellschaft Aktien einzieht und dafür die Einlagen zurückerstattet, was normalerweise nur aus dem Reingewinn möglich ist. Dies kann aber, soweit nicht der Aktionär die Aktie freiwillig zur Verfügung stellt, nur geschehen, wenn die Auslosbarkeit oder Kündbarkeit schon im ursprünglichen Gesellschaftsvertrag oder doch vor Ausgabe dieser Aktie statutarisch vorgesehen war, § 227[4, 5].

§ 49. Verfassung und Geschäftsführung.

Die Aktiengesellschaft betreibt in aller Regel ein geschäftliches Unternehmen, an dem die Aktionäre materiell interessiert sind. Ihr Schwerpunkt liegt nicht, wie bei den meisten Vereinen, im inneren Verbandsleben, sondern in der Geschäfts-

---

[1] Vgl. RGZ. 52, 287.

[2] Markowitch, Das Problem der Sonderrechte; Gadow, GruchBeitr. 66, 514ff.; Horrwitz, Recht der Generalversammlungen S. 33ff.; Nord, Die Rechte des Aktionärs und die Folgen ihrer Verletzung; Alf. Schultze, Organschaftsrechte als Sonderrechte, Iherings Jahrb. 75, 455.

[3] Vgl. RGZ. 68, 210.

[4] Eine formale (also auch bilanzmäßige) Verringerung des Grundkapitals als solchen findet hierbei nicht statt (bestr.). Erfolgt die Amortisation von Aktien auf andere Weise als aus dem Reingewinn, so sind die Gläubigerschutzvorschriften des Herabsetzungsverfahrens einzuhalten, § 227 II.

[5] Genußscheine, wie sie häufig als Ersatz eingezogener Aktien, aber auch in andern Fällen, z. B. als Gegenleistung freiwilliger Zuzahlungen ausgestellt werden, gewähren einzelne Aktionärrechte (insbesondere Dividendenrechte und Ansprüche auf Anteil am Liquidationserlös) als Gläubigerrechte des Inhabers, nicht aber das Stimmrecht in der Generalversammlung und andere eigentliche Mitgliedsrechte. Vgl. L. Wertheimer, JW. 1923, 573ff.; RGZ. 83, 295. S. GBVO. §12.

führung nach außen. Die einfache Vereinsorganisation — Vorstand und Mitgliederversammlung — genügt daher bei der Aktiengesellschaft nicht. Ihr Vorstand, im wesentlichen als Geschäftsführungs- und als Vertretungsorgan nach außen tätig, bedarf, wegen der beteiligten materiellen Interessen, der Kontrolle durch ein weiteres ständiges Vereinsorgan, und die Leitung der inneren Vereinsangelegenheiten kann bei der Aktiengesellschaft erst recht nicht allein in die Hand des Vorstandes gelegt werden, da dieser nicht etwa, wie bei einem Verein, aus der Reihe der Mitglieder als deren Oberhaupt gewählt wird, sondern in der Regel in einem Anstellungsverhältnis zur Körperschaft steht. Demgemäß hat die Aktiengesellschaft drei Organe: den Vorstand, den Aufsichtsrat, die Generalversammlung der Aktionäre, §§ 231, 243, 250.

Will man versuchen, zwischen ihnen eine Rangordnung zu bestimmen[1], so nimmt zweifellos die Generalversammlung an sich die oberste Stellung ein. Die wichtigsten Innenangelegenheiten sind ihr vorbehalten, und sie wählt den Aufsichtsrat, der seinerseits den Vorstand überwacht. Tatsächlich sind aber die Möglichkeiten der Generalversammlung doch nur begrenzte. Sie tritt nur gelegentlich zusammen und ist das bloße Aggregat der Aktionäre, zwischen denen kein organisierter Zusammenhang besteht. In dem von der Mehrheit der Generalversammlung gewählten Aufsichtsrat dagegen verkörpert sich der Einfluß, den die durch Größe und Dauerhaftigkeit ihres Aktienbesitzes hervorragenden Hauptinteressenten auf die Geschäfte und Geschicke der Aktiengesellschaft ausüben. Je größer freilich das Unternehmen wird, je stärker sein Kapital und damit die Zahl seiner Aktionäre ansteigt, um so mehr verselbständigt es sich seinen Anteilseignern gegenüber, nicht nur juristisch, sondern auch wirtschaftlich und tatsächlich. Damit aber schmälert sich die Grundlage für die überragende Stellung des Aufsichtsrats, und die Bedeutung des die Geschäfte leitenden Vorstandes tritt immer stärker hervor. Die maßgebenden Rechtsnormen sind weit genug, um einen Spielraum für derartige Verschiedenheiten in der körperschaftlichen Energetik zu lassen. Daß übrigens Vorstand und Aufsichtsrat auch rechtlich nicht als der Generalversammlung schlechthin subordiniert gedacht sind, tritt im Gesetz deutlich darin zutage, daß neben den Aktionären auch der Vorstand und unter Umständen die Mitglieder des Aufsichtsrats berechtigt sind, einen gegen Gesetz oder Satzung verstoßenden Beschluß der Generalversammlung im Klageweg anzufechten, § 271 IV, s. auch §§ 241 IV, 247 II.

§ 50. Vorstand.

Der Vorstand ist das Vertretungs- und Geschäftsführungsorgan der Aktiengesellschaft. Er besteht aus einer oder mehreren Personen, § 231. Wie er bestellt wird, ist gesetzlich nicht bestimmt und muß daher im Gesellschaftsvertrag angegeben sein, § 182⁴. Meist erfolgt die Bestellung durch den Aufsichtsrat, seltener durch die Generalversammlung[2]. Das Innenverhältnis ist in der Regel ein Dienstvertrag, der sich nach BGB. beurteilt (s. oben § 26). Das HGB. enthält nur wenige Sonderbestimmungen. So schreibt es, im Interesse der Aktionäre, vor, daß ein den Direktoren etwa zugesagter Gewinnanteil (Tantieme) jeweils nur aus dem nach Vornahme aller Abschreibungen und Rücklagen verbleibenden Reingewinn berechnet werden darf, § 237³. Einen über das gewöhnliche Vollmachts- und Vereinsrecht hinausgehenden Schutz der Aktiengesellschaft bedeutet es, daß das

[1] Vgl. Walther Rathenau, Vom Aktienwesen (1917); Sontag, Die Aktiengesellschaften im Kampf zwischen Macht und Recht (1918).

[2] Der Gesellschaftsvertrag kann die Bestellung des Vorstands denkbarerweise auch einem Dritten, z. B. einer öffentlichen Behörde, überlassen; doch bleibt der Gesellschaft auch dann das freie Widerrufsrecht nach § 231 III.

[3] Scheller, Die Berechnung der Tantieme für Vorstand und Aufsichtsrat. Vgl. z. B. RGZ. 83, 319.

Amt des Vorstandes immer zur Disposition der Gesellschaft steht. Unbeschadet der aus dem Dienstvertrag sich ergebenden Gehaltsansprüche, kann die Bestellung des Vorstands von der Generalversammlung frei widerrufen werden. Eine Beschränkung dieses Widerrufsrechts kann nicht gültig bestimmt werden, auch nicht in der Satzung selbst, § 231 III, vgl. mit BGB. §§ 168, 27.

Der Vorstand hat die Stellung eines gesetzlichen Vertreters. Er repräsentiert die juristische Person, vertritt die Aktiengesellschaft gerichtlich und außergerichtlich und zeichnet die Firma für die Gesellschaft. Seine Mitglieder werden daher ins Handelsregister eingetragen, §§ 231 I, 233, 198, 234. Die Vertretungsmacht Dritten gegenüber ist völlig unbeschränkt, wird insbesondere nicht durch Art und Umfang des tatsächlichen Geschäftsbetriebes begrenzt. Beschränkungen und Bindungen des Vorstands, die der Gesellschaftsvertrag oder ein Generalversammlungsbeschluß einführen, können hieran nichts ändern, sondern wirken nur im Innenverhältnis, § 235. Auch die im Gesetz selbst vorgesehene Beschränkung, wonach der Vorstand einen Prokuristen grundsätzlich nur mit Zustimmung des Aufsichtsrats bestellen darf, hat keine Wirkung gegenüber Dritten, § 238. Bei betrügerischem Einverständnis mit dem Dritten (Kollusion) gilt das oben § 24 Gesagte. Besteht der Vorstand aus mehreren Personen, so müssen grundsätzlich alle zusammen handeln und zeichnen. Doch kann das Statut Einzelvertretung einführen oder die Gesamtvertretung auf das Zusammenwirken einer bestimmten Zahl, z. B. zweier Vorstandsmitglieder, beschränken. Es kann auch eine verschieden abgestufte Regelung vorsehen: Einzelvertretung durch ein bestimmtes Vorstandsmitglied, während andere nur Gesamtvertretungsrecht haben. Auch kann eine gemischte Gesamtvertretung in der Art angeordnet werden, daß die Vorstandsmitglieder, wenn nicht mehrere von ihnen zusammen handeln, in Gemeinschaft mit einem Prokuristen zu zeichnen haben, § 232[1]. — Nach dem für alle juristischen Personen gleichermaßen geltenden Grundsatz des BGB. § 31 haftet die Aktiengesellschaft auch deliktisch auf Schadensersatz wegen unerlaubter Handlungen, die der Vorstand oder ein Vorstandsmitglied oder ein sonstiger verfassungsmäßiger Vertreter in Ausführung der ihm zustehenden Verrichtungen Dritten gegenüber begeht[2].

Wenn das Interesse des Verkehrs eine schrankenlose Vertretungsmacht des Vorstandes erfordert, so ist seine Geschäftsführungsbefugnis im Innern pflichtmäßig begrenzt. Schon die Satzungsbestimmung über den Gegenstand des Unternehmens bildet für das Handelndürfen des Vorstands einen Rahmen, dessen Überschreitung ihn der Gesellschaft gegenüber verantwortlich machen kann. Sodann aber kann der Gesellschaftsvertrag oder ein Beschluß der Generalversammlung den Vorstand mehr oder weniger den Weisungen des Aufsichtsrats unterstellen oder ihm für einzelne Geschäfte, z. B. Immobiliarverfügungen, die Einholung der Zustimmung des Aufsichtsrats oder der Generalversammlung zur Pflicht machen, § 235 I. Gewisse Geschäftsführungsbefugnisse und Geschäftsführungspflichten sind aber dem Vorstand durch ausdrückliche Gesetzesnorm übertragen, so daß sie ihm weder entzogen, noch er von ihnen entlastet werden kann, so vor allem die Sorge für die Buchführung, § 239, für die er nach KonkO. §§ 239, 240, 244 strafrechtlich haftet, sowie die Vorlegung der Bilanz, § 260. Der Vorstand ist ferner zur Berufung der Generalversammlung der Aktionäre ebenso befugt, wie unter Umständen ver-

---

[1] Ist nur ein Vorstandsmitglied bestellt, so kann dessen Vertretungsmacht nicht an die Mitwirkung eines Prokuristen gebunden werden, da andernfalls die Gesellschaft keinen voll legitimierten gesetzlichen Vertreter hätte; die Vertretungsmacht des Prokuristen ist enger als die des Vorstands, und nur letzterer ist „gesetzlicher Vertreter“, was insbesondere für den Prozeß von Bedeutung ist, vgl. ZPO. § 51, 473 (Parteieid). S. oben § 35.

[2] Z. B. wissentlich unrichtige Auskünfte im Bankverkehr, vgl. RGZ. 94, 320. — Auch wenn für Rechtsgeschäfte Gesamtvertretung gilt, haftet die Gesellschaft nach § 31 bei deliktischem Verhalten eines einzelnen Vorstandsmitglieds, vgl. RGZ. 74, 257; 78, 347.

pflichtet, §§ 253, 254, s. a. § 240 I. Bei Zahlungsunfähigkeit oder Überschuldung der Gesellschaft ist er, kraft Gesetzes und unter Strafdrohung, zum Antrag auf Konkurseröffnung verpflichtet, §§ 240 II, 315 Ziff. 2[1].

Die Mitglieder des Vorstandes haften der Gesellschaft für ihre Geschäftsführung nach dem Maßstab der Sorgfalt eines ordentlichen Geschäftsmanns, § 241 I, II, s. auch § 312: Strafdrohung bei absichtlicher Benachteiligung. Den einzelnen Aktionären, deren Aktien durch die schlechte Führung der Gesellschaftsgeschäfte eine Wertminderung erleiden, haftet der Vorstand nicht, da er zu ihnen in keinem Vertragsverhältnis steht, und § 241 I auch kein den Schutz des einzelnen Aktionärs bezweckendes Gesetz im Sinne des Deliktrechts (BGB. § 823 II) darstellt[2]. Schadensersatzansprüche der Gesellschaft aus der Geschäftsführung des Vorstands müssen aber geltend gemacht werden, wenn dies in der Generalversammlung von einer $^1/_{10}$ des Grundkapitals darstellenden Minderheit verlangt wird, s. §§ 268—270. Als besondere, zum Ersatz verpflichtende Handlungen zählt § 241 III eine Reihe von Verstößen gegen das aktienrechtliche Hauptprinzip der Erhaltung des Grundkapitals auf, so die Rückzahlung von Einlagen an die Aktionäre, gesetzwidrige Gewinnverteilung, ferner die Leistung weiterer Zahlungen im Zustande der Zahlungsunfähigkeit oder Überschuldung. Diese Haftung des Vorstands erfährt noch eine eigenartige Erweiterung dadurch, daß in Fällen dieser Art auch die Gläubiger der Gesellschaft den Ersatzanspruch subsidiär geltend machen können. Der Vorstand ist also zwar nicht für die Zweckmäßigkeit, wohl aber in gewissem Umfang für die Gesetzmäßigkeit seiner Verwaltung den Gesellschaftsgläubigern unmittelbar und selbständig verantwortlich, eine Ausnahme von dem allgemeinen Vertretungsrecht, die in den rechtspolitischen Elementen des Aktienrechts ihre wohlbegründete Erklärung findet. Der Vorstand kann sich hierbei den Gesellschaftsgläubigern gegenüber nicht darauf berufen, daß die Handlung auf einem Beschlusse der Generalversammlung beruht, während allerdings die Haftung gegenüber der Gesellschaft selbst entfällt, wenn der Vorstand in Übereinstimmung mit der Generalversammlung gehandelt hat, § 241 IV, vgl. hierzu § 271 IV. Hat z. B. die Generalversammlung zugestimmt, daß die Versicherung der Gesellschaft gegen Feuer nur für einen Teil des Wertes erfolge, so ist damit die Frage gegenstandslos geworden, ob die Unterversicherung gegen die allgemeine Sorgfaltspflicht des Vorstands verstößt.

§ 51. Aufsichtsrat.

Literatur: CAHN, Der Aufsichtsrat (1907); F. GOLDSCHMIDT, Das Recht des Aufsichtsrats (1922). Reformfragen: STIER-SOMLO, Der Aufsichtsrat (1905); FALK (1914) u. a.

Der Aufsichtsrat wird von der Verfassung der Aktiengesellschaft zwischen Generalversammlung und Vorstand eingeschaltet, einerseits um die Geschäftsführung des Vorstands besser zu überwachen, als dies die Generalversammlung für sich allein vermöchte, andrerseits um die Leitung der körperschaftlichen Innenangelegenheiten nicht ganz der Hand des angestellten Vorstands zu überlassen. Wenn auch öffentlich-rechtliche Normen einen Aufsichtsrat zwingend fordern und sein Vorhandensein durch die Strafvorschrift in § 315 Ziff. 1 garantieren, so geschieht dies doch nur, um die Verantwortlichkeiten auf eine breitere Grundlage zu stellen, und ändert nichts an der Tatsache, daß der „Aufsichtsrat“ keine von außen herantretende Aufsichtsinstanz, sondern ein Innenorgan der Gesellschaft ist. Er

[1] Dies ein bei allen juristischen Personen ähnlich wiederkehrender Rechtsgedanke, BGB. § 42, GmbH. § 64, GenG. § 99. Vgl. übrigens auch VO. vom 28. 4. 1920/24. 12. 1922 (Valutaschulden).

[2] Vgl. RGZ. 63, 324. Hier ist z. B. der II. Entw. zum Schweiz. OblR. Art. 770 weit strenger: er gibt dem einzelnen Aktionär einen Schadensersatzanspruch gegen die mit der Verwaltung betrauten Personen, soweit die Gesellschaft einen solchen Anspruch nicht hat oder nicht geltend macht oder eine strafrechtliche Verantwortlichkeit begründet ist.

wird demgemäß von der Generalversammlung der Aktionäre gewählt, und ebenso steht der Generalversammlung das jederzeitige Widerrufsrecht zu. Wählbar sind Aktionäre wie Nichtaktionäre[1]. Der Aufsichtsrat bildet ein Kollegium von mindestens drei Mitgliedern. Nachdem das Geschäftsjahr des im Gründungsstadium bestellten ersten Aufsichtsrats abgelaufen ist, ist die Wahlperiode höchstens eine vierjährige, § 243[2]. Ein Mitglied des Aufsichtsrats kann nicht zugleich dem Vorstand angehören, soweit es sich nicht bloß um vorübergehende Vertretung handelt, § 248. Durch Annahme der Wahl tritt der Gewählte in ein Rechtsverhältnis zur Gesellschaft, das als eine Art privaten Amtes zu bezeichnen ist und sich in Einzelheiten nach Auftragsrecht beurteilt[3]. Den Aufsichtsratsmitgliedern kann eine Vergütung gewährt werden, sei es in festen Bezügen, sei es als Tantieme; letztere darf aber nur aus demjenigen Teil des Reingewinns errechnet werden, der nach Verteilung von 4% Dividende übrigbleibt, § 245[4].

Der Aufsichtsrat hat die Kontrolle über den Vorstand. Er hat die gesamte Geschäftsführung fortlaufend zu überwachen — im Wege der Einsichtnahme, Berichteinforderung, Untersuchung —, und hat bei den periodischen Aufstellungen, der Bilanz und der Ertragsberechnung, mitzuwirken, § 246 I. Der Gesellschaftsvertrag oder die eigene Entschließung des Aufsichtsrats kann den einzelnen Mitgliedern bestimmte Aufgaben zuweisen. Immer haftet aber jedes einzelne Aufsichtsratsmitglied der Gesellschaft gegenüber für die sorgfältige Erfüllung der dem Aufsichtsrat im ganzen obliegenden Pflichten, insbesondere dafür, daß die Kontrolle so genau geübt wird, als dies zur Verhütung eines Schadens erforderlich und vernünftigerweise möglich ist[5]. Wegen der bei Gesetzwidrigkeiten eintretenden Haftung gegenüber den Gläubigern, sowie in strafrechtlicher Beziehung, gelten die gleichen Regeln wie beim Vorstand, §§ 249, 312—315. — Rechtsgeschäftlich vertritt der Aufsichtsrat die Gesellschaft nicht nach außen, sondern nur gegenüber dem Vorstand beim Abschluß von Anstellungsverträgen und bei Führung von Rechtsstreitigkeiten mit den einzelnen Vorstandsmitgliedern, § 247; s. a. § 272 I. Inwieweit die Leitung des körperschaftlichen Innenlebens in der Hand des Aufsichtsrats ruhen soll, bleibt im wesentlichen dem Gesellschaftsvertrag überlassen. Regelmäßig wird dem Vorsitzenden die Befugnis zur Einberufung der Generalversammlung (§ 253) und der Vorsitz in dieser übertragen, ferner die Unterzeichnung oder Mitunterzeichnung der Aktienurkunden u. dgl. — Schon oben wurde darauf hingewiesen, daß dem Aufsichtsrat auch in Ansehung der Geschäftsführung selbst, neben der bloßen Kontrolle, die mehr oder weniger weitgehende Oberleitung über den (als Vertreter nach außen stets allein hervortretenden) Vorstand eingeräumt und der Aufsichtsrat dadurch tatsächlich zu einer Art von „Verwaltungsrat" gemacht werden kann.

Ist für die von der Aktiengesellschaft geführte Unternehmung ein Betriebsrat errichtet, so hat dieser ein oder zwei seiner Mitglieder in den Aufsichtsrat zu entsenden, um die Interessen der Arbeitnehmer und ihre Wünsche hinsichtlich der Betriebsorganisation zu vertreten. Sie nehmen an allen Rechten und Pflichten des

---

[1] Das Amt eines Aufsichtsrats, das auf persönlichem Vertrauen beruhen muß, kann nicht von einer juristischen Person (z. B. einer anderen Aktiengesellschaft, dem Magistrat u. dgl.) ausgeübt werden, sondern nur von physischen Personen. — Deutsche Staatsangehörigkeit ist nicht erforderlich. S. dagegen z. B. Schweiz. NationalitätsVO. v. 8. 7. 1919 und Entw. z. OblR. Art. 726 (mindestens die Hälfte Schweizerbürger).

[2] Zum Handelsregister eingetragen werden nur die Mitglieder des ersten (Gründungs-) Aufsichtsrats. Die späteren sind nur von der Gesellschaft öffentlich bekannt zu geben und dem Registergericht anzuzeigen, § 199[4], 244.

[3] Aus BGB. § 671 ergibt sich das Recht zur einseitigen Niederlegung des Amtes (bestr.).

[4] Scheller, oben S. 87 Anm. 3. — Die Gesellschaft darf an ihrem steuerpflichtigen Einkommen die gezahlten Aufsichtsratstantiemen nicht abziehen, KörperschStG. § 17[4].

[5] Die Zuziehung einer Revisions- oder Treuhandgesellschaft zur Bücherprüfung ist zulässig.

Aufsichtsrats ebenso teil, wie die von der Generalversammlung gewählten Mitglieder, erhalten aber nur eine Aufwandsentschädigung, Betriebsrätegesetz § 70, Ges. vom 15. 2. 1922 über die Entsendung von Betriebsratsmitgliedern in den Aufsichtsrat[1].

§ 52. Generalversammlung.

Literatur: Horrwitz, Das Recht der Generalversammlungen; Wenck, Die Einberufung der Generalversammlungen.

Die Generalversammlung der Aktionäre ist, dem genossenschaftlichen Prinzip der privaten Körperschaft entsprechend, das oberste Willensorgan der Aktiengesellschaft. Ihre Abstimmungen erfolgen aber nicht wie in der Mitgliederversammlung eines Vereins nach Köpfen, sondern nach Aktienbeträgen, § 252 I 2.

Der einzelne Aktionär als solcher hat keinerlei Verwaltungsrechte. Vielmehr werden alle genossenschaftlichen Rechte, die den Aktionären in den Gesellschaftsangelegenheiten, insbesondere in bezug auf die Führung der Geschäfte zustehen, durch Beschlußfassung in der Generalversammlung, also durch die Aktionärschaft insgesamt, ausgeübt, § 250. Die Generalversammlung kann nicht etwa nach souveränem Belieben schalten und walten, sondern ist an das Gesetz und den Gesellschaftsvertrag gebunden[2]. Mehrheitsbeschlüsse, die hiergegen verstoßen, können auch von einem einzelnen Minderheitsaktionär angefochten werden, § 271, s. unten § 53. Innerhalb der gesetzlichen und statutarischen Schranken aber ist die Generalversammlung die höchste Instanz, in deren Beschlüssen sich der organisierte Gesamtwille der Körperschaft darstellt. Daher können vor die Generalversammlung nicht bloß die ihr besonders zugewiesenen, sondern sämtliche Gesellschaftsangelegenheiten gebracht werden[3]. Sie muß stets berufen werden, wenn das Gesellschaftsinteresse eine Erörterung und Beschlußfassung durch die Aktionäre erfordert, § 253 II. Kraft Gesetzes ist die Generalversammlung zuständig: alljährlich zur Feststellung der Bilanz, zur Beschlußfassung über die Gewinnverteilung und über die Entlastung von Vorstand und Aufsichtsrat, mindestens alle vier Jahre sodann zur Wahl des Aufsichtsrats, ferner zum Beschluß über Änderungen des Gesellschaftsvertrags, über die Auflösung der Gesellschaft u. a. m., s. §§ 260, 243, 274, 292. Soweit die gesetzliche Zuständigkeit der Generalversammlung reicht, treten die andern Organe zurück. So kann z. B. die Satzung, da § 260 die Entscheidung über die Gewinnverteilung der Generalversammlung zuweist, nicht etwa vorschreiben, daß diese bei Festsetzung der Dividende oder bei Abschreibungen nicht über die Anträge des Aufsichtsrats hinausgehen dürfe. — Als ordentliche Generalversammlung wird die alljährlich zur Beschlußfassung über die periodischen Regularien der Verwaltung (§§ 260, 243), als außerordentliche jede zu einem sonstigen Zweck berufene bezeichnet, vgl. § 256.

Nur durch Beschlußfassung in einer Versammlung, nicht aber durch schriftlich oder sonstwie abgegebene Einzelerklärungen kann der Gesamtwille der Aktionäre gebildet werden. Die Versammlungsbeschlüsse bedürfen — eine schwerwiegende und eigentümliche Formvorschrift — zu ihrer Gültigkeit der Protokollierung durch Gericht oder Notar, wobei auch ein Verzeichnis der Erschienenen aufzustellen ist, §§ 258, 259. Die Generalversammlung muß in richtiger Weise zusammengetreten sein, wenn ihre Beschlüsse gültig sein sollen, vgl. unten § 53 zu § 271 III 1[4]. Sie

[1] Bearbeitungen dieses Gesetzes: Göppert; Dersch; Friedländer. Vgl. RGZ. 107, 221.

[2] Daß die Generalversammlung in Sonderrechte nicht ohne Zustimmung der beteiligten Aktionäre eingreifen kann, wurde oben S. 86 dargelegt.

[3] Schreibt z. B. die Satzung vor, daß der Vorstand zu gewissen Rechtshandlungen der Genehmigung des Aufsichtsrats bedürfe, so kann diese Genehmigung trotzdem auch von der Generalversammlung erteilt werden. — Vgl. RGZ. 73, 236.

[4] Wenn sämtliche Aktionäre freiwillig zu einer Versammlung zusammentreten, bedarf es nicht der Berufungsformalitäten, sog. Universalversammlung (s. aber auch dann § 259).

muß zu diesem Zweck durch den Vorstand oder eine andere nach Gesetz oder Statut legitimierte Stelle berufen sein, § 253 I und s. unten zu § 254. Die Berufung muß in der durch den Gesellschaftsvertrag bestimmten Form, in der Regel durch öffentliches Ausschreiben, erfolgen, und zwar mindestens zwei Wochen vor der Versammlung und so rechtzeitig, daß den Aktionären, falls sie zu ihrer Legitimierung die Aktien hinterlegen müssen, hierfür eine zweiwöchige Frist freibleibt, § 255. Bei der Berufung ist der Zweck der Versammlung, die „Tagesordnung", anzugeben, und zwar so deutlich und vollständig, daß jeder Aktionär sich daraus von den Gegenständen der Beschlußfassung ein klares Bild machen kann, § 256[1]. Die ordnungsmäßig berufene Generalversammlung kann gültig beschließen, wenn auch nur ein Aktionär mit einer Aktie erschienen ist. Doch kann der Gesellschaftsvertrag allgemein oder für gewisse Gegenstände das Vertretensein eines bestimmten Kapitalbetrags (Quorum) vorschreiben, vgl. §§ 251 I, 292 Ziff. 2.

Das Recht zur Teilnahme an den Generalversammlungen und ihren Beratungen gipfelt in dem Stimmrecht des Aktionärs, § 252[2]. Als Ausfluß des Mitgliedschaftsrechts steht es dem Eigentümer der Aktie oder demjenigen zu, der ein das Verwaltungsrecht einschließendes Recht an der Aktie hat, z. B. dem Ehemann der im ordentlichen gesetzlichen Güterstand lebenden Aktionärin[3]. Mit dem Eigentumswechsel geht das Stimmrecht auf den Erwerber über. Doch ist es auch möglich, die Aktie ohne Eigentumsübertragung einem andern (z. B. der verwahrenden Bank) fiduziarisch in der Weise zu überlassen, daß er zur Rechtswahrnehmung und Stimmabgabe in eigenem Namen befugt sein soll (Legitimationsübertragung, Legitimationsaktionär)[4]. Ein Stimmberechtigter kann in eigener Person stimmen oder sich durch einen schriftlich Bevollmächtigten vertreten lassen, § 252 II.

Nach zwingendem Rechtssatz gewährt jede Aktie das Stimmrecht, also mindestens eine, dem Aktiennennbetrag entsprechende Stimme, § 252 I[4, 5]. Eine statu-

---

[1] Vgl. z. B. RGZ. 108, 322. Über besondere Mitteilungen an den einzelnen Aktionär s. § 256 I 2, § 257. Sollen Satzungsänderungen beschlossen werden, so müssen diese ihrem wesentlichen Inhalt nach aus der Ankündigung erkennbar sein, § 274 II, vgl. RGZ. 68, 232; 110, 194.

[2] Planitz, Die Stimmrechtsaktie (1922); Bumbacher, Die Aktie als Grundlage des Stimmrechts; Hueck, Vorzugsaktien mit mehrfachem Stimmrecht (1922); Gieseke, desgl. in Gruchots Beitr. 66, 1ff., sowie: Das Aktienstimmrecht der Banken (1926); Horrwitz, Schutz- und Vorratsaktien (1926); Nussbaum in ZBl. f. HR. 1, 288; Schmulewitz, Die Verwaltungsaktie (1927). — Über das Teilnahmerecht, das auch gewissen Nicht-Stimmberechtigten zusteht (Vorstand, Aufsichtsrat, Aktionäre, die im gegebenen Fall nicht abstimmungsberechtigt sind), s. Klausing, ZBl. f. HR. 1, 271. — Über das Fragerecht s. unten S. 97 Anm. 3. — Auch nicht voll bezahlte Aktien geben volles Stimmrecht.

[3] Auch bei einfachem Nießbrauch dürfte dies zu bejahen sein, soweit es sich nicht um Beschlüsse über einschneidende Änderungen handelt (bestr.), RGRKomm. z. BGB. § 1068 n. 3.

[4] So die derzeit feststehende Praxis, vgl. RGZ. 30, 51; 40, 80; s. dagegen Planitz S. 10ff. Ein Beispiel der sog. Deponentenaktie s. RGZ. 105, 289.

[5] Die Stimmrechtsaktien bilden das hauptsächlichste Mittel einer Machtverschiebung zuungunsten der Aktionäre und zugunsten der Verwaltung. Dazu kommen die sog. Schutz- oder Vorratsaktien, welche bei einer Kapitalerhöhung, unter Ausschluß des Bezugsrechts der Aktionäre, zur Verfügung der Verwaltung gestellt werden (s. unten § 55). Daß die Stimmrechtsaktie an sich zulässig ist, kann nach dem gegenwärtigen Rechtszustand (§ 252) nicht bestritten werden, vorausgesetzt nur, daß die mit dem höheren Stimmrecht ausgestatteten Aktien sich auch sonst irgendwie durch eine besondere Rechtsstellung von den übrigen unterscheiden, was auch bei Schlechterstellung (z. B. bezüglich der Dividenden oder der Liquidationsquote) zutrifft. Wird freilich die Entrechtung der übrigen Aktionäre in einem sachlich nicht gerechtfertigten Umfange übertrieben, so kann der Generalversammlungsbeschluß, der die Stimmrechtsaktien gegen eine Minderheit einführt, wegen Verstoßes gegen die guten Sitten angefochten werden, s. RGZ. 112, 14. Andernfalls ist die Schaffung dieser Aktienart nicht unzulässig, RGZ. 108, 322. Gleiches gilt für jene Schutzaktien, RGZ. 108, 43; 113, 188ff. Aber auch wenn diese Aktiengattungen im gegebenen Fall an sich nicht zu beanstanden sind, bleibt immer noch bei einzelnen Generalversammlungsbeschlüssen, die späterhin mit einer durch diese Aktien gebildeten Mehrheit gefaßt werden, die Möglichkeit der Prüfung, ob nicht die konkrete Ausübung des Mehrstimmrechts im Hinblick auf die formale Machtverschiebung als unzulässig, insbesondere als sittenwidrig er-

tarische Einschränkung ist nur dahin möglich, daß die Stimmenzahl eines eine Vielzahl von Aktien besitzenden Aktionärs nach oben begrenzt wird, § 252 I[1]. Der Gesellschaftsvertrag kann ferner bei Ausgabe mehrerer Aktiengattungen der einen Gattung ein höheres Stimmrecht beilegen. Neuerdings werden Vorzugsaktien vielfach gerade zu dem Zweck als Mehrstimmaktien (Stimmrechtsaktien) geschaffen, um die Verwaltung der Gesellschaft gegen Überfremdung, d. h. gegen die Übermacht neu eindringender Kapitalisten, gleichzeitig aber doch auch gegen kleinere Gruppen von Aktionären überhaupt zu schützen. Im übrigen kann das Statut die näheren Einzelheiten regeln (z. B. vorschreiben, daß ein Aktionär sich nur durch einen anderen Aktionär vertreten lassen kann); es kann aber nicht an das gesetzliche Stimmrecht rühren, § 252 IV.

Handelt es sich um eine Angelegenheit, an der ein Aktionär persönlich als Gegeninteressent der Gesellschaft beteiligt ist, so ruht sein Stimmrecht, mag er es nun selbst oder mag es ein von ihm bestellter Legitimationsaktionär ausüben; auch kann er bei einer solchen Interessenkollision nicht Stimmvertreter für andere Aktionäre sein, § 252 III. Die Fälle dieser Art sind vom Gesetz im einzelnen aufgezählt: es sind einmal Beschlüsse, die den Aktionär entlasten oder von einer Verpflichtung befreien wollen, sodann solche, die ein mit ihm vorzunehmendes Rechtsgeschäft, sowie die Einleitung oder Erledigung eines Rechtsstreits zwischen ihm und der Gesellschaft betreffen[1]. — Strafdrohungen gegen den Stimmenkauf, die entgeltliche Leihe von Aktien und den Mißbrauch von Aktien ohne Einwilligung des Berechtigten s. in §§ 316—318.

Die Beschlüsse der Generalversammlung werden regelmäßig mit einfacher Stimmenmehrheit gefaßt. Dabei werden nur die erschienenen und ihre Stimme tatsächlich abgebenden Aktionäre nach ihren Aktienbeträgen gezählt, § 251 I. Der Gesellschaftsvertrag kann schwerere Bedingungen festsetzen, also eine höhere Mehrheit oder die Teilnahme einer bestimmten Kapitalsquote an der Abstimmung. Bei Wahlen können auch Erleichterungen, z. B. relative Mehrheiten, oder Verhältniswahl, vorgesehen werden, § 251 II. Für besonders wichtige Beschlüsse schreibt das Gesetz selbst eine höhere Mehrheit, durchweg eine solche von ¾ des bei der Beschlußfassung vertretenen Grundkapitals, vor, so vor allem bei Satzungsänderungen, § 275 I. Diese Bestimmungen sind zum Teil nur dipositiver Art, so daß der Gesellschaftsvertrag es gleichwohl bei der einfachen Mehrheit belassen kann, so bei gewöhnlichen Satzungsänderungen oder bei Abberufung des Aufsichtsrats, §§ 275 I, 243 IV. Zum Teil aber sind sie zwingend, dergestalt, daß der Gesellschaftsvertrag das gesetzliche Erfordernis der qualifizierten Mehrheit zwar verschärfen (z. B. eine zweimalige Abstimmung in verschiedenen Versammlungen vorschreiben), es aber nicht mildern kann; so bei einer Änderung des Gesellschaftszweckes, bei Herabsetzung des Grundkapitals, bei Auflösung der Gesellschaft, §§ 275 II, 288 I, 292 Ziff. 2.

Diese Vorschriften bilden bereits einen bedeutsamen Schutz der Minderheit, welche derartige Beschlüsse verhindern kann, wenn die qualifizierte Mehrheit nicht

---

scheint, RGZ. 113, 192ff. Diese Möglichkeit von Repressalien gegenüber der künstlich ins Ungleiche verschobenen Übermacht der Verwaltungsgruppe ist indessen offenbar nicht genügend zur Abstellung schwerer Mißbräuche. S. daher zur Frage einer Gesetzesreform die S. 74 Anm. 2, S. 92 Anm. 2 Zitierten. — Über die Behandlung der Schutzaktien bei der Umstellung s. 2. DurchfVO. zu GBVO. § 28—31.

[1] Flechtheim, Zur Stimmenthaltung des Vertragsgegners bei Gesellschaftsbeschlüssen, JW. 1925, 564. Vgl. RGZ. 106, 263; 108, 326; 112, 382. Auf sozialrechtliche Akte findet § 252 III keine Anwendung; ein Aktionär ist daher nicht vom Stimmrecht ausgeschlossen, wenn es sich um seine Wahl zum Aufsichtsrat oder deren Widerruf handelt, RGZ. 60, 172; 81, 37. — Über „Schiebung“ durch Veräußerung der Aktien des Stimmbehinderten an einen Dritten s. RGZ. 85, 170. — Über Stimmrecht der Muttergesellschaft s. RG. 103, 64ff. und 115, 246ff. im teilweisen Gegensatz zu RG. 108, 41ff.

erreicht wird. Dazu kommen aber noch gewisse eigentliche, positive Minderheitsrechte, die eine Minderheit als solche — teils von $^1/_{10}$, teils von $^1/_{20}$ des Grundkapitals — zum bestimmenden Organ der Aktiengesellschaft machen. Freilich kann es sich dabei, der Natur der Sache nach, nicht um positive Entscheidungen über Gesellschaftsangelegenheiten, sondern nur um vorbereitende und kontrollierende Maßregeln, namentlich um den Schutz gegen Mißbräuche handeln. Demgemäß kann eine Minderheit z. B. die Berufung einer Generalversammlung und die Behandlung gewisser Fragen in der Versammlung, die Einsetzung von Revisoren, die Erhebung von Ersatzklagen erzwingen, §§ 254, 264, 266, 268[1]. Auch die alsbald zu erörternde Anfechtungsklage gegenüber Generalversammlungsbeschlüssen kann als ein Minderheitsrecht, und zwar ein besonders wichtiges, bezeichnet werden, § 271.

Das Protokoll über die Generalversammlung ist zum Handelsregister einzureichen. Eine Eintragung der Beschlüsse findet aber nur statt, wenn sie sich auf registerpflichtige Gegenstände beziehen. Dies gilt namentlich bei Änderungen des Gesellschaftsvertrages. Hier wird der Beschluß auch nicht vor der Eintragung wirksam, §§ 259 V, 277[2].

§ 53. Anfechtung und Nichtigkeit von Generalversammlungsbeschlüssen.

Literatur: Hueck, Anfechtbarkeit und Nichtigkeit von Generalversammlungsbeschlüssen bei Aktiengesellschaften; Flechtheim, Das Urteil auf Ungültigkeitserklärung eines Generalversammlungsbeschlusses (in: Festschrift für Zitelmann 1913); Horrwitz, ZBl. f. HR. 1, 181.

Enthält ein Beschluß der Generalversammlung eine Verletzung des Gesetzes oder des Gesellschaftsvertrages, so kann er auf Grund einer Anfechtungsklage durch Urteil für nichtig erklärt werden, §§ 271—273. Über Zweckmäßigkeitsfragen, wie z. B. die wirtschaftliche Ratsamkeit einer zu treffenden Maßregel oder die Eignung einer zur Wahl stehenden Person, entscheidet das oberste Willensorgan der Gesellschaft durch Mehrheitsbeschlüsse, ohne daß die Minderheit eine Nachprüfung herbeiführen könnte. Gesetz und Statut aber binden auch die Generalversammlung. Das Anfechtungsrecht steht den Minderheitsaktionären, sowie den Organen der Gesellschaftsverwaltung zu. Es ist, im Interesse einer möglichst ungestörten Abwicklung der gesellschaftlichen Angelegenheiten, vom Gesetze durch kurze Befristung und mittels einiger anderer Bestimmungen eingeschränkt. Doch kommt neben diesem begrenzten Anfechtungsrecht (a) noch in Frage, inwieweit Beschlüsse der Generalversammlung kraft Gesetzes ohne weiteres nichtig sein können und wie es mit der Geltendmachung dieser Nichtigkeit steht (b).

a) Ein Generalversammlungsbeschluß kann gegen Gesetz oder Statut in doppelter Weise verstoßen und sohin aus einem doppelten Grunde nach § 271 anfechtbar sein: entweder wegen wesentlicher formaler Mängel in der Art seines Zustandekommens oder aber wegen materieller Unzulässigkeit seines Inhalts. Fälle der ersteren Art liegen z. B. vor, wenn die Berufung der Generalversammlung in ungenügender Weise ausgeschrieben wurde oder mit zu kurzer Frist erfolgte, wenn der Gegenstand der Beschlußfassung nicht vorschriftsmäßig bekanntgemacht, die Abstimmung durch Teilnahme Nichtstimmberechtigter oder Nichtzulassung Berechtigter verfälscht oder die erforderliche erhöhte Mehrheit nicht erreicht wurde[3].

---

[1] Wird dem von einer $^1/_{20}$ Minderheit gestellten Verlangen nach Berufung einer Generalversammlung nicht entsprochen, so hat das Gericht, wenn der Antrag nicht offenbar mißbräuchlich ist, die Antragsteller zu ermächtigen, selbst die Berufung ergehen zu lassen, § 254 III, FGG. § 145. Vgl. KG. in OLG. 43, 313. Zu Anträgen aus § 266 und § 268/9 ist mindestens halbjähriger Aktienbesitz erforderlich.

[2] Bei Satzungsänderungen, die von der Generalversammlung mit der erforderlichen Mehrheit beschlossen sind, kann diese die nähere Fassung der neuen Satzungsbestimmungen dem Aufsichtsrat überlassen, § 274 I 2.

[3] Beispiele in RGZ. 75, 239; 91, 324. Beruht der Beschluß auf formell schlechthin ungenügender Grundlage, so ist er ohne weiteres nichtig, so z. B. wenn die Versammlung von einer

Ein wesentlicher materieller Verstoß liegt nicht nur bei Verletzung der einzelnen Ge- oder Verbote des Aktienrechts, sondern auch dann vor, wenn sich der Beschluß zwar innerhalb der formalen gesetzlichen Grenzen hält, aber eine gegen die guten Sitten verstoßende Benachteiligung oder Vergewaltigung der Minderheit darstellt, BGB. § 138 I. So z. B. dann, wenn die Mehrheitsmacht eigennützig mißbraucht wird, um bei einer Kapitalserhöhung unter Ausschluß des Bezugsrechts der Aktionäre (§ 282) die jungen Aktien einer bestimmten, der Mehrheit nahestehenden Interessentengruppe zuzuführen, ohne daß dies durch das sachliche Gesamtinteresse der Gesellschaft irgendwie geboten wäre[1].

Das Anfechtungsrecht steht einem Aktionär zu, wenn er nicht selbst für den Beschluß gestimmt hat[2], und setzt regelmäßig weiter voraus, daß der Anfechtende in der Generalversammlung erschienen war und sort seinen Widerspruch, in einer Art von Rechtsverwahrung, förmlich zu Protokoll erklärt hat. Ein Aktionär, der nicht erschienen war, kann eine Anfechtung nur auf einen etwaigen, hiermit zusammenhängenden Mangel, also nur darauf gründen, daß er entweder zur Generalversammlung unberechtigterweise nicht zugelassen worden oder daß die Berufung oder die Bekanntgabe der Tagesordnung nicht gehörig erfolgt sei, § 271 III Satz 1[3]. Schon der Besitz einer einziger Aktie legitimiert zur Anfechtung. Diese setzt auch kein besonderes persönliches Interesse des Anfechtenden voraus. Vielmehr erscheint der Aktionär hier als Vertreter des Gesamtinteresses der juristischen Person an der Rechtmäßigkeit ihrer Verwaltung. Dies zeigt sich besonders deutlich, wenn die Anfechtung sich gegen zu hohe Dividendenbemessung (z. B. infolge Überwertung der Aktiva) richtet. Wird umgekehrt behauptet, daß das Bilanzergebnis von der Generalversammlung unzulässigerweise zu niedrig festgestellt, Abschreibungen oder offene oder stille Reserven in zu großem Maße beschlossen worden seien, so kann eine solche auf höhere Dividendenausschüttung gerichtete, also nur im Einzelinteresse liegende Anfechtung nur von einer $^1/_{20}$ des Grundkapitals darstellenden Minderheit durchgeführt werden, § 271 III 2, s. unten § 54[4]. In allen übrigen Fällen aber ist das Anfechtungsrecht nicht nur ein Minderheits-, sondern ein Einzelrecht.

Ein gesetz- oder satzungswidriger Beschluß der Generalversammlung kann ferner von dem Vorstand (in seiner Gesamtheit) angefochten werden, eine in ihrer Singularität sehr bezeichnende Vorschrift, welche das geschäftsführende Organ der Gesellschaft zur selbständigen Verteidigung der Rechtmäßigkeit der Verwaltung sogar einem einstimmigen Generalversammlungsbeschlusse gegenüber beruft. Hat der Beschluß eine Maßregel zum Gegenstande, durch deren Ausführung sich die

---

offenbar unbefugten Person einberufen war oder ohne Mitwirkung einer öffentlichen Urkundsperson abgehalten wurde. Ist aber in einer im wesentlichen ordnungsmäßig berufenen, verhandelnden und abstimmenden Generalversammlung ein Beschluß gefaßt und vom Vorsitzenden als gefaßt verkündet und dementsprechend protokolliert worden, so können einzelne Formmängel nur im Wege der Anfechtungsklage nach § 271 geltend gemacht werden, vgl. RGZ. 89, 378. Ein Formfehler, der den Beschluß zweifellos nicht beeinflußt hat, ist unschädlich, vgl. RGZ. 105, 373; 110, 194.

[1] S. z. B. RGZ. 112, 17, wo in einem gegebenen Fall die Sittenwidrigkeit bejaht wurde, sowie RGZ. 68, 235 (Hiberniafall); 107, 71 und 113, 193, wo sie nach den Umständen verneint wurde. Auch in der schikanösen Ausnutzung formaler Vorschriften zum Ausschluß oder zur Überrumpelung der Minderheit kann unter Umständen ein Verstoß gegen die guten Sitten liegen; vgl. RGZ. 112, 109; 107, 76.

[2] Hat die Generalversammlung nicht einen (positiven) Beschluß gefaßt, sondern einen Antrag abgelehnt, so kommt eine Anfechtung nach § 271 überhaupt nicht in Frage. Denn die Anfechtung kann nach § 271, 273 nur auf Vernichtung einer gesetzwidrig erfolgten korporativen Willensbildung abzielen, nicht aber dazu führen, daß das Gericht die Willensentscheidung der Körperschaft seinerseits ersetzt. Vgl. übrigens auch RGZ. 76, 248.

[3] Ist dies der Fall, so kann nicht etwa entgegengehalten werden, daß der Aktionär, auch bei seinem Erscheinen, nicht in der Lage gewesen wäre, die Mehrheit zu einer Minderheit zu machen, oder daß der Beschluß inhaltlich in Ordnung gehe.

[4] Vgl. z. B. RGZ. 105, 40. S. unten S. 99 Anm. 1.

Mitglieder des Vorstands und des Aufsichtsrats strafbar oder den Gesellschaftsgläubigern gegenüber haftbar machen würden (z. B. versteckte Rückzahlung von Einlagen), so ist auch jedes einzelne Mitglied des Vorstands und des Aufsichtsrats zur Anfechtung befugt, § 271 IV.

Die Anfechtung durch Aktionäre wie Organe kann nur im Wege einer gerichtlichen Klage erfolgen, für welche das Landgericht ausschließlich zuständig ist[1]. Die Anfechtungsklage muß binnen einem Monat, von dem Zeitpunkt der Beschlußfassung an, erhoben werden, ohne Rücksicht darauf, wann der Anfechtungsberechtigte von diesem Beschlusse erfährt. Sie ist gegen die Gesellschaft zu richten, die im Anfechtungsprozesse ausnahmsweise vom Vorstand und Aufsichtsrat zusammen vertreten werden muß, soweit nicht ein Organ selbst als Kläger auftritt, § 271 I, II, § 272 I, II, s. auch § 308. Ein der Anfechtungsklage stattgebendes Nichtigkeitsurteil bewirkt die Ungültigkeit des Generalversammlungsbeschlusses mit rückwirkender Kraft, ex tunc[2]. Es schafft Rechtskraft für und gegen alle Aktionäre und ist zum Handelsregister einzureichen, eventuell einzutragen, § 273.

Um die Gesellschaft gegen die Nachteile sicherzustellen, die ihr aus einer Anfechtung drohen, kann das Gericht dem klagenden Aktionär eine Sicherheitsleistung auferlegen, § 272 III. Indessen hat die Gesellschaft einen Anspruch auf Ersatz des ihr durch eine unbegründete Anfechtung entstehenden Schadens (Verzögerung oder tatsächliche Vereitelung des Beschlusses) nur dann, wenn dem Kläger eine bösliche Handlungsweise zur Last fällt, § 273 II.

b) Indem das Gesetz eine befristete Anfechtungsklage einführt, um die Aktiengesellschaft gegen verzögerliche Beanstandungen zu schützen, schränkt es das sich aus allgemeinen Grundsätzen an sich ergebende Recht der Mitglieder juristischer Personen, unrechtmäßige Versammlungsbeschlüsse anzufechten, für das Gebiet des Aktienrechts in besonderer Weise ein[3]. Es kann aber damit nicht wollen, daß ein gesetzwidriger Generalversammlungsbeschluß unter allen Umständen dadurch gültig werde, daß kein Aktionär die Anfechtungsklage erhebt. Gibt es hiernach zweifellos neben der Anfechtbarkeit auch eine Nichtigkeit von Generalversammlungsbeschlüssen wegen Unzulässigkeit ihres Inhalts, so fragt es sich aber, wo die Grenze zwischen beiden zu ziehen ist.

Verstöße gegen die Satzung gehören sicher zu den nur die Anfechtbarkeit begründenden Mängeln. Aber auch bei Verstößen gegen gesetzliche Normen wird das gleiche insoweit gelten müssen, als diese Normen nur dem Interesse der Aktionäre, d. h. derjenigen Personen dienen sollen, welche der Aktiengesellschaft im Zeitpunkt des Beschlusses angehören. In beiden Fällen muß durch Unterlassung der Anfechtung der Mangel geheilt, der Beschluß gültig werden. Ein Beschluß dagegen, dessen Inhalt gegen zwingende Gesetzesnormen verstößt, bei denen es sich nicht nur um das Interesse der gegenwärtigen Aktionäre handelt, ist ipso jure nichtig (BGB. § 134, s. auch § 138)[4]. Er darf, wenn er registerpflichtig ist (z. B. eine unzulässige Satzungsänderung), von Anfang an nicht zum Handelsregister eingetragen werden und kann von Amts wegen wieder gelöscht werden, wenn seine Beseitigung im öffentlichen Interesse erforderlich ist, FGG. § 144 II. Aber auch jeder Ak-

---

[1] Dies bedarf um so mehr der Hervorhebung, als die Praxis den hierbei für die Prozeßkosten maßgebenden Streitwert nach dem Interesse des Klägers (also z. B. dem Wert seiner einen Aktie), nicht aber nach dem vielleicht sehr hohen Interesse berechnet, das die beklagte Gesellschaft daran hat, ihren Beschluß durchführen zu können, so RGZ. 24, 427. Vgl aber auch ZPO. § 547 Ziff. 2.

[2] Über die Frage der Einwirkung auf inzwischen begründete Rechte Dritter s. Hueck S. 194ff. und Flechtheim a. a. O.

[3] Bei Vereinen ist dieses Recht durch keinerlei gesetzliche Normen oder Fristen eingeengt. Wie HGB. § 271 s. GenG. § 51.

[4] Vgl. z. B. RGZ. 72, 33: Nichtigkeit des Bilanzbeschlusses bei Überschreitung der in § 261 Ziff. 3 vorgeschriebenen Höchstsätze der Aktivenbewertung.

tionär kann sich auf die Nichtigkeit eines solchen Beschlusses berufen und, bei Vorliegen eines rechtlichen Interesses, Klage auf Feststellung der Nichtigkeit nach ZPO. § 256 erheben, ohne an die Frist von HGB. § 271 gebunden zu sein.

§ 54. Bilanz, Gewinn, Reserven.

Literatur: SIMON, Die Bilanzen der Aktiengesellschaften[3] 1899; REHM, Die Bilanzen der Aktiengesellschaften[2] 1914; R. FISCHER, Die Bilanzwerte, was sie sind und was sie nicht sind I 1905, II 1908; ders., über die Grundlagen der Bilanzwerte 1909; ders., Buchführung und Bilanzaufstellung 1913; PASSOW, Die Bilanzen der privaten und öffentlichen Unternehmungen[2,3] I 1918, II 1922; LION, Bilanzsteuerrecht 1922; ZIMMERMANN, Die Jahresbilanz der Aktiengesellschaft.

Die von der Aktiengesellschaft nach § 39 II aufzustellende Jahresbilanz ist vom Vorstand auszuarbeiten und vom Aufsichtsrat, mit seinen Bemerkungen, sowie mit einer Gewinn- und Verlustrechnung und einem die Verhältnisse übersichtlich darstellenden Geschäftsbericht, der Generalversammlung zur Genehmigung vorzulegen[1]. Die Mitglieder des Vorstands und Aufsichtsrats haften, und zwar auch strafrechtlich, für die Wahrheit und Vollständigkeit der Darstellungen. Die entscheidende Beschlußfassung aber ist Sache der Generalversammlung. Sie hat über die Gewinnverteilung (das Ob und Wieviel) zu beschließen und kann die Bilanz nicht nur genehmigen oder ablehnen, sondern auch inhaltlich ändern. Diese Zuständigkeit der Generalversammlung ist im Interesse der Aktionäre durch zwingende Gesetzesnormen bestimmt.

Die Generalversammlung soll mit der Erörterung der Geschäftsergebnisse zugleich die oberste Prüfung der Geschäftsführung vornehmen und hat dabei über die Entlastung von Vorstand und Aufsichtsrat maßgeblich zu beschließen, §§ 260, 314[1]. Wird diese Entlastung erteilt, so ist damit ein Verzicht auf Geltendmachung von Verantwortlichkeiten insoweit ausgesprochen, als diese für die Generalversammlung erkennbar waren. Wird sie allen oder einigen Mitgliedern der Gesellschaftsorgane verweigert, so können diese gegen die Gesellschaft auf Erteilung der Entlastungserklärung klagen, wobei die Beklagte die Beweislast für die von ihr behaupteten Pflichtverletzungen trägt[2]. Um die gründliche Prüfung und die Feststellung aller Verantwortlichkeiten besser zu gewährleisten, ist, wie schon erwähnt, auch einer Minderheit von $^1/_{10}$ die Möglichkeit gegeben, die Vertagung der Beschlußfassung, sowie die Bestellung von Revisoren zu verlangen, §§ 264, 266, 267[3]. Die festgestellte Bilanz ist zu veröffentlichen, § 265.

Bei Aufstellung der Jahresbilanz gelten, neben § 40, die Vorschriften der §§ 261, 262. Sie sollen besondere Vorsicht bei der Erfolgsberechnung garantieren, damit nichts verteilt werde, was nicht in jeder Hinsicht als Gewinn angesehen werden kann. Sie gelten daher nur für die alljährliche Gewinnermittlungsbilanz, dagegen nicht, wo es sich darum handelt, den Vermögensstand abschließend festzustellen, wie etwa im Falle des § 240 II oder des § 299 II (Liquidationsbilanz).

Bei der Jahresbilanz ist in erster Reihe bestimmt, daß die Aktiven höchstens zu ihrem Anschaffungswert eingesetzt werden dürfen, nicht aber zu dem etwa höheren Verkaufs-(Kurs-)wert, der ihnen am Bilanzstichtag zukommen mag; ein nicht gezogener Gewinn soll eben noch nicht verteilt werden, § 262[1–3]. Diese Regel gilt sowohl für die überhaupt nicht zur Weiterveräußerung bestimmten Anlagen,

[1] Unterbleibt dies, so fehlt es an einem sicheren Auskunftsmittel im Gesetz, da es kein Klagrecht einzelner Aktionäre auf Feststellung der Bilanz gibt. Vgl. RGZ. 49, 141.

[2] Über Entlastung vgl. z. B. RGZ. 70, 132; 89, 397; 106, 262; JW. 1927, 180.

[3] Dagegen steht nicht auch dem einzelnen Aktionär ein Recht zu, in der Generalversammlung Aufklärung über einzelne Punkte mit der Wirkung zu verlangen, daß er, falls diese verweigert wird, den ergehenden Beschluß anfechten kann; ein Aufklärungsrecht hat nur die Generalversammlung selbst, die zu beschließen hat, ob eine von einem Einzelnen gewünschte Frage zu stellen ist oder nicht, so RGZ. 82, 182 (bestr.). Doch darf in der Verweigerung der Auskunft gegenüber einem Einzelaktionär kein Verstoß gegen die guten Sitten liegen.

wie Grundstücke, Maschinen und sonstige stabile Wertgegenstände, als auch für Waren und Wertpapiere, z. B. für Aktien einer anderen Gesellschaft, welche die bilanzierende Gesellschaft durch irgendwelche rechtliche Vorgänge erworben hat. Nur versteht sich bei den Waren und Wertpapieren von selbst, daß sie, wenn ihr derzeitiger Börsen- oder Marktpreis geringer ist als ihre Gestehungskosten, nur zu dem niedrigeren Jetztwert eingesetzt werden dürfen. Bei Anlagen der ersteren Art dagegen braucht eine Kaufwertminderung nicht berücksichtigt zu werden, wenn nur die Bilanz der durch Abnutzung eingetretenen Sachwertminderung irgendwie Rechnung trägt.

Besonders charakteristisch für die Kapitalgesellschaft ist sodann die bereits erwähnte Vorschrift, daß das Grundkapital nicht nur im ersten Jahr, sondern jedesmal von neuem als Passivposten einzusetzen ist, § 261[5]. Der Vermögensstand, wie er sich am Jahresschluß aus den Aktiven und den eigentlichen Schulden ergibt, wird also nicht etwa mit dem Stand am Beginn dieses Jahres, sondern immer wieder mit dem Grundkapital verglichen, damit dieses niemals durch eine Gewinnverteilung angegriffen werde[1]. Infolgedessen kann ein Verlust nicht am Grundkapital bilanzmäßig abgeschrieben werden, wie das etwa bei der offenen Handelsgesellschaft gehalten wird; bei der Aktiengesellschaft wird vielmehr durch den unveränderlichen Kapitalposten als Passivum erreicht, daß ein Verlust stets erst durch das Geschäftsergebnis späterer Jahre ausgeglichen sein muß, ehe es wieder zu einer Gewinnverteilung kommen kann. Die „Passiva" der Bilanz setzen sich hiernach aus fremden und eigenen Geldern zusammen, nämlich aus den eigentlichen Schulden der Aktiengesellschaft einerseits und den Einlagen ihrer Aktionäre, sowie den alsbald zu besprechenden Rücklagekonten andererseits.

Auch der sich am Jahresende ergebende Überschuß der Aktiven über die Passiva darf nicht ohne weiteres ganz als Gewinn verteilt werden. Vielmehr ist ein Teil davon zu reservieren, um einen bei einer späteren Bilanz etwa eintretenden Verlust aus diesen Ersparnissen decken zu können, §§ 262, 261[5]. Der so zu bildende „Reservefonds" muß jedoch nicht etwa in besonderen Werten gesondert verwahrt und verwaltet werden, vielmehr werden die Rücklagen regelmäßig nur in der Bilanz als ein Reservekonto geführt, das ebenfalls auf der Passivseite eingestellt wird und, gleich dem Grundkapitalkonto, einen Rechnungsposten bildet, durch den die zu ermittelnde, verteilbare Gewinnsumme entsprechend vermindert wird. Diesem gesetzlichen Reservefonds fließen 5% des Reingewinnes solange zu, bis $^{1}/_{10}$ des Grundkapitals erreicht ist. Außerdem sind ihm, falls Aktien ursprünglich oder bei einer Kapitalserhöhung über pari ausgegeben werden, die Agiozahlungen im Nettobetrag zuzuschreiben, da sonst das von den Aktionären gezahlte Aufgeld wieder als Gewinn ausbezahlt werden könnte; s. auch wegen Zuzahlungen § 262[3].

Der aus dem Reingewinn gebildete gesetzliche Reservefonds bezweckt ausschließlich die Deckung künftiger Verluste. Darüber hinaus wird aber eine gesunde Wirtschaftsführung auf Erstarkung der Kapitalkraft des Unternehmens hinarbeiten und zu diesem Zweck Rücklagen über das gesetzliche Mindestmaß hinaus machen wollen. Dies kann geschehen entweder in der Form weiterer offener Reserven, d. h. weiterer auf der Passivseite ausdrücklich eingestellter Reservekonten[2], oder durch Bildung stiller Reserven, die aus der Bilanz nicht unmittelbar und jedenfalls nicht ziffernmäßig zu entnehmen sind. Schon aus den gesetzlichen Bewertungsvorschriften (§ 261[1-3]) können sich stille Reserven ergeben, wenn der Wert von

---

[1] Das Grundkapital ist in vollem Betrag unter die Passiven einzusetzen, auch wenn noch nicht alle Einzahlungen geleistet sind; der Anspruch der Gesellschaft auf die noch ausstehenden Einzahlungen der Aktionäre erscheint dann unter den Aktiven.

[2] Diese müssen als solche erkennbar sein, also als Reservekonto II, Rücklagekonto, Sonderreserve oder dgl. bezeichnet werden; dagegen würde die Einsetzung eines fiktiven „Gläubiger"-Postens, wo gar keine Schuld besteht, oder dgl. gegen die Grundsätze der Bilanzwahrheit verstoßen. — Über die sog. Umstellungsreserve s. 2. DurchfVO. z. GBVO., § 12.

Aktiven sich über die Anschaffungskosten erhöht hat. Da diese Vorschriften die bilanzmäßige Bewertung aber nur nach oben, nicht nach unten begrenzen sollen, können freiwillig weitere Abschreibungen erfolgen (z. B. sämtliche Maschinen auf 1 RM.). Eine solche Reservebildung kann im Gesellschaftsvertrag ausdrücklich vorgeschrieben oder dem Ermessen der Generalversammlung überlassen werden (§ 262[1]). Aber auch ohne solche statutarische Grundlage kann die Generalversammlung die Einstellung freiwilliger Rücklagekonten oder die Bildung stiller Reserven insoweit beschließen, als dies einer richtigen kaufmännischen Gebarung im Interesse der Fortführung des Unternehmens als werbenden Wirtschaftskörpers entspricht. Eine Verletzung des Dividendenrechts der Aktionäre würde nur in einer absichtlich unsachlichen, willkürlichen Reservebildung zu erblicken sein; doch kann auch dann das Anfechtungsrecht nicht von jedem einzelnen Aktionär, sondern, wie bereits in § 53 erwähnt, nur von einer Minderheit geltend gemacht werden, die $^1/_{20}$ des Grundkapitals repräsentiert, § 271 III[1]. Werden freiwillige Reservekonten gebildet, so ist ihre Rechtslage doch eine erheblich andere, als die des gesetzlichen Reservefonds. Dieser ist gesetzlich gebundenes Vermögen, zwar nicht so stark gebunden, wie das Grundkapital, das überhaupt unantastbar ist, aber doch so, daß er nur zur Deckung bilanzmäßiger Verluste wieder abgeschrieben werden darf (§ 262 I). Dagegen können freiwillige Reservekonten durch Generalversammlungsbeschluß wieder aufgehoben werden; dies kann insbesondere auch zwecks Ausschüttung von Gewinn in späteren Jahren geschehen[2].

Neben der Bilanz muß, wie eingangs gesagt, eine Gewinn- und Verlustrechnung über die Geschäftsergebnisse des laufenden Jahres aufgestellt werden, § 260 II. Die sich hierbei ergebende Gewinn- oder Verlustsumme muß rechnerisch mit derjenigen übereinstimmen, die sich nach § 261[6] als Saldoposten der Bilanz aus der Vergleichung der am Jahresschluß vorhandenen Aktiven und Passiven ergibt[3].

§ 55. Erhöhung und Herabsetzung des Grundkapitals.

Unter den zulässigen Abänderungen des Gesellschaftsvertrages (§§ 274ff., oben § 52) nehmen die Änderungen des Grundkapitals eine besondere Stellung ein, da sie den Kern der Kapitalgesellschaft berühren und außer dem Änderungsbeschlusse selbst noch entsprechender Durchführungsmaßnahmen bedürfen.

a) Die Erhöhung des Grundkapitals, §§ 278—287, soll der Aktiengesellschaft neue Mittel zuführen, sei es, weil die bisherigen ungenügend waren oder geworden sind, sei es zwecks Erweiterung des Unternehmens. Gemäß § 178 notwendigerweise mit einer ziffernmäßig entsprechenden Vermehrung der Anteilsrechte, also mit der Ausgabe neuer Aktien verbunden, ähnelt die Kapitalserhöhung in gewissem Sinne einer Sukzessivgründung. Sie vollzieht sich in drei Akten: Erhöhungsbeschluß und Eintragung desselben — Aufbringung des neuen Kapitals durch Zeichnung — Eintragung der erfolgten Erhöhung, §§ 280, 281, 284, s. auch § 285. Werden auf das erhöhte Grundkapital Sacheinlagen angenommen, so muß dies in dem Erhöhungsbeschluß festgestellt und im Zeichnungsschein, sowie bei der Anmeldung zum Handelsregister angegeben werden, §§ 279, 281, 284, 313[3]; doch findet eine Nach-

---

[1] Eine Anfechtungsklage ist nach vorstehendem nur begründet, wenn die Bilanz absichtlich falsch oder willkürlich aufgestellt ist. Dagegen können weder Abschreibungen oder Rücklagen, die nach kaufmännischen Grundsätzen angemessen erscheinen, als rechtswidrig angefochten noch gar die in geordneter Weise beschlossenen Bewertungen einer richterlichen Nachprüfung auf ihre wirtschaftliche Richtigkeit unterstellt werden, vgl. RGZ. 43, 127; 72, 33.

[2] Hierbei kann statt einer Dividendenausschüttung auch die Ausgabe von sog. Gratisaktien an die Aktionäre erfolgen, wobei die Einzahlung in der Weise geschieht, daß den Aktionären der Einlagebetrag aus dem Reingewinn oder aus freiwilligen Reserven zur Verfügung gestellt wird. Vgl. z. B. RGZ. 107, 168, sowie ReichsfinanzhofE. 11, 157. Brodmann, Zbl. f. HR. 2, 1ff und Mirre, ebenda S. 131, 259.

[3] Die rechnerische Begründung hierfür s. bei Staub-Pinner § 260 Anm. 22.

prüfung durch Revisoren hier nicht statt. Der Erhöhungsbeschluß kann einen über den Nennwert hinausgehenden Ausgabekurs der neuen Aktien festsetzen, dies auch in der Weise, daß nur ein Mindestkurs für die Emission bestimmt wird, § 278 III[1]. Die Kapitalserhöhung ist erst nach Vollzahlung des bisherigen Kapitals zulässig, § 278 I[2]. Die Beschlußfassung erfordert eine ¾-Mehrheit, doch kann der Gesellschaftsvertrag die einfache für genügend erklären. Außerdem bedarf es der getrennten Zustimmung in jeder der etwa vorhandenen mehreren Aktiengattungen, weil das Verhältnis der Beteiligung durch Schaffung neuer Aktien verschoben werden kann, § 278 II.

Den alten Aktionären steht ein Bezugsrecht, d. h. ein Anspruch darauf zu, daß ihnen ein ihrem Anteil entsprechender Teil der neuen Aktien gegen Zahlung des festgesetzten Ausgabebetrags zugeteilt werde, ein gerechter Ausgleich dafür, daß der Anteil der alten Aktionäre am Vermögen der Gesellschaft sich durch Hinzutritt der jungen Aktien verringert, während die auf diese einzuzahlenden Beträge trotz allen Agios nicht immer eine entsprechende Vermögensvermehrung bedeuten, § 282[3]. Das Bezugsrecht ist daher auch nicht etwa ein Erträgnis, das dem Nießbraucher der Aktie, sondern ein Stammrecht, das ihrem Eigentümer zufällt[4]. Übrigens kann dies gesetzliche Bezugsrecht der Aktionäre im Erhöhungsbeschluß ausgeschlossen werden. Oft wird es durch ein vertragsmäßiges ersetzt, indem das als alleiniger Zeichner auftretende Emmissionskonsortium sich verpflichtet, die neuen Aktien den alten Aktionären anzubieten. Das Bezugsrecht kann aber auch völlig ausgeschlossen und die Zeichnung der Aktien bestimmten oder von den Gesellschaftsorganen auszusuchenden anderen Personen überlassen werden[5]. Nur muß die Entscheidung hierüber der beschließenden Generalversammlung vorbehalten bleiben: irgendwelche vorgängige Zusicherungen eines Bezugsrechts an einzelne Aktionäre oder an Dritte sind unzulässig und können seit der zweiten Aktiennovelle auch nicht mehr im Gesellschaftsvertrage wirksam erfolgen.

b) Die Herabsetzung des Grundkapitals, §§ 288—291[6], ist als eine in den Bestand der Aktiengesellschaft vermindernd eingreifende Maßregel mit besonderen Kautelen umkleidet. Im Interesse der Aktionäre stellt das Gesetz für den Herabsetzungsbeschluß die Dreiviertelmehrheit zwingend als Mindesterfordernis auf, § 288 I. Dem Interesse der Gläubiger dienen ähnliche Schutzvorschriften, wie bei der gänzlichen Auflösung der Aktiengesellschaft, § 289, vgl. mit §§ 297, 301. In ihrer Durchführung ist die Kapitalsherabsetzung verschieden gestaltet, je nach dem Zwecke, der mit ihr verfolgt wird und der daher im Generalversammlungsbeschlusse festgesetzt werden muß, § 288 II. Sie kann einmal die Rückzahlung eines Teils des Grundkapitals an die Aktionäre bezwecken, weil das Gesellschaftsprogramm teil-

[1] Wird dann tatsächlich ein höherer Erlös erzielt, so muß auch er zum Reservefonds gebracht werden, § 262 Ziff. 2.

[2] Bei Versicherungsgesellschaften, bei denen das Grundkapital zum Teil mehr Garantiefonds als Betriebskapital ist, kann etwas anderes bestimmt werden. Auch sonst bleiben unerhebliche Rückstände außer Betracht; § 278 I, 280 II.

[3] Güldenstein, Das Aktienbezugsrecht, Egger, Das Dividendenbezugsrecht des Aktionärs.

[4] S. Weider, Nießbrauch an Aktien, S. 36ff. — RGRKomm. BGB. § 1068 n. 3. — BayObLG. in OLG. 36, 282.

[5] Über eventuelle Gründe zur Anfechtung eines das Bezugsrecht ausschließenden Beschlusses s. oben S. 95 zu Anm. 1. — Werden die jungen Aktien unter Ausschluß des Bezugsrechts der Aktionäre den Personen der Verwaltung als sog. Vorratsaktien überlassen, so geschieht dies entweder zu dem Zwecke, daß diese die Aktien bei künftigem Kapitalbedarf oder künftigen Erwerbungen neuer Betriebe u. dgl. für die Gesellschaft verwenden sollen, sog. Verwertungsaktien, oder aber in der Absicht, auf diese Weise eine Stärkung der Machtposition der Verwaltung zu erreichen, sog. Schutzaktien. Über die Frage der Zulässigkeit dieser Maßregeln, die jedenfalls nicht auf ungemessene Zeit erfolgen können, s. oben S. 92 Anm. 5, RGZ. 108, 43; 113, 188ff., 119, 248 u. vgl. Horrwitz, Schutz- und Vorratsaktien S. 1ff., 29ff.

[6] Neuburger, Die Herabsetzung des Grundkapitals bei Aktiengesellschaften. Edg. Sée, desgl. nach deutschem und französischem Recht.

weise erledigt ist, das Unternehmen verkleinert werden soll oder dgl. Bei einer solchen effektiven Herabsetzung wird mit der Ziffer des Grundkapitals zugleich das Vermögen der Aktiengesellschaft verringert. Die Zahlungen an die Aktionäre dürfen erst nach Ablauf eines Sperrjahres erfolgen. Zu entsprechender Verminderung der Anteilsrechte werden die Aktien zusammengelegt, teilweise eingezogen, herabgestempelt oder dgl., §§ 289 IV, 288 II, 290.

Die Herabsetzung des Grundkapitals kann aber auch anderen wirtschaftlichen Zwecken dienen: sie kann eine bloß rechnerische sein, insbesondere zur Beseitigung einer Unterbilanz[1]. Wie oben § 54 zu § 261[5] dargelegt, darf ein bei der Jahresbilanz sich ergebender, aus Reserven nicht zu deckender Verlust nicht etwa ohne weiteres vom Grundkapital abgeschrieben werden, sondern muß vorgetragen werden, bis spätere Gewinne ihn decken. Kann auf solche Gewinne nicht gerechnet werden, so ist die Aktiengesellschaft, obgleich keineswegs überschuldet, in ihrer Weiterentwicklung dadurch gehemmt, daß sie das teilweise verlorene Grundkapital als Passivposten immer weiterführen muß. Hier kann der durch die besondere Mehrheit und durch Publizitätsvorschriften erschwerte Weg einer Herabsetzung der Grundkapitalziffer helfen. Für die Aktionäre bedeutet dies dem Wesen nach doch nur das Aufgeben eines bloß noch nominell vorhandenen Stücks ihrer Anteilsrechte, für die Gläubiger aber keine Verminderung des ihnen haftenden Gesellschaftsvermögens, da den Aktionären hier nichts herausbezahlt wird. In einem solchen Falle bedarf es zur Wirksamkeit des Herabsetzungsbeschlusses lediglich seiner Eintragung zum Handelsregister[2]. Immerhin ist auch hier die Aufrufung der Gläubiger vorgeschrieben, weil ihr Interesse durch die Eröffnung rechnungsmäßiger Dividendenmöglichkeiten beeinträchtigt werden kann, § 289 II.

Zur Sanierung einer notleidenden Aktiengesellschaft wird es freilich neben der Abschreibung der Verluste meist zugleich der Hereinbringung neuer Mittel bedürfen. Dies kann durch eine Verbindung von Herabsetzung und Erhöhung des Grundkapitals erreicht werden: die rechnerische Herabsetzung beseitigt die Unterbilanz, und gleichzeitig führt die Kapitalserhöhung, die immer eine effektive ist, dem Vermögen die neuen Einlagebeträge zu[3]. In einem solchen Falle liegt es nahe, den neuen Aktien als Vorzugsaktien eine bessere Rechtsstellung als den Stammaktien zu geben, s. § 185.

§ 56. Auflösung, Liquidation, Fusion.

a) Die Auflösung der Aktiengesellschaft[4] kann von der Generalversammlung mit der erhöhten Mehrheit beschlossen werden. Sie kann schon im Gesellschaftsvertrag durch Festsetzung einer bestimmten Gesellschaftsdauer vorgesehen sein. Auch tritt sie als selbstverständliche Folge der Konkurseröffnung ein, § 292 I; Konkursgründe sind Zahlungsunfähigkeit oder Überschuldung, KO. §§ 207, 208, s. oben § 50 zu § 240[5]. Sonstige Auflösungsgründe können sich aus dem öffentlichen Recht er-

---

[1] Eine Herabsetzung des Grundkapitals kann ferner z. B. bezwecken, einen Teil des (durch die Bilanzvorschriften) gebundenen Eigenvermögens der Gesellschaft zu deren freier Verfügung zu stellen, z. B. ein Rücklagekonto zu bilden, aus welchem späterhin (nach Ablauf des Sperrjahrs) eventuell Dividenden verteilt werden können, RGZ. 103, 367.

[2] S. RGZ. 101, 204.

[3] Leist, Sanierung der Aktiengesellschaft. Fischer, Das Sanierungsproblem. Vgl. z. B. RGZ. 70, 237.

[4] Über Nichtigkeit der Gesellschaft s. oben S. 77 Anm. 5.

[5] Im Konkurse der Aktiengesellschaft geht die Verwaltung des Vermögens auf den Konkursverwalter über, KO. § 6. Die Gesellschaftsorgane bleiben zwar im Amte, aber nur zur Vertretung des Gemeinschuldners den Gläubigern und dem Verwalter gegenüber, nicht zum Handeln nach außen. S. E. Jaeger, Konkursrecht S. 149 u. vgl. z. B. RGZ. 81, 336. — Über die Möglichkeit einer Fortsetzung der Gesellschaft s. HGB. § 307 II. — Ein Vergleichsverfahren zur Abwendung des Konkurses ist auch bei Aktiengesellschaften zulässig, wird aber unzulässig, wenn die Aktiengesellschaft bereits aufgelöst ist, VerglO. § 88.

geben, insbesondere wenn die Aktiengesellschaft durch rechtswidriges Verhalten das Gemeinwohl gefährdet, § 292 II, s. BGB. § 43, Preuß. AHGB. Art. 4. Von der Person der einzelnen Aktionäre her können dagegen keinerlei Gründe zur Auflösung der juristischen Person kommen; insbesondere gibt es keine Kündigung oder Auflösungsklage aus wichtigen Gründen.

Liquidatoren sind die Vorstandsmitglieder, soweit nicht das Statut, die Generalversammlung oder ein durch den Aufsichtsrat oder eine $1/_{20}$-Minderheit der Aktionäre herbeizuführender Gerichtsbeschluß etwas anderes bestimmt, § 295, FGG. § 145. Wegen des Geschäftskreises der Liquidatoren und des dementsprechend beschränkten Umfangs ihrer Vertretungsmacht gilt das oben § 38 für die offene Handelsgesellschaft Ausgeführte; die Liquidatoren treten im übrigen an die Stelle des Vorstands und unterstehen wie dieser der Überwachung durch den Aufsichtsrat, § 298. Das nach Berichtigung der Schulden verbleibende Vermögen ist, vorbehaltlich anderweitiger Anordnungen des Gesellschaftsvertrags, unter die Aktionäre zu verteilen, und zwar nach Verhältnis ihrer Aktienbeträge, also der auf das Grundkapital angerechneten Nennbeträge der Aktien[1]. Die darüber hinaus als Aufgeld bezahlten Einlagebeträge bleiben auch dann unberücksichtigt, wenn Kapitalserhöhungen zu verschiedenen Ausgabekursen stattgefunden haben, § 300. Die Auszahlung darf erst nach Gläubigeraufruf und Sperrjahr erfolgen, §§ 297, 301. Stellt sich nach Löschung der Firma weiteres Vermögen heraus, so ist das Liquidationsverfahren wieder zu eröffnen, § 302 IV[2].

Die Verwertung der Aktiven ist Sache der Liquidatoren. Soll aber das Gesellschaftsvermögen „im ganzen" veräußert, insbesondere das Unternehmen auf einen Anderen übertragen werden, so bedarf es hierzu eines Beschlusses der Generalversammlung[3]. Die Ausantwortung des Vermögens an den Übernehmer darf von den Liquidatoren erst nach Erfüllung der Schutzvorschriften zugunsten der Gläubiger geschehen, § 303[4]. Sie muß durch Übertragung der einzelnen Aktiva vollzogen werden, da trotz Einheitlichkeit des schuldrechtlichen Titels nur ein Fall von Sondernachfolge gegeben ist.

b) Ist jedoch Reich, Land oder Gemeinde der Übernehmer (z. B. eines Elektrizitätswerks), so kann das Vermögen der veräußernden Aktiengesellschaft „als Ganzes" an diese Gebietskörperschaft veräußert werden. Die Verstaatlichung oder Kommunalisierung vollzieht sich dann ohne Liquidation im Wege einer unmittelbar wirkenden Gesamtrechtsnachfolge, § 304[5].

c) Auch die Fusion oder Verschmelzung zweier Aktiengesellschaften kann in der Weise stattfinden, daß die eine ihr Vermögen „als Ganzes" an die andere veräußert, falls die Gegenleistung nicht in Geld, sondern in Aktien der übernehmenden Gesellschaft erfolgt, § 305. Durch Umtausch der Aktien, wofür das Verhältnis im Fusionsvertrag festzusetzen ist, werden die Aktionäre von der einen in die andere

---

[1] Der Gesellschaftsvertrag kann ein anderes Verteilungsverhältnis festsetzen, vgl. z. B. RGZ. 68, 235, oder eine andere Verwendung des Vermögens, z. B. zu einem gemeinnützigen Zwecke, bestimmen.

[2] Meldet sich ein unbekannter Gläubiger erst nach ordnungsmäßiger Durchführung der Liquidation, so ist zwar seine Forderung nicht erloschen, er kann sich aber nicht etwa an die Aktionäre halten, auch nicht mit der Bereicherungsklage. Ist dagegen bei der Liquidation vorschriftswidrig verfahren, so haften ihm die Liquidatoren und der Aufsichtsrat nach § 241 Ziff. 5, 294 II; auch hat in diesem Falle die Gesellschaft einen Bereicherungsanspruch gegen die Aktionäre, so daß die Liquidation wieder eröffnet werden kann. Vgl. RGZ. 92, 77; 109, 387; Labes, Schulden der juristischen Personen nach ihrer Auflösung.

[3] Der Beschluß kann auch schon vor der Auflösung gefaßt werden, z. B. bei Umwandlung des Aktienunternehmens in eine andere Gesellschaftsform. Vgl. auch GmbHG. §§ 80, 81.

[4] Übrigens haftet diesen auch der Übernehmer mit dem übernommenen Vermögen nach BGB. § 419, vgl. RGZ. 69, 283.

[5] Der Vorgang entspricht dem Erbgang in das Vermögen des Erblassers „als Ganzes", vgl. BGB. § 1922.

Gesellschaft übernommen. Die Kapitalserhöhung, welche hierbei regelmäßig bei der übernehmenden Gesellschaft notwendig wird, vollzieht sich in einfacheren Formen als sonst. Im übrigen kann die Fusion entweder auch hier nach Maßgabe des § 303, also derart erfolgen, daß die aufgelöste Gesellschaft in Liquidation tritt; die Übertragung des Vermögens durch die Liquidatoren darf dann erst nach Ablauf des Sperrjahres geschehen. Das Gesetz eröffnet aber auch die Möglichkeit einer sofortigen Verschmelzung ohne Liquidation, die sog. eigentliche Fusion, § 306. Hier geht im Augenblicke der Eintragung des Fusionsbeschlusses das Vermögen der aufgelösten Gesellschaft, einschließlich aller Verbindlichkeiten, ebenfalls ohne weiteres auf die übernehmende Gesellschaft als Gesamtrechtsnachfolgerin über. Nur hat diese es solange getrennt zu verwalten, bis sie ihrerseits den Vorschriften zum Schutze der Gläubiger der aufgelösten Gesellschaft genügt hat[1].

§ 57. Umstellung der Aktiengesellschaften auf Goldmark.

Literatur: Kommentare zur GBVO. vom 18. 12. 1923 von Byk; Abraham; Quassowski. Geiler, Goldmarkbilanz und Goldmarkumstellung; Crisolli, Der Aktionär und die Goldbilanz. — Sammlung von Entscheidungen des Goldbilanzschiedsgerichts der Spitzenverbände der deutschen Wirtschaft[3].

Die seit dem Weltkrieg einsetzende, unter Schwankungen in zuletzt außerordentlichem Maße zunehmende Geldentwertung brachte für alle kaufmännischen Unternehmungen die größten rechnerischen Schwierigkeiten[2]. Die Bilanzen, die in Reichswährung aufzustellen waren (§ 40), mußten jede Klarheit und Zuverlässigkeit verlieren, da alle Schätzungen zweifelhaft wurden, die Wertansätze schon bei Aufstellung der Bilanz nicht mehr den gleichen Sinn wie am Stichtag hatten, und es sinnlos wurde, Geldsummen zusammenzuzählen und einander gegenüberzustellen, die auf ungleicher Basis errechnet waren. Für die Aktiengesellschaften (und die Gesellschaften mit beschränkter Haftung) mußte sich der Währungszerfall doppelt fühlbar machen, da sie durch Grundkapital und Aktiennennwert (Stammkapital und Geschäftsanteilziffer) in besonderer Weise mit dem Gelde verbunden sind. Die Geldverhältnisse reizten zur Gründung sehr zahlreicher, tatsächlich ungenügend fundierter neuer Gesellschaften auf Papiermarkbasis. Bei den alten Gesellschaften mußte, da die notwendigen neuen Mittel meist nur durch Erhöhung des Grundkapitals hereinzubringen waren, die Geldinflation eine Aktieninflation nach sich ziehen, wobei die Verwässerung des Grundkapitals auch durch hohe Überpariemission nicht ausgeglichen werden konnte. Dazu kam, daß nach den besonderen Bilanzvorschriften der §§ 261, 262 auf der Aktivseite die früher angeschafften Werte mit den niedrigen Ziffern der Anschaffungszeit eingestellt und diese dann mit den hohen Ziffern der jüngeren Papiermarkwerte zu einer in Wirklichkeit nichts aussagenden Summe zusammengezogen werden mußte. Auf der Passivseite aber konnte die Grundkapitalziffer nicht mehr die Gewähr bieten, daß die eingebrachten Kapitalwerte gedeckt blieben.

Die Befestigung des Geldwertes (Stabilisierung) Ende 1923 ermöglichte es, hier Ordnung zu schaffen. Die GoldbilVO. vom 18. 12. 1923 (mit DurchfVO. vom 28. 3. 1924) verhalf den rechnerischen Grundlagen der Aktiengesellschaften wieder zur Festigkeit und Wahrhaftigkeit und beseitigte zugleich ganze Hekatomben lebensunfähig gewordener Gesellschaften[3]. Auf Schluß des Geschäftsjahrs 1923 war noch eine Jahresbilanz nach bisherigen Grundsätzen in Papiermark aufzustellen, sofort auf Beginn 1924 aber eine völlig neue, wahrheitsgemäße Eröffnungsbilanz in

[1] Vgl. z. B. RGZ. 84, 242 (Konkurs nach Fusion).

[2] Österreich: Goldbilanzges. vom 4. 6. 1925. Kommentar von Rosendorff und Hoffmannsthal.

[3] Vgl. auch die VO. vom 21. 5. 1926 über die Eintragung der Nichtigkeit und die Löschung von Gesellschaften und Genossenschaften wegen Unterlassung der Umstellung.

Goldmark[1]. Daraufhin fand die „Umstellung“ der Gesellschaft in der Weise statt, daß an Stelle der bisherigen Papiermarkziffer des Grundkapitals die neue Goldmarkziffer trat, die nicht höher sein durfte als das in der Eröffnungsbilanz errechnete Reinvermögen. War dieses geringer als 5000 GM., so mußte sich die Gesellschaft auflösen oder wurde von Amts wegen als nichtig gelöscht. Andernfalls wurde das Grundkapital entsprechend ermäßigt und gleichzeitig die Aktienbeträge bis auf 100 GM. und, wenn die Aktien einen Kurs von mindestens 40% hatten, nötigenfalls bis auf 20 GM. herabgesetzt[2]. Wenn auch das nicht genügte, weil eine Entwertung auf weniger als $^{1}/_{50}$ eingetreten war, so war die Zahl der Aktien entsprechend zu verringern. Kleinaktionäre, denen es nicht einmal zu einer Aktie von 20 GM. langte, konnten sogar noch Genußscheine oder Anteilscheine bis auf 5 GM. herab erhalten, Dies in großen Zügen der Umstellungsvorgang, der, als ein einmaliger, hinter uns liegt.

Fünftes Kapitel.

Kommanditgesellschaft auf Aktien.

§ 58. Wesen und Ausgestaltung.

Literatur: Schreiber, Die Kommanditgesellschaft auf Aktien (1925), Depetri, ZHR. 87, 114.

Die Kommanditgesellschaft auf Aktien, §§ 320—334, ist nach ihrer heutigen Regelung eine Nebenform der Aktiengesellschaft, wie diese eine juristische Person mit einem in Aktien eingeteilten Grundkapital. Sie hat neben den nur mit ihren Aktien beteiligten auch noch einen oder mehrere persönlich haftende Gesellschafter, vielfach „Geschäftsinhaber“ genannt. Ähnlich wie bei der Kommanditgesellschaft stehen hier also Komplementare neben nur kapitalmäßig Teilnehmenden, hier ebenfalls als Kommanditisten bezeichnet, § 320 I. Auch sachlich untersteht das Rechtsverhältnis, soweit es die persönlich haftenden Gesellschafter betrifft, den Regeln der Kommanditgesellschaft. Im übrigen aber und grundsätzlich kommen die Vorschriften über die Aktiengesellschaft zur Anwendung, § 320 II, III, s. a. KO. § 209. Die Rechtsbildung ist also nicht so zu verstehen, als ob zwischen den Komplementaren und einer als Aktiengesellschaft organisierten Vielheit von Kommanditisten eine Kommanditgesellschaft bestünde, vielmehr bildet die Gesamtgesellschaft eine Einheit: das Unternehmen steht ihr, der juristischen Person, zu[3]. Nur vereinigt sich eben in dieser Gesellschaft das unpersönliche Aktienkapitial mit persönlich sich einsetzenden Gesellschaftern. Der Kapitalanteil der persönlich haftenden Gesellschafter kann entweder durch Einlagen auf das Grundkapital mit Aktienübernahme oder aber durch sonstige unmittelbar in das Vermögen der Aktienkommanditgesellschaft gemachte Einlagen gebildet werden, § 322 II; ihr Gewinnanteil ist, soweit der Gesellschaftsvertrag nichts Besonderes vorschreibt, angemessen zu bestimmen, vgl. §§ 168, 329. Die Geschäftsführung und Vertretung liegt nicht in der Hand eines bestellten Vorstandes, sondern nach Gesellschaftsrecht in der der persönlich haftenden Gesellschafter[4]; sie haben zwar die wesentlichen Verpflichtungen und Verantwortlichkeiten des Vorstandes zu tragen, §§ 320 II, 325, nehmen

---

[1] Dabei war die Bildung stiller Reserven nur insoweit gegen ein Minderheitsvotum zulässig, als sie für den Wiederaufbau der Gesellschaft erforderlich war, vgl. RGZ. 116, 119.

[2] Ein Generalversammlungsbeschluß, der die Zahl der Aktien vermindert, obgleich sie durch geeignete Herabsetzung hätte erhalten bleiben können, ist anfechtbar, RGZ. 111, 26.

[3] Daß die Kommanditgesellschaft auf Aktien eine juristische Person ist, ergibt sich auch unmittelbar aus HGB. § 6 II i. V. mit § 320 III, 210 II, RGSt. 37, 415.

[4] Dies schließt aber keineswegs aus, daß den Geschäftsinhabern neben dem Gewinnanteil eine feste Vergütung für ihre Tätigkeit gewährt wird, s. Schreiber, S. 125 und vgl. für das allgemeine Gesellschaftsrecht auch Staub-Pinner § 110 Anm. 6.

aber dadurch eine ganz andere Stellung ein, daß ihnen die Geschäftsführungs- und Vertretungsbefugnis nicht durch Kündigung, sondern nur gemäß §§ 117, 127 aus wichtigen Gründen mittels einer von den Mitinhabern und den Kommanditisten zusammen erhobenen Klage entzogen werden kann. Sie haben für ihre eigenen Aktien kein Stimmrecht in der Generalversammlung der Kommanditisten, wohl aber bedürfen deren Beschlüsse in gemeinsamen Angelegenheiten ihre Zustimmung. § 327. Die Auflösung der Kommanditgesellschaft auf Aktien richtet sich nach Kommanditgesellschaftsrecht; danach kann z. B. sowohl von den persönlich haftenden Gesellschaftern wie von der Gesamtheit der Kommanditisten die gerichtliche Auflösung der Gesellschaft aus wichtigen Gründen verlangt werden, § 330 I, III. Die Vertretung der Kommanditisten gegenüber den persönlich haftenden Gesellschaftern steht hierbei, wie sonst, dem Aufsichtsrat zu, § 328.

Sechstes Kapitel.

Gesellschaft mit beschränkter Haftung.

§ 59. Wesen und rechtliche Natur.

Literatur: Feine, Gesellschaft m. b. H. (Ehrenbergs Handb. III, 3; 1929). Kommentare zum GmbHGes.: Hachenburg[5], früher Staub-Hachenburg (1926); Brodmann (Gewerbe u. Industrie-Kommentar I, 1924); Liebmann u. Saenger[7] (1927); Crüger-Crecelius[7] (1929); Scholz (1928); Merzbacher[9] (1927). — Reydnitz-Freymuth, Die GmbH. in der Rechtsprechung (1916). — Molitor, Die ausländische Regelung der GmbH. u. die deutsche Reform (1927). — Fränkel, Die GmbH., volkswirtschaftliche Studie (1915).

Die Gesellschaft mit beschränkter Haftung[1] ist eine Schöpfung der deutschen Gesetzgebung: GmbHG. vom 20. 4. 1892/20. 5. 1898[2]. Es sollte eine Gesellschaftsform geschaffen werden, bei der das Risiko sämtlicher Gesellschafter auf eine von vornherein bestimmte Summe beschränkt bliebe, so wie dies bei der Aktiengesellschaft der Fall ist, bei der aber einfachere Bedingungen als bei dieser gelten sollten, so daß sich auch Unternehmungen kleineren Umfangs oder nur vorübergehender Art, insbesondere auch Familienunternehmungen, dieser Gesellschaftsform, die mehr individualistische Züge tragen sollte, bedienen konnten. Die GmbH. hat sich — weit über derartige Beispielsfälle hinaus — überraschend stark verbreitet und tritt im Wirtschaftsleben in Wettbewerb nicht nur mit der Aktienform, sondern auch mit den verschiedenen Arten der Personalgesellschaften. Man ist versucht, hiernach in ihr eine Art Mittelding zwischen offener Handelsgesellschaft und Aktiengesellschaft zu sehen[3]. Und in der Tat kann die GmbH. von diesem Gesichtspunkt aus zutreffend erkannt werden; ihre rechtliche Natur stellt sie in die Nachbarschaft der Aktiengesellschaft; ihrem wirtschaftlichen Wesen nach gehört sie aber mehr zu der Gruppe der individuellen Zusammenschlüsse. In der Aktiengesellschaft herrscht grundsätzlich das Kapital anonymer Beteiligter, die GmbH. dagegen vereinigt individuell bleibende Gesellschafter, aber in einer Form, die deren Haftung für die Gesellschaftsschulden ausschließt. Zwar kann auch hier Kapitalbesitz und Geschäftsverwaltung auseinanderfallen, aber es braucht nicht so zu sein, vielmehr wird das Unternehmen sehr oft von den Gesellschaftern persönlich betrieben.

---

[1] Österreich: Gesetz über Gesellschaften mit beschränkter Haftung vom 6. 3. 1906. Kommentar von Grünhut.

[2] Die GmbH. hat dann — mit einzelnen Abweichungen vom deutschen Vorbild — Aufnahme gefunden in Österreich (s. o.), Bulgarien (8. 5. 1924), Frankreich (7. 3. 1925; Société à responsabilité limitée). S. ferner Schweiz, 2. Entw. z. Revision des Obligationenrechts Art. 785 bis 829, Italien, Entw. des Codice di Commercio (1925), Art. 147—158 (società a garanzia limitata).

[3] So RGZ. 80, 387; 81, 329; 121, 299 („Keine reine Kapitalgesellschaft"); vgl. übrigens RGZ. 101, 55.

Rechtlich wird die GmbH. durch ihre Gestaltung als rechtsfähige Körperschaft maßgebend bestimmt. Sie entspricht in ihrer Grundanlage der Aktiengesellschaft. Wie diese ist sie eine mit juristischer Persönlichkeit ausgestattete Kapitalgesellschaft, bei der den Gesellschaftsgläubigern nur das Gesellschaftsvermögen, dagegen nicht die Gesellschafter persönlich haften, so daß jenen nur das Vermögen der juristischen Person selbst als Kreditgrundlage dient, GmbHG. § 13 I, II. Diese juristische Person ist von der ihrer Gesellschafter vollständig getrennt; die GmbH. als selbständiges Rechtssubjekt, nicht die Gesellschafter sind Träger des Unternehmens[1]. Die GmbH. hat ferner, wie die Aktiengesellschaft, ein in Geld ausgedrücktes, fest beziffertes „Stammkapital", an dem sich die einzelnen Gesellschafter mit „Stammeinlagen" beteiligen; deren Gesamtbetrag muß mit dem des Stammkapitals übereinstimmen. Dem Betrag der übernommenen Stammeinlage entspricht der „Geschäftsanteil" des einzelnen Gesellschafters, §§ $3^{3,4}$, 5 III 3, 14. Die Verteilung der Gewinne und des Liquidationsvermögens geschieht nach Verhältnis der Geschäftsanteile, wenn nicht der Gesellschaftsvertrag einen anderen Maßstab festsetzt, §§ 29, 72. Als juristische Person hat die GmbH. eine selbständige Organisation: nicht die Gesellschafter haben die Geschäfte zu führen, vielmehr sind „Geschäftsführer" zu bestellen, die die Gesellschaft zu vertreten, die Firma zu zeichnen haben. Die der Bestimmung der Gesellschafter unterliegenden Angelegenheiten werden durch Mehrheitsbeschlüsse der Gesellschafterversammlung geregelt, wobei sich das Stimmrecht rein kapitalistisch nach der Größe der Geschäftsanteile bemißt, §§ 35, 47, 48.

Innerhalb dieses äußerlich ähnlichen Schemas unterscheidet sich die Gesellschaft mit beschränkter Haftung von der Aktiengesellschaft vor allem dadurch, daß über die Geschäftsanteile keine als Wertpapiere gestaltete Urkunden ausgestellt werden können. Die Anteilrechte sind also nicht negotiabel gemacht, und auch ihre gewöhnliche Veräußerung ist dadurch besonders erschwert, daß sie unter den Formzwang gerichtlicher oder notarieller Beurkundung gestellt ist, § 15^{2}. In dieser zentralen Norm tritt zutage, daß die GmbH. auf einen zwar nicht, wie bei der offenen Handelsgesellschaft, an sich unveränderlichen, aber doch auf einen mehr konstanten und individuellen, engeren Kreis von Gesellschaftern zugeschnitten ist. Dem entspricht es, daß bei der GmbH. auch in der rechtlichen Natur der Vergesellschaftung selbst eine Anzahl mehr persönlicher Züge hervortritt. Die Gesellschafter haften zwingend alle zusammen für die Aufbringung des ganzen Stammkapitals, wenn einer von ihnen seine Stammeinlage nicht voll bewirkt, §§ 24, 25. Sie können durch den Gesellschaftsvertrag zu beliebig sonstigen Leistungen sachlicher oder persönlicher Art, auch zu Nachschüssen, verpflichtet werden, § 3 II, § 26. Im stärksten Gegensatz zum Rechte anderer juristischer Personen kann hier die Auflösung der Gesellschaft nicht nur durch den organisierten Gesamtwillen, sondern auch durch den einzelnen Gesellschafter im Klagewege herbeigeführt werden, wenn wichtige, in den Verhältnissen der Gesellschaft liegende Gründe dies verlangen, § 61. Der engeren Gesellschaftsbindung entspricht endlich eine größere Schmiegsamkeit der Form (vgl. z. B. § 45) und eine mehr private Gestaltung als bei der Aktiengesellschaft, sowie die Entbindung von manchen Kautelen, die der Gesetzgeber bei der Gründung der letzteren für erforderlich gehalten hat.

---

[1] Aus der grundsätzlichen Wesensgleichheit ergibt sich, daß die Judikatur über die Aktiengesellschaft vielfach für die Gesellschaft mit beschränkter Haftung verwertet werden kann und umgekehrt. — Für die Steuerpflicht gilt bei der GmbH. ebenfalls das oben § 47 für die Aktiengesellschaft ausgeführte. S. aber auch KörperschStG. § 21, 2; EinkStG. § 57 (für kleinere Verhältnisse).

[2] Das schließt nicht aus, daß der Gesellschaftsvertrag die Ausstellung von Anteilscheinen vorsieht; diese sind aber niemals Wertpapiere, sondern einfache Urkunden über das Anteilsrecht, vgl. RGWarn. 1928, 107; Hachenburg S. 300ff.

§ 60. Ausgestaltung im einzelnen.

a) Die GmbH. ist zwar in erster Reihe als Erwerbsgesellschaft gedacht und gilt daher stets als Handelsgesellschaft, GmbHG. §§ 10, 13. Sie kann aber zu jedem gesetzlich zulässigen Zweck errichtet werden, § 1, und bildet tatsächlich häufig die Organisationsform für Kartelle, gemeinnützige Veranstaltungen, ideale Vereinszwecke[1]. Eine GmbH., welche ein Bankgeschäft betreibt, ist ausnahmsweise zur Veröffentlichung ihrer Bilanzen verpflichtet, § 41. Daß die GmbH. auch für kleinere Wirtschaftsgebilde bestimmt ist, zeigen die gesetzlichen Mindestbeträge von 20000 RM. für das Stammkapital und von 500 RM. für die einzelne Stammeinlage, GmbHG. § 5, Ges. vom 28. 6. 1926[2].

Die Stammeinlagen können verschieden hoch sein, und die Vorschrift, daß bei Errichtung der Gesellschaft kein Gesellschafter mehr als eine Stammeinlage übernehmen kann, § 5 II, führt von selbst dazu, daß die einzelnen Geschäftsanteile tatsächlich oft sehr verschiedene Größen sind, z. B. A. 19500, B 500 RM. Die einzelnen Geschäftsanteile sind hiernach feste Größen, die mit dem Geldnennbetrag der Stammeinlage bezeichnet, nicht in Quoten ausgedrückt werden; sie bleiben während der Gesellschaftsdauer unverändert, falls nicht etwa eine Herabsetzung des Stammkapitals erfolgt, § 58. Durch eine Erhöhung desselben werden sie nicht berührt, da ein hierbei von einem Gesellschafter übernommener neuer Geschäftsanteil selbständig neben den alten tritt, §§ 55 III, 15 II. Eine Veränderung im Geschäftsanteil ist nur durch dessen Teilung möglich, die entweder durch Erbgang oder mit Genehmigung der Gesellschaft durch Veräußerung von Teilen stattfinden kann, §§ 17, 18. Da keine Mindestzahl von Gesellschaftern vorgeschrieben ist, genügen zwei zur Errichtung einer GmbH. Die ursprüngliche Zahl kann sich während der Dauer der Gesellschaft dadurch vermindern, daß nunmehr ein Gesellschafter zu seinem eigenen Geschäftsanteil noch einen oder mehrere andere hinzu erwirbt. Auf diesem Wege kann es auch dazu kommen, daß sich alle Geschäftsanteile in einer Hand vereinigen; die GmbH. erlischt dadurch nicht, wie denn auch eine solche Vereinigung der Geschäftsanteile durch Weiterveräußerung einzelner derselben jederzeit wieder gelöst werden kann[3].

b) Die GmbH. wird durch gerichtlich oder notariell zu beurkundenden Gesellschaftsvertrag errichtet; sie entsteht als solche erst mit der Eintragung, falls nicht ein unheilbarer Gründungsmangel zur Nichtigkeit führt, §§ 2, 11, 75—77, FGG.

---

[1] Über Kartelle vgl. unten § 62; ebenda über die Verwendung der GmbH. als „Organgesellschaft“ bei Konzernen. — Die GmbH. findet auch bei gemischtwirtschaftlichen Unternehmungen vielfach Anwendung (vgl. W. Jellinek, Verwaltungsrecht[2] — in dieser Enzykl. XXV S. 509), so z. B. während des Kriegs für die Reichsgetreidegesellschaft u. a.; sie kann auch die Form für Zwangssyndikate sein, vgl. die Gesetze zur Regelung der Kohlen- und Kaliwirtschaft von 1919. — Die Form der GmbH. wird ferner häufig verwendet, um einen Rechtsträger für das Eigentum an einem Grundstück, z. B. einem großstädtischen Miethaus, zu schaffen, sog. Grundstücksgesellschaft, vgl. z. B. RGZ. 112, 236; 120, 283; 121, 294.

[2] Durch das Gesetz von 1926 sind die ursprünglichen Beträge wiederhergestellt. Die GoldbilanzVO. vom 28. 12. 1923 hatte nur 5000 und 50 GM. bestimmt, bei bestehenden Gesellschaften sogar eine Umstellung des Stammkapitals bis zu 500 GM. herab gestattet.

[3] Auch bei einer solchen Einmanngesellschaft (s. oben S. 83 Anm. 1) bleibt also die juristische Person der GmbH. von der Person des einzigen „Gesellschafters“, der auch ihr alleiniger Geschäftsführer sein kann, getrennt; s. die z. T. sehr eigentümlichen Fälle in RGZ. 68, 173; 92, 77; 98, 291; 100, 203; JW. 1927, 672 (eine GmbH. besitzt sämtliche Geschäftsanteile einer anderen GmbH.); H. Friedländer, ZBl. f. HR. 1, 22, 134. — Werden sämtliche Anteile einer GmbH. gleichzeitig in eine Hand veräußert, so soll dies, z. B. in der Frage der Mängelhaftung, wie ein Verkauf des Unternehmens selbst wirken, RGZ. 120, 283; JW. 1929, 64. — Über die Frage der Gültigkeit eines Verkaufs des sog. Mantels einer lebensunfähig gewordenen Gesellschaft, s. KG. in JW. 1924, 1535; OLG. 44, 224; vgl. auch VO. z. Änd. der 2. DurchfVO. z. GBVO. v. 14. 7. 1926, § 42 I; steuerlich liegt hier oft ein Umgehungsgeschäft im Sinne von RAbgO. § 5 vor, vgl. z. B. RFinH. in JW. 1929, 683.

§ 144[1]. Ist sie einmal eingetragen, so kann eine Anfechtung der Beitrittserklärung, z. B. wegen einer von den Mitgründern verübten arglistigen Täuschung, nicht mehr stattfinden, da diese Erklärung als der Allgemeinheit gegenüber abgegeben gilt und die einmal geschaffene Kapitalgrundlage der Gesellschaft nicht wieder zerstört werden darf; es kann nur ein Schadensersatzanspruch gegen die Mitgründer persönlich in Frage kommen[2].

Der Gesellschaftsvertrag ist hiernach nichts anderes, als das Statut der juristischen Person; die darin von den Gesellschaftern übernommenen Verpflichtungen sind der Gesellschaft, nicht den andern Gesellschaftern gegenüber übernommen. Der gesetzliche Mindestinhalt des Gesellschaftsvertrages ist sehr einfach bestimmt, § 3. Zu den satzungspflichtigen Abreden gehören vor allem solche, die den Gesellschaftern außer der Leistung von Kapitaleinlagen noch andere Verpflichtungen auferlegen sollen, § 3 II, s. a. § 53 III[3]. Während bei der Nebenleistungsaktiengesellschaft nur wiederkehrende Sachleistungen bedungen werden können, kann hier der Inhalt solcher Verpflichtungen der mannigfaltigste sein, z. B. Überlassung von Erfindungen, Leistung von Diensten, insbesondere als Geschäftsführer, Konkurrenzverbote u. v. m.; sogar die Verpflichtung, den Geschäftsanteil unter gewissen Voraussetzungen, z. B. im Falle des Todes oder beim Austritt aus dem Hauptkartell, auf einen anderen Gesellschafter zu übertragen, kann als statutarische Bindung nach § 3 II begründet werden. Im Gesellschaftsvertrag kann den Gesellschaftern ferner die Leistung von Nachschüssen auferlegt werden, deren Einforderung dann durch Beschluß der Gesellschafter erfolgt. Die Nachschußpflicht kann auf einen bestimmten Betrag beschränkt oder ohne Beschränkung eingeführt werden; bei unbeschränkter Nachschußpflicht kann im Falle der Einforderung von Nachschüssen jeder Gesellschafter sich dadurch befreien, daß er seinen Geschäftsanteil der Gesellschaft zur Verfügung stellt (Abandonrecht), §§ 26—28, 30 II. Gezahlte Nachschüsse erhöhen, selbst wenn sie nicht zur Deckung von Verlusten eingefordert werden, die Stammeinlage nicht[4].

c) Die Stammeinlagen sind regelmäßig in Geld zu leisten und müssen, soweit dies der Fall, bei der Anmeldung mindestens zu ¼ und mindestens zu 250 M. zur freien Verfügung des Geschäftsführers gebracht sein, §§ 7 II, 8 II. Sollen von einem Gesellschafter auf das Stammkapital Sacheinlagen gemacht werden, z. B. in Grundstücken, Waren, Geschäftsunternehmen, Forderungen u. dgl., so muß dies und die dafür festgesetzten Beträge in den Gesellschaftsvertrag aufgenommen werden, um der Gesellschaft gegenüber gültig zu sein, §§ 5 IV, 19 III. Solche Angaben sind dann mit der Registereintragung zu veröffentlichen, während an sich die Gesellschafter nicht zum Register eingetragen werden, § 10 III[5]. Die besonderen präventiven Schutznormen, die das Aktienrecht bei qualifizierten Gründungen vorsieht, fehlen bei der GmbH.: kein Gründerbericht, keine Prüfung durch Revisoren; auch entfällt hier die spezifische zivil- und strafrechtliche Haftung der Gründer[6]. Die An-

---

[1] Über die persönliche Haftung des vor Eintragung der GmbH. in deren Namen Handelnden s. § 11 II und vgl. oben S. 82 zu HGB. § 200 I 2.

[2] Vgl. RGZ. 82, 375; 83, 265; JW. 1929, 644 (auch keine Berufung auf wucherische Übervorteilung).

[3] So kann z. B. die Verpflichtung begründet werden, einem bestimmten Verein (dessen Organ die GmbH. ist) anzugehören und beim Ausscheiden aus diesem Verein den Geschäftsanteil auf andere Vereinsmitglieder zu übertragen, RGZ. 121, 294. — Daß anderseits auch besondere Vorrechte einzelner Gesellschafter nur durch den Gesellschaftsvertrag selbst begründet werden können, ist zwar nicht, wie in HGB. § 186 I, ausdrücklich vorgeschrieben, ergibt sich aber aus dem Wesen der Gesellschaft, s. RGZ. 113, 241.

[4] Ebensowenig geschieht dies bei Überparizahlungen auf die Stammeinlage, die den Gesellschaftern nach § 3 II auferlegt werden können, vgl. HACHENBURG, § 5 Anm. 50.

[5] S. übrigens § 40: alljährliche Einreichung einer Liste der Gesellschafter.

[6] Daß in der Strafvorschrift des § 82 Ziff. 1 auch die „Mitglieder der Gesellschaft" genannt sind, beruht auf einem Redaktionsversehen, s. RGSt. 40, 191.

meldung zum Handelsregister wird bei der GmbH. nicht von den Gründern, sondern allein von den Geschäftsführern bewirkt, § 78, und demgemäß trifft auch nur diese die zivil- und strafrechtliche Verantwortlichkeit für die Richtigkeit der hierbei gemachten Angaben über die auf die Stammeinlagen gemachten Leistungen, §§ 9, 82[1]. Schadensersatzansprüche der Gesellschaft gegenüber den Gründern können indessen unter Umständen aus der allgemeinen Rechtsnorm des BGB. § 826 abgeleitet werden, und zwar insbesondere bei böslicher Schädigung der Gesellschaft durch wertlose oder wissentlich überbewertete Sacheinlagen[2].

Die dem Recht der GmbH. eigentümliche Kautel: die subsidiäre Gesamthaftung sämtlicher Gesellschafter für das Stammkapital, erstreckt sich nicht auf denjenigen Teil desselben, der etwa durch Sacheinlagen aufzubringen ist. Diese bürgenähnliche Gesamthaft Aller greift vielmehr nur Platz, wenn ein Gesellschafter die ihm obliegende bare Einzahlung nicht bewirkt, vorausgesetzt, daß diese auch nicht durch Verkauf des kaduzierten Geschäftsanteils hereingebracht werden kann, §§ 21—25[3]. Außerdem findet die Gesamthaft dann statt, wenn an einen Gesellschafter unzulässigerweise Auszahlungen aus dem zur Erhaltung des Stammkapitals erforderlichen Vermögen der Gesellschaft bewirkt wurden und deren Rückerstattung von ihm nicht zu erlangen ist, §§ 30, 31, 31 III.

d) Die Geschäftsanteile sind, wie bereits hervorgehoben, veräußerlich. Die Mitgliedschaft der GmbH. ist also ein übertragbares Vermögensrecht, sie selbst, gleich anderen Körperschaftsgebilden, auf wechselnden Personenstand angelegt, wenn auch dieser Wechsel sich nur innerhalb der durch die Geschäftsanteile bestimmten festen Stellen vollziehen kann, § 15 I. Indessen ist die Übertragung der Geschäftsanteile sowohl gesetzlich durch Formvorschriften erschwert, wie auch durch den Gesellschaftsvertrag beschränkbar. Die schwere Form der öffentlichen Beurkundung gilt sowohl für die rechtsgeschäftliche Übertragung selbst, wie für das ihr zugrunde liegende schuldrechtliche Veräußerungsgeschäft, § 15 III, IV[4]. Der Gesellschaftsvertrag kann die Veräußerlichkeit nicht aufheben, wohl aber die Abtretung von Geschäftsanteilen von der Genehmigung der Gesellschaft abhängig machen, § 15 V[5]. Dabei kann das Erfordernis einer Genehmigung auf gewisse Fälle beschränkt werden, z. B. auf die Abtretung an einen Nichtgesellschafter. Auch kann der Gesellschaftsvertrag, statt die Abtretung von der Zustimmung der Gesellschaft abhängig zu machen, selbst weitere Voraussetzungen für deren Gültigkeit aufstellen, § 15 V, z. B. bestimmte persönliche Eigenschaften des Erwerbers; auch ein Vorkaufsrecht für die andern Gesellschafter oder die Gesellschaft selbst kann

---

[1] Nach der Rechtsprechung des Reichsgerichts sind hierbei auch wissentlich falsche Angaben über den Wert von Sacheinlagen als Angaben „über die Einzahlungen auf die Stammeinlagen" im Sinne von § 82 Ziff. 1 strafbar, s. RGSt. 38, 128; 43, 430; 49, 340.

[2] Vgl. RGZ. 84, 332; 100, 175. — Für derartige Fälle vgl. § 46, 8.

[3] Die Bestimmung des § 19 II, wonach der Gesellschafter sich von der Pflicht zu effektiver Leistung der Stammeinlage nicht durch Aufrechnung befreien kann, gilt auch gegenüber der Haftung aus § 24; dies ist deshalb besonders wichtig, weil die Gesellschafter einer GmbH. häufig über ihre Einlageverpflichtung hinaus Kapitalien in Form von Darlehen hergeben oder sich für Gesellschaftskredite verbürgen und dadurch Ansprüche gegen die Gesellschaft erwerben; vgl. RGZ. 92, 365; 123, 8. — Streitig ist, ob die Gesamthaftung „der übrigen Gesellschafter" auch dann nach § 24 Platz greift, wenn später Kapitalserhöhungen stattfinden, insbesondere falls hierbei neue Gesellschafter eintreten; nach RGZ. 82, 116; 93, 251 sollen in einem solchen Falle sowohl die neuen Gesellschafter für Restbeträge der alten Einlagen, wie die alten Gesellschafter für die Gesamtheit der neuen Einlagepflichten haften; a. Mg. Hachenburg, § 24 Anm. 16ff., Brodmann, § 24 Anm. 3.

[4] Der Form bedarf es auch für die Verpfändung eines Geschäftsanteils, s. BGB. § 1274. Eine Pfändung desselben erfolgt nach Vorschrift von ZPO. § 857 I, II, und kann durch den Gesellschaftsvertrag nicht beschränkt werden, RGZ. 70, 64. — Über „Verschaffungsverträge" s. aber RGZ. 120, 54.

[5] Nach RGZ. 104, 413 soll die Erteilung einer solchen Genehmigung zur Zuständigkeit des Geschäftsführers gehören; s. dagegen Hachenburg § 15 Anm. 52.

statutarisch begründet werden. — Über die Anmeldung des Erwerbers bei der Gesellschaft s. § 16, über den Erwerb eigener Geschäftsanteile durch die Gesellschaft, § 33.

e) Die Organisation der GmbH. ist sehr einfach gestaltet. Ein Aufsichtsrat kann durch den Gesellschaftsvertrag eingesetzt werden, ist aber nicht gesetzlich erforderlich, da es eines Zwischenorgans zwischen dem Geschäftsführer und den Gesellschaftern wegen deren meist geringer Zahl regelmäßig nicht bedarf, § 52 I, s. a. BetriebsräteG. § 70. Die Stellung des oder der Geschäftsführer entspricht im allgemeinen der des Vorstands der Aktiengesellschaft, §§ 35—38[1]. Doch zeigt sich auch hier ein bedeutsamer Unterschied. Dort ist es nur eine zufällige Nebenerscheinung, wenn ein Vorstandsmitglied selbst Aktien besitzt. Auch hier können als Geschäftsführer dritte Personen bestellt werden, § 6 II 1, und dies geschieht tatsächlich häufig; es kann aber auch das engere persönliche Verhältnis dazu führen, daß die Geschäftsführung planmäßig in die Hand von Gesellschaftern selbst gelegt wird, und insbesondere mit Rücksicht hierauf ist im Gesetz vorgesehen, daß die Bestellung eines Geschäftsführers im Gesellschaftsvertrag erfolgen und ihr Widerruf an das Vorliegen wichtiger Gründe geknüpft werden kann, §§ 6 II, III, 38 II. Die mehr private Natur der GmbH. zeigt sich ferner im Wegfall gewisser Schutzbestimmungen für die Gläubiger: die Geschäftsführer haften wegen Pflichtverletzungen nur der Gesellschaft selbst, nicht auch den Gläubigern, § 43 III[2]. Das Gesetz verlangt nicht die Bildung eines Reservefonds, vgl. § 42. Öffentliche Bekanntmachungen finden nur ausnahmsweise statt, §§ 10 III, 41 IV.

Die Gesellschafter in ihrer Gesamtheit bilden das oberste Willensorgan der GmbH. Doch ist ihre Zuständigkeit und die Form ihrer Beschlußfassung in charakteristischem Gegensatz zur Generalversammlung der Aktionäre vom Gesetz nur dispositiv geregelt, so daß der Gesellschaftsvertrag hierwegen auch andere Bestimmungen treffen kann, § 45, vgl. mit HGB. § 250[2]. Die Gesellschafter fassen ihre Beschlüsse in Versammlungen, zu denen, wenn nicht alle freiwillig zusammentreten, mittels eingeschriebenen Briefes geladen wird; in allseitigem Einverständnis kann auch schriftlich votiert werden, §§ 48, 51. Gerichtlicher oder notarieller Beurkundung bedarf es nur bei Beschlüssen über Satzungsänderungen, § 53 II (nicht auch beim Auflösungsbeschluß, § 60)[3]. Bei den Abstimmungen gewähren je 100 RM. eines Geschäftsanteils eine Stimme, womit auch die Gleichheit aller Stimmrechte ausgesprochen ist, § 47 II. Indessen sind diese Regeln, in charakteristischem Gegensatz zu den entsprechenden aktienrechtlichen Normen, nur dispositiv gemeint: der Gesellschaftsvertrag kann über alle, die Verwaltungsrechte der Gesellschafter betreffenden Fragen sachlicher und formaler Art andere Bestimmungen treffen, soweit nicht zwingende Normen entgegenstehen, § 45[4]. Besondere Vorschriften über die Anfechtung von Gesellschafterbeschlüssen sind im GmbHG. nicht aufgestellt; aus allgemeinen körperschaftsrechtlichen Grundsätzen ergibt sich aber auch hier, daß ein Gesellschafter zur Anfechtungsklage gegenüber einem gegen seinen Willen gefaßten Beschluß dann berechtigt ist, wenn dieser Beschluß gegen den Gesellschaftsvertrag oder gegen das Gesetz oder die guten Sitten verstößt, z. B. Sonderrechte beeinträchtigt, den

---

[1] Daß Beschränkungen der Vertretungsmacht des Geschäftsführers nach § 37 II nicht gegenüber Dritten wirken, gilt auch für die Frage der Bestellung von Prokuristen und Generalhandlungsbevollmächtigten; das durch § 46[7] den Gesellschaftern hierwegen vorbehaltene Bestimmungsrecht hat nur im Innenverhältnis Bedeutung; so RGZ. 75, 164 (bestr.). — Gemischte Gesamtvertretung (Geschäftsführer und Prokurist) ist zulässig, ohne daß dies im Gesetz besonders erwähnt wäre.

[2] Strafbarkeit der Geschäftsführer wegen Versäumung rechtzeitigen Konkursantrags s. in § 84, u. vgl. z. B. RGSt. 61, 291, 387.

[3] Vgl. RG. in JW. 1929, 654.

[4] Vgl. dagegen HGB. § 250. — Sogar die Vorschrift über die Stimmenthaltung wegen Selbstbeteiligung, GmbH. § 47 IV, ist nur dispositiv, RGZ. 89, 389; 112, 162.

Grundsatz der Gleichbehandlung verletzt, den Gesellschafter oder die Gesellschaft rechtswidrig schädigt, oder wenn ein die Kapitalmehrheit besitzender Gesellschafter sein Stimmenübergewicht zur rücksichtslosen Verfolgung eigennütziger, gesellschaftsfremder Zwecke ausnützt[1].

f) Die Auflösung der GmbH. tritt aus den gleichen Gründen wie im Aktienrecht ein. Sie kann aber auch von Gesellschaftern, die mindestens $^1/_{10}$ des Stammkapitals repräsentieren, im Wege einer gegen die Gesellschaft zu richtenden Klage verlangt werden, wenn die Erreichung des Gesellschaftszwecks unmöglich wird oder wenn andere, in den Verhältnissen der Gesellschaft liegende wichtige Gründe dafür sprechen, §§ 60^3, 61. Solche Gründe sind z. B. dauernde Unrentabilität[2], aber auch schwere Unzuträglichkeiten unter den Gesellschaftern, die eine gedeihliche Fortführung des Unternehmens unmöglich machen[3]. Der Gesellschaftsvertrag kann weitere Auflösungsgründe festsetzen, insbesondere auch die einfache Kündigung der Gesellschaft einführen, § 60 II[4]. Behördlich kann die GmbH. aufgelöst werden, wenn die Gesellschafter Gesetzwidriges beschließen oder durch die Geschäftsführer geschehen lassen, § 62.

Siebentes Kapitel.

Erwerbs- und Wirtschaftsgenossenschaften.

§ 61. Wesen und Ausgestaltung.

Literatur: Kommentare zum GenG.: Parisius-Crüger (-Crecelius-Citron)[11] 1928; Nagel 1926. Kleine, Rechtsprechung im Genossenschaftswesen. Riess in Ehrenbergs Handb. III[2]. Deumer, Das deutsche Genossenschaftswesen[2] (1927); ders., Das Recht der eingetragenen Genossenschaft (1912); Fr. Klausing, Genossenschaft und Recht (1929). Waldecker, Die eingetragene Genossenschaft (1916); ders. in ZHR. 77, 355ff. und Schriften des Vereins für Sozialpolitik 151, 3 (Ausländisches Genossenschaftsrecht). Geiler in Gruchots Beitr. 65, 134ff. Wygodzinski, Genossenschaftswesen (1911). Kulemann, Genossenschaftsbewegung (1922ff.) — H. Schultze-Delitzsch, Schriften und Reden (Gesamtausgabe 1909ff.). — Blätter für Genossenschaftswesen u. v. a.

Das Genossenschaftsrecht, erstmals mit Gesetz vom 4. 6. 1868 geregelt, beruht heute auf dem Genossenschaftsgesetz vom 1. 5. 1889 (20. 5. 1898)[5]. Während die zuletzt behandelten Vereinigungsformen sozusagen abstrakte juristische Personen sind, die sehr verschiedenen Zwecken dienen können, hat die Rechtsform der „Erwerbs- und Wirtschaftsgenossenschaften" einen konkret bestimmten wirtschaftlichen Charakter.

a) Als „eingetragene Genossenschaften" werden nur solche Gesellschaften zugelassen, welche die Förderung des Erwerbs oder der Wirtschaft ihrer Mitglieder (Genossen) mittels gemeinschaftlichen Geschäftsbetriebs bezwecken, GenG. § 1. Die Genossenschaft soll ihren Mitgliedern nicht kapitalistisch durch Gewinnverteilung und Vermögensansammlung, sondern unmittelbar durch ihre geschäftlichen

---

1 S. z. B. RGZ. 85, 311; 101, 160; 104, 182; 122, 159.

2 Vgl. RG. in JW. 1927, 1684.

3 Aber kein Klagrecht des die Schuld am Zerwürfnis tragenden Gesellschafters, RGZ. 98, 68; Gruch. 69, 497. Eine Ausschließung von Gesellschaftern wegen Pflichtverletzung und aus anderen wichtigen Gründen ist dem Recht der GmbH. unbekannt. Indessen kann nach GmbHG. § 34 die Einziehung (Amortisation) von Gesellschaftsanteilen im Gesellschaftsvertrag festgesetzt werden und kann sich in besonderen Fällen (z. B. bei Ausscheiden aus dem Kartell) sogar ohne ausdrückliche Festsetzung als selbstverständlich gewollt ergeben; s. RGZ. 92, 413; 98, 67; 101, 61 und nunmehr 114, 212; Hachenburg, § 34 n. 18. S. auch oben S. 108 Anm. 3: statutarische Verpflichtung der Übertragung des Geschäftsanteils auf andere Mitglieder beim Ausscheiden aus dem Hauptverein, RGZ. 121, 294.

4 Vgl. z. B. RGZ. 95, 40.

5 Das Bundesgesetz von 1868 baute auf dem auf der maßgebenden Initiative von Hermann Schultze-Delitzsch beruhenden Preuß. Ges. vom 27. 3. 1867 auf. — Österreich: Gesetz über Erwerbs- und Wirtschaftsgenossenschaften vom 9. 4. 1873.

Einrichtungen dienen, deren Benutzung sie den Genossen zur Verfügung stellt; sie ist also nicht Selbstzweck, wie ein normales kaufmännisches Unternehmen, sondern sie übernimmt für alle ihre Mitglieder, einheitlich helfend, gewisse, an sich zu deren Einzelwirtschaft oder Einzelgewerbe gehörende Aufgaben und verschafft ihnen auf diese Weise wirtschaftliche Vorteile, die sie in der Vereinzelung nicht ebenso erzielen könnten[1]. Das wird in § 1 durch beispielsweise Aufzählung der wichtigsten Arten verdeutlicht: gemeinschaftlicher Großeinkauf der von den Genossen benötigten Lebens- und Wirtschaftsbedürfnisse (Konsumvereine), der für ihren Geschäfts- oder Gewerbebetrieb benötigten Waren oder Materialien (Einkaufsgenossenschaften, Rohstoffvereine); gemeinschaftlicher Verkauf der landwirtschaftlichen oder gewerblicher Erzeugnisse der Genossen (Absatzgenossenschaften); Verschaffung des dem einzelnen nötigen Kredits durch gemeinsames Einstehen (Vorschuß- und Kreditvereine); dazu kommen Produktivgenossenschaften, Baugenossenschaften (zur Herstellung von Wohnungen) und ähnliche, der kooperativen Selbsthilfe kleinerer Wirtschaftseinheiten dienende Zusammenschlüsse spezieller Art[2].

Die Genossenschaft gilt als Kaufmann, § 17 II. Sie ist aber keine Erwerbsgesellschaft, ihr Geschäftsbetrieb regelmäßig kein eigentliches Handelsgewerbe, da sie nur nach der einen Seite hin auf freiem Markte ein- oder verkaufend auftritt, auf der anderen Seite aber grundsätzlich nur mit ihren Genossen verkehrt, die von ihr eingekauften Waren nur an sie abgibt, die von ihr zu verkaufenden nur von ihnen erhält. Eine Ausdehnung des Geschäftsbetriebs auf Nichtmitglieder muß in der Satzung besonders zugelassen sein und ist bei Konsumvereinen, sowie bei Darlehnsgeschäften von Kreditgenossenschaften überhaupt unzulässig, §§ 8, 152. Tatsächlich können Genossenschaften freilich einem Erwerbsunternehmen sehr nahe kommen, so z. B. Produktivgenossenschaften, wie etwa Bauarbeitergenossenschaften, bei denen durch die Genossen auf gemeinschaftliche Rechnung Bauten für Besteller ausgeführt werden, insbesondere aber, und zwar trotz § 8 II, Kreditgenossenschaften mit bankähnlichem Betrieb.

b) Ihrem Rechtscharakter nach ist die eingetragene Genossenschaft ein rechtsfähiger Personenverein, § 17. Damit ist schon gesagt, daß sie keine Kapitalgesellschaft ist; sie baut sich nicht auf einem bei ihrer Gründung zusammenzubringenden Kapital auf, sondern bildet sich ein Eigenkapital, wenn überhaupt, so erst nach und nach aus fortlaufenden Mitgliederbeiträgen und Gewinnreserven. Auch könnte von einem ziffermäßig bestimmten Grundkapital und einer festen Zahl bezifferter Anteilsrechte schon deshalb nicht die Rede sein, weil die Mitgliederzahl (sie muß mindestens sieben betragen, §§ 4, 80) keine geschlossene sein darf, § 1. Das Vermögen der Genossenschaft ist demgemäß auch wirtschaftlich nicht als Vermögen der Genossen zu betrachten, wie sich am deutlichsten daran zeigt, daß einem z. B. durch Tod ausscheidenden Genossen nicht etwa ein Anteil am Reinvermögen ausbezahlt wird, § 73 II 2. Freilich beteiligen sich die Genossen mit Einlagen; aber der satzungsmäßige, nicht sehr glücklich so genannte „Geschäftsanteil" ist nicht die Grundlage, sondern nur eine Folge der Mitgliedschaft[3]. Er stellt nur das Höchstmaß der zulässigen Beteiligung dar, während die tatsächlichen Einlagen bis auf $^1/_{10}$ seines Betrages heruntergehen können, und das sich aus ihnen und der Gewinngutschrift ergebende „Geschäftsguthaben" eine innerhalb dieser Grenzen wechselnde Größe

[1] Über die Verteilung des Jahresgewinns unter die Genossen s. GenG. §§ 19, 20. Eine ausschließlich auf Gewinnverteilung gestellte Genossenschaft wäre nicht eintragungsfähig, KG. in OLG. 19, 339. Ebensowenig kann ein Sportverein sich als Genossenschaft konstituieren, KG. in JW. 1929, 1151. Ist aber eine Genossenschaft einmal eingetragen, so kann nicht mehr untersucht werden, ob ihr Zweck (z. B. ein Zeitungsbetrieb) unter das Gesetz fällt, RGZ. 119, 104/5.

[2] Im Jahre 1928 waren unter im ganzen rund 52000 Genossenschaften schon etwa 22000 Kreditgenossenschaften.

[3] Vgl. RGZ. 87, 409; 118, 218.

ist, §§ 7[2], 19, 50[1]. Diese kapitalistische Beteiligung der Genossen ist tatsächlich nur geringfügig und rechtlich in keiner Weise mit der aktienmäßigen zu vergleichen. Denn die Rechte der Genossen bemessen sich nicht nach ihrem Geschäftsguthaben. Jeder Genosse hat, ohne Rücksicht auf dessen Höhe, in der Generalversammlung eine Stimme, und bei der Auflösung der Genossenschaft wird das nach Begleichung der Geschäftsguthaben verbleibende Reinvermögen unter die in diesem Zeitpunkt vorhandenen Genossen nach Köpfen verteilt, §§ 43, 91. So zeigt sich überall die personale Grundlage der Genossenschaft. Besonders deutlich tritt sie in der durchaus vereinsmäßigen Rechtsnatur der Mitgliedschaft selbst zutage. Diese ist nicht vererblich, § 77, auch nicht übertragbar, vgl. § 76, und kann wegen persönlicher Unwürdigkeit u. dgl. durch Ausschließung entzogen werden, § 68.

c) Ein sehr wesentlicher Unterschied gegenüber dem gewöhnlichen Verein ergibt sich daraus, daß die Genossen stets in der einen oder anderen Weise für die Schulden der Genossenschaft einzustehen haben. Gerade weil diese keine Kapitalgesellschaft ist, gleichwohl aber im wirtschaftlichen Leben tätig werden soll, kann die erforderliche Kreditgrundlage nur durch Heranziehung des Personalkredits der Genossen geschaffen werden, § 23. Das kann auf verschiedene Weise geschehen, je nachdem die Genossenschaft errichtet wird als: 1. e. G. mit unbeschränkter Haftpflicht, oder 2. e. G. mit unbeschränkter Nachschußpflicht, oder 3. e. G. mit beschränkter Haftpflicht, §§ 2, 3[2]. Der einzelne Genosse hat in Fall 1 und 2 mit seinem ganzen Vermögen für die Verbindlichkeiten der Genossenschaft einzustehen, im Falle zu 3 aber nur beschränkt auf die statutarische Haftsumme, die mindestens gleich dem Betrage eines Geschäftsanteils sein muß, §§ 122, 127, 131. In dem Fall zu 2 ist dies Einstehenmüssen ein lediglich internes, nur eine Nachschußpflicht der Genossenschaft selbst gegenüber, während in den Fällen zu 1 und 3 auch eine Haftpflicht der Genossen unmittelbar den Gläubigern gegenüber besteht.

Aber auch in den Fällen der Haftpflicht kann sich der Gläubiger nicht etwa sofort neben der Genossenschaft beliebig an die Genossen halten, wie bei der offenen Handelsgesellschaft. Die Haftung der Genossen hat vielmehr nur subsidiären, wirtschaftlich der Bürgenhaftung ähnlichen Charakter: sie tritt erst ein, wenn die Genossenschaft zahlungsunfähig geworden und in Konkurs geraten ist[3]. In allen drei Fällen ist dann zunächst der bilanzmäßige Fehlbetrag vom Konkursverwalter mittels einer Vorschuß- und einer Nachschußberechnung auf die Genossen umzulegen, je nachdem beschränkt oder unbeschränkt. In den Fällen der Haftpflicht können außerdem die Gläubiger zum unmittelbaren Einzelangriff gegen säumige Genossen übergehen, wenn seit der Vollstreckbarerklärung der Nachschußberechnung drei Monate verstrichen sind. Bei der e. G. m. u. H. haften die Genossen dann, jeder einzelne solidarisch und mit seinem ganzen Vermögen, für den gesamten Ausfall, den der Gläubiger im Konkurse der Genossenschaft erlitten hat, §§ 98, 106, 114, 122, 141.

d) Das Genossenschaftsrecht ist in allen Einzelheiten sehr vorsichtig ausgebaut, im Interesse sowohl der Gläubiger wie der vielfach nur wenig geschäftsgewandten Genossen selbst; es hat einen starken Einschlag öffentlich-rechtlicher Aufsichts- und Zwangsbefugnisse. Neben dem Genossenschaftsregister, das für die Genossenschaft an die Stelle des Handelsregisters tritt (§§ 10, 13, FGG. § 147), hat das Register-

[1] Ist der Geschäftsanteil voll einbezahlt, so kann den Genossen eine weitere Einzahlung wegen eingetretener Verluste nicht wider ihren Willen auferlegt werden; so für die e. G. m. b. H.: RGZ. 106, 403 (bestr.).

[2] Die ursprüngliche Form (1868) war, der eigentlichen Idee der Genossenschaft entsprechend, die unbeschränkte Haftpflicht; erst das GenG. von 1889 brachte die beiden anderen Formen. — Die Kreditgenossenschaften sind meist als E. G. m. u. H., die Konsumvereine meist als E. G. m. b. H. errichtet; die E. G. m. u. H. ist kaum praktisch, s. J. v. Gierke, Handelsrecht[2] S. 363ff. — Über Umwandlung der Genossenschaft der einen in eine solche der andern Haftungsart s. GenG. § 143ff.

[3] Vgl. RGZ. 85, 209.

gericht eine Liste der Genossen zu führen, vor allem zwecks Offenlegung der personalen Kreditgrundlage, § 15. Beginn und Ende der Mitgliedschaft ist an Eintragung und Löschung geknüpft[1]. Das freiwillige Ausscheiden mittels Kündigung steht jedem Genossen mittels dreimonatiger Kündigungsfrist offen. Durch das Statut kann diese Frist bis auf zwei Jahre verlängert, irgendeine sachliche Erschwerung des freien Kündigungsrechts aber nicht wirksam eingeführt werden[2]. In diesem wie in jedem anderen Falle einer Beendigung der Mitgliedschaft aber wird das Ausscheiden eines Genossen, um plötzliche Erschütterungen zu vermeiden, stets erst auf Jahresschluß wirksam, §§ 65, 70 II, 77[3]. Wird die Genossenschaft binnen weiterer sechs Monate aufgelöst, namentlich also bei Konkurseröffnung, so gilt das Ausscheiden als nicht erfolgt, die Haftung lebt wieder auf, §§ 75, 101; je nach der Haftungsart kann sie sogar noch bis zu zwei Jahren nach dem Ausscheiden praktisch werden, §§ 125, 128, 141.

e) Die Organisation der Genossenschaft zeigt Abweichungen vom kommerziellen Charakter der Handelsgesellschaften. Vorstand und Aufsichtsrat müssen aus Genossen bestehen; beim Vorstand, der übrigens auch hier unbeschränkte Vertretungsmacht hat, ist Einzelvertretung ausgeschlossen; Prokuristen und Generalhandlungsbevollmächtigte dürfen nicht bestellt werden, §§ 9, 24—27, 42[4]. Die Genossen können das Stimmrecht in der Generalversammlung nur in Person ausüben, § 43 IV[5]. Doch ist neuerdings — mit Rücksicht auf die Verhältnisse bei den Konsumvereinen — für ganz große Genossenschaften eine Vertreterversammlung als oberstes Organ eingeführt worden, § 43a, Fassung des Ges. vom 19. 1. 1926. Die Einrichtungen und die Geschäftsführung der Genossenschaften sind periodisch von Revisoren zu prüfen, die vom Gericht oder, wenn die Genossenschaft einem staatlich anerkannten Revisionsverband angehört, von diesem bestellt werden, §§ 53—64. Von solchen Verbänden zu unterscheiden sind die Genossenschaften höherer Ordnung: Zentralgenossenschaften, deren Mitglieder selbst Genossenschaften sind, die wegen ihrer Kleinheit und lokalen Zersplitterung für sich allein keine genügende Wirkungsmöglichkeit hätten, § 9 II 2; 65 II 3. Über die Beteiligung an sonstigen Vereinigungen s. § 1 II, Fassung des Ges. vom 12. 5. 1923.

Der angedeuteten rechtspolizeilichen Tendenz entsprechend, ist die Satzungsfreiheit bei der Genossenschaft stark beschränkt: das Statut darf nur, wo dies ausdrücklich zugelassen ist, vom Gesetze abweichen, § 18. Da übrigens das Gesetz sich im wesentlichen nur mit der organisatorischen und finanziellen Seite befaßt, bleibt dem Statut doch das eigentlich Positive vorbehalten: die Regelung der Aufgaben, die die Genossenschaft in Förderung der Einzelwirtschaften erfüllen soll. In den Rechtsverhältnissen, die hierbei zwischen Genossenschaft und Genossen entstehen (z. B. in Ansehung der zum gemeinschaftlichen Verkauf gelieferten Erzeugnisse, der an die Genossen „abzulassenden" Waren, der von ihnen zu benutzenden Gegen-

---

[1] Ist die Beitrittserklärung unwirksam, z. B. weil sie der gesetzlichen Form (§§ 15, 127) nicht genügt, so wird die Mitgliedschaft nicht etwa durch die Eintragung in die Liste begründet, RGZ. 97, 307. Übrigens ist der Grundsatz, daß die Beitrittserklärung zu einer Körperschaft als konstituierender Rechtsakt einer Anfechtung wegen arglistiger Täuschung nicht unterliegt, gerade in der Gerichtspraxis des Genossenschaftsrechts herausgebildet worden, RGZ. 57, 292 (Verein. Zivilsenate).

[2] Vgl. RGZ. 71, 388; 91, 336. — So kann z. B. der Austritt aus einer Baugenossenschaft nicht an die Bedingung geknüpft werden, daß der Genosse sein Haus wieder an die Genossenschaft verkauft.

[3] Auch wenn sich eine juristische Person (z. B. eine Genossenschaft), die Mitglied der Genossenschaft ist, auflöst, scheidet sie aus dieser erst auf Jahresschluß aus, RGZ. 122, 253.

[4] Strafbestimmungen s. GenG. §§ 146ff. Über die Strafbarkeit unwahrer Darstellung der Verhältnisse in der Bilanz vgl. z. B. RGSt. 62, 357.

[5] Über die Anfechtung von Generalversammlungsbeschlüssen einer Genossenschaft, z. B. wegen Sittenwidrigkeit durch Mißbrauch der Mehrheit zu eigennützigen Zwecken vgl. RGZ. 119, 97; s. auch ebenda S. 105.

stände, der von ihnen zu erwerbenden Wohnbauten, s. § 1 Ziff. 3—7), mischen sich körperschaftsrechtliche Elemente mit individualrechtlichem Schuldrecht[1].

Die Auflösung einer Genossenschaft durch Beschluß der Generalversammlung ist bei Vorschuß- und Kreditvereinen „im Interesse des Mittelstandes" jetzt besonders erschwert, § 78a, b. Über die Verschmelzung (Fusion) von Genossenschaften s. die neuen Vorschriften in § 93a—93d[2]. Über die Zulässigkeit des Vergleichsverfahrens zur Abwendung des Konkurses s. VerglO. § 91. Über die Umstellung der Genossenschaften auf Goldmark s. die Durchführungsverordnung zur GoldbilanzVO. vom 28. 3. 1924 §§ 46—52.

Anhang zum zweiten Abschnitt.

§ 62. Kartelle. Konzerne.

Literatur: HAUSSMANN, Grundlegung des Rechts der Unternehmenszusammenfassungen; Ders., die Tochtergesellschaft. — GEILER, Gesellschaftliche Organisationsformen; ders. bei DÜRINGER-HACHENBURG IV, 305ff. und bei STAUDINGER[9] II S. 1379ff., sowie ZBl. f. HR. 1, 188. — FLECHTHEIM, Die rechtliche Organisation der Kartelle[2]. — ROSENDORFF, Die rechtliche Organisation der Konzerne. — H. FRIEDLÄNDER, Konzernrecht (1927). — BAUER, Die rechtliche Natur der Truste. — ISAY-TSCHIERSCHKY, Kartellverordnung. Fernere Ausgaben von GOLDBAUM[2]; HAUSSMANN-HOLLÄNDER. — Sammlung von Entscheidungen und Gutachten des Kartellgerichts. — LIEFMANN, Kartelle, Konzerne, Trusts[8]; ders. Beteiligungs- und Finanzierungsgesellschaften; ders., Unternehmensformen S. 30ff., 69ff.; ders., „Kartelle" im Handw. der Staatsw.[4]. — PASSOW, Betrieb, Unternehmen, Konzern. — KESTNER, Der Organisationszwang (Kartelle und Außenseiter)[2], hrsg. v. LEHNICH (1927). — LEHNICH, Kartelle und Staat (1928), R. WOLFF, Die Rechtsgrundlagen der internationalen Kartelle (1929). — Statistisches Reichsamt: Konzerne, Interessengemeinschaften usw. (1927).

Kartelle (Unternehmerverbände) und Konzerne (Zusammenschlüsse von Unternehmungen) sind nicht eigentlich besondere Rechtsformen. Vielmehr handelt es sich bei beiden um wirtschaftliche Zwecktypen, die sich für ihren rechtlichen Aufbau allgemein bürgerlich- und handelsrechtlicher Institutionen verschiedener Form bedienen. Indessen haben sich dabei so starke und typische Besonderheiten herausgebildet, daß in einem gewissen Sinne doch von einem Kartellrecht und bald auch von einem Konzernrecht gesprochen werden kann. Dies um so mehr, als die Zusammenschlüsse neuerdings zum Gegenstand öffentlich-rechtlicher Sondernormen gemacht wurden, VO. gegen den Mißbrauch wirtschaftlicher Machtstellungen vom 2. 11. 1923, sog. Kartellverordnung.

a) Kartelle sind Vereinbarungen oder Verbände von selbständigen Unternehmungen eines fachlichen und räumlichen Gebietes, welche die Konkurrenz unter den Kartellmitgliedern in mehr oder weniger weitgehendem Umfange regeln und eine Beeinflussung und womöglich eine Beherrschung des gesamten Marktes im Sinne dieser Regelung erzielen wollen. Dies kann nur gelingen, falls das Kartell, wenn nicht sämtliche, so doch die große Mehrzahl der Unternehmungen seines Gebietes umfaßt und eine Machtstellung erlangt, die ihm auch gegenüber Nichtmitgliedern (Außenseitern) einen wirksamen Druck ermöglicht[3].

Dem Gegenstand nach können die im Kartell übernommenen Verpflichtungen und Bindungen sich entweder auf die Verteilung des Absatzgebietes unter seine Mitglieder beziehen oder auf Festsetzung einheitlicher Preise oder endlich auf eine völlige Verteilung (Kontingentierung) der Produktion, vgl. KartellVO. §§ 1, 10. Die Intensität der Kartellbindung kann in allen drei Fällen eine schwächere oder stärkere sein. Ersteres, wenn das Kartell lediglich die Bedingungen vorschreibt,

[1] Vgl. z. B. RGZ. 72, 4; 110, 245.

[2] Vgl. H.-A. SCHULTZE, Fusion eingetragener Genossenschaften (1927).

[3] Zur Durchführung der Gemeinwirtschaft bedient sich der Staat zum Teil der Zwangskartellierung, wobei übrigens auch die Form der Gesellschaft m. b. H. Verwendung finden kann, s. Kohlenwirtschaftsgesetz vom 23. 3. 1919; Kaliwirtschaftsgesetz vom 24. 4. 1919. Vgl. RGZ. 112, 253; sowie NIPPERDEY, GruchBeitr. 68, 431, GEILER u. ANSCHÜTZ, Kartellrundschau 24, 567, 581 (Zwangsbeschlüsse zu einem Kohlensyndikat?).

nach denen sich das Mitglied in seinem Unternehmen zu richten hat. Letzteres, wenn das Kartell (als sog. Syndikat) selbst die Verteilung der Produktion in die Hand nimmt, so daß das Kartellmitglied die Aufträge von der Kartellstelle erhält und der Absatz durch die Kartellstelle erfolgt.

Die rechtlichen Formen, deren sich die Kartelle bedienen, sind verschieden, je nachdem es sich um eine Kartellierung der einen oder anderen Art handelt. In den Fällen einer minder tiefgreifenden Bindung kann ein obligatorischer Vertrag der Kartellmitglieder genügen, dessen wesentlicher Inhalt die Pflicht zur Unterlassung kartellwidriger Abschlüsse und die Androhung von Vertragsstrafen ist (Konventionen). In der Regel aber bedarf das Kartell einer stärkeren Zusammenfassung und einer zentralen Organisation. Dafür bieten sich zunächst die Formen der bürgerlich-rechtlichen Vereinigungen: das Kartell wird als Gesellschaft des bürgerlichen Rechts, als nichtrechtsfähiger oder aber als eingetragener rechtsfähiger Verein seiner Mitglieder errichtet. Bedarf das Kartell aber einer mit rechtlicher Selbständigkeit ausgestatteten Zentrale, sei es nach innen, um die Kontingentierung u. dgl. wirksam durchführen zu können, sei es nach außen, um die kartellierte Produktion der Mitglieder unmittelbar an die Abnehmer weiterzuleiten, so muß eine besondere Kartellstelle in der Form einer handelsrechtlichen juristischen Person errichtet werden. Dies geschieht meist in der Form der Gesellschaft mit beschränkter Haftung, manchmal auch in der einer Aktiengesellschaft. In diesen höheren Formen bildet das Kartell dann eine Doppelgesellschaft: zwischen den Mitgliedern besteht einmal eine Gesellschaft des bürgerlichen Rechts, durch die sie sich gegenseitig zur Einhaltung der Kartellbedingungen verpflichten; außerdem aber sind die Kartellmitglieder Gesellschafter der Kartell-GmbH. Die Gestaltung, Durchführung und Lösung der gesellschaftlichen Verhältnisse und Bindungen im einzelnen richtet sich dann grundsätzlich nach den für die gewählte Rechtsform im allgemeinen geltenden bürgerlich- oder handelsrechtlichen Normen[1].

Mit seinem freiwilligen Beitritt zum Kartell unterwirft sich das Mitglied den Beschlüssen seiner Mehrheit und den Maßnahmen seiner Leitung (innerer Organisationszwang). Gegen Außenstehende, welche die Kartellpolitik durchkreuzen, wenden sich Kampfmittel, wie Lieferungssperre u. dgl. (äußerer Organisationszwang). Gegen eine unzulässige Überspannung dieses Kartellzwangs gibt schon das bürgerliche Recht einen gewissen Schutz in der allgemeinen Norm von BGB. § 826[2]. Nunmehr hat aber die KartellVO., die ein Kartellgericht (beim Reichswirtschaftsgericht) einsetzt und den Reichswirtschaftsminister mit weitgehenden Zuständigkeiten ausstattet, diesen Schutz Einzelner gegenüber der Übermacht von Kartellen verstärkt: den Mitgliedern wird das Recht zur Kündigung gegeben, wenn ihre wirtschaftliche Bewegungsfreiheit durch einen Beschluß des Kartells unbillig eingeschränkt wird, § 8[3], und die Ausübung des Kartellzwangs wird in gewissem Umfange (Verfall von Sicherheiten, Sperre u. dgl.) sogar von einer vorherigen Einwilligung des Kartellgerichtsvorsitzenden abhängig gemacht, § 9. Zugleich nimmt die KartellVO. die Gesamtheit gegen eine das Gemeinwohl gefährdende Ausnützung der wirtschaftlichen Machtstellung der Kartelle (monopolistische Preissteigerungen u. dgl.) in Schutz: einzelne Beschlüsse des Kartells können auf Antrag des Reichswirtschaftsministers durch das Kartellgericht für nichtig erklärt und in ihrer Wirksamkeit gehemmt werden, § 4, insbesondere auch allen benachteiligten Dritten der Rücktritt von Verträgen gestattet werden, die auf unerträglichen, von Kartellen

---

[1] Dabei ergeben sich gewisse rechtliche Schwierigkeiten vor allem daraus, daß das Recht der GmbH. und das der bürgerlich-rechtlichen Gesellschaft in der Frage der Kündigung usw. nicht übereinstimmen. S. hierüber nunmehr RGZ. 114, 212; Löwenberg, ZHR. 89, 296.

[2] Vgl. z. B. RG. in Warn. 1913, Nr. 82.

[3] Vgl. RGZ. 114, 212. Auch das in KartellVO. § 1 aufgestellte Erfordernis der Schriftform für Kartelle u. dgl. gewährt bereits einen größeren Schutz, s. RGZ. 114, 262.

festgesetzten, allgemeinen Geschäftsbedingungen oder Preisfestsetzungen beruhen, § 10, s. auch unten Anm. 2.

b) Konzern ist ein Zusammenschluß von Unternehmungen verwandter Art zum Zweck einer Verstärkung ihrer wirtschaftlichen und einer Verbesserung ihrer technischen Möglichkeiten, wobei die einzelnen Unternehmer zwar an sich, zum mindesten nach außen, ihre Selbständigkeit behalten, aber in kapitalistischer Beziehung irgendwie miteinander verknüpft und unter eine gemeinsame Leitung gestellt werden[1]. Diese — mehr oder weniger intensiv gestaltete — Einheitlichkeit der Leitung macht den Konzern selbst zu einer Unternehmensform höheren Grades. Während Kartelle nicht selbst Unternehmungen sind, sondern die Konkurrenz unter den beigetretenen und womöglich auch den außenstehenden Unternehmungen regulieren wollen, besteht zwischen einer Konzernunternehmung einerseits und den übrigen (Einzel- oder Konzern-) Unternehmungen des gleichen fachlichen und räumlichen Gebiets anderseits das normale Verhältnis freier Konkurrenz. Übrigens kann, wie sich hieraus ohne weiteres ergibt, eine Konzernunternehmung auch Mitglied eines Kartells sein. Nur, wenn ein Konzern selbst sämtliche Unternehmungen seines Gebiets oder doch die hauptsächlichsten davon in sich vereinigt, wendet sich seine Macht ebenso nach außen wie bei einem Kartell; verbinden sich die Merkmale des einen Innenzusammenschluß darstellenden Konzerns in solcher Weise mit der auf Marktbeherrschung gerichteten Außentendenz des Kartells, so wird der Konzern zum Trust und unterliegt dann auch dem öffentlichen Kartellrecht, insbesondere den Normen von KartellVO. § 10[2].

Die Zusammenfassung im Konzern kann sich auf solche Unternehmungen erstrecken, welche verschiedenen Stufen des Produktionsprozesses angehören, sog. vertikale Zusammenfassung (Bergwerk, Eisenwerk, Maschinenfabrik usw.). Weit bedeutsamer ist die sog. horizontale Zusammenfassung von Unternehmen gleicher Art (mehrere chemische Fabriken; mehrere, vielleicht alle Stahlwerke usw.), wobei sowohl die aus der Konzentration sich ergebende technische oder kommerzielle Rationalisierung[3], wie auch das wirtschaftliche Machtstreben Antrieb und Ziel bilden kann; gerade hier kann sich die Konzernmacht zum Trust im eigentlichen Sinn erweitern.

Die Rechtsform der Konzerne hängt davon ab, ob die stets erforderliche Konzernleitung in einer einheitlichen Spitze besteht (Subordinationsform) oder, wie dies besonders bei horizontaler Zusammenfassung das Näherliegende ist, durch Verbindung der einzelnen Unternehmensleitungen gebildet werden soll (Koordinationsform). Im ersteren Fall beherrscht z. B. die den Konzern leitende Persönlichkeit oder Gesellschaft ein angegliedertes Aktienunternehmen dadurch, daß sie alle oder fast alle Aktien desselben besitzt[4]. Für die Koordination bestehen mehrere

[1] Der Ausdruck „Konzern“ hat sich erst in den letzten Jahren eingebürgert und wird in verschieden weitem Sinne gebraucht.

[2] KartellVO. § 10 gestattet Dritten den Rücktritt von Verträgen, wenn die ihnen zugrunde liegenden Geschäftsbedingungen oder Preisfestsetzungen auf Antrag des Reichswirtschaftsministers vom Kartellgericht als das Gemeinwohl gefährdend erklärt sind. Dies gilt nicht nur gegenüber Trusts und anderen Zusammenschlüssen, sondern auch gegenüber einer Einzelunternehmung mit überwiegender Monopolstellung.

[3] Vgl. daher Art. III des G. über Steuermilderungen zur Erleichterung der Wirtschaftslage, vom 31. 3. 1926: „steuerliche Erleichterungen wirtschaftlich gebotener Betriebszusammenschlüsse“.

[4] Da hier zwischen der Muttergesellschaft und der Tochtergesellschaft trotz formaler Selbständigkeit der letzteren doch eine wirtschaftliche Identität besteht, greifen alle Probleme der Einmanngesellschaft, die Fragen der Ausschließung vom Stimmrecht u. dgl. ein und führen zu rechtlichen Schwierigkeiten einem Aktiengesetz gegenüber, dem derartige Verflechtungserscheinungen von Hause aus fremd sind. Vgl. z. B. RGZ. 108, 43; Flechtheim, Die Strukturwandlungen der Wirtschaft und das Aktienrecht (Berichte des Enquête-Ausschusses zur Untersuchung der Erzeugungs- und Absatzbedingungen der deutschen Wirtschaft, 1927); oben S. 93 Anm. 1.

Stufen einer sich immer mehr verstärkenden Konzentration. Die mehreren Gesellschaften können sich z. B. in Form einer Gesellschaft des bürgerlichen Rechts unter eine gemeinschaftliche Leitung stellen, wobei in der Regel die Gewinne zusammengeschüttet und nach einem Schlüssel verteilt werden (Interessengemeinschaft, Gewinngemeinschaft). Sie können sich aber auch organisch verbinden, indem sie z. B., ohne die formale Selbständigkeit der einzelnen Gesellschaften aufzuheben, deren Leitung in die Hand einer sog. Dachgesellschaft legen. Die letzte Stufe vollkommener Konzentration endlich stellt die Verschmelzung der mehreren Gesellschaften zu einem auch formell einheitlichen Unternehmen dar, die völlige Fusion, in der die Vielgestalt des Konzerns dann schließlich wieder durch die Unternehmenseinheit überwunden wird.

Dritter Abschnitt.

Handelsgeschäfte.

Erstes Kapitel.

Allgemeines.

§ 63. Begriff.

Literatur: Brodmann in Ehrenbergs Handb. IV 2, 1ff.

Handelsgeschäfte, d. h. nach Handelsrecht zu beurteilende Rechtsgeschäfte, sind alle Geschäfte eines Kaufmanns, die zum Betriebe seines Handelsgewerbes gehören, § 343 I. Im Gegensatz zum ADHGB. (s. oben § 2 a. E.) gibt es keine sog. absoluten Handelsgeschäfte mehr, die ohne Rücksicht auf die Person des sie Vornehmenden dem Handelsrecht unterstellt wären; nach § 343 kommt es nicht sowohl auf das objektive Wesen des Geschäfts, als vielmehr auf die Kaufmannseigenschaft des Subjekts an. Der Zusatz, daß das Geschäft zum Gewerbebetrieb gehören muß, ist, genau genommen, nur eine Verdeutlichung, die das Mißverständnis ausschließt, als ob ein „Kaufmann" auch in seiner privaten Sphäre, z. B. bei Einkäufen für seinen Haushalt, dem Handelsrecht unterstünde. Entscheidend ist stets nur, ob dies konkrete Geschäft tatsächlich zu diesem konkreten Gewerbebetrieb gehört. Ist dies der Fall, so ist es ein Handelsgeschäft, mag es nun zu derjenigen Art von Hauptgeschäften gehören, die diesen Betrieb zum Handelsgewerbe machen (z. B. Ankauf der hier gehandelten Ware, Frachtverträge des Transportunternehmers), oder aber nur ein Hilfsgeschäft sein (z. B. Frachtvertrag eines Warenkaufmanns, Grundstückskauf oder -miete, Anstellungsverträge, Vollmachten, Geld- und Kreditgeschäfte, Versicherungsverträge, Konkurrenzverbote[1]). Dabei macht es, wie schon die eben angeführten Beispiele zeigen, keinen Unterschied, ob ein solches Hilfsgeschäft an sich zu den Grundhandelsgeschäften des § 1 Abs. 2 gehört oder nicht. Wenn § 343 Abs. 2 auf jene ersteren besonders hinweist, so sollen damit sonstige Geschäfte, die tatsächlich zu dem konkreten Gewerbebetrieb gehören, keineswegs ausgeschlossen sein; vgl. z. B. § 350: Bürgschaft als Handelsgeschäft. Im übrigen gehören zum Betriebe eines Handelsgeschäfts nicht nur die während seiner Führung abgeschlossenen, sondern auch die Vorbereitungs- und Abwicklungsgeschäfte; ein Handelsgeschäft ist also sowohl der Einkauf der Waren zur demnächstigen Geschäftseröffnung, wie die Veräußerung des ganzen Handelsgeschäfts an einen Dritten.

Ist nach Lage des Falles die Betriebszugehörigkeit eines Geschäfts nicht offensichtlich ausgeschlossen, so ist sie im Zweifel zu bejahen: die sie verneinende Partei hat, dieser Vermutung gegenüber, die Beweislast für die rein private Natur des Geschäfts. Bei Schuldscheinen eines Kaufmanns kann ein solcher Gegenbeweis aber nur aus der Urkunde selbst, nicht aus den begleitenden Umständen geführt werden, § 344[2, 3]. Auch die Geschäfte einer Aktiengesellschaft oder einer sonstigen

[1] Vgl. z. B. RGZ. 87, 329: Wenn ein Bauunternehmer bei einer Bank zu Kreditzwecken Wertpapiere hinterlegt, so handelt er im Betriebe seines Handelsgeschäfts und untersteht daher der nur für Kaufleute geltenden Vorschrift in DepotGes. § 8.

[2] Schuldscheine im Sinne dieser Bestimmung sind keineswegs bloß solche über Darlehen u. dgl., sondern schriftliche Verpflichtungserklärungen oder Anerkenntnisse jeder Art, z. B. auch Bürgschaftserklärungen, vgl. ROHG. 9, 174.

[3] Für Geschäfte, die ein Teilhaber einer offenen Handelsgesellschaft unter seinem eigenen Namen abschließt, gilt die Vermutung des § 344 nicht, vgl. RGWarn. 1916, 174.

juristischen Person, die kraft ihrer Rechtsform Kaufmannseigenschaft hat, sind nach § 343 I als Handelsgeschäfte nur dann zu erachten, wenn die Gesellschaft ein Gewerbe betreibt und das Geschäft zu dessen Betriebe gehört[1].

Auch bei einseitigen Handelsgeschäften, deren eine Partei Nichtkaufmann ist, findet grundsätzlich das Handelsrecht volle Anwendung auf beide Teile: ein Frachtführer hat alle Rechte aus §§ 245ff., 440, mag der Absender Kaufmann, Landwirt oder Privatmann sein; doch enthält das HGB. eine Reihe wichtiger Vorschriften, die ausdrücklich nur für Rechtsbeziehungen unter Kaufleuten gelten: beiderseitige Handelsgeschäfte, § 345, vgl. z. B. §§ 346, 369, 377.

§ 64. Handelsmäßige Beurteilung. Handelsgebräuche.

Literatur: BRODMANN, Ehrenbergs Handb. IV 2, 87; SCHREIBER, Handelsbräuche (1921).

Unter Kaufleuten gilt, wie bereits oben § 4 bemerkt, als oberste Regel, daß „in Ansehung der Bedeutung und Wirkung von Handlungen und Unterlassungen auf die im Handelsverkehr geltenden Gewohnheiten und Gebräuche Rücksicht zu nehmen" ist, § 346[2]. Schon nach BGB. § 157 ist bei Auslegung von Verträgen die Verkehrssitte zu beachten. Der Grundsatz des § 346 hat aber auf seinem Anwendungsgebiet eine erheblich weitere und vertiefte Bedeutung. Er erstreckt sich keineswegs bloß auf die Auslegung von Rechtsgeschäften[3], sondern ist bei der Beurteilung jeglichen geschäftlichen Verhaltens unter Kaufleuten anzuwenden. Und während auf dem weiten, unbestimmten Felde des bürgerlichen Lebens sich eine Verkehrssitte doch nur schwer und nur in ganz allgemeinen Fragen bilden kann, sind auf dem beruflich abgegrenzten Gebiete des Handels präzise Gewohnheiten und Gebräuche recht eigentlich zu Hause. Im Laufe einer sehr alten und bedächtigen Entwicklung bilden sich hier feste Standesauffassungen über diese oder jene Frage des geschäftlichen Verhaltens zu anerkannten Gewohnheiten aus, und in den verschiedenen Geschäftszweigen, an den verschiedenen Handelsplätzen entstehen zahlreiche, ins einzelne gehende Gebräuche, die der Typisierung und Normalisierung des kaufmännischen Verkehrs dienen und die zu anerkannten „Handelsgebräuchen" geworden sind, sobald sie die tatsächliche Zustimmung sämtlicher, auf beiden Seiten der fraglichen Geschäftsart beteiligten Kreise während eines längeren Zeitraumes unangefochten gefunden haben[4].

So mag es z. B. vielleicht eine Handelsgewohnheit sein, daß die Antwort auf ein Telegramm nicht in einem einfachen Brief, sondern wiederum telegraphisch zu erfolgen hat. So gilt ferner bei bestehender Geschäftsverbindung das Schweigen auf eine antwortbedürftige Erklärung als Annahme, wenn der andere Teil nach den Umständen eine Zustimmung für wahrscheinlich halten darf (s. a. § 362)[5]. Oder ein Handelsbrauch mag da und dort z. B. „brutto für netto" einführen (s. § 380); er mag Lieferungs- und Zahlungsfristen für die Crefelder Textilindustrie festsetzen oder dem Worte „prima" im Hamburger Kaffeehandel einen genau bestimmten Sinn geben.

---

[1] So STAUB-PINNER § 210 n. 14ff.; HACHENBURG, GmbH. § 13 n. 21ff. A. Mg.: MARTIN WOLFF, Festg. f. Gierke II, 125ff. Daß übrigens die Geschäfte eines solchen Kaufmanns kraft Rechtsform jedenfalls dann Handelsgeschäfte sind, wenn er irgendein Gewerbe betreibt, mag dies auch nicht ein Handelsgewerbe sein, folgt schon aus § 5 (z. B. eine landwirtschaftliche GmbH.).

[2] Sammlungen von Handelsgebräuchen: für Berlin von APT, Gutachten der Ältesten der Kaufmannschaft, und von DOVE-MEYERSTEIN, Gutachten der Handelskammer, Bd. III, 1926; für Breslau von RIESENFELD; für die Textilbranche von WERTHEIMER.

[3] S. dagegen STAUB-KOENIGE, § 346 Einl.

[4] Vgl. RGZ. 110, 48.

[5] Vgl. z. B. RGZ. 54, 176; 88, 377; 105, 389: Nichtbeantwortung eines von der mündlichen Vereinbarung abweichenden Bestätigungsschreibens; STAUB-KOENIGE, III. Anh. z. § 372 n. 38. Ein Handelsgebrauch, wonach Stillschweigen allgemein als Zustimmung zu gelten habe, besteht selbstverständlich nicht; auch die gesetzliche Regel des § 362 über die Erklärungspflicht gegenüber Anträgen wegen einer Geschäftsbesorgung gilt nur im Verhältnis zu Geschäftsfreunden.

Alle solche Handelsgewohnheiten und -gebräuche sind, falls sie nur nicht gegen den Zweck eines Gesetzes oder gegen Treu und Glauben verstoßen oder einen mißbräuchlichen Inhalt haben, in Rechtsbeziehungen unter Kaufleuten vom Richter zu beachten. Dabei kommt es nicht darauf an, ob die eine oder andere Partei sie gekannt hat und sich ihnen unterwerfen wollte: der Kaufmann handelt auf eigene Gefahr, wenn er sich über die auf dem fachlichen und örtlichen Gebiet seiner Berufstätigkeit bestehenden Gebräuche nicht rechtzeitig unterrichtet; haben freilich beide Parteien übereinstimmend eine vom Üblichen abweichende Regelung gewollt, so hat es natürlich dabei sein Bewenden[1].

Neben den aus tatsächlicher Übung sich ergebenden Handelsgebräuchen stehen für Handelsgeschäfte, die auf Börsen, Märkten u. dgl. oder im Zusammenhang mit diesen Einrichtungen geschlossen werden, die von den Organen dieser Anstalten festgestellten und als Usancen veröffentlichten Geschäftsbedingungen, denen die gleiche Maßgeblichkeit zukommen kann, wie den Handelsgebräuchen[2,3]. Auch der kaufmännische Geschäftsstil hat eine hervorragende Bedeutung; er hat eine große Zahl von Ausdrücken und Klauseln herausgebildet und bildet solche immer weiter aus, denen allgemeine oder örtliche Handelsgebräuche eine ganz bestimmte rechtliche Bedeutung bindend zuschreiben[4].

Die besondere Signatur des kaufmännischen Lebens zeigt sich auch sonst nach allen Richtungen. Der Kaufmann haftet aus einem Handelsgeschäft nicht nur für die den allgemeinen Verkehrserfordernissen entsprechende bürgerliche Diligenz, sondern für die besondere berufsmäßige „Sorgfalt eines ordentlichen Kaufmanns", § 347, s. a. §§ 241, 249, vgl. BGB. § 276. Die Lieferbarbeit einer der Gattung nach bestimmten Ware beurteilt sich im Handelsverkehr nicht nach dem allgemeinen Durchschnitt der Gattung, vielmehr ist speziell „Handelsgut" (handelbare Ware) von durchschnittlicher Art und Güte zu liefern, § 360, vgl. BGB. § 243. S. ferner § 358: gewöhnliche Geschäftszeit u. a. m.

§ 65. Schuldrechtliche Besonderheiten.

Die Darlegungen des vorigen Paragraphen zeigen ohne weiteres, daß die tatsächliche Gestaltung des geschäftlichen Verkehrs, die ihn beherrschenden Auffassungen und Gewohnheiten, die in ihm herausgebildeten typischen Gestaltungen für Abschluß und Durchführung der Handelsgeschäfte sich bei der Beurteilung handelsrechtlicher Tatbestände überall aufs bedeutsamste geltend machen müssen. Auch wo die Handelsgesetze keine besonderen Rechtsnormen enthalten, vielmehr die Bestimmungen des bürgerlichen Rechts allein zur Anwendung kommen, ist die Zugehörigkeit des der richterlichen Beurteilung unterliegenden Tatbestandes zum Gebiet der Handelsgeschäfte und des Handelsverkehrs stets als ein tatsächliches Moment zu beachten, das zu einem vom nichtgeschäftlichen Leben abweichenden

---

[1] Zu Vorstehendem vgl. z. B. RGZ. 103, 146; 106, 360; ferner RGZ. 95, 242; 112, 321; 114, 9: mißbräuchliche Verkehrssitte; JW. 1922, 488: Treu und Glauben geht vor Verkehrssitte.

[2] Vgl. z. B. Usancen der Berliner Fondsbörse (d. i. Wertpapierbörse), der Hamburger Getreide-, der Bremer Baumwollbörse; „kodifizierte Geschäftsbedingungen" für einzelne Geschäftszweige (z. B. Schuhhandel), hrsg. von der Berliner Industrie- und Handelskammer; Grundsätze der Hanseatischen Handelskammer über den Orient-Früchtehandel u. v. m. S. auch unten §§ 73, 74.

[3] Den von Banken, Transportunternehmungen und ähnlichen Anstalten aufgestellten und ordnungsmäßig bekannt gemachten allgemeinen Vertragsbedingungen unterwirft sich der mit ihnen Kontrahierende, auch ohne von ihnen Kenntnis zu haben; sie sind jedoch insoweit nicht bindend, als in ihnen eine nach BGB. § 138 unzulässige Ausbeutung einer Monopolstellung liegt (z. B. übermäßige Freizeichnung von gesetzlichen Haftungen), vgl. RGZ. 103, 82; 109, 304. S. a. KartellV. § 10, oben S. 117 Anm. 2.

[4] Zander, Klauseln im Handelsverkehr, GruchBeitr. 49, 573. Hanausek, Fakturen und Fakturaklauseln. Zahlreiche Beispiele bei Mosse-Heymann, § 346 n. 5 und F. Goldschmit, HGB § 346, 24. Über einige wichtige Klauseln beim Handelskauf s. unten § 70.

Ergebnis führen kann und nicht selten führen wird[1]. So fragmentarisch auch die gesetzlichen Normen des Handelsrechts, insbesondere diejenigen über Handelgeschäfte sind, so bildet doch die handelsrechtliche Praxis ein zusammenhängendes Ganzes. Eine enzyklopädische Darstellung wie die vorliegende jedoch muß sich auf jene speziellen Gesetzesnormen beschränken.

Auf dem Gebiete des Schuldrechts ergeben sich solche gesetzliche Besonderungen des Handelsrechts einmal daraus, daß gewisse Vorschriften des bürgerlichen Rechts, die einen Schutz gegen Übereilung und Geschäftsunkenntnis bieten sollen, im Handelsverkehr außer Anwendung gesetzt werden. Das HGB. entbindet die Bürgschaft, sowie das abstrakte Schuldversprechen und Schuldanerkenntnis, wenn sie auf seiten des Versprechenden ein Handelsgeschäft sind, von dem Erfordernis der Schriftform, § 350, vgl. BGB. §§ 766, 780, 781, und es versagt dem Kaufmann, der z. B. in einem Lieferungsvertrag eine wenn auch noch so hohe Vertragsstrafe versprochen hat, die Anrufung des richterlichen Ermäßigungsrechtes, § 348, vgl. BGB. § 343[2]. Jene besondere Behandlung der Bürgschaft rechtfertigt sich schon dadurch, daß diese, wenn sie auf seiten des Bürgen ein Handelsgeschäft ist, immer irgendwie in seinem eigenen geschäftlichen Interesse liegt und meist entgeltlich ist[3]. Außerdem liegt aber der ganzen Gruppe von Vorschriften der Gedanke zugrunde, daß der geschäftsgewandte Kaufmann sich selbst schützen könne, weshalb der Gesetzgeber andererseits die Minderkaufleute wieder von diesen Sondernormen ausnimmt, § 351. S. a. § 349: ein Vollkaufmann als Bürge hat nicht die Einrede der Vorausklage (vgl. BGB. § 771).

Dem Schuldrecht des Handels ist ferner eine stärkere grundsätzliche Betonung der Entgeltlichkeit eigen, wie dies dem auf den Erwerb gestellten Charakter der gewerblichen Unternehmung entspricht. Jede Geschäftsbesorgung oder Dienstleistung, die ein Kaufmann in seinem Handelsgewerbe für einen Anderen (Kaufmann oder Nichtkaufmann) ausführt, gibt ihm ein Recht auf ortsüblichen Entgelt (Provision, Lagergeld)[4]; dies gilt, im wesentlichen Gegensatz zu BGB. § 683, auch dann, wenn kein Vertrag, sondern nur Geschäftsführung ohne Auftrag vorliegt, z. B. bei freiwilliger Einlagerung gefährdeter Waren eines Anderen, § 354 I[5]. Ebenso sind Darlehen, Vorschüsse und Auslagen eines Kaufmanns kraft Gesetzes vom Tage der Leistung an verzinslich, und das gleiche gilt, falls der Schuldner ebenfalls Kaufmann ist, für alle sonstigen Forderungen aus beiderseitigen Handelsgeschäften, hier jedoch erst vom Tage der Fälligkeit an, §§ 353, 354 II. Der gesetzliche Zinsfuß ist im Handelsrecht ein höherer: 5%, § 352. Daß dies für Verzugszinsen nur das Mindestmaß ist, der Gläubiger also einen etwaigen höheren Schaden geltend machen kann, z. B. weil die vom Gläubiger anderweit zu entrichtenden Bankzinsen derzeit sehr viel höher sind, ergibt sich aus BGB. § 288 II. Das Zinseszinsenverbot von BGB. § 248 I gilt auch bei Handelsgeschäften (s. a. § 353, 2), nicht jedoch für Kontokurrentverhältnisse, deren nähere Regelung vom HGB. daher hier den allgemeinen Zinsvorschriften angefügt ist, § 355 I.

---

[1] So muß z. B. ein Kaufmann die geschäftlichen Erklärungen, die mittels Fernsprechers gegenüber dem mit der Bedienung des Geschäftstelephons betrauten Angestellten abgegeben sind, als zugegangen gelten lassen, während dies beim Privattelephon nicht schlechthin anzuerkennen wäre, vgl. RGZ. 61, 125; 102, 295.

[2] Von besonderer Bedeutung wird die strenge Regel des § 348 bei Vertragsstrafen, die in Verträgen über Wettbewerbsverbote unter Kaufleuten (anders § 75c I 2) oder bei sonstigen Konkurrenzregelungen und in Kartellverträgen bestimmt werden. Enthält die übermäßige Bindung einen Verstoß gegen die guten Sitten, so findet BGB. § 138 Anwendung, vgl. hierzu RGWarn. 1920, Nr. 99.

[3] Z. B. eine Bank verbürgt sich für einen Kunden.

[4] Z. B. Provisionsanspruch für Ausstellung und Überlassung von Gefälligkeitswechseln, RGWarn. 1929, 38, oder für Bürgschaftsübernahme, ROHG. 11, 248.

[5] Vgl. z. B. RG. in JW. 1929, 1131: Provisionsanspruch für Vermittlertätigkeit kann aus § 354 begründet sein, wenn der Vermittlungsauftrag selbst nicht rechtswirksam ist.

§ 66. Kontokurrentvertrag. Girovertrag.

a) Der Kontokurrentvertrag ist eine Vereinbarung zwischen einem Kaufmann und einer anderen, mit ihm in Geschäftsverbindung stehenden Person, die ihrerseits nicht Kaufmann zu sein braucht, daß die infolge der einzelnen Geschäfte beiderseitig entstehenden Geldansprüche, sowie die beiderseitig bewirkten Geldleistungen in eine laufende Rechnung gestellt und in bestimmten Zeitabschnitten verrechnet werden sollen, um sie, soweit sie sich decken, dadurch auszugleichen, den für die eine oder andere Partei sich ergebenden Überschuß aber im Saldo festzustellen, § 355 I[1]). Die in das Kontokurrentverhältnis gehörenden Einzelbeziehungen sind also zunächst nur als Rechnungsposten zu behandeln; insbesondere kann der Anspruch aus einem einzelnen kontokurrentpflichtigen Geschäft während der Rechnungsperiode nicht selbständig eingeklagt werden (Einrede des Kontokurrents). Erst wenn die Rechnungsperiode abgelaufen oder das Kontokurrentverhältnis im ganzen gekündigt ist, was fristlos geschehen kann (§ 355 II, III), ergibt sich der einseitige Anspruch auf das Saldoguthaben. Seine unmittelbare Rechtsgrundlage bildet die Anerkennung des Rechnungsabschlusses[2]. Da die Saldoforderung trotz dieser formal selbständigen Neubegründung aber doch nichts anderes als das Überschußergebnis der Einzelposten ist, die zugunsten der schließlich als Gläubiger verbleibenden Partei in das Kontokurrent aufgenommen wurden, wird die für eine einzelne Forderung bestellte Sicherheit (Pfand, Bürgschaft) durch das Saldoanerkenntnis nur frei, wenn der Saldo für den Schuldner aktiv ausfällt; dagegen haftet sie für einen etwaigen Debetsaldo weiter, soweit der Betrag sich deckt; dies wird in § 356 heute ausdrücklich gesagt, um Folgerungen entgegenzutreten, die früher aus der Novationslehre gezogen wurden.

Der Kontokurrentpflicht unterliegen, soweit sich nicht aus dem Parteiwillen, z. B. den Geschäftsbedingungen der ihrem Kunden das Konto eröffnenden Bank, ein anderes ergibt, sämtliche aus dem regelmäßigen Geschäftsverkehr der Parteien entspringenden Ansprüche, dagegen z. B. nicht Deliktsforderungen, auch wenn sie mit jenem zusammenhängen sollten. Forderungen mit festbestimmtem Leistungstermin sind ihrer Natur nach regelmäßig von der laufenden Rechnung ausgenommen[3]. Die Partei, welche die Rechnung zu führen hat, also insbesondere die Bank im Verhältnis zu ihren Kunden, erkennt, indem sie die abgeschlossene Rechnung der anderen Partei zur Anerkennung überreicht, selbst deren Richtigkeit an; für die Anerkennung von seiten des Kunden bedarf es, auch wenn er Nichtkaufmann ist, keiner Schriftform, BGB. § 782. Die Feststellung der Saldo kann von der einen oder anderen Partei durch Kondiktion ihres Anerkenntnisses wieder aufgehoben werden, wenn sie irrtümlich übersehen hat, daß ein unzutreffender oder ungültiger Passivposten in die Rechnung aufgenommen oder ein ihr gutkommender Aktivposten nicht aufgenommen wurde, BGB. §§ 812 II, 814[4].

---

[1] Ein uneigentliches Kontokurrent liegt vor, wo in einer Geschäftsverbindung regelmäßig nur einseitige Ansprüche erwachsen, dennoch aber laufende Rechnung geführt wird. Vgl. hierzu Staub-Koenige, Anh. zu § 357.

[2] Die einzelnen Forderungen können auch nicht einzeln abgetreten oder gepfändet werden (vgl. RGZ. 44, 388); ein Gläubiger kann jedoch das künftige Saldoguthaben seines Schuldners mit der Wirkung pfänden, daß ihm gegenüber spätere Belastungen außer Ansatz bleiben, § 357. — Da es sich beim Kontokurrent nicht um feste, sondern eben um laufende Kreditierung handelt, schließt das AufwertungsG. § 65 den Saldo von der gesetzlichen Aufwertung aus, während eine Aufwertung der einzelnen Posten schon wegen ihrer rechtlichen Unselbständigkeit nicht in Frage kommt. Vgl. RGZ. 117, 34.

[3] So z. B. Wechsel; zwar wird ein hereingegebener Wechsel zunächst im Kontokurrent gutgebracht, im Falle seiner Nichteinlösung aber die Gutschrift wieder storniert, wodurch der Wechselanspruch gesondert einklagbar wird, vgl. ROHG. 9, 245; RGZ. 27, 142; LZ. 1918, 1212.

[4] S. RGZ. 101, 125.

b) Der Girovertrag ist ein speziell bankrechtliches Gebilde[1]. Während das Kontokurrentverhältnis die periodische Abrechnung zwischen den zwei daran Beteiligten zum Gegenstand hat, dient der Giroverkehr (giro = Kreis) der fortlaufenden Abwicklung der zwischen sämtlichen Girokunden einer Bank, insbesondere der Reichsbank, bestehenden Forderungen und Verbindlichkeiten im Wege der (bargeldlosen) Verrechnung. Auf Grund des zwischen dem Einzelnen und der Bank bestehenden Girovertrags[2] schreibt die Bank zufolge Verfügung des Zahlenden den zu zahlenden Betrag an dem Guthaben ab, das für diesen aus Einzahlungen und Gutschriften auf Girokonto entstanden ist, und schreibt ihn dem Girokonto des Empfängers zu. Diese Gutschrift durch die Bank wirkt im Verhältnis unter den Girokunden als Zahlung und begründet zugunsten des Gutschriftempfängers einen Anspruch gegen die Bank, der von dem Rechtsverhältnis der Bank zum Anweisenden unabhängig, also abstrakter Natur ist[3].

Über den Kreis einer einzelnen Bank (und ihrer Zweigstellen) hinaus erstreckt sich die Verrechnung im Skontrationsverkehr, insbesondere bei Errichtung einer zentralen Abrechnungsstelle (clearing house), wie solche z. B. an der Reichsbank bestehen[4]. Die sich bei den einzelnen Beteiligten (oder der Gesamtheit ihrer Kundschaft) ergebenden Aktiv- und Passivposten werden (täglich) bei der zentralen Stelle angemeldet und hierauf die sich unter sämtlichen Beteiligten gegenseitig ergebenden Beträge verrechnet, so daß schließlich nur die bei den Einzelnen verbleibenden Spitzenbeträge zur wirklichen Zahlung (Gut- und Lastschrift) zu gelangen brauchen. Ob hierbei dem schließlich im Aktivum verbleibenden A die Forderung gegen den schließlich im Passivum verbleibenden B übertragen oder ob die Abrechnungsstelle selbst Schuldner des A und Gläubiger des B wird, richtet sich nach den maßgebenden Geschäftsbedingungen.

§ 67. Kaufmännische Orderpapiere. Traditionspapiere.

Literatur: Jacobi, in Ehrenbergs Handb. IV 1, 450ff., und: Grundriß des Rechts der Wertpapiere; E. Heymann, Die dinglichen Wirkungen der handelsrechtlichen Traditionspapiere; Löwenfeld, Die Anweisung in Gesetz und Verkehr.

a) Während das älteste zirkulationsfähige Wertpapier, der Wechsel, ebenso wie der Scheck, heute auch dem Nichtkaufmann zur Verfügung stehen (s. Abschn. 4), haben die in § 363 zugelassenen Arten indossabler Wertpapiere einen rein handelsrechtlichen Charakter, da bei ihnen der Verpflichtete stets ein Kaufmann sein muß. Die kaufmännische Anweisung, aus der eine Verpflichtung nicht des Anweisenden, sondern nur des Angewiesenen entsteht, falls dieser die Annahme auf der Urkunde schriftlich erklärt (BGB. § 784 II), muß auf einen Kaufmann lauten, § 363 I[1]. Der kaufmännische Verpflichtungsschein, bei dem der Aussteller selbst die Leistung verspricht, muß von einem Kaufmann ausgestellt sein, § 363 I[2]. Die Besonderheit liegt in beiden Fällen darin, daß die Urkunde durch Indossament weiterbegeben werden kann, falls sie an Order lautet; die Beorderbarkeit wohnt also diesen Papieren nicht ihrer Natur nach inne, sondern muß durch den Aussteller ausdrücklich bestimmt sein (sie sind, wie manchmal gesagt wird, „gekorene", nicht „geborene" Orderpapiere). Da nur einfach gelagerte Ansprüche zur Zirkulation geeignet sind, können beide Arten von Urkunden nur auf die Leistung von Geld, Wertpapieren

---

[1] Düringer-Hachenburg, II, 604ff.; vgl. Breit, Bankgesetz § 13 X, sowie ZHR. 67, 507.

[2] In der Regel mit einem Scheckvertrag verbunden, so daß der Kunde über sein Guthaben auch mittels Schecks (zu barer Abhebung) verfügen kann, s. unten § 95 (roter Scheck). — Auch der Postscheckverkehr durch Überweisung ist Giroverkehr, vgl. Postscheckgesetz § 4.

[3] Vgl. RGZ. 54, 332; 102, 68; 105, 398; 108, 212.

[4] Dies nicht nur für Geldleistungen, sondern z. B. auch zur Abwicklung von Börsentermingeschäften über Wertpapiere (Liquidationsverein an der Börse). S. auch unten § 95.

oder anderen vertretbaren Sachen[1] lauten und dürfen die Leistung nicht von einer Gegenleistung abhängig machen[2].

Dem Grundcharakter aller Wertpapiere entsprechend sind sie legitimierende Wertträger: die Geltendmachung des verbrieften Anspruchs ist bedingt durch die rechtmäßige Inhabung der Urkunde. Schon bei der bürgerlich-rechtlichen Anweisung, von der die kaufmännische nur ein Abart ist, sind im Verhältnis der ursprünglich Beteiligten Einwendungen des Angewiesenen insoweit ausgeschlossen, als sie sich auf sein Rechtsverhältnis zum Anweisenden (Deckungsverhältnis) oder auf das des Anweisenden zum Anweisungsempfänger (Valutaverhältnis) beziehen, BGB. § 784 I[3]. Noch stärker wirkt die Abstraktion bei der Orderanweisung, wenn sie weiter indossiert wird: dem Anspruch können, falls die urkundliche Grundlage in Ordnung geht[4], nur solche Einwendungen entgegengehalten werden, die sich aus dem unmittelbaren Verhältnis zwischen dem Verpflichteten und dem die Urkunde präsentierenden Gläubiger ergeben. Das Indossament überträgt demgemäß alle Rechte aus der Urkunde, unabhängig vom Recht des Vormanns (Transportfunktion); im übrigen gilt für das Indossament im wesentlichen Wechselrecht, mit der bedeutsamen Einschränkung, daß der Indossant als solcher nicht für die Leistung haftet (keine Garantiefunktion), §§ 364, 365, vgl. WO. Art. 14[5]. Die praktische Bedeutung des kaufmännischen Verpflichtungsscheines liegt vor allem darin, daß er eine geeignete Rechtsform für Gesamtdarlehen, insbesondere Industrieobligationen, abgibt; der erste Nehmer, z. B. die finanzierende Bank, kann die Urkunde nach § 365, WO. Art. 12, mit ihrem Blankoindossament versehen und dadurch ebenso umlaufsfähig machen, wie eine Schuldverschreibung auf den Inhaber, ohne daß es doch, wie bei einer solchen (BGB. § 795), der staatlichen Genehmigung bedürfte[6].

b) Spezielleren Aufgaben dienen die weiteren fünf Arten handelsrechtlicher Orderpapiere, die in § 363 II zugelassen sind, namentlich die Konossemente der Seeschiffer (§§ 642ff.), die Ladescheine der Frachtführer (§ 444, Binnenschiffg. § 72), sowie die Lagerscheine, die jedoch nicht von jedem beliebigen Lagerhalter, sondern nur von den staatlich hierzu besonders ermächtigten Anstalten an Order gestellt werden dürfen (§ 424, vgl. unten § 80). Diese drei Papiere verbriefen den gegen den Reeder, Frachtführer oder Lagerhalter gerichteten Anspruch auf Auslieferung der Sachen, die ihm zur Beförderung oder Aufbewahrung übergeben sind; sie haben also, im Gegensatz zu den in § 363 I behandelten Urkunden, eine im Stück be-

---

[1] Z. B. Lieferscheine, wonach der Verkäufer von Gattungsware einen Dritten zur Lieferung an den Käufer anweist, vgl. z. B. RGZ. 84, 321.

[2] Vgl. RGZ. 119, 119.

[3] Hat A. den B. angewiesen, an C. 1000 M. zu bezahlen, und hat B. diese Anweisung angenommen, so kann B., wenn C. Zahlung verlangt, diese weder deshalb verweigern, weil er, B., dem A. nichts schulde (Deckungsverhältnis), noch deshalb, weil A. dem C. nichts schulde (Valutaverhältnis). Vielmehr kann B., wenn ersteres der Fall, nur einen Anspruch gegen A. geltend machen, während es, wenn letzteres der Fall, Sache des A. bleibt, den Betrag von C. zurückzufordern.

[4] Der Akzeptant einer solchen Anweisung kann sich nur auf die Ungültigkeit seiner Annahmeerklärung, aber, falls diese in Ordnung geht, nicht auf eine Ungültigkeit der Erklärung des Anweisenden berufen (bestr.).

[5] Wenn Urkunden, denen das Gesetz ihrer Art nach keine Indossabilität zuerkennt, „an Order" gestellt sind, so kann sich zwar ihre Abtretung in der Form der Girierung vollziehen, hat aber nicht die Wirkung, den Erwerber vom Recht seines Veräußerers unabhängig zu stellen, s. z. B. RGZ. 118, 34 (Depotschein), und vgl. auch RGZ. 122, 224 (Indossierung eines nicht an Order lautenden Ladescheins als einfache Rechtsabtretung).

[6] Vgl. z. B. RGZ. 111, 345, s. a. 106, 158. Bei solchen sog. Teilschuldverschreibungen kann die Unterschrift faksimiliert hergestellt werden. Die Zinsscheine können auf den Inhaber gestellt sein (bestr.), RGZ. 93, 58. S. ferner RG. betr. die gemeinsamen Rechte der Besitzer von Schuldverschreibungen vom 4. 12. 99 (Komm. v. Koenige), sowie AufwertungsG. § 33—46 u. DurchfVO. Art. 29—56, über die Aufwertung von Industrie-Obligationen und verwandten Schuldverschreibungen. Über das Rechtsinstitut im ganzen s. auch Leist, Privatrecht und Kapitalismus, S. 96ff.

stimmte Leistung zum Gegenstand. Hieran anknüpfend gibt das Handelsrecht diesen Urkunden auch eine dingliche Bedeutung, indem es das Papier an Stelle der Sache setzt: die Übergabe der Urkunde an einen aus ihr legitimierten Inhaber soll für den Erwerb von Rechten an dem Gut dieselben Wirkungen haben, wie die Übergabe des Gutes selbst[1]. Während nach bürgerlichem Recht eine Übereignung (oder Verpfändung) der Ware, solange sie in der Hand des Frachtunternehmers oder Lagerhalters ist, nur durch Abtretung des Herausgabeanspruchs nach BGB. § 931 (s. a. § 934) möglich wäre, wobei dem Erwerber alle gegenüber dem Veräußerer begründeten Einwendungen entgegenstehen, gibt eine dingliche Verfügung mittels dieser sog. Dispositions- oder Traditionspapiere dem Erwerber nach Wertpapierrecht das volle selbständige Recht gemäß der Urkunde; bei der Übergabe eines Ladescheines oder Konossements an den darin benannten Empfänger gilt das auch dann, wenn sie als Rektapapiere (also nicht an Order) ausgestellt sind, §§ 424, 450, 647, vgl. §§ 446, 651[2].

§ 68. Sachenrechtliche Besonderheiten.

Literatur: Martin Wolff in Ehrenbergs Handb. IV 1, S. 1ff.

a) Das Handelsrecht erleichtert nicht nur den Umlauf der Waren durch die soeben behandelte Einrichtung der Traditionspapiere, sondern es gibt ihm auch eine erhöhte Sicherheit. Auf dem Gebiete des Mobiliarsachenrechts[3] erfüllen die Vorschriften über den gutgläubigen Rechtserwerb eine besondere Verkehrsfunktion. Indessen erfassen sie nach bürgerlichem Recht doch nur den einfachsten Fall, daß der veräußernde Besitzer selbst als Eigentümer auftritt und der Erwerber, ohne daß ihm dabei grobe Fahrlässigkeit zur Last fällt, nicht weiß, „daß die Sache nicht dem Veräußerer gehört", BGB. § 932. Das Handelsrecht geht weiter: es gewährt, falls der Veräußerer ein Kaufmann ist und die Sache im Betriebe seines Handelsgewerbes veräußert, dem gutgläubigen Erwerber „auch dann" Schutz, wenn der Veräußerer nicht als angeblicher Eigentümer, sondern auf Grund einer ihm angeblich zustehenden Befugnis handelt, für den Eigentümer über sie zu verfügen. Diese Besonderheit beruht darauf, daß Veräußerungen für Andere, die im bürgerlichen Verkehr stets etwas Atypisches an sich haben, im Handelsverkehr durchaus alltäglich sind, so z. B., wenn ein Kaufmann als Verkaufskommissionär im eigenen Namen und für fremde Rechnung, oder wenn er als Verkaufsagent in fremdem Namen veräußert (oder verpfändet), § 366 I, II[4].

Im übrigen verbleibt es bei den allgemeinen Grundsätzen: insbesondere ist auch im Handelsverkehr gemäß BGB. § 935 I, 1208 der gutgläubige Rechtserwerb an Sachen ausgeschlossen, die dem wahren Eigentümer gestohlen worden, verloren gegangen oder sonst abhanden gekommen sind. Bei Inhaberpapieren gilt dies nach BGB. § 935 II nicht, da sonst ihre Zirkulationsfähigkeit gehemmt wäre. Doch hat gerade hier das Handelsrecht umgekehrt den gutgläubigen Erwerb in einem besonderen Falle erschwert: ist der Erwerber eines gestohlenen oder verloren ge-

---

[1] Die sachenrechtliche Verfügung mittels Traditionspapiers ist nicht mehr möglich, wenn das Eigentum inzwischen auf einen Dritten übergegangen ist, z. B. durch eine vom Lagerhalter ausgeführte Veräußerung an einen Gutgläubigen. Dagegen ist streitig, ob die Übertragungswirkung mittels des Papiers noch möglich ist, wenn lediglich der Besitz verloren wurde, z. B. durch Diebstahl. Bejahend die sog. absolute Theorie (E. Heymann a. a. O., Pappenheim, Handb. d. Seerechts III, S. 369). Verneinend die relative, sog. Repräsentationstheorie (vgl. Mittelstein-Sebba, Seerecht, S. 643; Müller-Erzbach S. 518f., v. Schwerin, Wertpapiere S. 207; RGZ. 89, 41).

[2] Über den Verkauf „Kasse gegen Dokumente" s. unten S. 130 Anm. 2.

[3] Über das sog. Depotgesetz s. unten § 77, b.

[4] Daß § 366 auch auf Fälle der letzteren Art, bei denen der Veräußerer als Vertreter auftritt, zu erstrecken ist, muß nach Denkschr. 207fg. und gemäß dem Verkehrsbedürfnis angenommen werden; a. Mg. Cosack, § 28, M. Wolff a. a. O. S. 42.

gangenen Inhaberpapiers ein Bankier, so ist sein guter Glaube nicht nur ausgeschlossen, wenn ihm tatsächlich eine grobe Fahrlässigkeit nachgewiesen werden kann (BGB. § 932 II), sondern auch dann, wenn der Verlust der Urkunde im Reichsanzeiger ausgeschrieben war und der Erwerber nicht Umstände nachweist, die seine Unkenntnis dieser Veröffentlichung entschuldigen, § 367[1].

b) Neben die gesetzlichen Pfandrechte des allgemeinen bürgerlichen Rechts treten — in weiterem Ausbau des dem BGB. § 647 zugrunde liegenden Rechtsgedankens — nach Handelsrecht die gesetzlichen Pfandrechte des Kommissionärs, des Spediteurs, des Lagerhalters und des Frachtführers an den ihnen übergebenen Gütern, §§ 397, 410, 421, 440. Ihre Entstehung wird dadurch erleichtert, daß die Vorschriften über gutgläubigen Rechtserwerb bei ihnen für anwendbar erklärt sind, und zwar ohne Rücksicht darauf, ob der Kommittent, Absender usw. ebenfalls Kaufmann ist oder nicht, § 366 III, vgl. auch § 368 I, II. Beim Zusammentreffen mehrerer solcher Pfandrechte haben die durch die Versendung des Gutes entstandenen den Vorrang vor den anderen, und unter jenen die späteren den Vorrang vor den früheren, s. § 443.

Für die vertragsmäßige Kreditsicherung gelangen die verschiedenen, vom bürgerlichen Recht dargebotenen Formen im Handelsverkehr zur Anwendung[2]. Besondere handelsrechtliche Normen erleichtern die Befriedigung aus dem Faustpfand durch Abkürzung der Fristen, § 368, s. a. Bankges. § 21 II über Lombarddarlehen der Reichsbank. Da die im Besitz von Waren bestehende Kreditgrundlage im Wege einer Verpfändung vielfach um deswillen nicht zu verwerten ist, weil hierbei nach BGB. § 1205ff. der Besitz auf den Pfandgläubiger übertragen werden müßte, wird häufig zur Sicherungsübereignung, insbesondere zu der von Warenlagern in ihrem ganzen, wechselnden Bestande, gegriffen; die rechtliche Möglichkeit solcher und ähnlicher fiduziarischer Geschäfte ist nach der Rechtsprechung nicht mehr zu bezweifeln[3, 4].

§ 69. Kaufmännisches Zurückbehaltungsrecht.

Literatur: Staub-Koenige[12] III, S. 709—758. Schlegelberger, Zurückbehaltungsrecht, S. 192ff.; Mart. Wolff, Ehrenbergs Handb. IV. 1, 76ff.; Oertmann, BankArch. 6, 137.

Das Sicherungsmittel des Zurückbehaltungs-(Retentions-)rechts hat im Handelsrecht von alters her eine besondere Ausgestaltung erfahren; der freieren Kreditgebarung unter Kaufleuten entspricht das erhöhte Verlangen nach Deckung. Zwar wird auch nach bürgerlichem Rechte (BGB. § 273) dem Schuldner einer Forderung an der von ihm geschuldeten Leistung, welcher Art diese auch sein mag, ein Zurückbehaltungsrecht wegen eines Gegenanspruchs gegen den Gläubiger gewährt, jedoch nur dann, wenn dieser Gegenanspruch auf dem gleichen Rechtsverhältnis beruht oder die gleiche Sache betrifft; auch hat es nur die Wirkung, daß der Schuldner es mittels einer Einrede dem Anspruch des Gläubigers entgegensetzen kann. Demgegenüber hat das kaufmännische Zurückbehaltungsrecht einen sehr viel weiteren Kreis und auch eine erheblich stärkere Wirkung. Ein Kaufmann kann wegen aller

---

[1] Hat die Bank das Wertpapier von einem Zwischenkäufer erworben, der, weil selbst gutgläubig, Eigentümer geworden war, so kommt eine Vindikation ihr gegenüber nicht mehr in Frage, so daß auch § 367 außer Betracht bleibt, vgl. RGZ. 37, 75.

[2] Arved Koch, Der Kredit im Recht, mit besonderer Berücksichtigung der Bankpraxis (1922); Schultz, Die Sicherungsgeschäfte des Kaufmanns (Anschauungsstoffe Heft 3).

[3] Hoeniger, Sicherungsübereignung von Warenlagern 2 (1912); ders., Diskontierung von Buchforderungen (1912); ders. JW. 1927, 627. Vgl. z. B. RGWarn. 1912, Nr. 213.

[4] Bei Zahlungsschwierigkeiten kommt es häufig vor, daß dem Schuldner im Wege eines Akkords von den Gläubigern nachgelassen wird, nur einen bestimmten Teil (Prozentsatz) seiner Schuld zahlen zu müssen, während der Rest nicht schlechthin erlassen, sondern dessen Zahlung „bei Eintritt besserer Verhältnisse“ versprochen wird. S. hierzu Marx, Die rechtliche Natur des Besserungsscheins (1927).

Forderungen, die er gegen einen anderen Kaufmann aus beiderseitigen Handelsgeschäften hat[1], ein Zurückbehaltungsrecht an allen beweglichen Sachen oder Wertpapieren seines Schuldners ausüben, die mit dessen Willen im Wege von Handelsgeschäften in seinen Besitz gelangt sind[2]. Statt rechtlicher Konnexität genügt also der tatsächliche Zusammenhang einer kaufmännischen Geschäftsverbindung, § 369 I. Besteht freilich eine besondere Verpflichtung, mit dem Gegenstand in bestimmter anderer Weise zu verfahren, z. B. infolge der bei der Übergabe erteilten Anweisung, die Sache an einen Dritten abzugeben[3], so kann ein Zurückbehaltungsrecht nicht geltend gemacht werden, § 369 III. Diese Beschränkung entfällt, wenn der Schuldner inzwischen in Konkurs geraten oder inexequierbar geworden ist; auch wird in diesen Fällen nicht, wie sonst, Fälligkeit der zu sichernden Forderung vorausgesetzt, § 370 (sog. Notzurückbehaltungsrecht).

Kraft des kaufmännischen Zurückbehaltungsrechts ist der Berechtigte nicht nur befugt, seine Leistung einredeweise zu verweigern, bis sein Gegenanspruch befriedigt oder sichergestellt wird, sondern auch, sich aus dem zurückbehaltenen Gegenstande nach den Regeln des Pfandverkaufs zu befriedigen. Er muß aber hierfür zunächst ein auf Gestattung der Befriedigung lautendes Urteil erwirken, § 371. Ebenso steht ihm im Konkurs des Verpflichteten ein Absonderungsrecht zu, KO. § 49[4]. Das kaufmännische Zurückbehaltungsrecht ist somit ein wirkliches Deckungsrecht, das dem Pfandrecht sehr nahekommt, ohne aber dessen volle dingliche Kraft zu haben[4].

Zweites Kapitel.

Handelskauf.

§ 70. Begriff. Abschluß.

Literatur: Oertmann in Ehrenbergs Handb. IV 2, 327ff.; Düringer-Hachenburg III²; K. Adler, ArchZivPr. 109, 321. Tore Almén-Neubecker, Skandinavisches Kaufrecht, s. oben S. 7 Anm. 1. Ausländisches Kaufrecht s. ferner: G. Stulze, JW. 1928, 585. — Vertragsmuster s. bei Hellauer, Kaufverträge in Warenhandel und Industrie (Bücherei der prakt. Betriebsführung, hrsg. von le Coutre I, 1927).

a) Der Kauf ist heute auch für den Handelsverkehr der Hauptsache nach im BGB. geregelt. Das HGB. enthält nur eine kleine Anzahl kaufrechtlicher Sondernormen und zeigt in seinem Abschnitt vom Handelskauf einen besonders fragmentarischen Charakter. Die Tendenz dieser handelsrechtlichen Spezialbestimmungen geht vor allem dahin, Störungen des geschäftlichen Güterumlaufs, wie sie namentlich bei einer Beanstandung der Ware durch den Käufer eintreten, möglichst rasch und schonsam zu erledigen. Sie betonen demgemäß überwiegend das Verkäuferinteresse[5]. Diese besonderen Vorschriften gelten jedoch nur für den technisch sog. „Handelskauf", d. h. solche sich als Handelsgeschäfte im Sinne des § 343ff. darstellende Käufe und Verkäufe, deren Gegenstand in Waren (beweglichen Sachen) oder Wertpapieren[6] besteht, §§ 373, 381 I, vgl. § 1 Ziff. 1. Ein Kaufvertrag über

[1] Und zwar müssen diese Geschäfte zwischen ihnen selbst geschlossen sein; es darf sich also nicht um eine abgetretene Forderung handeln; s. aber auch RGZ. 9, 49.

[2] Urkunden, die nicht die Natur von Wertpapieren haben, also nicht Rechtsträger sind, unterliegen dem Zurückbehaltungsrecht nicht. — Ebensowenig Sachen oder Wertpapiere, die nicht dem Schuldner gehören, und zwar ohne Rücksicht auf den guten Glauben des Zurückbehaltenden. Dagegen kann ausnahmsweise ein Zurückbehaltungsrecht an eigenen Sachen des Gläubigers in Frage kommen, § 369 I 2.

[3] Ebenso z. B. bei Übersendung von Waren als Muster u. dgl.

[4] Kein Herausgabeanspruch gegen Dritte; s. dagegen BGB. §§ 1227, 985.

[5] S. a. Ges. über die Abzahlungsgeschäfte vom 26. 5. 1894, welches umgekehrt mehr zum Schutz des Käufers bestimmt ist.

[6] Z. B. Wechsel, Devisen u. dgl. Vgl. RGZ. 108, 279, 316: Haftung des Verkäufers gefälschter Banknoten.

andere Gegenstände, z. B. Grundstücke, Forderungen, Patente u. dgl., kann zwar ebenfalls Handelsgeschäft sein und untersteht dann den allgemeinen Vorschriften von § 346ff., beurteilt sich aber nicht nach § 373ff. Andererseits ist nicht erheblich, ob die in Frage stehenden Waren das Grundhandelsgewerbe des als Käufer oder Verkäufer beteiligten Kaufmanns bestimmen; wenn ein Kohlenhändler ein Lastauto kauft oder ein Versicherungsagent seine Schreibmaschine verkauft, so sind dies ebenfalls Handelskäufe. Übrigens beziehen sich einige besonders wichtige Sondernormen, namentlich diejenigen über die Mängelrüge, nur auf solche Handelskäufe, die beiderseitige Handelsgeschäfte sind, §§ 377—379.

Ob der Kaufgegenstand dem Stück oder der Gattung nach bestimmt ist, ob eine beim Verkäufer schon vorhandene oder eine erst von ihm zu beschaffende Sache verkauft wird (Lieferungsvertrag), macht schon nach BGB. § 433 keinen Unterschied. Ebenso ergibt sich aus BGB. § 651, daß ein Werklieferungsvertrag, der auf Herstellung vertretbarer Sachen aus Stoffen des Unternehmers gerichtet ist (z. B. in der Konfektionsbranche), ganz unter Kaufrecht fällt. Hier sind also, wenn ein Handelsgeschäft vorliegt, die §§ 373ff. unmittelbar anzuwenden. Diese Vorschriften sollen aber auch dann zur Anwendung kommen, wenn ein als Handelsgeschäft geltender Werklieferungsvertrag die Herstellung nicht vertretbarer beweglicher Sachen aus von dem Unternehmer gestellten Stoffen zum Gegenstand hat und daher an sich nicht unter Kaufrecht fällt, § 381 II (z. B. Werkzeugmaschine nach besonderen Angaben).

b) Für den Abschluß des Handelskaufs gelten die allgemeinen Grundsätze des BGB. über den Vertragsschluß, die auf diesem wichtigsten Gebiete des kaufmännischen Geschäftsverkehrs durch Handelsgewohnheiten und Handelsgebräuche eindringlichst ergänzt werden[1]. Gewisse, häufig wiederkehrende Fragen haben dabei eine große Zahl von Klauseln und Vertragsformen üblich werden lassen, von denen einige hier angeführt seien.

Beim Distanzkauf, bei dem die Ware für einen anderen Platz als den der Niederlassung des Verkäufers bestimmt ist, trifft nach BGB. § 447 den Käufer die Gefahr des Transportes, falls nicht etwa der Bestimmungsort vertragsmäßig als Erfüllungsort für den Verkäufer zu gelten hat; und nach BGB. § 269 III soll dies letztere nicht daraus allein gefolgert werden, daß der Verkäufer entgegen dem § 448 die Versendungskosten übernimmt. Im inländischen wie namentlich im überseeischen Handelsverkehr greifen hier eine Reihe typischer Klauseln ein: „franko Berlin (Bestimmungsort)“; „fob“, d. h. Verkäufer hat free on board, frei an Bord zu liefern; „cif“, d. h. in den Kaufpreis sind cost, insurance, freight eingeschlossen, so daß also Verkäufer die Frachtauslagen einschließlich der Transportversicherung zu tragen hat. Bei der Auslegung dieser Klauseln wird grundsätzlich von dem dargelegten Satze des allgemeinen bürgerlichen Rechts ausgegangen: sie sind Spesenklauseln, ändern aber nichts an Erfüllungsort und Gefahrtragung. Dies gilt aber nur, soweit nicht ein besonderer Handelsbrauch ihnen eine andere Bedeutung gibt, wie z. B. beim sog. Abladegeschäft, das den Ablade- (aber freilich nicht den Bestimmungs-) hafen zum Erfüllungsort für den Verkäufer macht[2].

Eine zweite, besonders häufig in typischen Formen geregelte Frage ist die nach der Zahlungszeit des Kaufpreises. Die Klausel „Netto Kasse gegen Faktura“ verpflichtet den Käufer zur Zahlung vor Empfang der Ware, sobald ihm die Faktura

[1] S. z. B. oben S. 120 Anm. 5 über Bestätigungsschreiben.

[2] Über die Fob-Klausel vgl. RGZ. 106, 212; über die Cif-Klausel RGZ. 87, 134; 90, 1ff.; über das Cif-Abladegeschäft RGZ. 96, 231; 97, 152; Nolte in ZHR. 89, 1ff. Über das Abladegeschäft s. RG. in JW. 1929, 919, 971 („Glückliche Ankunft vorbehalten“), sowie Rechtsvergl. Handwörterbuch 2, 9 ff. — S. ferner: Handelsübliche Vertragsformeln, hrsg. von der Internationalen Handelskammer² (Paris, 1928). Die International Law Association (Deutsche Landesgruppe) versucht eine internationale Regelung der Klausel cif (französ.: caf) herbeizuführen, s. JW. 1926, 341 und Sieveking, Hans. RZ. 1928, 385.

ordnungsmäßig zugegangen ist[1]. Auch bei der Klausel „Kasse gegen Dokumente“ (d. h. gegen Übergabe des Konossements oder der sonstigen Traditionspapiere, s. oben § 67b) hat der Käufer vor tatsächlichem Empfang der Ware, damit also auch vor der Möglichkeit ihrer Untersuchung, zu zahlen, erhält dafür aber doch Zug um Zug Eigentum und Besitz der durch das Papier repräsentierten Ware[2]. Um den Verkäufer gegen die Gefahr mangelnder Zahlungsbereitschaft des Käufers sicherzustellen, wird vielfach ein Akkreditiv vereinbart; eine vom Käufer angewiesene Bank hat die Zahlung an den Verkäufer zu leisten und diesem ihre Bereitschaft hierzu vorher zu bestätigen (Akkreditivgeschäft)[3].

Über die grundsätzliche Nichteinrechnung der Verpackung (Tara) in das der Preisbemessung zugrunde liegende Gewicht s. § 380[4].

§ 71. Annahmeverzug. Spezifikationskauf. Fixgeschäft.

a) Die Tendenz des HGB., die Handelskäufe bei eintretenden Schwierigkeiten unter tunlichster Schonung der Verkäuferinteressen rasch und in kommerziellen Formen zur Abwicklung zu bringen, tritt sofort bei der ersten Vorschrift über den Handelskauf hervor. Die Regeln des § 373 erweitern, dem bürgerlichen Recht gegenüber, die Rechte des Verkäufers für den Fall, daß der Käufer mit der Annahme der Ware im Verzug ist[5], wie dies bei verschiedener Sachlage, besonders häufig aber dann vorkommt, wenn der Käufer nicht zur Gegenleistung bereit ist oder die Ware unbegründeterweise als fehlerhaft oder nicht mustermäßig zurückweist, vgl. BGB. § 293ff. Während nach BGB. § 372 eine Hinterlegung nur bei Geld, Wertpapieren u. dgl. und nur bei einer amtlichen Stelle zulässig ist, kann der Verkäufer beim Handelskauf die Ware, welcher Art sie auch sein mag, auf Gefahr und Kosten des im Annahmeverzug befindlichen Käufers in einem öffentlichen Lagerhaus oder sonstwie in sicherer Weise hinterlegen, z. B. auf einem geeigneten privaten Lager, § 373 I. Der Verkäufer ist aber ferner, und diese Möglichkeit ist im Handelsverkehr von besonderer Bedeutung, nach seiner Wahl auch zum Selbsthilfeverkauf für Rechnung des säumigen Käufers befugt, und zwar im Gegensatz zu BGB. § 383, auch dann, wenn die Ware an sich hinterlegbar ist, z. B. bei Wertpapieren. Der Selbsthilfeverkauf hat, regelmäßig nach vorgängiger Androhung, entweder im Wege öffentlicher Versteigerung oder bei börsen- oder marktgängigen Waren durch einen öffentlich ermächtigten Handelsmäkler oder dgl. zum laufenden Preise zu erfolgen, und geht nur dann auf Rechnung des Käufers, wenn er hiernach ordnungsmäßig ist, § 373 II—V, s. auch § 374[6].

b) Beim Spezifikationskauf, einer im Großverkehr häufig verwendeten Vertragsform, wird ein bestimmtes Quantum Ware fest verkauft, dem Käufer aber vorbehalten, die Lieferung nach Form, Maß oder dgl. näher zu bestimmen, z. B. die

---

[1] Vgl. RGZ. 69, 125; 106, 299.

[2] Vgl. RGZ. 47, 129. „Netto Kasse gegen Duplikatfrachtbrief“ s. RGZ. 95, 164.

[3] „Kasse gegen Akkreditiv“ s. RGZ. 103, 376; 114, 286; vgl. Capelle, Das Akkreditivgeschäft (1925); Bedingungen der Berliner Stempelvereinigung über das Akkreditivgeschäft, BankA. 22, 101. — Über das Dokumentenakkreditiv (die Bank hat die Zahlung gegen die Dokumente zu leisten) s. Ulmer, ArchZivPr. N. F. 6, S. 129, 257ff.; Voigt, Das überseeische Dokumententrattengeschäft der Banken (1926).

[4] Die Klausel „brutto für netto“ oder dgl. oder ein Handelsbrauch kann Abweichendes bestimmen. Über Gutgewicht und Refaktie s. § 380 II.

[5] K. Adler, Annahmeverzug des Käufers beim Handelskauf, ZHR. 71, 449.

[6] Liegt auf seiten des Käufers nicht nur Annahme-, sondern auch Leistungsverzug vor, so kann der Verkäufer entweder nach HGB. § 373 in Ausführung des Vertrags für Rechnung des Käufers zum Selbsthilfeverkauf schreiten, oder aber nach BGB. § 326 verfahren, d. h. wegen Nichterfüllung des Vertrags Schadensersatz verlangen. Auch in letzterem Falle kann er einen „Deckungsverkauf“ vornehmen, der aber nicht „auf Rechnung des Käufers“ geht, sondern nur ein Weg zur Schadensermittelung ist. Der Unterschied zeigt sich besonders dann, wenn der Verkäufer selbst die Ware wieder ersteigert, s. § 373 IV u. vgl. RGZ. 110, 155. — Aus § 373 III folgt, daß ein etwaiger Mehrerlös des Selbsthilfeverkaufs dem Käufer gebührt, vgl. RGZ. 102, 388.

bestellten Garne auf die verschiedenen Sorten oder Nummern einzuteilen, oder Eisen in verschiedenen Formen abzurufen, § 375. Hier bedarf es also einer besonderen Mitwirkung des Käufers, um dem Verkäufer die Leistung zu ermöglichen, und der Käufer gerät, wenn er nicht rechtzeitig spezifiziert, schon nach allgemeinen Grundsätzen in Annahmeverzug. Darüber hinaus erklärt § 375 ihn aber ausdrücklich für verpflichtet, die vorbehaltene Bestimmung zu treffen, so daß im Falle schuldhafter Säumnis zugleich Leistungsverzug mit allen Folgen vorliegt[1]. Der Verkäufer kann also nach Fristsetzung Schadensersatz wegen Nichterfüllung verlangen oder vom Vertrag zurücktreten; er soll außerdem befugt sein, die Spezifikation nunmehr seinerseits vorzunehmen.

c) Von mehr prinzipieller Bedeutung ist die bedeutsame Rechtsform des als Fixgeschäft abgeschlossenen Handelskaufs, wie sie namentlich bei Börsengeschäften, aber keineswegs nur bei solchen zur Anwendung kommt, § 376[2]. Ein Fixgeschäft liegt nicht schon vor, wenn für die Lieferung der Ware oder die Zahlung des Preises eine Zeit oder Frist fest bestimmt ist, sondern nur dann, wenn ausdrücklich vereinbart oder aus den Umständen als unzweifelhaft gewollt zu erkennen ist, daß die Leistung genau zu der angegebenen Zeit bewirkt werden müsse. In solchen Fällen ist die Zeitbestimmung ein wesentliches Merkmal der Leistung, die, wenn zu einer anderen Zeit bewirkt, selbst zu einer anderen werden würde; so namentlich bei Geschäften über börsen- oder marktgängige Waren mit stark schwankenden Kursen[3]. Das Geschäft kann auch doppelseitigen Fixcharakter haben und hat ihn sehr häufig; dann sind sich die Parteien gegenseitig zum Austausch von Ware und Preis genau zur festbestimmten Zeit verpflichtet[4].

Die Wirkungen des handelsrechtlichen Fixkaufs gehen über die entsprechenden Bestimmungen von BGB. § 361 hinaus. HGB. § 376 bestimmt, daß, falls der Schuldner nicht rechtzeitig leistet, der andere Teil ohne weiteres vom Vertrag zurücktreten und im Verzugsfalle sofort Schadensersatz verlangen kann. Dieser ist, wenn die Ware einen Börsen- oder Marktpreis hat, grundsätzlich abstrakt zu berechnen (nach der Differenz zwischen diesem und dem Kaufpreis), während die konkrete Berechnung (nach dem Ergebnis eines Selbsthilfekaufs oder -verkaufs) nur bei Einhaltung genauer Fristen und Formen zulässig ist. Die wichtigste Besonderheit des § 376 liegt aber darin, daß bei Versäumung des Termins die positive Vertragserfüllung für die Regel ganz entfallen soll. Der Schuldner hat kein Recht mehr, die Leistung zu bewirken, und auch der Gläubiger kann Erfüllung nur dann noch verlangen, wenn er diese seine Absicht dem anderen Teil sofort erklärt, ein Rechtssatz, der den Schuldner gegen spekulative Ausnützung der Lage sicherstellen soll. S. a. KO. § 18.

§ 72. Unverzügliche Mängelrüge.

Literatur: Hanausek, Haftung des Verkäufers für die Beschaffenheit der Ware, insbes. II 1ff.; F. Haymann, Anfechtung, Sachmängelgewähr und Vertragserfüllung beim Kauf; Pisko, Gewährleistungs-, Nichterfüllungs- und Irrtumsfolgen bei Lieferung mangelhafter Ware; ders. in ZHR. 80, 236; Karl Adler, Grenzen der kaufmännischen Rügepflicht (Festschrift für G. Cohn); ders. in Grünh. Zeitschr. 39, 538 u. ZHR. 75, 453.

a) Die Haftung des Verkäufers wegen Mangelhaftigkeit der Ware ist von allen Fragen des Kaufrechts diejenige, welche im Handelsverkehr am häufigsten praktisch wird[5]. Sie beurteilt sich auch beim Handelskauf grundsätzlich nach bürger-

[1] Vgl. RGZ. 57, 105.

[2] Ein Fixgeschäft ist insbesondere das unten, § 74, näher zu behandelnde Börsentermingeschäft in Wertpapieren oder Waren.

[3] Vgl. z. B. RGZ. 101, 361: „im April“ bei Zuckergeschäften. „Sofort“ genügt nicht, ROHG. 20, 236.

[4] Vgl. z. B. RGZ. 108, 158.

[5] Beim Kauf von Wertpapieren gilt das Folgende nur, wenn das Papier selbst an einem äußerlichen Sachmangel leidet (zerrissen, gefälscht, RGZ. 108, 279). Liegt ein Mangel des verbrieften Rechts vor (Kraftloserklärung, Zahlungssperre), so findet die Haftung wegen Mangels

lichem Recht, BGB. § 459. Der Verkäufer haftet auf Gewährleistung wegen Mängel der Sache, falls die Ware entweder mit Fehlern behaftet ist, die ihren Wert oder ihre Tauglichkeit aufheben oder in nicht unerheblichem Maße mindern, oder falls sie einer vom Verkäufer besonders zugesicherten Eigenschaft ermangelt. Im einen wie im andern Fall kann der Käufer nach seiner Wahl entweder Rückgängigmachung des Kaufes (Wandelung) oder eine entsprechende Herabsetzung des Kaufpreises (Minderung), beim Gattungskauf auch Lieferung einer anderen, mangelfreien Ware verlangen. Bewegt sich hiernach die Haftung des Verkäufers grundsätzlich innerhalb der durch Ware und Preis bestimmten Interessengrenze, so verschärft sie sich beim Fehlen zugesicherter Eigenschaften, sowie bei arglistigem Verschweigen von Mängeln: hier ist der Verkäufer auch zum Schadensersatz verpflichtet, z. B. zum Ersatz des dem Käufer entgehenden Gewinns, BGB. §§ 462, 480, 463. Diese Regeln in ihrer vielfältigen Ausgestaltung finden auch auf Qualitätsmängel bei Handelskäufen Anwendung. Sie werden hier wie stets durch die einschlägigen Handelsgewohnheiten und Handelsgebräuche ergänzt, § 346, s. a. § 360[1].

Dazu kommt dann die sehr bedeutsame Sondernorm des § 377. Der dargelegten Tendenz entsprechend, beschleunigt sie die zeitliche Abwicklung der Mängelrüge beim beiderseitigen Handelskauf in entscheidender Weise. Nach bürgerlichem Recht sind die Ansprüche des Käufers auf Gewährleistung wegen Sachmängel nur durch die Verjährungsfrist begrenzt, die bei beweglichen Sachen sechs Monate von der Ablieferung an beträgt, BGB. § 477. Dies gilt als letzte Grenze auch beim Handelskauf. Daneben aber berücksichtigt das Handelsrecht, daß ein Verkäufer, dessen Gewerbe in der Kette des Umsatzverkehrs steht, bald wissen muß, woran er ist, um so mehr, als die Ware trotz eines Mangels zunächst immer noch handelbar sein kann, und daß es anderseits nicht unbillig ist, von einem Käufer, der selbst ein Handelsgewerbe betreibt, besondere Sachkenntnis und Aufmerksamkeit zu verlangen. Verkauft der Kaufmann an einen Nichtkaufmann, so muß er sich mit der zivilrechtlichen Regelung abfinden[2]. Ist der Kauf aber auch für den Käufer ein Handelsgeschäft, so hat dieser die Ware unverzüglich nach der Ablieferung zu untersuchen und etwaige Mängel sofort anzuzeigen, § 377 I. Wenn man infolgedessen von einer kaufmännischen Untersuchungs- und Rügepflicht spricht, so ist dies übrigens nur im uneigentlichen Sinne zu nehmen: rechtzeitige Mängelrüge ist nicht eine positive Verpflichtung des Käufers, sondern nur eine Bedingung für die Erhaltung seiner Rechte. Bei unterlassener oder verspäteter Anzeige gilt die Ware als genehmigt, ohne Fiktion gesprochen: verwirkt der Käufer die ihm nach bürgerlichem Recht zustehenden, oben genannten Ansprüche wegen solcher Mängel, die bei sofortiger Untersuchung erkennbar waren, § 377 II. Gegen den Einwand unterbliebener oder verspäteter Rüge steht ihm jedoch noch der Nachweis offen, daß

---

im Rechte statt, BGB. § 437, RGZ. 109, 295. Für den wirtschaftlichen Wert des Papiers haftet dagegen der Verkäufer an sich überhaupt nicht (vgl. BGB. § 438); die Mängel des Aktienunternehmens sind nicht Mängel der Aktie, RGZ. 59, 240, aber auch 63, 61. S. a. RGZ. 111, 233: Spekulationspapiere.

[1] Aus dem Handelsbrauch der betreffenden Branche kann sich z. B. ergeben, daß eine Äußerung des Verkäufers, die sonst nur als unerhebliche Redensart gilt, wie „extrafein", die Zusicherung einer ganz bestimmten Qualität darstellt, oder daß bei Bestellung von Fabrikaten nach Muster eine innerhalb gewisser Grenzen bleibende Abweichung in Kauf genommen werden muß, RGZ. 20, 32. — Die im Großhandel sehr häufige Arbitrage-Klausel bedeutet in der Regel, daß Differenzen über die Qualität in einem Schiedsverfahren zu erledigen sind und daß der Käufer nur zur Minderung, nicht zur Wandelung berechtigt sein soll, s. RGZ. 73, 257; 47, 142; Pinkernelle, Die Arbitrageklausel (1928). Zum Ausschluß der Mängelhaftung dient z. B. die Klausel „telle quelle", namentlich bei Unterwegsware, die der Verkäufer selbst noch nicht kennt, RGZ. 19, 30, oder die im Lederhandel usancemäßige Klausel „wie Ware fällt".

[2] Übrigens verliert auch der Nichtkaufmann seine Mängelansprüche, wenn er den Mangel tatsächlich erkannt hat und die Mitteilung an den Verkäufer in einer Weise verzögert, die gegen Treu und Glauben verstößt, vgl. BGB. §§ 157, 242; RGZ. 49, 157; 104, 95. S. a. RGZ. 25, 89 über Werkverträge von Kaufleuten, die nicht unter § 381 II fallen.

der Verkäufer den Mangel gekannt und arglistig verschwiegen habe, § 377 V, vgl. BGB. § 477 I[1].

Die Erfordernisse der Untersuchung und der Unverzüglichkeit bestimmen sich im einzelnen nach den strengen Regeln eines ordnungsmäßigen Geschäftsganges und nach der besonderen Art der in Frage stehenden Ware. Der Käufer hat die Ware sofort nicht bloß zu besichtigen, sondern zu untersuchen, d. h. alles zu tun, was erforderlich ist, um ihre Beschaffenheit festzustellen. Er muß also z. B. bei Treiböl eine chemische Analyse, bei Braugerste eine Vermälzungsprobe vornehmen, und muß auch von solchen Waren, die nach ihrer Besichtigung nicht mehr verkäuflich sind, wie Konserven in verlöteten Dosen, bei größeren Lieferungen eine Stichprobe machen[2]. Die Anzeige muß die Mängel deutlich bezeichnen und erkennen lassen, daß der Käufer die Ware beanstanden will, braucht aber nicht bereits im einzelnen auszusprechen, welchen Anspruch er hierwegen erheben will[3]. Sie muß unverzüglich, d. h. ohne schuldhaftes Zögern, erfolgen, wobei übrigens rechtzeitige Absendung genügt, § 377 I, IV, BGB. § 121. Ist die Ware am Dienstag in die Hand des Käufers gelangt, so wird eine am Freitag abgehende Mängelrüge meist schon verspätet sein. Mängel, welche bei sofortiger Untersuchung nicht erkennbar waren, d. h. von einem mit derartigen Waren handelnden Kaufmann trotz voller Sorgfalt nicht erkannt werden konnten, sind nachträglich zu rügen, sobald sie sich zeigen (nachträglich erkennbar werden), so z. B. bei Sämereien, die erst durch Aussaat erprobt werden können, § 377 III[4].

b) Die Rügepflicht, die in § 377 zunächst nur für Qualitätsmängel ausgesprochen ist, wird in § 378 auch auf Fälle einer Falschlieferung ausgedehnt, wenn eine andere als die bedungene Ware, aliud pro alio, geliefert wurde, z. B. Garne IIb statt IIIa, oder gelb statt grün; dies gilt auch bei Lieferung einer unrichtigen Menge. Ist freilich die Abweichung offensichtlich so erheblich, daß der Verkäufer die Genehmigung des Käufers als ausgeschlossen betrachten mußte, weil das Gelieferte mit dem Bestellten überhaupt nichts gemein hat, so entfällt die sofortige Rügepflicht, und es verbleibt bei der normalen Behandlung der Nichterfüllung[5]. Die Regel des § 378 beruht auf der Erwägung, daß im Handel, der es mit vielen Sorten und Mengen zu tun hat, Abweichungen von der Bestellung unter Umständen hingenommen werden, auch die Grenze zwischen Schlechtlieferung und Falschlieferung oft eine fließende und daher schon aus diesem Grunde eine gleichmäßige Behandlung der Rügepflicht wünschenswert ist. Wird die Rüge versäumt, so ist dasjenige zu

---

[1] Vgl. hierzu z. B. RGZ. 55, 210; 102, 394. Über arglistiges Verschweigen im allgemeinen s. z. B. RGWarn. 1929, 46.

[2] Diese Beispiele aus RGZ. 104, 382; 68, 368; 57, 7. — Übermäßige Anforderungen dürfen freilich nicht gestellt werden, RGZ. 96, 175 (Zementlieferung für eine später eingestürzte Brücke). — Die Untersuchung eines „Ausfallmusters" ersetzt die Untersuchung der Ware nur bei besonderer Vereinbarung, RGZ. 63, 219.

[3] Wird die Ware vom Käufer dem Verkäufer „zur Verfügung (Disposition) gestellt" (vgl. § 55 III, 86 II), so hat dies, wenn der Käufer die Ware angenommen hat, die Bedeutung der Ankündigung eines Wandelungsanspruchs, BGB. § 462. Diese Erklärung kann aber auch bedeuten, daß die Abnahme abgelehnt werde, so namentlich bei Zusendung der Ware im Falle des Distanzkaufes. Der Unterschied ist u. a. für die Frage der Beweislast von Bedeutung: ersterenfalls hat der Käufer die Mangelhaftigkeit, letzterenfalls der Verkäufer die Mangelfreiheit der Ware zu beweisen, vgl. RGZ. 52, 352; 57, 400; 66, 279; 95, 119 (im einzelnen sehr bestritten, insbesondere auch im Verhältnis von Spezies- und Gattungskauf, vgl. HAYMANN a. a. O. S. 35ff.).

[4] Vgl. RGZ. 73, 165; 99, 247. Läßt der Käufer unmittelbar an seinen Abnehmer liefern, so läuft die Frist von der Ablieferung an letzteren an, unter Berücksichtigung der zur Benachrichtigung unter ihnen erforderlichen Zeit, vgl. RGZ. 102, 91. — Über Mängelrüge an die Adresse des Handlungsagenten und des anwesenden Handlungsreisenden s. § 86 II, 55 III. — Mitteilung durch Fernsprecher genügt, vgl. RGZ. 102, 295.

[5] Über Falschlieferung s. OERTMANN in ZHR. 80, 48; HEIN das. 87, 54. Über offensichtliche Abweichung s. RGZ. 98, 157. Sie wurde bejaht bei Sommer- statt Winterweizensamen, verneint bei japanischer Rohseide verschiedener Sorten, RGZ. 103, 77; 86, 90.

bezahlen, was hiernach als genehmigt gilt; dies auch im Falle einer angeblichen Minderlieferung, deren Manko eben rechtzeitig hätte angezeigt werden müssen; wer also 30 Damenmäntel empfing, muß 30 bezahlen, wenn er nicht sofort rügt, daß er nur 24 bestellt habe; wer umgekehrt eine Lieferung mit einer auf 24 lautenden Faktura empfing, muß 24 bezahlen, wenn er nicht sofort rügt, daß die Lieferung tatsächlich nur 18 enthielt[1].

c) Noch eine weitere Sondernorm des Handelskaufs hängt tatsächlich meist mit Differenzen über die Beschaffenheit der Ware zusammen. Bei Distanzkäufen muß sich der Käufer, wenn er auch Kaufmann ist, der ihm übersandten Waren fürsorglich annehmen, falls er sie aus irgendeinem Grunde beanstandet und dem Verkäufer zur Disposition stellt. Er hat für ihre einstweilige Aufbewahrung zu sorgen, bis der Verkäufer selbst Verfügung zu treffen vermag, und kann, wenn die Ware dem Verderb ausgesetzt und Gefahr im Verzug ist, zum öffentlichen Notverkauf schreiten, § 379[2].

Anhang zum zweiten Kapitel.

Börsenrecht.

§ 73. Die Börse.

Literatur: PISKO in Ehrenbergs Handb. II, 524ff.; BREIT, Handelsgesetze des Erdballs XIII 2, 906ff.; MÜLLER-ERZBACH II, 543ff. — Kommentare z. Börsengesetz: NUSSBAUM; REHM-TRUMPLER u. a. — PRION, Börsenwesen, Handw. d. Staatsw.[4] II 1035. — FR. BRÄNDL, Börse und Börsengeschäfte im rechtsvergl. Handw. II 564. — SALING-SCHÜTZE, Börsenpapiere.

Das Börsengesetz vom 22. 6. 1896/8. 5. 1908 (mit einzelnen Änderungen seit 1920) regelt außer der Börsenorganisation[3] auch gewisse Arten von Kaufgeschäften, die an der Börse oder im Zusammenhang mit dem Börsenverkehr abgeschlossen werden. Beides kann hier nur übersichtlich skizziert werden.

Börsen sind öffentlich-rechtlich organisierte Anstalten, an denen täglich oder doch in kurzen regelmäßigen Terminen geschäftliche Versammlungen ortsansässiger Kaufleute stattfinden, um in besonders geordneten Formen Käufe und Verkäufe über gattungsmäßig bestimmte Wertpapiere oder Waren gewisser Art abzuschließen. Das Zusammentreffen vieler Interessenten, der Abschluß sehr zahlreicher Geschäfte innerhalb ganz weniger Stunden, der Ausschluß aller individuellen Momente, die festen Usancen und Geschäftsbedingungen — alles dies gewährleistet eine möglichst sichere, allgemeingültige Preisbestimmung unter genauer Berücksichtigung der jeweiligen Marktlage. Börsen dürfen nach deutschem Recht nur mit staatlicher Genehmigung errichtet werden und stehen unter staatlicher Aufsicht; an jeder Börse wird ein Staatskommissar bestellt, BörsenG. §§ 1, 2, 8. Eine Börsenordnung regelt den Börsenvorstand und die anderen Börsenorgane, sowie die persönlichen Voraussetzungen der Zulassung zum Börsenbesuch, §§ 4—7. Ein Ehrengericht zieht Börsenbesucher zur Verantwortung, die im Zusammenhang mit ihrer Börsentätigkeit sich eine mit der Ehre oder dem Anspruch auf kaufmännisches Vertrauen nicht zu vereinbarende Handlung zuschulden kommen lassen, §§ 9—27, z. B. arglistige Kursbeeinflussung oder unanständige Anreizung Privater zur Börsenspekulation[4], s. auch die Strafbestimmungen in den §§ 88, 89, 94. — Für zivilrechtliche

[1] Vgl. KG. in OLG. 14, 378 und oft. A. Mg. für Minderlieferung OERTMANN in Ehrenb. Handb. IV 2, S. 522 n. 23.

[2] Vgl. RGZ. 66, 186.

[3] ÖSTERREICH: Gesetze betr. die Organisierung der Börsen vom 1. 4. 1875, sowie vom 4. 1. 1903 (Terminhandel), ferner EGZPO. vom 1. 8. 1895: Börsenschiedsgerichte.

[4] S. Entscheidungen der Berufungskammern in Börsenehrengerichtssachen, hrsg. v. Reichswirtschaftsministerium (1928).

Streitigkeiten aus Geschäften, die an der Börse oder doch auf Grund der Börsenbedingungen als Außengeschäfte abgeschlossen werden, kann ein Börsenschiedsgericht eingesetzt werden, s. § 28.

Die Geschäftszweige, für welche die einzelne Börse bestimmt ist, sind in der Börsenordnung zu bezeichnen, § 5 Ziff. 2. Danach sind die Börsen teils Effekten- oder Fondsbörsen für Handelsgeschäfte in Wertpapieren, Wechseln, Geld, Edelmetallen u. dgl., teils Warenbörsen für den Großhandel in gewissen, generisch gehandelten Warengattungen, so Produktenbörsen für Getreide; Kaffee-, Petroleum-, Baumwollen-, Zuckerbörsen; Metallbörsen für Kupfer, Zinn und andere unedle Metalle.

Die amtliche Feststellung des Börsenpreises ist Sache des Börsenvorstands, § 29 I, II. Zur Mitwirkung werden aus der Zahl der Personen, die sich mit der Vermittlung der betreffenden Geschäfte an der Börse befassen, Kursmakler ernannt, die ihre halbamtliche, unparteiische und uninteressierte Stellung durch einen Maklereid zu bekräftigen haben, §§ 30—35. Die Kursfestsetzung muß der wirklichen Geschäftslage des Verkehrs an der Börse entsprechen, § 29 III. Es müssen also, um zu dem richtigen Durchschnittskurs zu gelangen, alle an diesem Börsentag abgeschlossenen und bekannt gewordenen Geschäfte im Verhältnis ihrer Zahl und Preise berücksichtigt werden, soweit es sich nicht um offenbar unreelle Manöver handelt, und ebenso sind ernstlich aufgetretene Nachfrage und Angebot, die nicht zu Abschlüssen führten, in Geld- und Briefkursen zu bemerken. Die Gegenstände, bezüglich deren ein Kurs festzustellen ist, ergeben sich bei Warenbörsen schon aus der Börsenordnung, die die einschlägigen Warengattungen verzeichnet. Dagegen können die amtlichen Einrichtungen einer Effektenbörse nicht ohne weiteres für jedes, wenn auch noch so unbedeutende oder unsolide Wertpapier zur Verfügung stehen. Eine amtliche Feststellung des Börsenpreises von Wertpapieren findet daher nur für solche Papiere statt, die durch die Zulassungsstelle der Börse — eine sachverständig und unparteiisch zusammengesetzte Kommission — zum Börsenhandel zugelassen sind. Der Antrag auf Zulassung einer „Emission" muß in einem zu veröffentlichenden Prospekt eingehend begründet werden, und ist zurückzuweisen, wenn der Prospekt ungenügend oder eine Schädigung allgemeiner Interessen oder eine Übervorteilung des Publikums zu befürchten ist, §§ 36—44. Bei verschuldeter Unrichtigkeit oder Unvollständigkeit des Prospektes haften die Beteiligten allen späteren Erwerbern der eingeführten Papiere auf Schadensersatz, sog. Prospekthaftung, §§ 45—49[1]. Inwieweit an der Börse ein Handel in nicht zugelassenen Wertpapieren stattfinden darf, bestimmt sich nach der Börsenordnung; Kurszettel über diesen sog. Freiverkehr dürfen von den Börsenorganen nicht herausgegeben werden, § 43.

§ 74. Börsengeschäfte.

Literatur: Nussbaum, Börsengeschäfte, in Ehrenbergs Handb. IV 2, 541ff.; Göppert, Börsentermingeschäft; ders., Handw. d. Staatsw.⁴ II 999ff.; Düringer-Hachenburg (Breit) III, 353ff. — Fr. Brändl, Internationales Börsenprivatrecht.

Die Abschlüsse an der Börse sind entweder Kassageschäfte (bei Waren: Lokogeschäfte), deren Abwicklung alsbald, d. h. innerhalb der usancemäßig bestimmten, meist einige Tage umfassenden Fristen zu erfolgen hat, oder aber Zeitgeschäfte, bei denen die Parteien einen späteren Fixtermin für die Lieferung vereinbaren, z. B. bei Wertpapieren das Monatsende (Ultimo), bei Baumwollverkäufen im Januar den August oder September, vgl. hierzu BörsenG. § 29 I[2]. Solche Zeitgeschäfte

---

[1] Vgl. z. B. RGZ. 80, 196.

[2] Besondere, bedingte Börsengeschäftsformen sind die Prämiengeschäfte. Beim Vor- bzw. Rückprämiengeschäft behält sich der Käufer bzw. Verkäufer gegen Zahlung des sog. Ekarts (Aufschlag je nach Kurs) das Recht vor, einige Tage vor dem Ultimotermin unter Zahlung einer Prämie vom Vertrag zurückzutreten (Prämienerklärung). Beim Stellagegeschäft hat der eine

haben schon ihrem Wesen nach einen spekulativen Charakter, wenn es sich, wie hier stets, um Waren handelt, deren Preis sich in der Zwischenzeit vermutungsweise ändert. Die Möglichkeit, solche Geschäfte börsenmäßig abzuschließen, erhöht aber noch den hierin liegenden Anreiz. Denn an der Börse kann jederzeit das Gegengeschäft geschlossen werden, das den Gewinn unmittelbar verwirklicht: der à la hausse abschließende Käufer verkauft auf den gleichen Ultimotermin, wenn der Kurs gestiegen ist; der à la baisse spekulierende Verkäufer deckt sich erst später, wenn der Kurs fällt, auf Ultimo ein. Und auch der verlierende Teil kann durch ein Gegengeschäft seinen Verlust meistens sofort auf den Kursunterschied, die „Differenz", beschränken.

Wegen der in all dem liegenden Gefahr unwirtschaftlicher Überspekulation werden die Börseneinrichtungen dem „Börsenterminhandel" nicht ohne weiteres zur Verfügung gestellt; vielmehr müssen Waren und Wertpapiere zum Börsenterminhandel besonders zugelassen werden[1]. Die Zulassung erfolgt unter Festsetzung allgemeiner Geschäftsbedingungen durch den Börsenvorstand; bei Wertpapieren ist ein entsprechend hoher Nennbetrag, bei Aktien die Zustimmung der Aktiengesellschaft erforderlich, §§ 50, 51, 90. Für Börsentermingeschäfte in Fabrikaktien und Bergwerksanteilen bedarf es sogar der Genehmigung der Reichsregierung, die anderseits solche Geschäfte in bestimmten Waren oder Wertpapieren auch ganz verbieten kann, §§ 63, 64. Börsentermingeschäfte in Getreide und Mehl sind für die Regel schon kraft Gesetzes in besonders scharfer Weise verboten, §§ 65—87, 91—93.

Aber auch hiervon abgesehen, also soweit es sich um nicht verbotene Termingeschäfte in offiziell hierfür zugelassenen Waren oder Wertpapieren handelt, sind diese nur dann ohne weiteres wirksam, wenn beide Parteien börsentermingeschäftsfähig sind. Diese Eigenschaft kommt nach dem Gesetz im allgemeinen nur den in das Handelsregister eingetragenen Vollkaufleuten zu, übrigens ohne Rücksicht darauf, ob das fragliche Geschäft mit den Gegenständen ihres Handelsgewerbes etwas zu tun hat oder nicht, §§ 52, 53. In diesem Falle ist auch der Spieleinwand (Differenzeinwand) ausgeschlossen, wenn er an sich nach BGB. §§ 762, 764 deshalb begründet wäre, weil die Parteien von vornherein gar nicht einen ernstlichen Kauf mit wirklicher Lieferung der Waren oder Wertpapiere, sondern lediglich die Zahlung der sich am Stichtag ergebenden Kursdifferenz hinüber oder herüber beabsichtigt hatten, BörsenG. § 58[2]. Auch wenn einer der beiden Teile als privater Spekulant nicht börsentermingeschäftsfähig ist, kann er bei Termingeschäften in Wertpapieren wenigstens eine Sicherheit für etwaige Verluste wirksam leisten, und muß sich, wenn er Gewinne aus Börsentermingeschäften einklagt, die Aufrechnung mit Verlusten aus andern solchen Geschäften gefallen lassen, BörsenG. §§ 54, 56. Endlich ist nicht nur die Rückforderung des Geleisteten ausgeschlossen, sondern ein nicht verbotenes Börsentermingeschäft gilt auch dann als von Anfang an verbindlich, wenn nach Eintritt der Fälligkeit der eine Teil sein Einverständnis mit der Bewirkung der Leistung erklärt und der andere Teil diese Leistung an ihn bewirkt hat, BörsenG. §§ 55, 57[3].

Teil gegen Zahlung des Ekarts das Recht, vor dem Ultimotermin zu wählen, ob er Käufer oder Verkäufer sein will. Beim Nochgeschäft hat der Käufer bzw. Verkäufer gegen Zahlung des Ekarts das Recht, außer den festbestimmten Beträgen noch bestimmte weitere Beträge des gleichen Papiers zu verlangen bzw. zu liefern.

[1] Nachdem seit Kriegsbeginn der Terminhandel in Wertpapieren ausgesetzt war, ist er neuerdings wieder zugelassen worden. S. Bekanntm. betr. die Zulassung von Wertpapieren zum Börsenhandel, Fassung vom 5. 11. 1924 und vgl. z. B. die Zulassungen in RGBl. I 1925, 388; 1926, 423.

[2] Bei Geschäften an ausländischen Börsen, oder bei solchen in nicht zugelassenen Wertpapieren, oder zu anderen, als den allgemein festgesetzten Bedingungen unterliegt der Differenzeinwand nicht den besonderen Beschränkungen des Börsengesetzes, vgl. RGZ. 79, 381; 86, 406.

[3] Vgl. z. B. RGZ. 77, 277; 90, 250.

Drittes Kapitel.

Geschäfte der Hilfsunternehmungen.

§ 75. Übersicht.

Die im 3.—7. Abschnitt des HGB. III geregelten Handelsgeschäfte — das Kommissionsgeschäft, das Speditions-, das Lagergeschäft und das Frachtgeschäft (mit den Besonderheiten für die Eisenbahn) — bilden eine Gruppe für sich. Sie stehen wirtschaftlich mit dem Handelskauf keineswegs in einer Linie, da sie nur Hilfsgeschäfte für den eigentlichen Handel sind. Sie sind nicht auf Hingabe von Ware gegen Geld gerichtet, sondern auf die Leistung gewisser Dienste (Geschäftsbesorgungen) oder (werkvertragsähnlich) auf die Herbeiführung gewisser Erfolge. Die innere Verwandtschaft, namentlich der drei erstgenannten Geschäftsarten, zeigt sich in der Gleichmäßigkeit einiger hervorstechender Rechtsgedanken, so in der besonderen Haftung (§§ 390, 407 II, 417, 429) und im gesetzlichen Pfandrecht (§ 366 III).

Da es sich bei dieser Gruppe um geschäftliche Betätigungen handelt, wie sie so im bürgerlich-rechtlichen Verkehr kaum vorkommen, hat das Handelsrecht, verglichen mit den fragmentarischen Resten des Handelskaufrechts, hier die Aufgabe eindringlicher Spezialregelung, §§ 383—473. Die genannten Geschäftsarten werden vielfach von Unternehmern betrieben, die sich im wesentlichen nur mit ihnen befassen. Demgemäß werden alle diese Geschäfte schon in § 1 Ziff. 5/6, wo sie als Grundhandelsgeschäfte anerkannt sind, in subjektiver Weise bestimmt („Geschäfte der Kommissionäre“ usw.). Auch die spezielle Regelung ihres Inhalts erfolgt unter diesem Gesichtspunkt: das HGB. normiert sie grundsätzlich als Geschäfte bestimmter Arten von Unternehmern und beginnt stets mit deren Kennzeichnung („Kommissionär ist, wer ...“ usw.), s. §§ 383, 407, 416, 425. Freilich sollen die Regeln des Kommissions-, Speditions- und Frachtgeschäfts auch zur Anwendung kommen, wenn ein Unternehmer, der auf Grund von Geschäften anderer Art Kaufmann ist, ein derartiges Geschäft in seinem Betriebe ausführt, §§ 406 I 2, 415, 451[1].

a) Kommissionsgeschäft.

§ 76. Kommissionär. Rechtsstellung.

Literatur: SCHMIDT-RIMPLER, Der Kommissionär, in Ehrenbergs Handb. V 1, 477ff. Aus älterer Zeit: GRÜNHUT, Recht des Kommissionshandels (1879); WEIDMANN, Das Kommissionsgeschäft (1908). — NUSSBAUM, Tatsachen und Begriffe im Deutschen Kommissionsrecht (1917); ders., Börsengesetz S. 368ff.; BREIT, Recht der Effektenkommission in RIESSER, Börsengesetz S. 318ff.; MÜLLER-ERZBACH, Grundsätze der mittelbaren Stellvertretung; ders., Handelsrecht² I, 157ff., Geschichtliches; über Commenda und Sendegeschäft s. SILBERSCHMIDT, ZHR. 68, 405; 69ff.; SCHMIDT-RIMPLER, Geschichte des Kommissionsgeschäfts in Deutschland I.

Kommissionär ist, wer es gewerbsmäßig übernimmt, Waren oder Wertpapiere für Rechnung eines Anderen (des Kommittenten) in eigenem Namen zu kaufen oder zu verkaufen, § 383. Einkaufs- und Verkaufskommission sind Grundhandelsgewerbe; wer diese Geschäfte betreibt, hat also dadurch allein schon Kaufmannseigenschaft, § 1 Ziff. 6. Auf Geschäftsbesorgungskommissionen sonstiger Art ist das Kommissionsrecht nur dann entsprechend anzuwenden, wenn der Übernehmer ohnedies Kommissionär oder sonstwie Kaufmann ist, § 406 I, s. a. II.

Der Kommissionshandel in eigenem Namen und für fremde Rechnung wird sich vor allem da einstellen, wo Lieferant und Abnehmer aus räumlichen, sachlichen oder technischen Gründen nicht unmittelbar zusammentreffen können, eine Zwischenperson aber auch nicht als Vertreter oder Agent, sondern nur mit ihrem eigenen Namen und Kredit ins Geschäft kommen kann und, weil sie das Risiko nicht selbst, als Eigen- oder Properhändler, tragen will, für Rechnung eines Auf-

---

[1] Z. B. ein Verleger übernimmt gelegentlich einmal den Kommissionsverlag eines Werkes.

traggebers handelt, von dem sie dafür Provision erhält. Das Kommissionsgeschäft ist namentlich im Ausfuhrhandel und bei Börsengeschäften verbreitet[1]. Lieferant und Abnehmer brauchen übrigens ihrerseits nicht Kaufleute zu sein; z. B. kommissionsweiser Einkauf bei landwirtschaftlichen Produzenten für Rechnung von Großschlächtern, Ein- oder Verkauf von Kunstwerken, Münzensammlungen, Pretiosen für Private u. dgl. „Für fremde Rechnung" wird nur dann verkauft oder gekauft, wenn das geschäftliche Ergebnis des Abschlusses allein zugunsten und zu Lasten des Kommittenten geht, mag es nun günstig oder ungünstig, der Preis hoch oder niedrig, der Drittkäufer schließlich zahlungsfähig sein oder nicht[2]. Nach außen tritt der Kommissionär, wenn er das ihm übertragene Geschäft mit dem Dritten abschließt, selbständig auf. Der Dritte braucht nicht zu erfahren, daß der mit ihm Handelnde Kommissionär ist, noch weniger, in wessen Auftrag er handelt. Im Innenverhältnis zum Kommittenten aber ist der Kommissionär nur Beauftragter. Es liegt sog. mittelbare oder verdeckte Stellvertretung vor. Rechtsbeziehungen entstehen daher nur zwischen dem Kommissionär und einerseits dem Dritten, anderseits dem Kommittenten, dagegen nicht zwischen dem Dritten und dem Kommittenten selbst, so daß die einzelnen Rechtsverhältnisse scharf auseinandergehalten werden müssen[3].

Das Kommissionsverhältnis zwischen dem Kommittenten und dem Kommissionär beruht auf einem gegenseitigen Vertrag, der auf entgeltliche Geschäftsbesorgung gerichtet ist und in dem sich Elemente des Werk- und Dienstvertrags in eigenartiger Weise mischen[4]. Der Kommissionär ist verpflichtet, das übernommene Geschäft mit der Sorgfalt eines ordentlichen Kaufmanns auszuführen und das Interesse des Kommittenten in jeder Weise wahrzunehmen; dabei ist er an dessen Weisungen gebunden, falls nicht Gefahr im Verzug ein Abweichen davon nötig macht, §§ 384 I, 385, BGB. § 665[5]. Der Kommissionär hat die Ausführung

---

[1] Der Exportkommissionär kann Einkaufskommissionär der überseeischen Kunden sein oder aber Verkaufskommissionär des inländischen Verkäufers; auch kann er im Falle der sog. Konsignation von letzterem damit betraut sein, in eigenem Namen und für dessen Rechnung mit einem überseeischen Verkaufskommissionär in Verbindung zu treten, der dann erst seinerseits ebenso mit dem dortigen Kunden abschließt; vgl. Düringer-Hachenburg III, § 383 Anm. 34; Deumer, ZHR. 84, 257; M. Leo, Die Exporteurbedingungen (mit Hamburger Formular) ZBl. f. HR. 1, 118. — Über Effekten-Kommission s. den folgenden § 77 (Depotgesetz).

[2] Ist ein fester Kaufpreis vereinbart, so liegt keine Kommission vor, auch wenn die übergebenen Waren bis zu ihrer Weiterveräußerung sicherheitshalber im Eigentum des Übergebenden verbleiben und von den Beteiligten rechtlich unzutreffend als „Kommissionslager" bezeichnet werden; vgl. RGZ. 101, 380; 110, 119. — Auch das sog. Konditionengeschäft (im Buchhandel) und der sog. Trödelvertrag, wobei der Übernehmer der Ware im Verkaufsfalle den vorher bestimmten Preis zu zahlen hat und den Mehrerlös behält, sind keine echten Kommissionsgeschäfte, weil der Verkauf nicht für Rechnung des Übergebers erfolgt, vgl. Riezler, Geschäfte des Buch- und Kunsthandels in Ehrenbergs Handb. V 2, S. 97ff.; Titze, Schuldverhältnisse in dieser Enzykl. VIII², S. 113.

[3] Gleichwohl ist anerkannt, daß der Kommissionär bei Vertragsverletzungen des Dritten (z. B. Lieferungsverzug des Drittverkäufers bei Einkaufskommission) Ersatz des dem Kommittenten erwachsenen Schadens verlangen kann, vgl. RGZ. 40, 172, 187; 62, 331. Es entspricht das einem feststehenden Grundsatz des allgemeinen Schadensersatzrechts in Fällen der unmittelbaren Interessenverknüpfung, vgl. Planck-Siber, BGB.⁴ II § 249, Anm. 6, S. 84f., RGZ. 93, 39; 97, 87, s. Müller-Erzbach, HR. I² S.160ff.

[4] Der auf ein einzelnes oder mehrere einzelne Geschäfte bezügliche Kommissionsvertrag kann, wie sich aus § 405 III ergibt, vom Kommittenten nach BGB. § 649 (s. a. 627) widerrufen werden. Es kann aber auch ein dauerndes Dienstverhältnis bestehen, wobei der Kommissionär sich in wirtschaftlicher Abhängigkeit vom Kommittenten befindet; dann unterstehen die Innenbeziehungen dem Recht der Agentur, sog. Kommissionsagent, vgl. oben S. 52 Anm. 2.

[5] Die Treuverpflichtung des Kommissionärs ist sanktioniert durch eine im Börsengesetz § 95 enthaltene, aber die Kommissionäruntreue überhaupt, auch außerhalb des Börsenverkehrs, treffende Strafbestimmung, die sich gegen wissentlich unrichtige Rats- oder Auskunfterteilung und absichtliche Benachteiligung des Kommittenten bei Ausführung des Auftrags oder bei Abwickelung des Geschäfts richtet, vgl. RGSt. 61, 341; 62, 31; Ebermayer in Stenglein, Strafr. Nebenges., Börsenges. § 95.

der Kommission dem Kommittenten unverzüglich anzuzeigen und haftet selbst auf Erfüllung, wenn er nicht mit der Ausführungsanzeige zugleich den Dritten namhaft macht, § 384 II, III. Hat der Kommittent ein Preislimit bestimmt, so kommt ein günstigerer Abschluß dem Kommittenten zugute, wie überhaupt der Kommissionär dem Kommittenten alles herauszugeben hat, was er aus der Geschäftsbesorgung erlangt, §§ 387, 384 II. Einen unter dem Verkaufs- oder über dem Einkaufslimit bleibenden Abschluß muß der Kommittent gelten lassen, falls er ihn nicht sofort nach Anzeige zurückweist oder der Kommissionär sich zur Deckung des Unterschieds erbietet, § 386. Der Kommissionär hat ferner z. B. bei Beschädigung der Ware das im Interesse des Kommittenten Erforderliche vorzukehren, evtl. zum Notverkauf zu schreiten, § 388. Für Verlust und Beschädigung des Guts haftet er vorbehaltlich des von ihm zu erbringenden Entlastungsbeweises, § 390; die Zufallsgefahr dagegen (z. B. die Transportgefahr) trägt, nach der ganzen Struktur des Rechtsverhältnisses, nicht er, sondern der Kommittent.

Der Kommittent hat dem Kommissionär zur Ausführung des übertragenen Geschäfts instand zu setzen, also z. B. ihm bei der Verkaufskommission die Ware, bei der Einkaufskommission die Mittel zur Preisdeckung rechtzeitig zu liefern, überhaupt die gehabten Aufwendungen zu ersetzen und auf Verlangen dafür Vorschuß zu leisten, § 396 II, BGB. §§ 670, 669. Er ist auch zur Annahme der gekauften Ware verpflichtet, wobei insbesondere bezüglich der Mängelrüge Kaufrecht gilt, §§ 389, 391. Die Hauptverpflichtung des Kommittenten ist die Leistung der Vergütung für Ausführung des Geschäfts. Sie besteht in einer Provision, die der Kommissionär fordern kann, wenn das Geschäft zur Ausführung gekommen ist, oder aber die Nichtausführung auf einem in der Person des Kommittenten liegenden Grunde beruht, § 396 I. Eine besondere Delkredereprovision gebührt dem Kommissionär, wenn er dem Kommittenten für die Erfüllung der Verbindlichkeit seitens des Dritten, namentlich bei einer Verkaufskommission für die Zahlung des Kaufpreises, einzustehen hat, sei es, weil er das Delkredere besonders übernommen hat, sei es, weil dies einem lokalen Handelsgebrauch entspricht, § 394. Hat er unbefugterweise Kredit gegeben, so trägt er selbst die Gefahr und muß, im Falle der Verkaufskommission, den Kaufpreis sofort seinerseits erlegen, § 393.

Wegen seiner Provision, sowie wegen aller Vorschüsse, Auslagen und eingegangenen Verbindlichkeiten hat der Kommissionär ein gesetzliches Pfandrecht am Kommissionsgut, sofern und solange er es in seinem Besitze oder mittels Traditionspapiers zu seiner Verfügung hat, § 397[1]. Auch wenn er selbst Eigentümer des Gutes ist, wie dies bei der Einkaufskommission die Regel bildet (s. nächsten § 77), steht dem Kommissionär ein nach pfandrechtlichen Grundsätzen durchzuführendes Befriedigungsrecht zu, § 398, s. a. 399.

§ 77. Ausführungsgeschäft. Kommissionsgut. Depotgesetz.

a) Da der Kommissionär das Ausführungsgeschäft mit dem Dritten in eigenem Namen abschließt, treten die rechtlichen Wirkungen aktiver wie passiver Art in seiner Person ein. Der Kommissionär, nicht der Kommittent, wird Gläubiger und Schuldner aus den Verkäufen und Käufen, wird bei letzteren Eigentümer der ihm gelieferten Ware, und ist als Kläger und Beklagter für Rechtsstreitigkeiten mit dem Dritten legitimiert. Erst dadurch, daß, in Abwicklung des Kommissionsgeschäfts und der sich daraus zwischen Kommissionär und Kommittenten ergebenden Ansprüche und Pflichten, die aktiven Wirkungen von dem Kommissionär

---

[1] Dieses Pfandrecht ist dem Kommissionär nicht nur für seine mit diesem Gut zusammenhängenden, sondern wegen aller Forderungen gewährt, die ihm aus laufender Rechnung in Kommissionsgeschäften zustehen mögen, § 397 a. E. — S. a. KO. § 44: Verfolgungsrecht des Einkaufskommissionärs im Konkurse des Kommittenten.

auf den Kommittenten übertragen, die passiven ihm von dem Kommittenten abgenommen werden, scheidet der Kommissionär aus dem rechtlichen Konnex aus, §§ 384 II 2, 396 II in Verb. mit BGB. §§ 670, 257[1].

Hiernach kann insbesondere der Kommittent Forderungen aus dem vom Kommissionär abgeschlossenen Geschäft dem Schuldner gegenüber erst dann geltend machen, wenn sie ihm vom Kommissionär abgetreten worden sind, § 392 I. Immerhin sollen solche Forderungen, da es sich bei ihnen um Gegenwerte für Vermögensstücke des Kommittenten handelt, kraft handelsrechtlicher Sondernorm, im Verhältnis zwischen dem Kommittenten und dem Kommissionär oder dessen Gläubigern schon vor der Abtretung als Forderungen des Kommittenten gelten; diesem steht daher für seinen Anspruch auf Abtretung dieser Forderungen im Konkurse des Kommissionärs ein Aussonderungsrecht an den Forderungen zu, § 392 II, KO. § 43. Dies gilt vor allem bei der Verkaufskommission für die Forderung auf den noch ausstehenden Kaufpreis; es gilt ebenso bei der Einkaufskommission für den dem Dritten gegenüber bestehenden, noch unerfüllten Anspruch auf Lieferung.

Gewährt hiernach das Kommissionsrecht dem Kommittenten in Ansehung der aus dem Ausführungsgeschäft entstehenden Forderungen gegen den Dritten einen besonderen Schutz, so verbleibt es aber in Ansehung des Kommissionsgutes selbst bei den allgemeinen sachenrechtlichen Vorschriften. Bei der Verkaufskommission ist der Kommittent durch diese Vorschriften allerdings geschützt. Die Ware bleibt normalerweise Eigentum des Kommittenten, solange sie sich in der Hand des Kommissionärs befindet; das Eigentum geht dann kraft der vom Kommissionär in eigenem Namen erklärten Übereignung gemäß BGB. § 185 I unmittelbar auf den Erwerber über. Bei der Einkaufskommission dagegen wird der Kommissionär selbst Eigentümer der ihm vom Drittverkäufer gelieferten Ware, und hat diese dann erst seinerseits nach allgemein sachenrechtlichen Regeln auf den Kommittenten zu übertragen. Gerät der Kommissionär in Konkurs, nachdem ihm die Ware vom Verkäufer übereignet wurde, aber ehe er sie weiter an den Kommittenten übereignet hat, so hat dieser, selbst wenn er dem Kommissionär den Gegenwert bereits vorgeschossen hat, kein Aussonderungsrecht an der Ware, die vielmehr in die Konkursmasse fällt, sondern nur eine Konkursforderung wegen des bezahlten Betrags. Zur Übertragung des Eigentums vom Kommissionär an den Kommittenten bedarf es freilich nicht der wirklichen Übergabe, vielmehr kann sie sich auch durch Besitzkonstitut vollziehen, und der Kommissionär ist in der Lage, dies mit sich selbst vorzunehmen, da er hierdurch nur eine ihn aus § 384 treffende Verbindlichkeit erfüllt und insoweit als vom Kommittenten stillschweigend bevollmächtigt anzusehen ist, BGB. §§ 930, 181. Zu einem solchen Besitzkonstitut bedarf es aber einer irgendwie äußerlich hervortretenden Absonderung und Individualisierung des Kommissionsguts[2], die häufig nicht rechtzeitig erfolgen wird und vielfach zweifelhaft bleibt. Die Rechtslage des Kommittenten ist somit eine sehr unsichere.

b) Für einen besonders wichtigen und besonders gefährlichen Fall: den kommissionsweisen Einkauf von Wertpapieren, schafft ein Spezialgesetz erhöhten Schutz. Nach dem sog. Depotgesetz (Gesetz betr. die Pflichten der Kaufleute bei Aufbewahrung fremder Wertpapiere) vom 5. 7. 1896/21. 11. 1923[3], soll das Eigen-

---

[1] Ein vom Kommissionär abgeschlossenes Geschäft, das sich nicht, wie beim Spezieskauf, schon durch seinen Gegenstand als Ausführungsgeschäft erweist, z. B. ein „Deckungsgeschäft" durch Einkauf der gleichen Waren oder Wertpapiere, hat als Ausführungsgeschäft zu gelten, wenn der Kommissionär Ausführungsanzeige erstattet (vgl. RGZ. 18, 20), oder der Kommittent seinerseits die tatsächliche Beziehung des Abschlusses zu seinem Auftrag nachweisen kann; bestr., vgl. Breit bei Düringer-Hachenburg III, § 383 Anm. 7.

[2] Z. B. Einlegung der gekauften Wertpapiere in Mappen u. dgl., vgl. RGZ. 11, 60; 63, 405.

[3] Riesser, Das Bankdepotgesetz[4] (1924). Im übrigen bestimmt das Gesetz, daß ein Kaufmann Wertpapiere, die ihm zu offenem Depot (oder als Pfand) übergeben sind, in äußerlich erkennbarer Weise gesondert zu verwahren und mit individueller Bezeichnung zu buchen hat,

tum schon dann auf den Kommittenten übergehen, wenn der Kommissionär ein die gekauften Stücke individuell erkennbar machendes Stückeverzeichnis mit den Nummern oder sonstigen Bezeichnungsmerkmalen an den Kommittenten übersendet, vorausgesetzt natürlich, daß der Kommissionär seinerseits zur Verfügung über die Papiere berechtigt ist, § 7[1]. Eine Verpflichtung des Kommissionärs zur Erteilung eines solchen Stückeverzeichnisses besteht indessen heute nicht mehr von Rechts wegen; vielmehr muß der Kommittent die Übersendung verlangen, ein Recht, worauf er allerdings im voraus nur verzichten kann, wenn er selbst Bankier ist, § 3. Das Depotgesetz gewährt dem Kommittenten neuerdings aber auch einen über sonstige konkursrechtliche Vorschriften hinausgehenden Schutz im Konkurse des Kommissionärs: auch wenn zur Zeit der Konkurseröffnung ein Eigentumsübergang auf den Kommittenten durch Besitzkonstitut, Stückeverzeichnis oder dgl. noch nicht stattgefunden hat, er also die Aussonderung individueller Stücke nicht verlangen kann, steht ihm, falls er den Gegenwert voll geleistet hat, ein Recht auf vorzugsweise Befriedigung aus den in der Masse etwa vorhandenen Wertpapieren gleicher Gattung zu. Das gleiche gilt, falls der Gemeinschuldner derartige Wertpapiere von dritter Seite zu fordern hat, bezüglich der Befriedigung aus diesen Ansprüchen, § 7a. Diese letztere Bestimmung wird besonders wichtig, wenn, den neueren Bestrebungen der Banken entsprechend, die Einzeldepots des Kunden aufgegeben und alle zu verwahrenden Wertpapiere einem zentralen Sammeldepot anvertraut werden, wobei an die Stelle des Eigentums am einzelnen Papier der entsprechende Anspruch gegen diese Zentrale tritt[2].

§ 78. Selbsteintritt des Kommissionärs.

Literatur: Breit, Das Selbsteintrittsrecht des Kommissionärs; ders. in Düringer-Hachenburg III, S. 650ff., sowie für die Effektenkommission in Riesser, Börsengesetz, S. 318ff.; Nussbaum in Ehrenbergs Handb. IV², S. 610ff.

Bei Waren oder Wertpapieren, die einen Börsen- oder Marktpreis haben, deren Preis also ohne individuellen Kaufabschluß objektiv festzustellen ist, kann der Kommissionär die Kommission in der Weise ausführen, daß er, statt mit einem dritten Käufer oder Verkäufer abzuschließen, das Gut selbst als Käufer übernimmt oder selbst als Verkäufer liefert: Selbsteintritt des Kommissionärs. Bei Abschlüssen, die an der Börse für außerhalb stehende Auftraggeber vorgenommen werden, ist dies fast ausschließlich üblich. Der Selbsteintritt entspricht bei Waren oder Wertpapieren mit Börsen- oder Marktpreis so sehr den Gepflogenheiten, daß es einer gegenteiligen Bestimmung des Kommittenten bedarf, um das Selbsteintrittsrecht des Kommissionärs auszuschließen; nur bei Wertpapieren ohne amtliche Notiz bedarf es einer Gestattung von seiten des Auftraggebers, wozu aber die Unter-

---

§ 1; die Ermächtigung zur Rückgewähr anderer Stücke (Depositum irregulare) muß speziell, ausdrücklich und schriftlich erteilt werden, und zwar auch von einem Kaufmann, falls er nicht selbst Bankier ist, § 2. Endlich muß der Verwahrer, wenn er die Papiere zu irgendeinem Zwecke einem Dritten ausantwortet (z. B. der Lokalbankier dem Zentralbankier zum Zwecke des Umtausches oder dgl.), diesem mitteilen, daß sie fremde seien, § 8 I, s. a. § 8 II: Beschränkungen des dem Zentralbankier nach HGB. § 369 zustehenden Zurückbehaltungsrechts. Strafvorschriften in §§ 9—12.

[1] Schon die Absendung des Stückeverzeichnisses läßt das Eigentum übergehen, so daß der Kunde, was sonst zweifelhaft wäre, ein Aussonderungsrecht an den Papieren auch dann hat, wenn der Bankier nach Absendung, aber vor Eintreffen der Papiere, in Konkurs gerät. Vgl. RGZ. 95, 255.

[2] Nach DepGes. § 3 II 1 (neu) kann sich der Kommissionär das Recht vorbehalten, dem Kunden, statt ihm das Eigentum der Stücke zu übertragen, den Anspruch auf Herausgabe gegen eine zur Verwahrung bestimmte dritte Stelle abzutreten. — Als Sammeldepotstelle kommt die Bank des Berliner Kassenvereins oder eine ähnliche Giro-Effektenstelle in Betracht. Vgl. Riesser, S. 72, 90, 107. Über die Fragen des Sammeldepots im allgemeinen s. Opitz, JW. 1926, 473, 666 und BankArchiv 1925 Nr. 6, 16, Sonderbeilage, sowie Ruth, ZBl. f. HR. 1, 140.

werfung unter allgemeine Bankbedingungen genügt, § 410 I. Tatsächlich wird der Selbsteintritt entweder so durchgeführt, daß der Bankier oder sonstige Kommissionär den Kaufauftrag des einen mit dem Verkaufauftrag des andern Kunden erfüllt, ohne dies nach außen hervortreten zu lassen, oder — und dies bildet die ganz überwiegende Regel — so, daß er seinerseits ein Deckungsgeschäft an der Börse zwar abschließt, aber, statt dieses als Ausführungsgeschäft anzuzeigen, dem Kunden den Selbsteintritt erklärt.

Diese Erklärung des Selbsteintritts muß spätestens bei der Ausführungsanzeige, und zwar ausdrücklich, erfolgen, § 405 I[1]. Durch den Selbsteintritt des Kommissionärs wird nicht etwa das Kommissionsverhältnis der Parteien zu einem Kaufvertrag, vielmehr ist der Selbsteintritt nur eine besondere Art der Ausführung der Kommission (vgl. § 400 II). Der Kommissionär wird selbst Käufer oder Verkäufer, aber er bleibt zugleich ein Kommissionär mit dessen spezifischen Rechten und Pflichten, soweit sie der besonderen Sachlage entsprechen. Insbesondere hat auch der selbst eintretende Kommissionär Anspruch auf Provision und auf Zahlung der regelmäßigen Kostenbeträge, sowie das gesetzliche Pfandrecht, §§ 403, 404[2].

Der Preis, den der Kommissionär im Falle seines Selbsteintritts als Käufer oder Verkäufer zu berechnen und über dessen Richtigkeit er Rechenschaft zu legen hat, bemißt sich nach dem Börsen- und Marktpreis, § 400 II—V. Wenn nicht „erster Kurs" oder dgl. besonders vorgeschrieben ist, entscheidet der Zeitpunkt der Ausführung der Kommission, als welche die Zeit der Absendung der Ausführungsanzeige gilt. Der berechnete Preis darf, wenn die Ausführung während der Börse oder des Marktes zu erfolgen hatte und erst nach deren Beendigung angezeigt wird, nicht ungünstiger als der Schlußkurs und keinesfalls ungünstiger als die amtliche Notiz sein. Übrigens kann der Kommittent auch bei Selbsteintritt des Kommissionärs einen besseren Preis verlangen, wenn er nachweist, daß der Kommissionär bei pflichtmäßiger Sorgfalt einen solchen hätte erzielen können oder tatsächlich ein günstigeres Deckungsgeschäft abgeschlossen hat, § 400. Die gesetzliche Preisberechnung ist zugunsten des Kommittenten zwingenden Rechts, § 402[3].

b) Speditionsgeschäft.

§ 79. Spediteur. Rechtsverhältnisse.

Literatur: Burchard, Das Recht der Spedition (1894). — Senckpiehl, Das Speditionsgeschäft; ders., Die Haftung der Eisenbahn, Post, Spediteure.

Spediteur ist, wer es gewerbsmäßig übernimmt, für Rechnung eines Anderen, des Versenders, Güterversendungen durch Frachtführer (zu Lande oder auf Binnengewässern) oder durch Verfrachter (von Seeschiffen) in eigenem Namen zu besorgen, § 407 I, s. auch §§ 415, 425. Das Speditionsgeschäft, wirtschaftlich zu den Transportgeschäften gehörend, ist, da der Spediteur den Frachtvertrag mit dem Frachtführer in eigenem Namen für fremde Rechnung abschließt, rechtlich dem Kommissionsgeschäft verwandt. Neben den besonderen Regeln des Speditionsrechts kommen

---

[1] Der Selbsteintritt des Kommissionärs ist nur sein Recht. Verpflichtet ist er nicht dazu. Führt er den Auftrag, wenn auch schuldhaft, nicht aus, so kann der Kommittent von ihm nur Schadensersatz, aber nicht Selbstübernahme verlangen. S. jedoch auch § 384 III, oben § 76.

[2] Bei der Verkaufskommission über ein dem Kommissionär anvertrautes Gut geht mit ordnungsmäßiger Erklärung des Selbsteintritts das Eigentum auf den Kommissionär über, vgl. BGB. § 929 Satz 2.

[3] Der Kommissionär kann die Vorschriften der §§ 400/1 auch nicht dadurch umgehen, daß er, statt als Kommissionär den Selbsteintritt zu erklären, als Eigenhändler liefert, um durch Berechnung eines mittleren Kurses für sich den sog. Kursschnitt zu machen; dies kann, weil den Gesetzeszweck vereitelnd, auch nicht durch eine etwaige Verkehrssitte gerechtfertigt werden. So RGZ. 114, 9.

daher auf das Speditionsgeschäft die Grundsätze und Vorschriften des Kommissionsrechts zur Anwendung, § 407 II. Der Versender steht zu dem vom Spediteur bestellten Frachtführer (z. B. der Eisenbahn) ebensowenig in einem Vertragsverhältnis wie der Kommittent zum Drittverkäufer. Doch ergeben sich daraus, daß der Spediteur den Frachtvertrag im Auftrag und für Rechnung des Versenders abgeschlossen hat, mittelbar auch hier bedeutsame Folgerungen: wird das Gut beim Frachtführer beschädigt oder verloren, so ist einerseits der aus dem Vertrage klagende Spediteur befugt, auch den Schaden des Versenders als des eigentlichen Interessenten geltend zu machen, und anderseits der außerkontraktlich gegen den Frachtführer klagende Versender genötigt, sich die Einwendungen entgegenhalten zu lassen, die sich aus dem Frachtvertrag zwischen Frachtführer und Spediteur ergeben[1].

Der Speditionsvertrag verpflichtet den Spediteur nicht zur Ausführung der Beförderung (dies wäre vielmehr ein Frachtvertrag, s. § 425), sondern zur Ausführung der Versendung. Der Spediteur hat daher mit der ordnungsmäßigen Übergabe des Gutes an den Frachtführer seine Verpflichtung erfüllt und kann seine Provision verlangen, selbst wenn das Gut dann beim Transporte verloren gehen sollte, § 409. Der Spediteur hat bei der Versendung die Sorgfalt eines ordentlichen Kaufmanns (§ 1 Ziff. 6) anzuwenden und das Interesse des Versenders bestens wahrzunehmen, vor allem durch geeignete Wahl des Frachtführers und vorteilhafte Anordnung der Beförderung, die, wenn sie sich auf mehrere Abschnitte verteilt (Eisenbahn-, Seeschiff-, Landtransport), die Inanspruchnahme mehrerer Frachtunternehmer und Zwischenspediteure erforderlich machen kann[2]; soweit der Versender besondere Weisungen erteilt hat, sind diese zu befolgen, § 408 I. Für Verlust oder Beschädigung des in seiner Verwahrung befindlichen Gutes haftet der Spediteur, vorbehaltlich des Nachweises einer von ihm nicht zu vertretenden Ursache, §§ 407, 390. Eine Freizeichnung des Spediteurs von dieser oder einer sonstigen Haftung ist zwar an sich insoweit zulässig, als es sich nicht um eigene vorsätzliche Vertragswidrigkeiten, sondern um bloße Fahrlässigkeit oder um Verschulden der Angestellten handelt, BGB. § 276 II, § 278 Satz 2; doch findet die vielfach übliche kollektive Freizeichnung der organisierten Spediteure ihre rechtliche Grenze da, wo sie zu sittenwidriger Ausbeutung eines tatsächlichen Monopols wird, BGB. § 138[3]. Die Ansprüche aus jener spezifischen Spediteurshaftung verjähren in einem Jahr, § 414.

Das vertragsmäßige Entgelt des Spediteurs ist seine Provision, daneben gebührt ihm Ersatz seiner Auslagen, insbesondere für Fracht, wobei er aber, dem Wesen des Speditionsvertrags entsprechend, keine höhere, als die tatsächlich mit dem Frachtführer bedungene in Rechnung stellen darf, § 408 II. Über das Pfandrecht von Spediteur und Zwischenspediteur s. §§ 411, 412[4].

Der Spediteur ist, falls nichts anderes vereinbart, zum Selbsteintritt befugt, kann also, wenn er will, die Beförderung selbst ausführen oder auf seine Rechnung ausführen lassen. Er ist dann Spediteur und Frachtführer zugleich, so daß er die Provision und die übliche Fracht verlangen kann, § 412. Ist zwischen Spediteur und Versender von vornherein ein bestimmter Satz der Beförderungskosten vereinbart

---

[1] Vgl. RGZ. 109, 21; 75, 172; 77, 320; sowie 92, 11.

[2] Ist der Hauptspediteur nach Sachlage zur Zuziehung eines Zwischenspediteurs befugt (z. B. der binnenländische Spediteur kann die Versendung nach Übersee nicht selbst ausführen und adressiert das Gut daher an einen Spediteur im Hafenplatz), so schließt er mit diesem, ebenso wie mit dem Frachtführer, für Rechnung des Versenders, aber in eigenem Namen ab. Vom Zwischenspediteur ist der Unterspediteur zu unterscheiden, dem der Spediteur die ihm selbst obliegende Versendung überträgt. Dieser ist Erfüllungsgehilfe, während der Hauptspediteur für den Zwischenspediteur nicht unmittelbar nach BGB. § 278, sondern nur dann haftet, wenn ihn ein Verschulden bei der Auswahl trifft, s. RGZ. 94, 101; 109, 85; 114, 109.

[3] Vgl. RGZ. 103, 82; 106, 386; 110, 63, s. a. 113, 427.

[4] Über Ausdehnung des Pfandrechts durch allgemeine Geschäftsbedingungen s. RG. in JW. 1927, 681.

(Spedition mit festen Spesen), so wird der Spediteur zum Frachtführer schlechthin, so daß er keinen Anspruch auf Provision hat. Das gleiche gilt, wenn er die Versendung des Gutes in einer Sammelladung mit anderen Gütern ausführt, § 413 I, II. In allen diesen Fällen haftet der Spediteur seinerseits als Frachtführer bis zur Ablieferung des Gutes an den Empfänger, so insbesondere auch dann, wenn er sich zur Ausführung der von ihm übernommenen Beförderung anderer Frachtführer bedient, s. §§ 431, 432.

c) Lagergeschäft.

§ 80. Lagerhalter. Rechtsverhältnisse.

Literatur: Burchard, Das Lagergeschäft; Wimpfheimer, Der Lagerschein.

Lagerhalter ist, wer gewerbsmäßig die Lagerung und Aufbewahrung von Gütern gegen ein vom Einlagerer zu zahlendes Lagergeld übernimmt, §§ 416, 420 I, § 1 Ziff. 6[1]. Das Lagergeschäft bildet oft ein Zwischenglied im Gütertransport und ist häufig mit dem Speditionsgeschäft verbunden. Rechtlich ist es eine besondere Art des Verwahrungsvertrags, s. im einzelnen §§ 417, 418, 421. Die Perioden der Lagerung und der Lagerkosten laufen regelmäßig von drei zu drei Monaten, §§ 420, 422. Die Lagerung kann nicht nur bestimmte Stücke, sondern auch vertretbare Sachen in der Weise zum Gegenstand haben, daß der Lagerhalter sie mit gleichen Sachen anderer Einlagerer vermischen darf (Silospeicher der Getreidelagerhäuser). Bei einem solchen Menglagergeschäft wird der Lagerhalter aber nicht, wie bei der uneigentlichen Verwahrung, selbst Eigentümer, vielmehr steht die Masse im Miteigentum der Einlagerer, wobei jedoch der Lagerhalter zur Auslieferung der Anteile an die Einzelnen ermächtigt ist, § 419, vgl. BGB. §§ 700, 948, KO. § 43.

Häufig gibt der Erzeuger oder Erwerber eines Gutes dieses zur Lagerung, nicht um es später wieder abzuholen, sondern um darüber verfügen zu können, ohne selbst mit der Verwahrung befaßt zu sein. Hier kann die Legitimation des dritten Empfängers gegenüber dem Lagerhalter dadurch erleichtert werden, daß dieser dem Einlagerer einen Lagerschein mit Wertpapiercharakter ausstellt. Dieser kann, wie oben § 67 angeführt, von Lageranstalten, die hierzu staatlich ermächtigt sind, an Order gestellt werden und wirkt dann dinglich als Traditionspapier, §§ 424, 363/5. Nach EHGB. Art. 16 können die Landesrechte besondere Vorschriften über Lagerscheine und Lagerpfandscheine aufstellen; die letzteren dienen nicht zur Veräußerung, sondern nur zur Beleihung des Gutes (Warrant). Beim Zweischeinsystem sind beide Arten nebeneinander zugelassen[2].

d) Frachtgeschäft.

§ 81. Frachtführer. Landfrachtvertrag.

Literatur: Rundnagel, Beförderungsgeschäfte, in Ehrenbergs Handb. V 2, S. 111—254; Eger, Das deutsche Frachtrecht, mit besonderer Berücksichtigung des Eisenbahnfrachtrechts (1888). Mittelstein, Binnenschiffahrtsrecht[2] (1903) und derselbe in Ehrenbergs Handb. VII 1.

a) Frachtführer ist, wer es gewerbsmäßig übernimmt, die Beförderung von Gütern zu Lande oder auf Flüssen oder sonstigen Binnengewässern auszuführen, § 425, § 1 Ziff. 5, s. auch § 451. Das Frachtgeschäft zu Lande hat also zum Gegenstand die hauptgewerbliche Güterbeförderung mittels Fuhrwerk, Lastauto, Tragen u. dgl., vor allem auch mittels der Eisenbahn; in letzterer Beziehung greifen die im

---

[1] Über das Depotgeschäft der Banken s. oben S. 140 Anm. 3; über den Stahlkammer-(Schrankfach-)vertrag vgl. Düringer-Hachenburg III, 806ff.

[2] Vgl. Mollwo, Die Lübecker Warrantordnung von 1900, ZHR. 58, 373. Über nicht-indossable Lagerscheine s. H. Mitteis, ZBl. f. HR. 1, 346; Dessauer, das. 2, 18. — Vom Vorbehalt des EG. hat Bremen Gebrauch gemacht. Zur Frage der reichsrechtlichen Regelung s. Mollwo und E. Heymann, 29. D. Juristentag III, 273; IV, 356.

7. Abschnitt, §§ 453—473, ausgeführten Besonderheiten ein, § 454, s. u. § 84. Das Beförderungsgeschäft der Post unterliegt nicht dem Handelsrecht, §§ 452, 663[1]. Nur das Landfrachtrecht ist hier zu behandeln: für die Güterbeförderung auf Binnengewässern treten neben die Vorschriften des 6. Abschnitts die Sonderregeln des Binnenschiffahrtsrechts (BinnenSchG. § 26), wegen deren, ebenso wie wegen der Beförderung von Gütern und Reisenden zur See (HGB. §§ 556ff., 664ff.), auf das Schiffahrtsrecht zu verweisen ist. Über die Personenbeförderung zu Lande enthält das HGB. nur eine gesetzliche Delegation an die Eisenbahnverkehrsordnung, § 472.

b) Der Frachtvertrag wird zwischen dem Frachtführer und dem Absender geschlossen. Er hat zum Inhalt einerseits die Beförderung des dem Frachtführer übergebenen Gutes an den Bestimmungsort und die Ablieferung an den Empfänger, anderseits das als „Fracht“ bezeichnete Entgelt. Obgleich dem Rechtverhältnis eine auf Beförderung des Gutes gerichtete Tätigkeit des Frachtführers wesentlich ist, bildet den Vertragsgegenstand nicht sowohl diese Tätigkeit, als vielmehr ihr Erfolg: es liegt Werkvertrag, nicht Dienstvertrag vor. Der Frachtführer hat demgemäß, wenn das Gut unterwegs durch Zufall untergeht, die Fracht auch nicht teilweise anzusprechen (s. § 633), und das gleiche gilt regelmäßig dann, wenn die Durchführung des Transports bis zum Ziele dauernd unmöglich wird, vgl. § 428 II[2].

Der Abschluß des Frachtvertrags bedarf keiner besonderen Form. Doch kann der Frachtführer verlangen, daß der Absender ihm einen Frachtbrief ausstelle, der alle wesentlichen Punkte des Frachtverhältnisses, insbesondere Empfänger, Gut, Fracht und etwa vereinbarte Lieferfrist enthalten soll. Der vom Absender einseitig gezeichnete, vom Frachtführer angenommene Frachtbrief ist eine Beweisurkunde für Zustandekommen und Inhalt des Frachtvertrags. Darüber hinaus begründet er eine Haftung des Absenders für Richtigkeit und Vollständigkeit der darin enthaltenen Angaben (z. B. über die Adresse des Empfängers, die Beschaffenheit des Gutes), und zwar ohne Rücksicht auf Verschulden, § 426. Daß der Frachtführer dem Absender eine Gegenurkunde (Empfangsbestätigung über das Gut, Beförderungsschein) auszustellen habe, ist nicht allgemein vorgeschrieben. Der Frachtführer kann zwar einen Ladeschein ausstellen, der seine Verpflichtung zur Auslieferung des Gutes wertpapiermäßig verbrieft und auch an Order lauten kann, §§ 444—450, s. oben § 67; indessen ist diese auf langdauernde Transporte eingestellte Institution im Landfrachtverkehr nicht üblich (anders BinnenSchG. § 72[3], sowie als Seekonnossement, vgl. HGB. § 642) und bleibt daher im folgenden außer Betracht.

§ 82. Absender und Empfänger.

Der Empfänger hat zunächst keinerlei Rechte gegenüber dem Frachtführer, der Frachtvertrag besteht zwischen Absender und Frachtführer und wirkt nicht schon ohne weiteres als Vertrag zugunsten eines Dritten; wohl aber entwickeln sich, so-

---

[1] Die Rechtsverhältnisse und Geschäfte der Deutschen Reichspost („ein selbständiges Unternehmen“, s. Reichspostfinanzges. vom 18. 3. 1924, § 1) sind geregelt im Postgesetz (Ges. über das Postwesen des Deutschen Reiches) vom 28. 10. 1871; Postordnung vom 22. 12. 1921, neu bekannt gemacht am 30. 1. 1929; Telegraphenordnung vom 16. 6. 1904; Weltpostvereinsvertrag, zuletzt vom 22. 8. 1924 (Stockholm). Die Post haftet wegen Verlust oder Beschädigung der Sendung nur in den im Postgesetz angeführten Fällen und in dem daselbst bestimmten beschränkten Umfange. Eine weitergehende Haftung der Post kann weder aus dem Beförderungsvertrag noch etwa aus der Amtspflichtverletzung ihrer Beamten hergeleitet werden, während die Haftung der Beamten selbst nach BGB. § 839 unberührt bleibt, PostGes. § 12 mit §§ 8—11, TelegrO. § 21, und s. z. B. RGZ. 107, 41; übrigens auch RGZ. 91, 60, sowie OLG. 28, 312, 313 (kein klagbarer Anspruch auf Benennung des für eine Telegrammverstümmelung verantwortlichen Beamten). — Für den Postscheckverkehr ist die normale Haftung der Postverwaltung in Postscheckges. § 9 vorgesehen.

[2] Das Schiffahrtsrecht sieht in solchem Falle die Zahlung einer Distanzfracht vor, BinnenschiffG. § 69, s. auch HGB. § 630.

[3] Vgl. z. B. RGZ. 106, 337.

bald der Transport begonnen hat, nach Frachtrecht gewisse Befugnisse des Empfängers, die mit der Ankunft am Ablieferungsort stärker werden und schließlich noch vor der Ablieferung des Gutes die Rechte des Absenders ganz zurückdrängen können.

Znnächst ist, auch nach Antritt der Reise, der Absender noch voll verfügungsberechtigt; er kann dem Frachtführer neue Anweisungen erteilen, das Gut anhalten oder zurückfordern, oder einen andern Empfänger bezeichnen, § 433 I[1]. Der Empfänger hat daneben, sobald das Gut zu ihm unterwegs ist, dem Frachtführer gegenüber ein Recht zweiten Ranges: er kann alle für Sicherstellung des Gutes etwa erforderlichen Maßregeln ergreifen, also im Interesse des Gutes selbst einschreiten, wenn die normale Abwicklung des Transports gestört oder gefährdet ist, § 434. Das Eigenrecht des Empfängers beginnt, wenn das Gut am Bestimmungsort eingetroffen ist: nunmehr kann er im eigenen Namen alle Rechte aus dem Frachtvertrag gegen den Frachtführer geltend machen und gegen Erfüllung der sich daraus ergebenden Verpflichtungen die Übergabe des Frachtbriefs und die Auslieferung des Gutes verlangen: indessen geht ihm auch jetzt das Recht des Absenders vor, der dem Frachtführer noch immer andere Anweisungen erteilen kann, § 435[2]. Dieses Verfügungsrecht des Absenders erlischt erst, wenn, nach Ankunft des Gutes, der Frachtführer dem Empfänger den Frachtbrief ausgehändigt hat oder aber der Empfänger gegen den Frachtführer Klage auf Auslieferung erhebt, § 433 II. Anderseits wird der Empfänger durch Annahme von Gut und Frachtbrief verpflichtet, dem Frachtführer nach Maßgabe des Frachtbriefes Zahlung zu leisten, § 436. Liefert der Frachtführer das Gut ohne Bezahlung ab und macht er sein Pfandrecht nicht binnen drei Tagen danach gerichtlich geltend, so geht er des Rückgriffs, wie gegenüber den übrigen Vormännern, so auch gegenüber dem Absender verlustig und kann sich nur noch an den Empfänger halten, § 442.

§ 83. Haftung. Pfandrecht.

Die alte Rechtsüberlieferung, wonach der Frachtführer für Verlust oder Beschädigung des übernommenen Gutes auch bei zufälliger Verursachung bis zur Grenze der höheren Gewalt haftbar gemacht wurde, gilt heute nur noch für die Eisenbahn, § 456. Für den gewöhnlichen Frachtführer ist sie im jetzigen HGB. aufgegeben: seine Haftung für die genannten Schäden entfällt, falls diese auf Umständen beruhen, die durch die Sorgfalt eines ordentlichen Frachtführers nicht abgewandt werden konnten, § 429 I[3]. Diese aus dem Frachtvertrag sich ergebende Haftung des Frachtführers wird übrigens durch § 429 noch dadurch verschärft, daß dem Beschädigten jede Behauptungslast über die Ursache des Verlustes abgenommen wird: der Frachtführer ist verantwortlich, wenn er nicht die Ursache und ihre Unverschuldetheit darzulegen vermag. Dabei haftet er für das Verschulden aller seiner Leute, auch wenn sie nicht gerade seine Erfüllungsgehilfen bei dem in Frage stehenden Transporte sind, § 431[4]. Anderseits ist diese Haftung des Frachtführers dadurch gemildert, daß er nur den gemeinen Handelswert zu ersetzen hat, für einen darüber hinausgehenden Schaden (individueller Wert, entgangener Gewinn) aber nur dann haftet, wenn ihm Vorsatz oder grobe Fahrlässigkeit zur Last fällt, § 430. Auf nicht deklarierte Kostbarkeiten erstreckt sich die vertragliche Haftung überhaupt nicht, § 429 II[5]. Über die Frage der Freizeichnung s. oben S. 143 Anm. 3. Nach

---

[1] RG. in JW. 1927, 684.

[2] Vgl. z. B. RGZ. 1, 342.

[3] Ebenso beim Kommissionär usw., vgl. § 390, 407, 417. Weshalb die alte Haftung ex recepto beim Gastwirt beibehalten wird, BGB. § 701, ist schwer erfindlich.

[4] Z. B. Lampenputzer der Eisenbahn, RGZ. 7, 125.

[5] Als Kostbarkeit ist anzusehen, was im Vergleich mit anderen als Frachtgut aufgegebenen Gütern gleichen Umfangs und gleichen Gewichts einen das gewöhnliche Maß erheblich übersteigenden Wert hat, RGZ. 75, 190 (bestr.). Zur Zeit der Geldentwertung wurde diese Frage besonders häufig Gegenstand von Rechtsstreitigkeiten.

Maßgabe des § 429 I haftet der Frachtführer auch für den Schaden, der durch Versäumung der Lieferzeit entsteht; ist eine solche nicht bedungen und auch nicht aus dem Ortsgebrauch zu entnehmen, so ist sie nach den Umständen angemessen zu bestimmen, vgl. § 428 I.

Das gesetzliche Pfandrecht, das dem Frachtführer wegen aller aus diesem Frachtvertrag hervorgehenden Ansprüche am Frachtgut zusteht, dauert nicht, wie das des Kommissionärs, nur so lange, als der Frachtführer das Gut in Besitz oder Verfügung hat, sondern besteht auch nach der Ablieferung weiter, vorausgesetzt, daß es gerichtlich geltend gemacht wird, ehe drei Tage verflossen sind und ehe das Gut den Besitz des Empfängers bereits wieder verlassen hat. Diese Ausdehnung ist notwendig, weil der Empfänger das Gut oft erst nach der Ablieferung zu untersuchen vermag, der Frachtführer es aber nicht wohl unter völliger Aufgabe seiner Deckungsrechte aus der Hand geben könnte, § 440.

Häufig wird ein Transport durch eine Mehrzahl aufeinanderfolgender Frachtführer ausgeführt. Hier haftet derjenige, der die Beförderung bis zum Ablieferungsorte vom Absender einheitlich übernommen hat, für den ganzen Transport, auch soweit er ihn in die Hand der anderen Frachtführer (sog. Unterfrachtführer) gibt[1]. Aber auch diese anderen Frachtführer haften unmittelbar selbst nach Maßgabe des Frachtvertrags, falls das Gut von ihnen mit einem durchgehenden Frachtbrief übernommen wurde, § 432. Diesem Gesamtschuldverhältnis entspricht es anderseits, daß der letzte Frachtführer bei der Ablieferung auch die Rechte der Vormänner wahrzunehmen ebenso berechtigt wie verpflichtet ist, §§ 441, 442. Von mehreren aus einem Transport entstehenden Pfandrechten geht das jüngere dem älteren vor, weil die Beförderung als wertsteigerndes Moment aufgefaßt wird, § 443.

§ 84. Beförderungsgeschäfte der Eisenbahnen.

Literatur: Rundnagel, Die Beförderungsgeschäfte der Eisenbahn, in Ehrenbergs Handb. V 2, S. 255—572; ders., Die Haftung der Eisenbahn für Verluste, Beschädigung und Lieferfristüberschreitung[4]; Eger s. oben § 81 Lit.; ders., Eisenbahnverkehrsordnung; Blume-Weihrauch, desgl.[2]; Fritsch, Handbuch der Eisenbahngesetzgebung. Kommentare zur EisVO. von 1928: Kittel-Friebe-Isay (1928); Blume-Weihrauch[4] (1928); Röder[2] (1929); Richter (1929). Zeitschriften: Archiv für Eisenbahnwesen; Eisenbahn- und verkehrsrechtliche Entscheidungen, herausg. von Eger, von Kienitz, Gordon; Zeitschrift für den internationalen Eisenbahntransport, herausg. von dem Zentralamt Bern.

Eduard Rosenthal, Internationales Eisenbahnfrachtrecht (1894). Blume, Internationales Übereinkommen über den Eisenbahn-Frachtverkehr (1910); v. d. Leyen im Wörterbuch des Völkerrechts, hrsg. v. Strupp I, 266. Philipp Schneider, Entwicklung des internationalen Eisenbahnrechts seit dem Berner Übereinkommen (1926). Ferner zu dem internationalen Übereinkommen über den Eisenbahnfrachtverkehr vom 23. X. 1924 den Kommentar von O. Loening (1927) und zum internationalen Übereinkommen für den Eisenbahn-Personen- und Gepäckverkehr vom gleichen Tage den Kommentar von O. Loening (1929) und Ludwig Strauss in ZHR. 93, 399.

Eisenbahnen, die dem öffentlichen Verkehr dienen, mögen sie nun vom Staat oder von Privatunternehmungen betrieben werden[2], leben zwar in ihrer Eigenschaft

[1] Vgl. z. B. RGZ. 1, 1.

[2] Kraft der Reichsverfassung vom 11. 8. 1919, Art. 89ff., 171 gingen durch den im Ges. vom 30. 4. 1920 genehmigten Staatsvertrag die bisherigen Staatseisenbahnen der deutschen Länder in das Eigentum des Reichs über, Deutsche Reichsbahn. Im ReichsbahnGes. (Ges. über die Deutsche Reichsbahngesellschaft) vom 30. 8. 1924, in Ausführung des Londoner Abkommens (Dawes-Gutachten, s. Ges. vom gl. Tage), errichtete das Deutsche Reich eine Gesellschaft mit der Firma Deutsche Reichsbahn-Gesellschaft und übertrug derselben das ausschließliche Betriebsrecht der Reichseisenbahnen bis 31. 12. 1964, §§ 1, 5. Das Reichsbahngesetz wurde durch die Gesetze über die Haager Konferenz (Young-Plan) geändert, Ges. vom 13. 3. 1930, und neu bekanntgemacht, RGBl. II S. 359, 369ff. Die Reichsbahngesellschaft (s. Gesellschaftssatzung, Anlage zum Reichsbahngesetz) entspricht keiner Gesellschaftsform des HGB., sondern ist eine Gesellschaft eigener Art, s. RFinanzhof in JW. 1926, 395. Vgl. RGSt. 60, 138; JW. 1927, 708. Anschütz, Die Verfassung des Deutschen Reiches[5], S. 258ff.; Schulze, Das Gesetz über die Deutsche Reichsbahn.

als Frachtführer nach allgemeinem Handelsrecht, unterstehen also bei ihrer Güterbeförderung grundsätzlich den in den vorigen Paragraphen dargelegten Normen über den Frachtvertrag, § 454. Daneben bedarf es aber für sie, sowohl wegen ihrer Monopolstellung, wie wegen der Massenhaftigkeit und Beschleunigung ihres Verkehrs, gewisser besonderer Regeln. Diese sind für den Inlandsverkehr teils im HGB. selbst, teils in der Eisenbahnverkehrsordnung vom 16. 5. 1928 aufgestellt: zwischenstaatlich sind sie in dem Internationalen Übereinkommen über den Eisenbahnfrachtverkehr vom 23. 10. 1924[1] enthalten. Für Kleinbahnen s. a. § 473.

Der öffentlich-rechtlich privilegierten Stellung der Eisenbahn entspricht es, daß für sie Kontrahierungszwang besteht[2]. Sie darf die Übernahme von Gütern nicht willkürlich ablehnen, sondern muß die einzelnen Anlieferungen der Reihe nach und gleichmäßig nach den veröffentlichten Tarifen erledigen, § 453, EVO. § 6. Auch im übrigen muß die Vertragsfreiheit eingeschränkt werden: die Normen, die in erster Reihe das HGB., in zweiter die EVO. über die Verpflichtungen und die Haftung der Eisenbahn aufstellen, sind zwingenden Rechtes, § 471. Dies wiegt um so schwerer, als die Bahn, wie bereits erwähnt, für Verlust oder Beschädigung von Frachtgut ohne Rücksicht auf Verschulden bis zur höheren Gewalt haftet, §§ 456 bis 458, s. auch § 465: Reisegepäck. Höhere Gewalt sind nur solche außergewöhnliche Ereignisse, die auch durch die größtmögliche Sorgfalt nicht abwendbar sind und sich als betriebsfremde Zufälle darstellen, also nicht als Ausfluß der besonderen Betriebsgefahr der Eisenbahn von dieser mit in Kauf genommen werden müssen[3]. Die aus sachlichen Gründen erforderlichen Einzelbeschränkungen der Haftung, z. B. wegen der sich aus der Natur des Gutes ergebenden besonderen Gefahren, müssen wegen dieses Ausschlusses vertraglicher oder regulativer Beschränkungen, durch die Rechtsnormen selbst festgesetzt werden, s. §§ 459, 460; vgl. a. §§ 461, 462: Höchstbeträge, insbesondere bei Kostbarkeiten. Für die Versäumung der Lieferfrist haftet die Bahn nur vorbehaltlich des Nachweises der Unabwendbarkeit und nur bis zum deklarierten Interesse, s. § 466.

Der Eisenbahnfrachtvertrag steht unter Frachtbriefzwang. Er ist erst abgeschlossen, wenn die Bahn Gut und Frachtbrief angenommen hat. Der Absender kann eine Übernahmebescheinigung auf einem Frachtbriefduplikat verlangen, das dann in gewissem Sinne als Legitimation des Absenders der Bahn gegenüber dient, aber keineswegs die rechtliche Natur eines Ladescheins hat, HGB. § 455, EVO. § 61, IÜG. Art. 21.

Über die Personenbeförderung der Eisenbahnen s. § 472, EVO. §§ 13—27, sowie wegen des Reisegepäcks §§ 28—39.

---

[1] Neben dem den Güterverkehr regelnden I. Ü. G. vom 23. 10. 1924 behandelt ein zweites Internationales Übereinkommen vom gleichen Tag den Eisenbahn-Personen- und Gepäckverkehr (I. Ü. P.); beide sind durch Gesetze, jenes vom 30. 5. 1925, dieses vom 12. 6. 1925 ratifiziert. Das I. Ü. G. verbindet die Bahnen der angeschlossenen Staaten zu einer Art Gemeinschaft und verpflichtet sie (Art. 5) zur Übernahme der Beförderung aller zugelassenen Güter auf Grund durchgehender Frachtbriefe, deren Form und Wirkung gleichzeitig international geregelt wird. Haftungsgemeinschaft s. Art. 26ff.

[2] Vgl. Nipperdey, Kontrahierungszwang 8, 36ff.

[3] Über den Begriff der höheren Gewalt vgl. z. B. RGZ. 101, 94 sowie 104, 151; 110, 209, wo dem Streik der Eisenbahnangestellten als einem nicht von außen hereinbrechenden Ereignis die Eigenschaft als höhere Gewalt abgesprochen wird. — Nach dem Reichshaftpflichtgesetz vom 7. 6. 1871 § 1 (Kommentare von Eger; Seligsohn u. a.) haftet die Eisenbahn außerkontraktlich ebenfalls bis zur höheren Gewalt, wenn beim Betrieb der Bahn ein Mensch getötet oder körperlich verletzt wird, mag der Betroffene zu ihr in einem Beförderungsvertrag gestanden haben oder nicht. Eine ebensolche Haftung für außerkontraktlichen Sachschaden besteht auf Grund von EGBGB. Art. 105 z. B. in Preußen, Pr. Eisenbahngesetz vom 3. 11. 1838, § 25, vgl. z. B. RGZ. 92, 8 (Brand des Bahnpostwagens).

Vierter Abschnitt.

Wechsel und Scheck.

§ 85. Bedeutung und Arten des Wechsels.

Literatur: STAUB-STRANZ, Kommentar zur WO.[12] (1929); MÜLLER-ERZBACH S. 415ff.; v. SCHWERIN, Recht der Wertpapiere, S. 55ff.; E. JACOBI, Wertpapiere in Ehrenbergs Handb. IV, 1, 154ff.; ders., Grundriß des Rechts der Wertpapiere[3] (1928); ders., Grundriß des Wechsel- und Scheckrechts (1926). — SCACCIA, Tractatus de commerciis et cambio (1618). Ältere deutsche Werke: EINERT (1839), TÖHL (1848), KUNTZE (1862). — H. O. LEHMANN, Lehrbuch des WRechts (1886); GRÜNHUT, WRecht (1897); BERNSTEIN, Vorlesungen (1909); HACMANN, Beiträge zum WRecht (1913); K. WIELAND, Der Wechsel und seine zivilrechtlichen Grundlagen (1901); FR. KLAUSING, Zahlung durch Wechsel und Scheck (1919). Kleinere Ausgaben: GAREIS-RIEZLER[14] (1928); FR. KLAUSING, mit Einleitung (1929); J. u. M. STRANZ; RRHBEIN-MANSFELD[8] (1909). FELIX MEYER, Weltwechselrecht (1909). — Textausgabe: HOENIGER-CAHN, Wechsel- u. Scheckrecht. — Englisches Recht s. oben S. 6 Anm. 6.

a) Der Wechsel ist ein zur Zirkulation geeignetes Verpflichtungspapier besonderer Art, durch das eine formale und abstrakte, in eigentümlicher Strenge durchgeführte, auf Zahlung einer Geldsumme gerichtete Skripturobligation eines oder mehrerer Wechselschuldner begründet wird. Das Wort „Wechsel", das in allen Sprachen das gleiche ist (lettera di cambio, lettre de change, bill of exchange), erklärt sich aus dem Charakter, den der Wechsel der Frühzeit trug. Er diente schon im 12. Jahrhundert dem Geldverkehr von Ort zu Ort, von Land zu Land: über die in Augsburg bei A eingezahlten Dukaten stellte A dem Einzahler einen Wechselbrief aus, gegen den dieser oder eine andere Person die entsprechenden Scudi bei B, dem Adressaten des Briefs, in Venedig einwechseln konnte. Seit dem 17. Jahrhundert wurde der Wechsel dann, durch Zulassung des Indossaments, umlaufsfähig (negotiabel) und entwickelte sich mehr und mehr zum reinen Kreditpapier. Wechsel wurden vor allem im Warenhandel von dem Käufer gegeben, der den Kaufpreis erst nach einer bestimmten Frist zu zahlen hat (sog. Warenwechsel). Sie können aber auch als Zahlungsmittel, zu Sicherungszwecken oder zu Zwecken sonstiger Art verwendet werden — eine namentlich auch im internationalen Verkehr äußerst wichtige Institution. Der mit dem Weltwarenhandel verknüpfte und sich daher über die ganze Welt erstreckende Umlauf der Wechsel läßt die Verschiedenheit, die sich zwischen den Wechselrechten der handeltreibenden Länder, wenn auch mehr nur in Einzelheiten, zeigt, als besonders störend empfinden: der Wunsch nach einem Weltwechselrecht ist daher verständlich, und seine Verwirklichung scheint schon verhältnismäßig nahe gerückt, s. die Anm. [1].

Das deutsche Wechselrecht ist, wie oben § 2 erwähnt, in der Wechselordnung (1848) geregelt[2]. Es ist kein eigentliches Handelsrecht mehr. Denn wechselfähig ist heute jeder, der sich durch Verträge verpflichten kann, WO. Art. 1 (s. a. Art. 95

[1] Eine für alle handeltreibenden Staaten bestimmte „Einheitliche Wechselordnung" wurde 1910/12 in internationalen Konferenzen ausgearbeitet (in deutscher Übersetzung s. HOENIGER-CAHN, S. 103) und sollte durch das Haager „Abkommen zur Vereinheitlichung des Wechselrechts" von 1912, dem sich freilich England und einige andere Staaten nicht angeschlossen hatten, eingeführt werden, was aber infolge des Weltkriegs unterblieb (vgl. WIELAND, ZHR. 88, 156; das. 68, 378ff.). Nunmehr hat der Völkerbund die Erörterungen wieder in Fluß gebracht, s. die Gutachten: Unification de la législation sur la lettre de change (Genf, 1923) u. v. FLOTOW, Z. f. ausl. u. intern. Privatrecht 1, 68.

[2] Wechselsteuergesetz vom 10. 8. 1923; die Steuer beträgt regelmäßig 1‰, § 8.

und BGB. § 1822 Ziff. 9[1]). Immerhin kommt die wesentlich kommerzielle Bedeutung des Wechsels auch äußerlich z. B. darin zum Ausdruck, daß alle Wechselprozesse, mögen sie auch zwischen Nichtkaufleuten spielen, Handelssachen im Sinne von GVG. § 95² sind.

b) Der Wechsel tritt in zwei verschiedenen Formen auf. Der gezogene Wechsel (die Tratte) ist eine Anweisung des Ausstellers (Trassanten) auf den Bezogenen (Trassaten) zur Zahlung einer bestimmten Geldsumme an die als empfangsberechtigt bezeichnete Person, die den Wechsel erhält, um ihn — unmittelbar oder mittelbar — gegen Empfang der Zahlung zurückzugeben, und die seit alters Remittent genannt wird. Die Tratte mit ihren drei Beteiligten ist also ein wirklicher „Wechselbrief", in dem der Aussteller an die Adresse des Bezogenen schreibt: „Gegen diesen Wechsel zahlen Sie an . . ." Wenn der Bezogene auf dem Wechsel dessen Annahme erklärt, wird er als Akzeptant zum Hauptschuldner des Wechsels; aber auch der Aussteller haftet aus dem Wechsel, wenn auch nur eventuell, im Regreßwege. Der eigene Wechsel (trockener Wechsel[2]) dagegen ist ein Verpflichtungsschein, in dem der Aussteller selbst verspricht, dem Remittenten Zahlung zu leisten: „Gegen diesen Wechsel zahle ich an . .". Hier stehen sich also ursprünglich nur zwei Personen gegenüber. Die Tratte (wenn angenommen, auch das „Akzept" genannt) ist im Geschäftsverkehr so sehr das Normale, daß sie auch da verwendet wird, wo die Beteiligten keine Begebung an einen Dritten ins Auge fassen, wie z. B. beim sog. Depot- oder Kautionswechsel (von Aktionären wegen noch ausstehender Kapitaleinzahlungen, von Kartellmitgliedern zur Verstärkung von Konventionalstrafversprechen u. dgl.). Im folgenden sollen die wechselrechtlichen Normen nur am gezogenen Wechsel, der auch im Gesetz an erster Stelle steht (Art. 4—95), näher behandelt werden; die wenigen Besonderheiten des eigenen Wechsels (Art. 96—100) ergeben sich daraus, daß bei ihm der Aussteller selbst der eigentliche Wechselschuldner ist, s. z. B. Art. 98⁶ vgl. mit Art. 41, oder Art. 100 vgl. mit Art. 77.

§ 86. Wesen des Wechsels.

Das Wesen des Wechsels zeigt sich in einem Gesamtbilde von äußerst charakteristischen Zügen:

a) Der Wechsel kann nur auf Geld lauten, und zwar nur auf eine bestimmte Geldsumme (certa pecunia), nicht auf Raten, nicht auf Zinsen, Art. 4², Art. 7³. Wenn eine der älteren Wechselrechtstheorien[3] den Wechsel als privates Geld bezeichnete, so zeigte das deutsche Wirtschaftsnotrecht, das den Handel in Devisen (Wechsel auf fremde Währung) und in ausländischen Banknoten den gleichen Beschränkungen unterwarf, in der Tat, wie nahe der normale Wechsel in seiner wirtschaftlichen Funktion dem Gelde steht[4]. Rechtlich freilich besteht keine Ähnlichkeit, denn das Papiergeld ist ein Geldzeichen ohne Einlösungspflicht des Ausstellers, während der Wechsel eine Verpflichtung zur Zahlung in Geld begründet.

b) Der Wechsel ist ein Wertpapier. Er ist der Träger der Wechselobligation, nicht bloß Beweisurkunde. Nur wer Eigentümer des Wechsels wird, erwirbt das Gläubigerrecht aus dem Wechsel; nur wer legitimierter Inhaber des Wechsels ist, kann dies Gläubigerrecht geltend machen, Art. 36, 74. Wechselschuldner ist nur, wer eine Erklärung auf dem Wechsel schriftlich abgegeben hat, Art. 81, und kein Wechsel-

[1] S. RGZ. 112, 124: nicht wechselfähig ein nicht-rechtsfähiger Verein (s. S. 156 Anm. 3). Über Wechselzeichnung namens eines preußischen Kreises s. RGZ. 115, 311, namens einer Stadtgemeinde s. RG. in JW. 1928, 1251.

[2] Diese Bezeichnung rührt ursprünglich daher, daß der Eigenwechsel nicht, wie die Tratte, zum Verkehr über See bestimmt war.

[3] S. die Übersicht der Wechselrechtstheorien bei Karl Lehmann, HRecht § 131.

[4] Vgl. Devisenordnung und Wechselstubenverordnung, beide vom 8. 11. 1924, Devisenmaklerverordnung vom 17. 9. 1923, jetzt alle aufgehoben, VO. vom 22. 2. 1927.

schuldner braucht Zahlung zu leisten, es sei denn gegen Vorlegung und Aushändigung des Wechsels (Präsentationspapier), Art. 39, 48. Ist der Wechsel vernichtet oder abhanden gekommen, so muß erst seine Amortisation, Kraftloserklärung, im Aufgebotsverfahren erfolgen, damit der Verlierer wieder seine Rechte gemäß dem Wechsel (auf Grund des Ausschlußurteils) geltend machen kann, Art. 72, 74, ZPO. §§ 1003, 1018. — Eine Eigentümlichkeit des Wechsels als Wertpapier besteht darin, daß nicht alle sich aus den Wechselunterschriften ergebenden Verpflichtungen im Wechsel selbst wörtlich ausgesprochen sind: der gezogene Wechsel enthält, solange er nicht akzeptiert ist, überhaupt kein ausdrückliches Zahlungsversprechen („Zahlen Sie . . .") und begründet doch sofort mit der Begebung die Skripturhaftung des Ausstellers als Garanten, Art. 8.

c) Der Wechsel ist ein Orderpapier[1]. Die Möglichkeit, ihn in spezifischer Form weiterzugeben, und seine darauf beruhende Umlaufsfähigkeit entspricht so sehr seiner wirtschaftlichen Zweckbestimmung, daß es keiner ausdrücklichen Hervorhebung der Orderqualität im Wechselbrief bedarf: mangels entgegenstehender Bestimmung hat die Zahlung stets „an den Remittenten oder an dessen Order" zu erfolgen, Art. 4[3]. Demgemäß kann der Remittent den Wechsel durch sein Indossament als erster Indossant weiter übertragen, und die gleiche Befugnis steht dann seinem und den weiteren Indossataren zu, so daß sich beliebig viele Indossamente aneinanderreihen können, Art. 9, 10. Das Indossament legitimiert den neuen Inhaber als den nunmehrigen Wechselgläubiger, Art. 36, und zwar als einen solchen, der selbständig aus dem Wechsel berechtigt ist (Transportfunktion des Indossaments). Hierin eben liegt der Sinn der „Beorderung": die Einlösung des Wechsels ist von vornherein nicht bloß dem Remittenten (und seinen persönlichen Rechtsnachfolgern), sondern zugleich jedem versprochen, der zufolge der Order eines Berechtigten als Berechtigter legitimiert sein wird. Mit dem Umlauf des Wechsels entstehen also immer neue Gläubigerrechte. Die Selbständigkeit der einzelnen Gläubigerrechte hat zur Folge, daß dem Nachmann keine Einreden aus der Person des Vormanns entgegengehalten werden können. Der Akzeptant kann sich z. B. gegenüber einem Indossatar nicht darauf berufen, daß der Remittent ihm Prolongation des Wechsels, d. h. Stundung der Wechselzahlung über die Verfallzeit des Wechsels hinaus, mündlich oder in einer nicht auf dem Wechsel selbst enthaltenen schriftlichen Erklärung versprochen habe. Die Abschneidung persönlicher Einreden bei Weiterbegebung des Wechsels, dieser in Art. 82 ausgesprochene Grundsatz, bildet so recht eigentlich die zentrale Norm des Wechselrechts.

d) Der Wechsel ist, wie aus ihm nacheinander mehrere Personen berechtigt werden können, so andererseits geeignet, nicht bloß eine, sondern mehrere Verpflichtungen nebeneinander zu tragen. Stets haftet der Aussteller; der Bezogene wird, sobald er annimmt, als Akzeptant verpflichtet; aber auch den Remittenten, sobald er den Wechsel durch Indossament weitergibt, und ebenso jeden späteren Indossanten trifft die volle Haftung für den Wechsel gegenüber jedem späteren Inhaber (Garantiefunktion des Indossaments), Art. 8, 23, 14. Die sämtlichen im Wechselverband Stehenden bilden eine Reihe, an deren einem Ende ein Nur-Verpflichteter steht (der Akzeptant, bei nicht akzeptierter Tratte der Aussteller), an deren anderem Ende ein Nur-Berechtigter steht (der derzeitige Inhaber des Wechsels, z. B. der letzte Indossatar), während die dazwischen Stehenden (der Remittent und die Indossanten, bei akzeptierter Tratte auch der Aussteller) sowohl eventuell verpflichtet, wie eventuell berechtigt sind, jenes ihren Nachmännern, dieses ihren Vormännern und dem Akzeptanten gegenüber. — Diese Mehrheit von Haftungsverhältnissen ist es, was dem Wechsel seine besondere Kraft gibt: während die gewöhnliche

[1] Auf den Inhaber kann der Wechsel nicht gestellt werden. Anders z. B. die englische Wechselordnung sect. 7 § 1: bill payable to bearer. — S. aber auch Art. 12ff.: Blankoindossament.

Anweisung nur eine Verpflichtung des Angewiesenen als Akzeptanten begründen kann (s. oben § 67, a), kommt beim Wechsel die Ausstellerhaftung und die Garantiefunktion des Indossaments dazu, die den Aussteller und jeden Indossanten zum Garanten des Wechsels machen, falls der Bezogene nicht zahlt. Im Wechsel wird also Personalkredit kumuliert. Je weiter er umläuft, um so gehaltvoller wird er: soviel Unterschriften, soviel Verpflichtete[1]. Wie aber nach dem oben Gesagten jede der mehreren Wechselberechtigten selbständig aus dem Wechsel hervorgeht, so ist auch jede der mehreren Verpflichtungen selbständig im Wechsel begründet[2]: falls nur die Schrift an sich die wesentlichen Erfordernisse des Wechsels erfüllt, der Grundwechsel äußerlich einwandfrei ist, dann ist jede darauf befindliche ordnungsmäßige Unterschrift für sich voll wirksam, mögen auch andere Unterschriften an rechtlichen Mängeln leiden; so haftet z. B. der Remittent aus seinem Indossament, auch wenn der Aussteller wegen Verschwendung entmündigt ist und das Akzept gefälscht hat, Art. 3, 7, 75, 76[3].

e) Der Wechsel ist Träger von Verpflichtungen besonderer Art: er begründet „wechselmäßige" Verbindlichkeiten, die Haftung aus ihm hat „Wechselkraft", s. Art. 7, 8, 14, 23, 81. In sachlicher Beziehung bedeutet das: die Wechselschuld ist eine ausschließlich auf dem Wechsel selbst beruhende Verpflichtung; sie ist abstrakter Natur, losgelöst von ihrer Causa, d. h. rechtlich unabhängig von den Verhältnissen, die der Wechselzeichnung zugrunde liegen. Der Wechsel benennt die Causa nicht, erst recht nicht die sämtlichen einzelnen Grundverhältnisse, auf denen die verschiedenen Wechselerklärungen (Ausstellung, Annahme, Indossament) jede für sich beruhen. Er ist ein abstraktes Zahlungsversprechen, das nichts darüber sagt, ob es zwecks Tilgung eines Kaufpreises, zwecks Rückerstattung eines Darlehens, zwecks Leistung einer Gesellschaftseinlage, zwecks Verstärkung des Kredits eines andern Wechselverpflichteten oder aus welchem sonstigen Grunde erfolgt. Was auch zugrunde liegen möge, der Wechsel breitet immer die gleiche neutrale Decke darüber.

Um die materielle Durchführung dieser Abstraktion zu erkennen, ist von der einfachsten Beziehung: dem Verhältnis zwischen Aussteller und Remittenten, auszugehen, das sich am deutlichsten beim Eigenwechsel zeigt. Ganz wie beim einfachen abstrakten Schuldversprechen (BGB. § 780) ist hier der Gläubiger aus dem Wechsel allein und unmittelbar berechtigt. Bei der Einklagung dieses seines urkundlichen Rechtes (denn erst bei der gerichtlichen Geltendmachung tritt die rechtliche Gestaltung voll hervor) braucht er nicht darzulegen, welche Causa zu dem Versprechen geführt hat, erst recht nicht, daß diese Causa in Ordnung gehe. Fehlt es tatsächlich an einer wirksamen Causa, so hat freilich der Gläubiger seinen Anspruch dem Schuldner gegenüber zu Unrecht, ist durch das Eigentum des Wechsels und das daraus fließende Gläubigerrecht auf Kosten des Schuldners ungerechtfertigt bereichert; der Schuldner kann daher seinerseits die Zurückgabe des Wechsels verlangen (BGB. § 812) und die Einlösung des Wechsels einredeweise verweigern (vgl. BGB. § 821). Die Voraussetzungen hierfür darzutun, ist aber seine Sache. Der

---

[1] Nach § 21[2] des Bankgesetzes vom 30. 8. 1924 darf die Reichsbank regelmäßig nur solche Wechsel (mit einer Verfallzeit von höchstens 3 Monaten) diskontieren, aus welchen drei als zahlungsfähig bekannte Verpflichtete haften; auch sollen nur „gute Handelswechsel" diskontiert werden, d. h. solche, die auf normalem kaufmännischem Geschäftsverkehr (Warenlieferung u. dgl.) beruhen.

[2] Dies gilt auch für die Verpflichtung desjenigen, der den Wechsel oder eine Wechselerklärung neben dem Hauptverpflichteten mitunterzeichnet hat, selbst wenn er sich dabei ausdrücklich nur als Bürge (per aval) benannt hat, Art. 81. Diese sog. Wechselbürgschaft des Avalisten hat also nicht den materiell akzessorischen Charakter der bürgerlich-rechtlichen, vgl. RGRKomm. z. BGB. vor § 765 n. 5.

[3] Vgl. z. B. ROHG. 1, 98; 23, 357. Wird ein echter Wechsel verfälscht, z. B. durch Änderung der Summe, so bleiben die früheren Wechselschuldner auf Grund des echten Wechselinhalts wechselmäßig verpflichtet, falls der ursprüngliche Text noch erkennbar ist oder wieder erkennbar wird, so RGZ. 108, 78; 111, 280; bestr.

Schuldner (also im angenommenen Falle der vom Remittenten verklagte Aussteller des Wechsels) hätte darzulegen, im Hinblick auf welche Causa der Wechsel gegeben wurde und daß diese (oder eine etwa vom Kläger behauptete sonstige) Causa tatsächlich ermangelt oder ungenügend ist, also z. B. daß das gegen den Wechsel versprochene Darlehen ihm nicht ausbezahlt, der durch den Wechsel abzudeckende Kauf wegen Nichterfüllung wiederaufgehoben, oder der Wechsel zu einem wider die guten Sitten verstoßenden Zwecke oder für eine Spielschuld gegeben wurde, vgl. z. B. BGB. § 762 II; im Verhältnis zwischen den unmittelbar Beteiligten führt die abstrakte Natur des Wechsels somit praktisch vielfach nur zu einer Umkehrung der Behauptungs- und Beweislast[1].

Sehr viel tiefer greifen die Wirkungen der Abstraktheit der Wechselverpflichtung aber in den wechselmäßigen Beziehungen des weiteren Wechselverbandes: denn die Selbständigkeit der einzelnen Berechtigungen aus dem Wechsel hat, wie bereits erwähnt, zur Folge, daß der Wechselschuldner dem jeweils gegen ihn auftretenden Wechselgläubiger, abgesehen von Einwendungen, die den Wechsel an sich (z. B. seine Form oder Gültigkeit) betreffen, nur solche Einwendungen entgegensetzen kann, die ihm unmittelbar gegen diesen Kläger persönlich zustehen, Art. 82. Da das Recht des Nachmannes unabhängig von dem des Vormannes ist, kann es vom Wechselschuldner nicht mit Einwendungen bekämpft werden, die dieser nur aus den zwischen ihm und dem Vormann schwebenden Differenzen entnehmen könnte. Für den Akzeptanten entspricht es schon dem Rechte der gewöhnlichen Anweisung, daß er sich auf Mängel, die in seinem Verhältnis zum Anweisenden liegen, nicht gegenüber dem Anweisungsempfänger berufen kann, BGB. § 784. Beim Wechsel erweitert sich der Kreis dieser Abstraktion auf sämtliche Beziehungen: jede einzelne Wechselverpflichtung ist, wenn dem Verpflichteten ein anderer, als der zu ihm im kausalen Grundverhältnis Stehende als Gläubiger gegenübertritt, von dieser Causa in der Tat vollkommen losgelöst. Hat z. B. der Bezogene akzeptiert, weil ihm der Aussteller Ware zu liefern hatte, sodann aber wegen Nichtlieferung der Ware den Rücktritt vom Kaufvertrag erklärt, so könnte er dies zwar dem Aussteller selbst einredeweise entgegenhalten, wenn dieser den Wechsel gegen ihn einklagt, nicht aber dem Remittenten oder einem Indossatar; für diese bleibt jenes zwischen Aussteller und Akzeptanten liegende Grundverhältnis gänzlich außer Betracht, eine wechselfremde Tatsache.

Die Loslösung der Verpflichtung von der Causa, sobald sich nicht mehr die ursprünglich Beteiligten gegenüberstehen, entspricht dem Wesen des wahren Wertpapiers (vgl. BGB. § 796). Auf ihr vor allem beruht die Eignung des Wechsels zur Zirkulation, denn kein Dritter vermöchte einen Wechsel mit Sicherheit zu erwerben, wenn er Gefahr liefe, sein Recht aus dem Wechsel wegen solcher Umstände in Frage gestellt zu sehen, die weder im Wechsel selbst liegen, noch ihn persönlich etwas angehen.

Welche Rückwirkung die Ausstellung eines Wechsels auf das zugrunde liegende Rechtsverhältnis ausübt, ist keine Frage des Wechselrechts, sondern beurteilt sich nach den für dies Rechtsverhältnis selbst maßgebenden Normen des bürgerlichen

---

[1] Dabei ist aber — und dies hat eine über die Beweisfrage hinausgehende sachliche Bedeutung — zu beachten, daß eine gültige Causa nicht etwa nur dann vorliegt, wenn eine wirksame Verpflichtung auch abgesehen vom Wechsel gegeben wäre. Wer z. B., weil er sich für einen Andern verbürgen will, einen Wechsel unterzeichnet, braucht nicht noch eine nach BGB. § 766 wirksame Bürgschaftserklärung außerhalb des Wechsels abzugeben, um dem Gläubiger gegenüber eine Wechselcausa zu schaffen (vgl. RGZ. 94, 89). Eine genügende Causa liegt immer vor, wenn der mit der Wechselhingabe verfolgte Zweck tatsächlich gegeben ist und weder gegen ein gesetzliches Verbot noch gegen die guten Sitten verstößt, auch nicht vom Gesetze an eine strengere Form als die einfache Schriftform gebunden ist (s. hierzu RGZ. 71, 289 über ein schenkweise gegebenes Akzept). — Über die Möglichkeit des Ersatzes einer nicht eingetretenen Causa durch eine andere wirksame vgl. RG. in JW. 1928, 1574 (2631).

oder Handelsrechts. Wird ein Wechsel zwecks Zahlung einer Schuld, z. B. aus Warenkauf, gegeben, so geschieht das im Zweifel nicht an Erfüllungsstatt, sodern erfüllungshalber, BGB. § 364 II. Der Gläubiger hat also nunmehr zwei Wege, um zu seinem Geld zu kommen: die Kaufpreisforderung und die Wechselforderung; doch wird regelmäßig die erstere durch Annahme des Wechsels für dessen Laufzeit gestundet sein[1], und der Gläubiger auf sie nur zurückgreifen können, wenn er den Schuldner bei deren Bezahlung durch Zurückgabe des Wechsels vor der Gefahr sichert, nochmals zahlen zu müssen. Sind aus dem Wechsel auch Dritte verpflichtet, so muß außerdem regelmäßig zunächst versucht werden, die Wechselsumme bei diesen einzuziehen; wird dies schuldhaft versäumt und die Geltendmachung der Wechselrechte des Schuldners gegen die Dritten dadurch unmöglich gemacht, so verliert der Gläubiger seine zivile Forderung[2].

f) Der Wechsel ist ausgezeichnet durch das, was seit alters als Wechselstrenge (rigor cambialis) bezeichnet wird. Die Schärfe des Wechselrechts richtet sich einerseits gegen den Gläubiger. Der Wechsel ist nur gültig, wenn er den genauen Formerfordernissen voll entspricht, Art. 4, 7, und die Rechte des Gläubigers können in Verlust geraten, wenn er es bei ihrer Wahrung an wechselmäßiger Diligenz fehlen läßt. Dies gilt zwar nicht dem Hauptverpflichteten, also dem Akzeptanten (oder dem Aussteller des Eigenwechsels) gegenüber, der, ohne daß es besonderer Schritte bedarf, auf eine vom Verfalltage des Wechsels an laufende, verhältnismäßig lange Verjährungszeit haftet; dagegen werden die Garanten des Wechsels (Aussteller des gezogenen Wechsels und Indossanten) von ihrer Regreßpflicht frei, wenn der Gläubiger es unterläßt, den Wechsel dem Hauptverpflichteten rechtzeitig zu präsentieren und die Nichteinlösung durch förmlichen Protest urkundlich festzulegen, Art. 41, 44, 77, 98 Ziff. 6. Gegenüber dem Schuldner äußert sich die Wechselstrenge, außer in der dargelegten sachlichen Abstraktheit der Wechselschuld, formal namentlich in der Zulässigkeit eines besonderen, summarischen Wechselprozesses, der auf Beschleunigung und erhöhte Energie eingestellt ist: der Beklagte, der seine Einwendungen nicht mittels Urkunden oder Eideszuschiebung liquide stellen kann, ist, unter Vorbehalt seiner Rechte, vorläufig vollstreckbar zu verurteilen und bleibt (nach dem Satze: solve ac repete!) mit seinen Einwendungen (z. B. daß der Wechsel aus einem Wuchergeschäft herrühre) auf ein Nachverfahren angewiesen, ZPO. §§ 602—605, 595, 599, 708 Ziff. 4, EntlVO. §§ 3, 4.

Die Bedeutung des Wechsels liegt nach alledem in einem Doppelten. Im individuellen Verhältnis zwischen Gläubiger und Schuldner ist er ein Instrument zur Verstärkung der Gläubigerstellung. Weit wichtiger, insbesondere für den Handelsverkehr, aber ist seine Eignung zur Zirkulation: das private Papier wird in der Hand dritter Nehmer durch seinen ganzen rechtlichen Aufbau zu einem fast unpersönlichen Wertträger[3].

---

[1] Wenn der Warenkäufer, der „gegen Dreimonatswechsel" gekauft hat, den Wechsel nicht (oder nicht der Abrede oder dem Handelsbrauch entsprechend) liefert, ist die Bedingung der Stundung nicht erfüllt, und der Verkäufer kann alsbald auf Barzahlung klagen, ROHG. 24, 180; RG. in JW. 1917, 290.

[2] S. hierzu im einzelnen (und kritisch): Fr. Klausing, Zahlung durch Wechsel und Scheck (1919), sowie Einleitung zu seinem Wechsel- u. Scheckrecht (1929) S. 42ff. — Isele, ArchZivPr. 129, 129. — Staub-Stranz, Art. 83, Anm. 26ff. S. z. B. RGZ. 27, 88; OLG. 42, 243 (München); so liegt auch in der Hingabe eines Prolongationswechsels an Stelle eines zuerst gegebenen, aber nicht rechtzeitig einlösbaren, regelmäßig keine Novation des ursprünglichen Wechselanspruchs, so daß die gegen diesen begründeten Einwendungen fortdauern, falls nicht die Umstände eine andere Auffassung ergeben, ROHG. 4, 371, RGZ. 107, 35.

[3] Wirtschaftlich ist von besonderer Wichtigkeit, daß der Wechselgläubiger die Wechselforderung vor deren Fälligkeit leichter verwerten kann als eine gewöhnliche Forderung. Die Diskontierung (Eskomptierung) von Wechseln durch die Bank unter Abzug des nach der Laufzeit und dem jeweiligen Diskontosatze berechneten Diskontzinses ist eines der wichtigsten Geschäftsgebiete der Banken, insbesondere auch im internationalen Handelsverkehr, s. S. 152 Anm. 1

§ 87. Form und Erfordernisse des Wechsels.

a) Die Form des gezogenen Wechsels ist vom Gesetz zwingend und genau, übrigens sehr einfach geregelt. Der Wechselbrief des Ausstellers muß die Bezeichnung als Wechsel (Wechselklausel), die zu zahlende Geldsumme, den Namen oder die Firma des Remittenten, an den oder dessen Order gezahlt werden soll, und eine Angabe über die Zahlungszeit enthalten; er muß vom Aussteller (Trassanten) mit Namen oder Firma unterschrieben, nach Ort und Zeit datiert und mit Namen oder Firma desjenigen, der die Zahlung leisten soll, des Bezogenen oder Trassaten[1], adressiert sein; ist hierbei kein Ort genannt, so bedarf es noch einer Angabe über den Zahlungsort, Art. 4. Die Tratte kann also z. B. lauten: „Berlin, 9. März 1929. Gegen diesen Wechsel zahlen Sie an Herrn R. Rau oder dessen Order nach drei Monaten achthundertzwanzig Reichsmark. August Aal. An die Bezugsgesellschaft für Zement m. b. H. Magdeburg.“ Im einzelnen ist zu sagen:

Die Geldsumme muß auf einen eindeutig und fest bestimmten Betrag lauten; sie kann in inländischer oder ausländischer Währung oder in einer sonstigen Rechnungswährung (z. B. Goldmark) ausgedrückt sein, mit oder ohne Effektivklausel, Art. 37; VO. vom 6. 2. 1924[2].

Die Zahlungszeit (Verfallzeit), die für die ganze Wechselsumme eine einheitliche sein muß, kann in verschiedener Weise bestimmt werden: entweder 1. so, daß der Wechsel selbst den Verfalltag angibt (Tagwechsel), sei es mit bestimmtem Datum (am 9. Juni 1929), sei es mit bestimmter Frist nach dem Ausstellungsdatum (s. oben), oder aber 2. so, daß die Fälligkeit bei oder nach der im Belieben des Inhabers stehenden Präsentation des Papiers eintreten soll (Sichtwechsel: „auf Vorzeigen dieses“, oder Nach-Sichtwechsel: „zwei Wochen nach Vorzeigung“)[3]. In dem Zeitmoment liegt das Wesen des Wechsels als Kreditpapier begründet. Die Laufzeit kann an sich beliebig lang sein. Das Dreimonatsziel ist besonders häufig[4]. Ein Sichtwechsel muß binnen zwei Jahren präsentiert werden, falls er nicht selbst eine kürzere Fristsetzung enthält[5]. Ungenauigkeit der Zeitbestimmung („bis zum 20. Juni ds. Js.“) macht den Wechsel nichtig; doch sind Meß- oder Marktwechsel („auf der Frankfurter Herbstmesse 1926“) gestattet, Art. 4^4, 30—35.

Auch die Angabe der Personen muß klar und eindeutig sein, also z. B. nicht: „an den Geschäftsführer der Holzindustrie G. m. b. H.“, wobei zweifelhaft bliebe, ob die Gesellschaft oder der Geschäftsführer in Person Trassat sein soll[6].

Wie die Unterschrift des Ausstellers zu leisten ist, beurteilt sich mangels besonderer Vorschriften nach allgemeinen Grundsätzen; danach ist insbesondere anzu-

---

und vgl. RGZ. 93, 26; v. Schulze-Gaevernitz, Grundriß der Sozialökonomik V^2 61ff.; Lotz, Handw. d. StWiss.[4] III, 247 (Diskonto und Diskontopolitik); Essler, Politik des auswärtigen Handels.

[1] Die Angabe mehrerer Trassaten (z. B. Eheleute B) ist zulässig, RGZ. 46, 132 (Vereinigte Zivilsenate); ebenso die Angabe mehrerer Remittenten (an A und B“, wie auch „an A oder B“), vgl. KG. in LZ. 1914, 407 (bestr.).

[2] „Mark“ bedeutet heute Reichsmark, RGZ. 112, 85. — Ein auf eine Geldsumme „zahlbar in Bankscheck auf Paris“ lautender Wechsel ist ungültig, RGZ. 105, 143.

[3] Ein Wechsel ohne jede Zeitangabe ist nicht etwa ein Sichtwechsel, sondern nichtig (anders nach englischem Recht).

[4] Vgl. hierzu BankG. § 21^2, sowie WechselStG. § 15: Nachversteuerung von Wechseln für die über drei Monate hinausgehende Laufzeit.

[5] Bestimmt der Wechsel eine solche kürzere Präsentationsfrist, so bildet diese eine Art Bedingung des Wechsels, so daß bei Fristversäumnis auch der Akzeptant frei wird, RGZ. 119, 422.

[6] Immer muß der wirkliche bürgerliche Name, die richtige, ordnungsmäßige Firma, der richtige Ortsname angegeben werden; indessen läßt eine verständige Praxis die Ungültigkeit nicht schon wegen jeder kleinen Ungenauigkeit eintreten, und bleibt auch in Wechselsachen nicht bei bloßer Buchstabeninterpretation stehen, vgl. RGZ. 60, 426; 71, 273; 100, 167 (Fiskus); 119, 198 („Fürstliche Dampfmühle“). Beispielsweise würde ein an die Firma „S“ lautender Wechsel nicht ungültig sein, wenn diese Firma jetzt von der Firma X aufgenommen und nur als Filialfirma „X-Filiale S“ fortgeführt wird.

nehmen, daß ein zur Wechselzeichnung Bevollmächtigter mit dem Namen des Vertretenen zeichnen kann, ohne seine eigene Unterschrift beizufügen, BGB. § 126[1].

b) Wenn eines der wesentlichen Erfordernisse fehlt oder nicht genügend gewahrt ist, so kann die Schrift keine wechselmäßige Verpflichtung des Ausstellers begründen[2] und ist auch nicht geeignet, als Grundwechsel zur Aufnahme weiterer wechselmäßiger Erklärungen (Annahme, Indossamente) zu dienen, Art. 7. Indessen bedarf es nur eben der formalen Vollständigkeit der Tratte, nicht ihrer materiellen Richtigkeit; z. B. kann der Aussteller den Wechsel beliebig vor- oder zurückdatieren, auch wird die Gültigkeit der übrigen Wechselerklärungen nicht dadurch beeinträchtigt, daß die als Trassat angegebene Person in Wirklichkeit nicht existiert (Kellerwechsel), vorausgesetzt nur, daß die Angabe in ihrer äußerlichen Form auf eine möglicherweise existierende wechselfähige Person hinweist[3]. Anderseits dürfen keine Zusätze gemacht werden, die mit dem Wesen des reinen Zahlungsversprechens unvereinbar sind; der Wechsel ist, seiner Natur als Formalakt entsprechend, ungültig, wenn er an eine Bedingung geknüpft oder von einer Causa abhängig gemacht wird („zahlen Sie zum Ausgleich der von Ihnen bestellten Waren laut Faktura vom ...") oder einen sonstigen unzulässigen Zusatz enthält[4]. Nur für Zinsversprechen, die ja ebenfalls schlechthin unzulässig sind (oben § 86 a. A.), ist vorgesehen, daß sie nicht den Wechsel nichtig machen, sondern ihrerseits als nicht geschrieben gelten, Art. 7[3].

c) Nicht erforderlich ist Verschiedenheit aller drei ursprünglich beteiligten Personen. Der Aussteller kann sich selbst als Remittenten bezeichnen („an Order meine eigene"), und solche Wechsel „an eigene Order" sind sehr häufig, weil der Aussteller hier das Akzept auf einen fertigen Grundwechsel einholen kann, dessen dritten Nehmer mittels Indossaments zu bezeichnen er sich noch vorbehält, Art. 6 I. Bei einem Distanzwechsel, bei dem der Zahlungsort ein anderer als der Ausstellungsort ist, kann der Aussteller sich auch selbst als Bezogenen benennen, sog. trassierteigene Wechsel, z. B. auf eine Zweigniederlassung, Art. 6 II[5].

d) Ist ein vom wechselmäßigen Wohnort des Bezogenen verschiedener Zahlungsort benannt, dem Wechsel also ein besonderes Domizil gegeben (Domizilwechsel), so ist es an sich Sache des Bezogenen, sich dort finden zu lassen[6]. Indessen kann der Aussteller oder, wenn dieser sich auf die besondere Ortsangabe beschränkt hat, auch der Bezogene bei der Annahme eine dritte Person (Domiziliat) auf dem Wechsel benennen, die, ohne selbst im Wechselverband zu stehen, für den Bezogenen Zahlung leisten soll, der daher der Wechsel an seiner Statt zu präsentieren und der allein gegenüber er eventuell zu protestieren ist[7]. Die Benennung eines solchen

[1] So RGZ. 74, 69 (VerZivSen.). — Wer als Vertreter ohne Vertretungsmacht eine Wechselerklärung zeichnet, haftet, falls nicht der andere Teil den Mangel der Vertretungsmacht kannte, selbst wechselmäßig, falls er auch mit seinem eigenen Namen unterzeichnete, andernfalls nur zivilrechtlich, Art. 95; BGB. § 179; OLG. 28, 415 (Hamburg).

[2] Ein formungültiger Wechsel kann unter Umständen nach BGB. § 140 als Anweisung oder kaufmännischer Verpflichtungsschein aufrechterhalten werden, vgl. RGZ. 48, 230. — Vgl. Bernstein, JW. 1926, 494 und Gruch. 69, 39.

[3] Vgl. RGZ. 85, 195; 100, 169; JW. 1926, 2907 (nicht rechtsfähiger Verein, dessen Name möglicherweise einen rechtsfähigen bezeichnen könnte); JW. 1928, 218.

[4] S. ROHG. 21, 169. Zusätze wie die sog. Avisklausel („laut Bericht") oder Deckungsklausel („Wert erhalten") oder dgl. sind unschädlich, aber bedeutungslos und veraltet; in Frankreich war die Deckungsklausel durch C. de comm. Art. 110 vorgeschrieben, doch wurde dies durch Ges. v. 8. 2. 1922 gestrichen. Auch die Bezeichnung als „Depotwechsel" oder „Kautionswechsel" beeinträchtigt die Gültigkeit des Wechsels nicht, wie sie ihn nicht rechtlich von einer bestimmten Causa abhängig macht, ROHG. 13, 412, RG. in JW. 1929, 1132.

[5] Der trassiert-eigene Wechsel ist eine wirkliche Tratte, kein Eigenwechsel; daher Protest erforderlich zum Regreß gegen den Aussteller, RG. in LZ. 1913, 211.

[6] Vgl. hierzu RGZ. 113, 335.

[7] Geht der Domizilvermerk nicht vom Aussteller, sondern vom Akzeptanten oder einem Indossanten aus, so hat er gegenüber dem Aussteller und sonstigen Vormännern keine Wirkung, ROHG. 3, 51, RGZ. 32, 36.

Drittzahlers ist übrigens auch ohne Ortsverschiedenheit zulässig (sog. Zahlstellenwechsel, „zahlbar bei der X-Bank daselbst“), Art. 4[3], 24, 43.

Über Wechselduplikate, bei denen mehrere Originale des Wechsels hergestellt werden, und über Wechselkopien, die, obgleich nur Abschriften des Originalwechsels, doch selbst Träger von Originalindossamenten sein können, s. Art. 66—72; auf diesem Wege ist es insbesondere möglich, das Original zum Akzept zu verschicken und gleichzeitig das Duplikat oder die Kopie („bis hierher Abschrift“) zur Zirkulation mittels Indossierung zu benützen[1].

§ 88. Aussteller.

Der Aussteller des Wechsels, der beim eigenen Wechsel primär verpflichtet ist, haftet beim gezogenen Wechsel sekundär, nämlich dafür, daß der Bezogene den Wechsel annehmen und zahlen werde, Art. 8. Geschieht das eine oder andere nicht, oder wird die Zahlung in der Zwischenzeit durch Vermögensverfall des Akzeptanten zweifelhaft, so steht dem Wechselinhaber der Regreß gegen den Aussteller auf Zahlung oder auf Sicherheitsleistung zu, s. Art. 25, 29, 41. Der Aussteller ist also Garant der Tratte, und zwar im Vergleich mit den Indossanten ein Garant erster Ordnung, da es sich nicht wie diese von seinem Obligo freizeichnen kann[2]; s. a. Art. 83: Bereicherungshaftung des Ausstellers.

Ob die Verpflichtungen des Ausstellers schon durch die „Ausstellung“ im engsten Sinn des Wortes, also durch die Kreation der Urkunde begründet werden, oder ob zu dem „Wechselakt“ des Ausstellers noch die Begebung des Wechsels gehöre, ist eine alte Streitfrage. Daß der Remittent normalerweise das Eigentum am Wechsel und die Rechte aus ihm durch Übergabe und Einigung mit dem Aussteller erwirbt, ergibt sich aus allgemeinen Rechtsgrundsätzen. Für solche Fälle aber, in denen diese Übereignung aus irgendeinem Grunde unwirksam war oder der Wechsel dem Aussteller ohne seinen Willen abhanden gekommen ist, ist zu beachten, daß nach Art. 74 ein formal legitimierter Besitzer des Wechsels nur dann zu seiner Herausgabe angehalten werden kann, wenn ihm beim Erwerb des Wechsels böser Glaube oder grobe Fahrlässigkeit zur Last fällt. Ist dies nicht der Fall, so kann sich auch der Aussteller einem legitimierten Inhaber des Wechsels gegenüber nicht auf jenen Mangel wirksamer Begebung berufen, und zwar auch nicht dem ersten Inhaber gegenüber[3]. Die Haftung des Ausstellers entspringt also in der Tat aus seiner einseitigen Unterzeichnung des Wechsels, kann aber erst geltend gemacht werden, wenn ein (gutgläubiger) Dritterwerber das Eigentum am Wechsel erlangt hat (vgl. hierzu die für Schuldverschreibungen auf den Inhaber geltenden, im Ergebnis hiermit übereinstimmenden Regeln, BGB. §§ 794, 932, 935).

Die wechselmäßige Verbindung des Ausstellers erfordert, wie dargelegt, eine formal vollständige Tratte, Art. 7. Diese Vollständigkeit braucht aber nicht schon bei der Unterzeichnung vorhanden zu sein. Der Wechsel kann auch als „Blankowechsel“, unter Freilassung z. B. des Datums, des Betrags oder der Verfallzeit, ausgestellt und das Fehlende nach der Begebung, z. B. durch den Akzeptanten oder den Remittenten selbst, mit der Wirkung ausgefüllt werden, daß der Aussteller

[1] S. RGZ. 9, 113 (117).

[2] Eine Vereinbarung des Ausstellers mit dem Nehmer des Wechsels, wonach ersterer dem letzteren nicht haften soll, ist mit persönlicher Wirkung möglich, aber wechselmäßig kann die Haftung nicht ausgeschlossen werden; der Zusatz „ohne Obligo“ wäre als nicht geschrieben zu behandeln, RGZ. 37, 145 (bestr.). Über Freizeichnung der Indossanten s. Art. 14.

[3] So RGZ. 87, 365; 112, 202; 117, 69. Es ist also weder schlechthin schon die Ausstellung des Wechsels verpflichtend (Kreationstheorie), noch schlechthin ein wirksamer Begebungsakt erforderlich (Vertragstheorie). Das im Text Gesagte kann vielleicht mit Grünhut als Redlichkeitstheorie bezeichnet werden, vgl. Müller-Erzbach, S. 440ff.; Eckhardt, ZHR. 89, 260ff. Wegen des Akzeptes s. S. 158 Anm. 4.

aus seiner Unterschrift nach Maßgabe der Ausfüllung wechselmäßig haftet. Wenn das Blankett ordnungswidrig ausgefüllt wurde, kann dies nach Art. 82 dem Ausfüllenden selbst, außerdem aber nur einem bösgläubigen Wechselinhaber entgegengehalten werden[1].

§ 89. Akzept.

Literatur: Herbert Meyer, Das Akzept (1908).

Die Annahme (Akzeptation) des Wechsels muß auf dem Wechsel schriftlich erklärt werden; auf der Vorderseite des Wechsels bedarf es dazu nur der Zeichnung von Namen oder Firma des Bezogenen (meist quer neben dem Text des Grundwechsels), Art. 21 I—III. Nur der Bezogene kann akzeptieren, nicht ein Dritter[2], und diese materielle Identität zwischen Bezogenem und Akzeptanten muß auch formal erkennbar sein, wenngleich eine buchstäbliche Übereinstimmung der Adresse und seiner Unterschrift nicht gefordert werden darf[3]. — Daß das Akzept ein einseitiger Akt ist, der mit der Niederschrift vollendet wird und zu seinem Wirksamwerden nicht erst der Begebung bedarf, ist richtiger Ansicht nach im Gesetz selbst ausgesprochen, Art. 21 IV[4]. Die Annahmeerklärung kann — und dies ist wohl im Geschäftsleben das Normale — auf den Wechsel gesetzt werden, ehe der Aussteller diesen (das „Akzept") dem Remittenten aushändigt. Wird die Annahmeerklärung, wie dies nicht selten vorkommt, auf einen unfertigen, z. B. die Wechselsumme oder den Remittenten noch nicht benennenden Wechsel gesetzt, so gelten für ein solches Blankoakzept die oben für Wechselblankette überhaupt dargelegten Grundsätze[5]. Über beschränkte Akzepte s. Art. 22 I und II.

Die Annahme verpflichtet den Bezogenen wechselmäßig, die von ihm akzeptierte Summe zur Verfallzeit zu zahlen, Art. 23 I. Der Akzeptant ist der Hauptschuldner des Wechsels. Zur Erhaltung des Wechselrechts ihm gegenüber bedarf es demgemäß weder der Präsentation am Zahlungstage, noch einer Protesterhebung, und zwar auch dann nicht, wenn die Zahlung durch einen Domiziliaten zu erfolgen hat, Art. 43, 44. Jedoch gerät der Akzeptant, da die Wechselschuld im eminenten Sinne Holschuld ist, nur bei Präsentation in Verzug; er haftet dann für Zinsen und Kosten nach den beim Regreß geltenden Regeln, vgl. Art. 81, unten § 91; bei Nichtpräsentation Hinterlegungsrecht, Art. 40. Der Anspruch gegen den Akzeptanten verjährt in drei Jahren vom Verfalltag an, Art. 77, s. aber auch Art. 83: Bereicherungsanspruch. Als Hauptschuldner ist der Akzeptant jedem gegenüber zahlungspflichtig, der aus dem Wechsel berechtigt ist, insbesondere auch dem Aussteller selbst, Art. 23 II (anders bei der gewöhnlichen Anweisung nach BGB. § 784). Der Aussteller kann hiernach gegen den Akzeptanten klagen, sowohl wenn er den Wechsel im Regreßweg wieder eingelöst, wie auch, wenn er ihn überhaupt nicht an den Remittenten begeben hat.

Anderseits ist der Akzeptant nur Schuldner, niemals Gläubiger aus dem Wechsel, hat also selbst unter keinen Umständen einen wechselmäßigen Anspruch gegen den Aussteller, Art. 23 III. Die formale Losgelöstheit des Wechsels von dem zugrunde-

---

[1] Haussmann, Gruch. 58, 289. Staub-Stranz Art. 7 Anm. 7—17. RGZ. 87, 367. Die Ausfüllung ist wechselmäßig wirksam, auch wenn der Aussteller inzwischen wechselunfähig geworden oder gestorben ist oder die Vertretungsmacht verloren hat, vgl. RGZ. 11, 8; 33, 44.

[2] Das Akzept des Nichtbezogenen erzeugt keine Wechselverpflichtung, so z. B., wenn ein auf eine Gesellschaftsfirma gezogener Wechsel von einem Gesellschafter mit seinem eigenen Namen akzeptiert wird, ROHG. 20, 262, RGZ. 70, 208.

[3] Vgl. z. B. RGZ. 73, 280; 100, 228 („GmbH." hinzugesetzt oder weggelassen).

[4] Auch für das Akzept wird die Vertragstheorie vertreten, vgl. Herbert Meyer, a. a. O.; Staub-Stranz, Art. 21 Anm. 1, s. dagegen z. B. RGZ. 77, 139; RGWarn. 1918, Nr. 227.

[5] Demgemäß hat der gutgläubige Erwerber eines Wechsels, der in blanko akzeptiert war, gegen den Akzeptanten auch dann den Wechselanspruch, wenn der Wechsel entgegen dem Willen des Akzeptanten ausgefüllt und in den Verkehr gebracht wurde, RG. in JW. 1926, 1817 (bestr.).

liegenden Rechtsverhältnis tritt in diesem Zusammenhang besonders deutlich hervor. Die materiellen Rechtsbeziehungen zwischen Aussteller und Akzeptanten können sehr wohl im Einzelfalle so liegen, daß dieser, wenn er den Wechsel einlöst, gegen jenen einen Ersatzanspruch hat (z. B. beim Gefälligkeitsakzept, das im Interesse des Ausstellers gegeben wurde, oder wegen Mangels einer verpflichtenden Causa). Ein solcher sog. Revalierungsanspruch des Akzeptanten gegen den Aussteller liegt aber außerhalb des Wechselverbandes selbst und kann daher nicht wechselmäßig geltend gemacht werden[1]. Würde dagegen umgekehrt der Aussteller es sein, der den Wechsel gegen den Akzeptanten nach Art. 23 II einklagen wollte, so würde der Akzeptant ihm in einem solchen Falle eine persönliche Einrede nach Art. 82 entgegenhalten können.

Eine Verpflichtung zur Akzeptierung des Wechsels kann den Bezogenen nur außerwechselmäßig, aus dem materiellen Grundverhältnis heraus (z. B. einem Kredit- oder Kaufvertrag, einem pactum de cambiando) treffen: wechselmäßig verpflichtet wird er immer nur durch seine Unterschrift[2]. Dagegen hat der Remittent und jeder Indossatar ein wechselmäßiges Recht gegenüber dem Aussteller (und sonstigen Vormännern) darauf, daß der Wechsel vom Bezogenen akzeptiert werde. Sie brauchen nicht abzuwarten, ob der Bezogene nicht vielleicht trotz Verweigerung des Akzeptes doch bei Verfall zahlen werde. Der Wechsel ist notleidend, wenn der Bezogene das Akzept verweigert. Die Präsentation der Tratte an den Bezogenen zwecks Einholung des Akzepts, sowie, bei dessen Verweigerung, die Erhebung des „Protestes mangels Annahme" kann durch jeden Besitzer des Wechsels erfolgen. Der legitimierte Inhaber ist sodann berechtigt, im Wege des „Regresses wegen nicht erhaltener Annahme" von seinen Vormännern Sicherheit für die seinerzeitige Einlösung des Wechsels zu verlangen, Art. 25—28. Die Präsentation zur Annahme ist jederzeit zulässig (Recht auf promptes Akzept). Der Inhaber des Wechsels ist aber im allgemeinen nicht gehalten, den Wechsel zu diesem Zweck zu präsentieren, sondern kann, wenn er will, bis zum Verfalltag zuwarten und alsdann, ohne die Annahme des Wechsels nachzusuchen, Zahlung begehren; anders nur bei Nachsichtwechseln (s. oben S. 155), sowie bei Domizilwechseln, falls bei letzteren der Aussteller auf dem Wechsel die Präsentation zur Annahme vorgeschrieben hat, Art. 18—20, 24 II.

§ 90. Indossament.

a) Das Indossament oder Giro[3] ist die Übertragungserklärung, mittels deren der Remittent (als Indossant) den Wechsel an einen Anderen (Indossatar) und dieser ihn ebenso weiter übertragen kann, Art. 9 I, 10[1]. Das Indossament muß als Wechselerklärung auf den Wechsel selbst (oder eine Allonge) geschrieben werden, Art. 11. Üblicherweise geschieht das in dorso, auf der Rückseite des Wechsels. Die im Handelsverkehr häufigere Bezeichnung Giro (= Kreis), girieren, weist auf den Zweck des Umlaufs hin. Die Befugnis zur Indossierung des Wechsels entfällt, wenn der Aussteller ihn durch den Vermerk „nicht an Order" oder durch eine ähnliche negative Orderklausel seiner Eigenschaft als Orderpapier entkleidet und so zum Rekta-

---

[1] Der Akzeptant, der nach Einlösung des Wechsels eine solche Revalierungsklage gegen den Aussteller erhebt, hat seinerseits deren Rechtsgrund darzulegen, also z. B., daß er nur aus Gefälligkeit akzeptiert habe (Ersatzanspruch nach BGB. § 670) oder daß der Verpflichtungsgrund weggefallen sei (Bereicherungsanspruch). Vgl. RG. in JW. 1908, 410; 1909, 167.

[2] Daß vor der Akzeptation kein wechselmäßiges Recht gegen den Trassaten besteht, ist selbstverständlich. In der Hingabe des nicht akzeptierten Wechsels liegt aber auch nicht etwa ohne weiteres eine Abtretung des dem Aussteller gegen den Adressaten zustehenden zivilrechtlichen Anspruchs oder dgl.; dies wird z. B. dann von Bedeutung, wenn der Aussteller inzwischen in Konkurs kommt.

[3] In der WO. wird das Indossament unter III vor den die Akzeptation regelnden Abteilungen IVff. behandelt.

wechsel gemacht hat, Art. 9 II. Auch an einen bereits im Wechselverband Stehenden (Aussteller, Akzeptant usw.) kann indossiert werden, s. Art. 10^2: Rückindossament[1].

b) Das Indossament enthält regelmäßig die Benennung des Indossatars: „für mich an [die Order des] Herrn J. N. Dosser. R. Rau." Seine Wirkung ist, sobald der Wechsel an den durch das Indossament legitimierten Nehmer begeben ist[2], wie bereits angeführt, eine doppelte. Kraft der sog. Transportfunktion des Indossaments gehen „alle Rechte aus dem Wechsel" auf den Indossatar über, Art. 10^1. Während bei einer Forderungsübertragung der Zessionar eben nur in die Rechtsstellung des Zedenten einrückt und sich daher alle Einwendungen entgegenhalten lassen muß, die der Schuldner jenem entgegenhalten könnte (BGB. § 404), ist das Indossament keine Zession[3]; der Indossatar ist nicht Rechtsnachfolger des Indossanten, sondern wird unmittelbar aus dem Wechsel heraus berechtigt[4]. Einwendungen, die der Wechselschuldner dem Indossanten gegenüber nur aus seinen persönlichen Rechtsbeziehungen zu diesem, aber nicht aus dem objektiven Wechselrecht selbst hätte ableiten können, werden ihm also durch die Weiterbegebung des Wechsels abgeschnitten, es sei denn, daß ein bösliches Zusammenwirken zwischen Indossanten und Indossatar dem letzteren gegenüber die persönliche Einrede der Arglist entstehen läßt, s. unten § 92 zu Art. 82. Die sog. Garantiefunktion des Indossaments sodann hat, ebenfalls im schärfsten Gegensatz zum Recht der Forderungsabtretung (vgl. BGB. §§ 437/8), zur Folge, daß der Indossant seinem Indossatar und jedem späteren Inhaber des Wechsels für dessen Annahme und Zahlung wechselmäßig haftet; wer giriert, garantiert, Art. 14 I, 25, 29, 41. Der Indossant hat insoweit, den Nachmännern gegenüber, eine ähnliche Stellung wie der Aussteller, kann jedoch, im Gegensatz zu diesem, seine Regreßhaftung dadurch ausschließen, daß er seinem Indossament den Zusatz „ohne Gewährleistung" oder eine ähnliche Angstklausel beifügt. Hat er nur „nicht an Order" beigefügt, so wirkt das zwar nicht als Aufhebung der Orderqualität des Wechsels, wozu nur der Aussteller selbst, nicht aber ein Indossant als Zwischenperson zuständig ist, wohl aber ebenfalls als Beschränkung der Garantiewirkung, die in einem solchen Falle nur seinem eigenen Indossatar, nicht aber ferneren Nachmännern gegenüber eintritt, Art. 14, 15, 9 II.

c) Das Indossament kann auch ohne Benennung des Nehmers, als Blankoindossament, erklärt werden, wozu es nur der Unterschrift des Indossanten auf der Rückseite des Wechsels bedarf, Art. 12. Der Wechsel, der von Hause aus nicht auf den Inhaber gestellt werden darf (Art. 4^3), wird hierdurch für seinen weiteren Lauf einem Inhaberpapier ähnlich. Der Nehmer[5] kann den blanko indossierten Wechsel weitergeben, ohne ihn seinerseits zu indossieren, also ohne selbst in die Reihe der skripturmäßig Haftenden einzutreten; ebenso jeder weitere Inhaber; doch kann jeder Inhaber auch wieder mit einem neuen Indossament beginnen und ist übrigens befugt, vorhandene Blankoindossamente seinerseits auszufüllen, Art. 13.

d) Zur formalen Legitimation des Inhabers eines indossierten Wechsels ist hiernach erforderlich, daß entweder die Kette der Namensindossamente ununterbrochen vom Remittenten bis auf ihn herunterreicht, oder daß sie mit einem Blankoindossament abschließt, oder daß sie sich nach Unterbrechung durch ein Blankoindossa-

---

[1] S. hierzu RGZ. 65, 407.

[2] Ebenso, wenn er in die Hand eines gutgläubigen, aus dem Wechsel legitimierten Inhabers gelangt, Art. 74, vgl. oben S. 157 zu n. 3.

[3] Eine Wechselforderung kann aber auch Gegenstand einer gewöhnlichen Abtretung sein (z. B. ein Rektawechsel) oder kraft Gesetzes übergehen (z. B. nach BGB. § 774); die Wirkung beurteilt sich dann nach bürgerlichem Recht; vgl. BGB. § 402. Wegen Pfändung und Überweisung von Wechseln im Wege der Zwangsvollstreckung s. ZPO. §§ 831, 836.

[4] RGZ. 83, 101.

[5] Über den Begebungsvertrag in diesem Falle vgl. RGZ. 117, 69.

ment wieder bis zu ihm fortsetzt, Art. 36[1–4]. Dabei ist wesentlich, daß jeder Indossant nach dem Inhalt des Wechsels zur Indossierung äußerlich legitimiert erscheint[1]. Dagegen kann einem gutgläubigen Inhaber ein materieller Mangel, an dem eines der auf ihn herunterführenden Indossamente etwa leidet, nicht entgegengehalten werden[2], und ebenso wird der Wechselschuldner geschützt, der gutgläubig an den legitimierten Inhaber gezahlt hat. Insbesondere ist er zu einer Prüfung der Echtheit der Indossamente dem wirklich Berechtigten gegenüber nicht verpflichtet, Art. 74, 36[4], selbstverständlich aber dem Präsentanten des Wechsels gegenüber hierzu, sowie zum Nachweis eines sonstigen Legitimationsmangels berechtigt[3].

e) Im Gegensatz zu dem bisher behandelten Vollindossament, mittels dessen das Eigentum an und das Eigenrecht aus dem Wechsel auf den Indossatar übertragen wird, dient das Prokuraindossament lediglich den Zwecken der Ermächtigung: ist dem Indossament der Zusatz „zur Einkassierung" oder dgl. beigefügt, so ist der Indossatar nur der wechselmäßig Bevollmächtigte des Indossanten, Art. 17. Offene Prokuraindossamente sind indessen selten. Zwar wird sehr häufig zu Inkassozwecken indossiert (z. B. an die mit Einziehung des Wechsels beauftragte Bank), meist aber ohne Zusatz, in der gewöhnlichen Form. Dies sog. versteckte Prokuraindossament — eine bedeutsame Erscheinung des fiduziarischen Rechtsverhältnisses — gibt zwar dem Indossatar formell die Stellung des Wechseleigentümers, so daß er in eigenem Namen klagen kann, wird aber sonst, auch wechselmäßig, den Regeln des offenen Prokuraindossaments unterstellt, so daß Einreden ex persona indossantis zulässig sind, falls der Schuldner nachzuweisen vermag, daß sachlich in der Tat ein bloßes Inkassogiro (Inkassomandat) vorliegt[4, 5].

f) Für das normale Indossament ist nur innerhalb der normalen Laufzeit des Wechsels Platz. Ein späteres, sog. Nachindossament hat nur beschränkte Wirkungen, die verschieden sind, je nachdem die Protesterhebung versäumt, der Wechsel also bereits präjudiziert ist, oder aber das Wechselrecht gegen die Vormänner durch Protesterhebung gewahrt wurde, Art. 16. Ersterenfalls erlangt der Nachindossatar die trotz Präjudizierung noch vorhandenen Wechselrechte, also das Recht gegen den Akzeptanten, sowie das Regreßrecht gegen den Nachindossanten. Ist der Wechsel dagegen bereits protestiert, so daß er nicht mehr als zirkulationsfähig gelten kann, so hat das Nachindossament nur Zessionswirkung, d. h. es überträgt die beim Indossanten vorhandenen Rechte, ohne ihn selbst zum Garanten zu machen[6].

§ 91. Regreß. Protest.

Der „Regreß mangels Zahlung", der, wie bereits mehrfach angeführt, gegen den Aussteller und die Indossanten gegeben ist, falls der Bezogene den Wechsel nicht einlöst, hat zur Voraussetzung, daß der Wechsel dem Bezogenen, bzw. dem Domi-

---

[1] Doch kann, wenn auf dem Wechsel eine Lücke besteht, die Berechtigung auch durch den Nachweis einer bürgerlich-rechtlichen Rechtsnachfolge (Erbgang, Zession usw.) dargelegt werden, vgl. RGZ. 12, 132.

[2] Auch nicht die materielle Ungültigkeit der letzten, an diesen Inhaber selbst erfolgten Indossierung, vgl. RG. 74, 184. — Es kommt nur auf die Gutgläubigkeit bei dem ursprünglichen Erwerb des Wechsels an; dem ursprünglich gutgläubigen Inhaber, der den notleidend gewordenen Wechsel im Rücklauf wieder erhalten hat, kann daher nicht entgegengehalten werden, daß er inzwischen den Mangel erfahren hat, vgl. unten S. 162 Anm. 5.

[3] Vgl. z. B. RGZ. 53, 204. — Ausgestrichene Indossamente werden bei Prüfung der Legitimation als nicht geschrieben angesehen, WO. Art. 36 Satz 4. Der Inhaber ist daher u. U. in der Lage, seine Legitimation dadurch herzustellen, daß er ein die geschlossene Kette störendes Zwischenindossament selbst ausstreicht, vgl. RGZ. 114, 365 (z. B. auf dem Wechsel, der sich in der Hand des B. befindet, steht ein erstes Indossament des Remittenten an A. und dann noch ein zweites desselben Remittenten an B.; hier streicht B. das erste aus).

[4] Über die verschiedenen Begründungen dieser Auffassung vgl. Müller-Erzbach S. 461.

[5] Die Indossierung eines Wechsels kann auch zum Zwecke der Verpfändung erfolgen, BGB. § 1292; doch sind solche Pfandindossamente sehr selten, vgl. RGZ. 120, 205.

[6] Vgl. hierzu RGZ. 2, 75 (VerZivSen.), 74, 208.

ziliaten, am Zahlungstage oder spätestens am zweiten Werktag danach zur Zahlung präsentiert wird; er hat weiterhin zur Voraussetzung, daß diese Tatsache und die Nichterlangung der Zahlung durch eine innerhalb eben dieser Tage aufgenommene Protesturkunde dargetan wird, es sei denn, daß der Wechsel die Aufforderung „ohne Protest", „ohne Kosten" oder dgl. enthält, Art. 41—43, s. a. Art. 31. Daß die Wechselgaranten nicht in Anspruch genommen werden können, sofern nicht der Versuch gemacht wurde, die Zahlung bei der von ihnen als Zahlungsleistender bezeichneten Person zu erheben, ist eine Folgerung aus der nur eventuellen Natur ihrer Verpflichtung; das Besondere, Wechselmäßige, liegt aber in der zeitlichen Bestimmtheit — der Garant haftet nicht, wie der Akzeptant, schlechthin auf die Wechselsumme, sondern nur für ihre rechtzeitige Erlangung — und sodann in der eigenartigen „Solennität" des Wechselprotestes: die Nichteinlösung kann nicht auf beliebige Weise, auch nicht durch ein schriftliches Bekenntnis des Bezogenen bewiesen werden, vielmehr bedarf es einer an Ort und Stelle aufgenommenen öffentlichen Urkunde.

Zuständig zur Protestaufnahme sind die Notare, ferner Gerichtsbeamte (insbesondere Gerichtsvollzieher) und in gewissem Umfang die Postbeamten, Art. 87[1]. Die Einzelheiten sind genau formalisiert: der Protest muß spätestens am zweiten Werktag nach dem Zahlungstag erhoben werden, und zwar in erster Reihe im Geschäftslokal des Protestgegners; die Urkunde muß angeben, entweder daß und wann und wo der Protestgegner vergeblich zur Zahlung aufgefordert, oder daß er nicht angetroffen wurde, oder daß er nicht zu ermitteln war (sog. Windprotest); sie ist auf den Wechsel zu setzen oder mit ihm zu verbinden, Art. 88—90, 91—93. Ist der Protest versäumt oder ist er ungültig, weil zwingende Formvorschriften dabei verletzt sind[2], so ist der Wechsel präjudiziert, die Regreßansprüche verloren: die Indossanten sind frei und der Aussteller der Tratte haftet nur noch auf eine etwaige Bereicherung; nur der Hauptanspruch gegen den Akzeptanten bleibt unberührt, Art. 41, 44, 83[3].

Hat der Inhaber des Wechsels ihn ordnungsmäßig präsentieren und protestieren lassen, so kann er seinen Rückgriff nicht nur gegen seinen unmittelbaren, sondern auch sofort gegen jeden entfernteren Vormann, bis zum Aussteller hinauf nehmen (sog. Sprungregreß) und die Wechselklage auch gegen mehrere und alle Wechselverpflichtete, einschließlich des Akzeptanten, zusammen als Gesamtschuldner erheben, Art. 49, 81. Der Regreßanspruch geht auf die Wechselsumme mit den vom Verfall an laufenden Zinsen — der Wechselzinsfuß war früher 6%, jetzt beträgt er 2% über dem jeweiligen Reichsbankdiskontsatz, mindestens aber 6% —, sowie auf Ersatz der Protestkosten und anderer Auslagen und auf eine Provision von ⅓%, Art. 50, Ges. über die Wechsel- und Scheckzinsen vom 3. 7. 1925[4]. Nimmt der Regreßpflichtige, der den notleidenden Wechsel eingelöst hat, weiteren Rückgriff auf seine Vormänner (sog. Remboursregreß)[5], so bildet der von ihm gezahlte Betrag die Hauptsumme,

[1] Postproteste nur bis 800 M., Bekanntm. v. 5. 8. 1908. Durch Ges. v. 18. 12. 1926 wurde WO. Art. 87 dahin ergänzt, daß die Postverwaltung die Protesterhebung auch anderen Personen übertragen kann.

[2] Schon nach der früheren Fassung von Art. 88 („muß enthalten") war aber im Einzelfall zu prüfen, ob ein vorhandener Mangel den Zweck und das Wesen des Protestes beeinträchtige, RGZ. 68, 427.

[3] Der Notar oder sonstige Protestbeamte handelt nicht als vertragsmäßig Beauftragter, sondern kraft Amtes; daher tritt bei Ordnungswidrigkeit eine Haftung nur nach BGB. § 839 ein (bestr.). S. a. Ges. v. 30. 5. 1908, § 4 (Post).

[4] RGBl. I, S. 93. Der hiernach maßgebende Reichsbankdiskontsatz wird jeweils im Reichsgesetzblatt I bekanntgemacht.

[5] Das vom Gläubiger hierbei geltend gemachte Recht ist nicht ein von seinem Nachmann auf ihn übergegangenes, sondern sein eigenes, ursprüngliches Wechselrecht, das jetzt wieder in Geltung getreten ist; es kann ihm daher nicht entgegengehalten werden, daß er nicht nötig gehabt hätte, den Wechsel einzulösen, vgl. ROHG. 24, 1 (Plen.); RGZ. 77, 187; 94, 231. Vgl. daher oben S. 161 Anm. 2. — Der Regreßnehmer kann die ihm nachstehenden Indossamente ausstreichen, Art. 55; doch ist dies, wenn er den Protest besitzt, zu seiner Legitimation nicht nötig, s. Bernstein, JW. 1927, 46.

aus der sich dann Zinsen und Provision berechnen, Art. 51. Da hiernach die Regreßbeträge von Schritt zu Schritt steigen, übrigens auch das Risiko einer irgendwo eintretenden Zahlungsunfähigkeit wächst, hat jeder Wechselschuldner das Recht, den protestierten Wechsel alsbald und vorweg einzulösen, Art. 48. Anderseits ist der Wechselinhaber zu sofortiger Bekanntgabe der Protesterhebung (Notifikation) an seinen Vormann verpflichtet und ebenso dieser weiterhin, die ganze Kette hinauf, von zwei zu zwei Tagen; im Versäumnisfall sind Schadensersatzansprüche gegeben, Art. 45—47. Die Regreßansprüche selbst sind nicht weiter befristet, sondern nur einer Verjährung von regelmäßig drei Monaten unterworfen, Art. 78, 79 (Zonenverjährung).

Die ausgesprochen kommerzielle Natur des Wechselrechts tritt in den Einzelheiten der Regreßvorschriften besonders markant hervor, s. z. B. Art. 50 II, 53.

§ 92. Klagerecht und Einreden.

Aus allem Dargelegten folgt, daß der Wechsel, je nach der Zahl der auf ihm vorhandenen Unterschriften, die Grundlage für mehr oder weniger zahlreiche Ansprüche bilden kann. Kläger kann der letzte Inhaber oder jeder Einlöser des Wechsels mit Ausnahme des Bezogenen, Beklagter kann vor allem der Akzeptant, ebenso aber jeder Vormann des letzten Inhabers bis zum Aussteller hinauf, außerdem ein etwaiger Avalist sein. Soviel Paare von Personen in dieser Reihe denkbar sind, so viele können sich im Wechselrechtsstreit als Kläger und Beklagter gegenüberstehen. Der Wechselinhaber kann sich an alle Verpflichteten als Gesamtschuldner oder an irgendeinen einzelnen halten, Art. 81.

Für alle Fälle ergibt sich aus dem Wesen des Orderpapiers die bedeutsame Regel: „der Wechselschuldner kann sich nur solcher Einreden bedienen, welche aus dem Wechselrecht selbst hervorgehen oder ihm unmittelbar gegen den jedesmaligen Kläger zustehen“, Art. 82. Diese Zweiteilung entspricht der Tatsache, daß jeder Wechselanspruch eines Klägers sowohl ein „Anspruch aus dem Wechsel“ wie ein Anspruch gegen diesen Beklagten ist. Zur Anspruchsbegründung von seiten des Klägers bedarf es immer nur der Darlegung der wechselmäßigen Voraussetzungen, weil die abstrakte Natur der Wechselobligation dem formal Berechtigten jedes Eingehen auf außerwechselmäßige Tatsachen zunächst erspart. Dagegen eröffnet sich für den Beklagten die Möglichkeit von Einwendungen doppelter Art.

a) Einmal von solchen, die er ebenfalls innerhalb der abstrakt-formalen Sphäre gegen den Anspruch aus dem Wechsel an sich erhebt; den Anspruch aus dem Wechsel beantwortet er mit Einwänden gegen den Wechsel selbst, indem er das Vorliegen von Voraussetzungen seiner wechselmäßigen Haftung oder der wechselmäßigen Berechtigung des Klägers bestreitet oder Tatbestände behauptet, durch welche jene oder diese nach speziell wechselrechtlichen Grundsätzen aufgehoben oder gehemmt wird. Diese Einreden „aus dem Wechselrecht“ werden vielfach als objektive Einreden oder als Einreden in rem bezeichnet, weil sie dem Wechselbeklagten gegen jeden aus diesem Wechsel als Kläger Auftretenden, wer immer es sei, zustehen, oder doch von der persönlichen Beziehung des Beklagten zu diesem Kläger unabhängig sind. Hierhin gehören vor allem solche Einwendungen, welche die Gültigkeit der Wechselerklärung betreffen oder sich aus dem Inhalt des Wechsels ergeben (vgl. HGB. § 364 II, BGB. § 796), z. B. mangelnde Wechselfähigkeit, Formmängel, Lücken in der Indossamentenkette, ferner: Mangel ordnungsmäßigen Protestes, Einrede der Wechselverjährung u. dgl. m., insbesondere auch Fälschung[1].

b) Zum andern kann der Wechselschuldner dem Wechselkläger im Wege echter Einreden aber auch außerwechselmäßige Tatbestände entgegenhalten, aus denen sich ergibt, daß der wechselmäßig an sich bestehende Anspruch dennoch von diesem

[1] Doch haftet außerwechselmäßig, wer auf Mitteilung von der Begebung eines Wechsels schweigt, obgleich er erkennt, daß es sich um eine Fälschung handelt, RG. in JW. 1928, 639.

Kläger gegen diesen Beklagten nicht geltend gemacht werden kann. Dies sind aber eben nur persönliche Einreden, bei denen es, wegen der Selbständigkeit der einzelnen Berechtigungen, durchaus darauf ankommt, wer es ist, der dem Wechselschuldner als Kläger und wer dem Wechselberechtigten als Beklagter gegenübersteht. Denn diese außerwechselrechtlichen Einreden sind nur gegeben, wenn gerade derjenige klagt, der in der außerwechselrechtlich erheblichen Beziehung zu diesem Beklagten steht. Hat z. B. der Akzeptant dem Remittenten die Wechselsumme schon vor Verfall einbezahlt, den Wechsel aber sich nicht aushändigen lassen, so kann er die Tatsache der Zahlung nicht einem Indossatar entgegenhalten, an den der Remittent den Wechsel gleichwohl weiter indossiert hat, da eine solche Geldhingabe, weil keine wechselmäßige Zahlung nach Art. 39 darstellend, die objektive Verpflichtung aus dem Wechsel an sich unberührt fortbestehen läßt; dem Zahlungsempfänger selbst gegenüber wäre aber selbstverständlich eine Einrede begründet, wenn er den Wechsel einklagt, den er quittiert zurückzugeben verpflichtet ist[1].

In die lange Reihe solcher persönlicher Einwendungen gehören, wie bereits angeführt, alle die mit dem Kausalverhältnis und seinen Mängeln zusammenhängenden: Nichtzustandekommen oder Wiederaufhebung des Kaufvertrags bei einem im voraus hingegebenen Warenwechsel, Betrug; Spiel oder Differenzeinwand[2]; Wucher; ferner: Gegenforderungen; Prolongationsabreden u. v. a.[3].

Von besonderee Wichtigkeit ist die Einrede der dem Wechselerwerber selbst zur Last fallenden Arglist. Daß dem Indossatar keine Einreden ex persona indossantis entgegengesetzt werden können, macht es um so nötiger zu prüfen, ob nicht der Indossatar bei dem jene Einreden abschneidenden Wechselerwerb wissentlich und böslich gehandelt hat, so daß ihm persönlich gegenüber zwar nicht die bisherige Einrede an sich, wohl aber die exceptio doli begründet erscheint. Hierzu kann es allerdings noch nicht genügen, daß er beim Erwerb des Wechsels von Umständen Kenntnis hatte, aus denen ein persönlicher Einwand gegen seinen Vormann abgeleitet werden konnte. Denn der Wechsel ist ja gerade zu einem von allem Persönlichen losgelösten Umlauf bestimmt. Wohl aber liegt Arglist vor, wenn der Wechsel (etwa in dem angeführten Zahlungsfalle) in vorsätzlichem Einvernehmen mit dem Indossanten gerade zu dem Zweck übernommen wurde, um in Kollusion mit dem bisherigen Wechselinhaber den Wechselschuldner seines Einredeschutzes zu berauben. Das gleiche muß gelten, wenn der Inhaber des Wechsels erst nach dessen Erwerbe von den Einredetatsachen erfährt und trotzdem und im Bewußtsein der Teilnahme an einer unsauberen Handlungsweise die von ihm erlangte, formale Rechtsstellung zum Nachteil des Schuldners ausnutzt[4].

§ 93. Bereicherungsanspruch.

Wenn die wechselmäßige Haftung des Ausstellers durch Protestversäumung oder wenn seine oder des Akzeptanten wechselmäßige Verbindlichkeit durch Verjährung erloschen ist[5], so sollen diese beiden Erstbeteiligten des Wechsels doch nicht schlechthin frei werden; ihre Verpflichtung gegenüber dem Inhaber besteht

---

[1] RGZ. 11, 21; 61, 5. Jedoch kann bei Gefälligkeitsakzepten der Akzeptant dem Wechselgläubiger eine durch den Aussteller erfolgte Zahlung auch dann entgegenhalten, wenn der Wechsel (z. B. weil es nur eine Teilzahlung war) unquittiert in der Hand des Gläubigers blieb, RGZ. 120, 205.

[2] S. BGB. § 762 Abs. 2, sowie Börseng. § 59.

[3] Bei Einklagung von Kautions- oder Depotwechseln ist es Sache des Schuldners, in personam darzutun, daß ein Anspruch aus dem Grundverhältnis gegen ihn weder besteht noch künftig zur Entstehung gelangen kann, ROHG. 6, 439; 17, 281; RG. in LZ. 1907, 138.

[4] Dies der Standpunkt der reichsgerichtlichen Praxis, vgl. RGZ. 4, 100; 57, 391; 96, 191; Warn. 1921, Nr. 13. Nach Staub-Stranz Art. 82 Anm. 16 u. A. soll die Einrede schon bei bloßer Kenntnis durchgreifen.

[5] Trotz des Wortes „erloschen" in Art. 83 begründet die Verjährung auch nach Wechselrecht nur eine Einrede, BGB. § 222 (bestr.), wie auch die Vorschriften des BGB. über Unterbrechung der Verjährung hier Anwendung finden, EHGB. Art. 8[2].

vielmehr fort, „soweit als sie sich mit dessen Schaden bereichern würden", Art. 83. Dieser Bereicherungsanspruch ist zwar kein wechselmäßiger, da er nicht aus dem Wechsel allein heraus begründet werden kann[1], wohl aber ein wechselrechtlicher, da es zu seiner Begründung keines Zurückgehens auf die Bereicherungsgrundsätze des bürgerlichen Rechtes bedarf. Eine solche Bereicherungshaftung des Akzeptanten ist z. B. dann begründet, wenn er sein Akzept gegen Empfang von Waren gegeben hat.

Weniger einfach liegt die Frage offenbar bezüglich einer Bereicherungshaftung des Ausstellers. Ihm gegenüber können die Voraussetzungen des Art. 83 dann nicht vorliegen, wenn er das Akzept zahlungshalber, z. B. für die dem Bezogenen gelieferte Ware, erhalten hat, da er dann vom Remittenten nur einen ihm gebührenden Gegenwert empfing. In solchen Fällen ist es ein Verlust für ihn, wenn er den Wechsel im Regreßweg wieder einlösen muß, nicht aber eine Bereicherung, wenn diese eventuelle Regreßhaftung durch Präjudizierung des Wechsels entfällt. Dagegen wäre der Bereicherungsanspruch gegen den Aussteller z. B. dann gegeben, wenn er das Akzept zu Kreditzwecken erhielt, ohne dem Bezogenen etwas dafür zu zahlen, es dann beim Remittenten verwertete, und nun späterhin weder der zahlungsunfähige Akzeptant es einlöst, noch er selbst es einzulösen braucht, weil der letzte Inhaber die rechtzeitige Präsentation versäumt; andrerseits ist dieser Inhaber geschädigt, wenn er seinem Vormann den Gegenwert des Wechsels bezahlt hat[2]. Die Behauptungs- und Beweislast trägt nach allgemeinen Grundsätzen der Kläger.

§ 94. Intervention.

Der Aussteller oder ein sonstiger Garant des Wechsels, der mit der Möglichkeit rechnet, daß der Bezogene nicht akzeptieren oder nicht zahlen werde, kann, um sich gegen die Folgen zu decken, die sich hieraus sowohl wegen der Regreßpflicht als auch aus Gründen der kaufmännischen Ehre gegen ihn selbst ergeben könnten, dem Wechsel eine Notadresse beifügen („im Falle bei Herrn Ehrmann daselbst")[3]. Kommt dann der Wechsel beim Bezogenen in Not, so hat sich der Inhaber zunächst an den Notadressaten zu wenden; dieser kann mittels Ehrenannahme oder Ehrenzahlung intervenieren und alles weitere mit seinem Honoraten, d. h. demjenigen abwickeln, zu dessen Gunsten die Intervention erfolgt ist[4]. Auch ohne Notadresse kann ein Ehreneintritt aus freien Stücken erfolgen, z. B. die als Domiziliat benannte Bank, die vom Bezogenen keine Deckung erhalten hat, den Wechsel zugunsten des Ausstellers honorieren. Siehe hierüber im einzelnen die Vorschriften der Art. 56—61, 62—65[5].

---

[1] Deshalb ist der Wechselprozeß hier nicht zulässig, s. Stein-Jonas[12], ZPO. § 602 n. 12.

[2] So die herrschende sog. Valutatheorie: geschädigt ist nur, wer für den Wechsel Valuta (Deckung) gegeben hat und dann selbst nichts für ihn erhält, s. RGZ. 93, 24; a. Mg., die Schädigung liege schon im Verlust des Wechselanspruchs bei Fehlen einer anderweiten Ersatzmöglichkeit, Dernburg-Raape, Bürg. R. II § 279, Staub-Stranz Art. 83 Anm. 5ff.

[3] Der Aussteller oder ein Indossant kann sich auch selbst als Notadresse bezeichnen, KG. in OLG. 16, 144; RGZ. 36, 103 („zu Ehren seines eigenen Giros").

[4] Erklärt sich der Notadressat zur Intervention bereit, so ist innerhalb der Protestfrist auch noch die Ehrenzahlung bei ihm zu suchen; wird sie geleistet, so ist ihm der Wechsel mit der Protesturkunde auszuhändigen; wird sie verweigert, so muß ein sog. Kontraprotest gegen die Notadresse erhoben werden, und zwar immer noch innerhalb der Protestfrist, da sonst der Regreß gegen den Honoraten und dessen Nachmänner verloren geht, Art. 62, 63, vgl. RGZ. 67, 295.

[5] Die Ehrenzahlung kann nur mit Einverständnis des Wechselinhabers erfolgen; weist er sie aber zurück, so verliert er den Regreß gegen die Nachmänner des Honoraten, Art. 62 Satz 3, vgl. RGZ. 70, 116. — Hat der Aussteller nach Weiterbegebung des Wechsels dem Akzeptanten Prolongation zugesagt und von ihm (mit oder ohne Teilzahlung) einen neuen Prolongations-Wechsel angenommen, so ist es seine Sache, den ursprünglichen Wechsel mittels Ehreneintritt aus dem Verkehr zu nehmen. — Vgl. Langen, ZHR. 90, 95.

§ 95. Der Scheck.

Literatur: MICHAELIS, Scheckgesetz (1926); CONRAD, Handbuch des Scheckrechts (1908); v. SCHWERIN, Wertpapiere S. 112ff.; BREIT, Kommentar zum deutschen Scheckgesetz II Bände 1929 und derselbe in Handelsg. des Erdballs XIII, 1086, Handw. der Staatsw.[4] VII, 174 u. ZHR. 64, 468; 67, 507. BOUTERON, Le chèque, théorie et pratique (Paris 1924). — Kleinere Ausgaben von SIMONSON (1924); APT; LESSING; MERZBACHER-RIEZLER. FELIX MEYER, Weltscheckrecht. WULFF, Resolutionen der Haager Konferenz 1912 über die Vereinheitlichung des Scheckrechts (1925).

Der Scheck — das Wort und im wesentlichen auch die Einrichtung selbst stammt aus dem Englischen — ist im Scheckgesetz vom 11. 3. 1908 geregelt[1]. Der Scheck ist eine vom Aussteller an den Bezogenen gerichtete, auf Zahlung einer bestimmten Geldsumme lautende Anweisung, deren besondere Wertpapiernatur durch die ausdrückliche Bezeichnung als Scheck (Scheckklausel) im Text des Schecks hervorgehoben werden muß, SchG. § 1. Zeigt sich hiernach eine gewisse Ähnlichkeit mit dem gezogenen Wechsel, so sind die wirtschaftlichen Zwecke, denen der Scheck dient, durchaus andere. Der Wechsel ist, wie gezeigt, wesentlich ein Kreditpapier, mittels dessen Akzeptant, Aussteller, Indossanten Kredit nehmen, der Scheck dagegen normalerweise ein Zahlungspapier, mittels dessen der Aussteller aus einem präsenten Guthaben, das er beim Bezogenen hat, durch den Bezogenen an den Inhaber zahlen läßt, und dessen wirtschaftliche Bedeutung vor allem darin besteht, den Bargeldumlauf einzuschränken[2]. Die gesetzliche Regelung, die in vielen Einzelheiten auf das ehrwürdige Vorbild der Wechselordnung verweist, s. §§ 8, 16, 17, entspricht in ihren entscheidenden Normen dieser Zweckbestimmung des Schecks: alles ist darauf abgestellt, daß der Scheck nicht zu Kreditzwecken mißbraucht werde, sondern möglichst rasch auf seine Einlösung zustrebe.

a) Der Scheck soll dem organisierten Geldverkehr dienen: daher sollen nur Banken als Bezogene bezeichnet werden. Diese Sollvorschrift ändert an der passiven Scheckfähigkeit jedes Rechtsfähigen an sich nichts, doch wird ihr dadurch Nachdruck verliehen, daß ein auf andere Personen gezogener Scheck der Wechselsteuer unterliegt, während der normale Bankscheck steuerfrei ist, § 2, WStG. §§ 3, 4. Zur Sicherung des Verkehrs übergeben die Banken ihren Scheckkunden Scheckbücher mit numerierten, in besonderem Vordruck ausgeführten Scheckformularen. Ein Scheck lautet z. B. „B. 17488. Die Weimarer Landbank A.G. in Weimar wolle zahlen gegen diesen Scheck aus meinem Guthaben an Herrn R. Mittler oder Überbringer Reichsmark eintausend. Ilmenau, den 28. August 1926. A. Bach".

Da mittels des Schecks nicht Kredit genommen werden soll, entspricht es seinem Wesen, daß der Aussteller beim Bezogenen ein Guthaben habe, aus dem dieser die Zahlung bewirken kann. Demgemäß muß die Anweisung im Scheck ausdrücklich auf Zahlung aus dem Guthaben des Ausstellers lauten, sog. Guthabensklausel, § 1². Ein solches Scheckguthaben besteht nicht schon dann und auch nicht nur dann, wenn dem Aussteller irgendeine Geldforderung gegen den Bezogenen zusteht, vielmehr ist als Guthaben im Sinne des Scheckrechts der Betrag anzusehen, bis zu welchem der Bezogene nach dem zwischen ihm und dem Aussteller bestehenden, späterhin noch näher zu betrachtenden Rechtsverhältnis gerade zur Einlösung von Schecken verpflichtet ist, § 3. Es muß also zwischen Aussteller und Bezogenem ein interner Scheckvertrag bestehen, und es darf die Gesamtsumme dessen, worüber der Scheckkunde hiernach durch Schecke verfügen darf (sei es, weil sein Scheckkonto aktiv ist, sei es, weil sich die Bank vorschußweise zur Einlösung gewisser Scheckbeträge verpflichtet hat) durch den Scheck nicht überzogen sein. Indessen hat diese ganze Frage, so wichtig sie im Innenverhältnis zwischen Aussteller und Bezogenem ist, und so entscheidend sie rein tatsächlich dafür ist, ob der Bezogene

---

[1] ÖTERREICH: Gesetz betr. den Scheck vom 3. 4. 1906.

[2] Zeitpunkt der Zahlung ist nicht der Tag der Hingabe, sondern der der Einlösung oder Gutschrift des Schecks, vgl. z. B. RGWarn. 1928, 31.

den Scheck einlösen wird oder nicht, rechtlich für den Scheck doch nur formale Bedeutung. Dieser muß zwar die Guthabensklausel enthalten; besteht aber ein Guthaben in Wirklichkeit nicht oder nicht mehr, so ist der Scheck um nichts weniger gültig und zahlbar und namentlich als Träger von Regreßansprüchen wirksam. Eine spezielle Strafvorschrift gegen Ziehung ungedeckter Schecke ist nicht aufgestellt; wohl aber kann bei wissentlichem Handeln der Tatbestand strafbaren Betrugs erfüllt sein.

b) Der Scheck ist ein Wertpapier, und zwar ein Präsentationspapier, das vom Zahlungsempfänger dem Bezogenen zur Zahlung vorgelegt werden muß und zu diesem Zwecke vom Aussteller an den Zahlungsempfänger auszuhändigen ist, §§ 7[1], 13, 16, 27; § 8 i. V. m. WO. Art. 36, 74[1]. Der Scheck ist umlaufsfähig. Wie der Wechsel ist er regelmäßig sein Orderpapier. Doch kann einerseits, wenn der Scheck auf einen bestimmten Zahlungsempfänger gestellt ist, die Indossierungsbefugnis durch eine negative Orderklausel ausgeschlossen werden (Namensscheck), anderseits der Scheck, im Gegensatz zum Wechsel, auf den Inhaber gestellt werden. Dies kann entweder ausdrücklich geschehen (reiner Inhaberscheck) oder so, daß der Benennung des Zahlungsempfängers die Worte „oder Überbringer" oder dgl. beigefügt werden (alternative Inhaberklausel, dies die tatsächlich übliche Form), endlich in der Weise, daß der Scheck ohne jede Angabe des Zahlungsempfängers bleibt; als solchen kann sich übrigens auch der Aussteller selbst bezeichnen, §§ 4, 8. Der Umlauf des Schecks kann sich mittels Indossierung vollziehen, für deren Form die wechselrechtlichen Vorschriften gelten, § 8 II, und deren Wirkung, wie dort, die selbständige, vom Recht des Vormanns unabhängige Berechtigung des Indossatars aus dem Scheck ist, was sich hier freilich nur für Regreßansprüche auswirken kann, § 18 II.

c) Indessen, wenn auch eine Zirkulation des Schecks durchaus möglich ist, so sind ihr doch, dem wirtschaftlichen Grundgedanken entsprechend, zeitlich enge Grenzen gezogen. Als Zahlungspapier verträgt der Scheck nicht die dem Kreditieren eigentümliche, zeitlich mehr oder weniger weite Hinausschiebung der Leistung. Demgemäß ist die Angabe einer bestimmten Zahlungszeit, die vom Aussteller beliebig angegeben werden könnte, beim Scheck nicht nur nicht vorgeschrieben, sondern ist im Gegenteil unzulässig: sie macht den Scheck geradezu nichtig. Er ist kraft Gesetzes bei Sicht zahlbar und binnen zehn Tagen nach Ausstellung dem Bezogenen zur Zahlung vorzulegen, §§ 7, 11[2]. Der vordatierte Scheck ist aber nicht ungültig, und das alsbald zu besprechende Widerrufsverbot des § 13 III gilt auch für ihn[3]. Auf der anderen Seite hat auch der Ablauf der Vorlegungsfrist keineswegs die Unwirksamkeit des Schecks zur Folge: zwar ist das Regreßrecht gegen den Aussteller und etwaige Indossanten verfallen, wenn der Bezogene die Einlösung des verspätet vorgelegten Schecks verweigert, § 16, und der Bezogene ist jetzt, dem Aussteller gegenüber, nicht mehr zur Einlösung verpflichtet; wohl aber ist er hierzu immer noch (dem Aussteller gegenüber) berechtigt, es sei denn, daß der Aussteller den Widerruf des Schecks erklärt hat. Ein solcher Widerruf ist zwar schon früher zulässig, äußert seine Wirkung jedoch zufolge gesetzlicher Vorschrift erst nach dem Ablauf der Vorlegungsfrist, § 13 II, III[4].

---

[1] Demgemäß ist der „rote Scheck" der Reichsbank (im Gegensatz zum „weißen") kein Scheck im Sinne des SchG., da er in aller Regel vom Aussteller selbst unmittelbar bei der Reichsbank eingereicht wird, um die Girogutschrift für den Dritten zu veranlassen, vgl. RGZ. 102, 68. Auch der Postscheck wird regelmäßig vom Aussteller eingesandt, s. PostscheckO. § 7 V, § 9 IV Abs. 2.

[2] Die Vorlegungsfristen für Schecke, die im Ausland ausgestellt, im Inland zahlbar sind, sind gemäß § 11 II durch Bek. v. 19. 3. 1908 geregelt; vgl. RGZ. 115, 195. Über Auslandsschecke im allgemeinen s. §§ 25, 26.

[3] Vgl. RGZ. 96, 190; Hamburg in OLG. 24, 214.

[4] RGZ. 99, 75. Die Bestimmung ist zwingenden Rechts, so daß der Aussteller die fristgemäße Einlösung des Schecks durch den Bezogenen auch dann gegen sich gelten lassen muß, wenn ausdrücklich vereinbart war, daß ein etwaiger Widerruf von letzterem beachtet werden müsse; bestr., s. Michaelis § 13 Anm. 7, ebenda Anm. 8 über die Bedeutung der Vorschrift für den Scheckberechtigten.

Dem Inhaber des Schecks gegenüber kann eine Verpflichtung des Bezogenen zur Einlösung scheckrechtlich nicht begründet werden. In sehr bezeichnendem Gegensatz nicht nur zur Tratte, sondern auch zur einfachen Anweisung (oben § 67), ist eine Annahmeerklärung des Bezogenen beim Scheck nicht zugelassen; würde der Inhaber einen Einlösungsanspruch haben, so wäre dies eben ein Kreditverhältnis und würde den Antrieb zu rascher Einlösung hemmen. Das Scheckgesetz drückt diesen Gedanken wenig glücklich so aus: „Der Scheck kann nicht angenommen werden"; ein gleichwohl auf den Scheck gesetzter Annahmevermerk gilt als nicht geschrieben und kann auch nicht etwa eine zivilrechtliche Wirkung begründen, § 10[1]. Um eine Umgehung dieses Akzeptationsverbots zu verhindern, ist der Bezogene auch nicht in der Lage, den Scheck seinerseits zu indossieren, wodurch die Regreßhaftung gegen ihn begründet würde; ein Indossament des Bezogenen ist unwirksam, § 8 II 3, s. auch § 15 II 2. Anderseits kann der Bezogene auch nicht normaler Indossatar sein: ein Indossament an ihn gilt als Quittung, gibt ihm also nicht etwa scheckrechtliche Regreßmöglichkeiten gegen den Aussteller und die Indossanten, § 8 II 4. Der Bezogene ist eben nur als Zahlungsorgan gedacht; er soll nur den Scheck einlösen, d. h. die Zahlung gegen Aushändigung des quittierten Schecks bewirken, § 13 I, und sich darüber mit dem Aussteller auf Grund des zwischen ihnen bestehenden Rechtsverhältnisses auseinandersetzen, er soll aber nicht am Scheckverband als solchem in selbständiger Rechtsstellung teilnehmen[2].

d) Wird der Scheck vom Bezogenen nicht eingelöst, so tritt die Ausstellerhaftung und die Garantiefunktion des Indossaments in Wirksamkeit: aus dem Scheck, der nicht zu einer Akzepthaftung des Bezogenen führen kann, entsteht als einzige eventuelle Anspruchswirkung das Regreßrecht des unbefriedigten Inhabers, das in einem besonderen, dem Wechselprozeß entsprechenden Scheckprozeß geltend gemacht werden kann, § 28 III. Die Haftung trifft nach § 15 den Aussteller und die Indossanten des Schecks, letztere vorbehaltlich der Möglichkeit, den Scheck „ohne Gewährleistung" weiterzugeben. Sie trifft ferner beim Inhaberscheck jeden, der seine Namensschrift auf die Rückseite des Schecks gesetzt hat, auch wenn er nicht selbst Inhaber des Schecks war, also keine einem Indossanten ähnliche Stellung einnimmt (sog. Scheckaval), § 15[3]. Formell ist das Regreßrecht dem wechselrechtlichen nachgebildet, aber wesentlich dadurch erleichtert, daß der Nachweis, der Scheck sei rechtzeitig zur Zahlung vorgelegt worden, außer durch rechtsförmlich erhobenen Protest auch durch eine von dem Bezogenen auf den Scheck gesetzte Erklärung bewiesen werden kann, aus der sich der Tag der vergeblichen Vorlegung ergibt, §§ 16, 17[4]. Materiell gilt auch beim Scheck Gesamthaft und insbesondere die Beschränkung persönlicher Einreden auf solche, die dem Schuldner unmittelbar gegen den jeweiligen Inhaber zustehen, § 18 I, II[5]. Ist das Regreßrecht durch Versäumung der Vorlegungsfrist oder gemäß § 20 durch Verjährung erloschen, so bleibt dem Aussteller, nicht aber den Indossanten gegenüber, unter Umständen ein Bereicherungsanspruch bestehen, §§ 21, 22.

e) Der Scheck lautet normalerweise auf Zahlung, sog. Barscheck, § 1[2]. Jedoch kann der Aussteller, sowie jeder spätere Inhaber des Schecks, durch den quer über

[1] S. RGZ. 105, 361. Ebenso beim Vermerk: „Geht in Ordnung", RGZ. 112, 317 gegen Breit, Jur. Rundsch. I 817, vgl. aber auch Michaelis, S. 110 und Hamburg in OLG. 45, 319. — Nur die Reichsbank nimmt hier eine besondere Stellung ein: sie kann die auf sie gezogenen Schecke mit einem Bestätigungsvermerk versehen und ist dann dem Inhaber gegenüber zur Einlösung verpflichtet, falls der Scheck innerhalb der zehntägigen Frist vorgelegt wird, Bek. vom 31. 8. 1916.

[2] Vgl. RGZ. 111, 266 (auch keine Indossierung durch eine andere Filiale der bezogenen Bank).

[3] Ein eigentliches Indossament, also auch ein Blankoindossament, ist beim Inhaberscheck seinem Wesen nach ausgeschlossen, vgl. § 8 I.

[4] Vgl. hierzu RGZ. 117, 61.

[5] Vgl. RGWarn. 1921 Nr. 13 zur Frage der exceptio doli gegenüber dem Indossatar eines beim Spiel gegebenen Schecks. Scheckzinsen s. oben S. 162.

die Vorderseite gesetzten Vermerk: „Nur zur Verrechnung" die Barzahlung verbieten. Dies hat zur Folge, daß der Scheck vom Bezogenen nur durch Verrechnung, d. h. durch Gutschrift des Scheckbetrags auf ein Bankkonto des Präsentanten eingelöst werden darf, § 14 I, sog. Verrechnungsscheck. Barscheck und Verrechnungsscheck sind indessen nicht zwei gänzlich unterschiedene Rechtsgebilde. Auch der mit der Verrechnungsklausel versehene Scheck ist, im Verhältnis zwischen Bezogenem und Aussteller, wirksam eingelöst, wenn er von ersterem verbotswidrig bar bezahlt wurde; der Bezogene ist jedoch dem Aussteller, wie übrigens auch einem früheren Inhaber des Schecks gegenüber ersatzpflichtig, wenn durch die Bareinlösung ein Schaden entsteht, wie vor allem bei Auszahlung an einen nichtberechtigten Inhaber, § 14 II 2[1]. Die Verrechnungsklausel sichert den Aussteller in gewissem Umfang dagegen, daß der Scheck von einem Unbefugten eingelöst werde. Sie fördert außerdem den bargeldlosen Verkehr. Übrigens wird auch beim Barscheck die Einlösung tatsächlich in sehr weitem Umfang durch Gutschrift ausgeführt, und durch die gesetzliche Anerkennung bestimmter Abrechnungsstellen für den Scheckverkehr noch gefördert, s. §§ 12, 16 Ziff. 2.

f) Nach dem Gesetz zur Änderung des Scheckgesetzes und des Wechselsteuergesetzes vom 28. 3. 1930 (RGB. I S. 107) gilt nunmehr ein vordatierter Scheck als am Tage der Vorlegung ausgestellt. Solche vordatierte, d. h. vor dem angegebenen Ausstellungstag in Umlauf gesetzte Schecks unterliegen jetzt auch nicht mehr der Wechselsteuer.

g) Der zwischen der Bank und ihrem Kunden bestehende Scheckvertrag, die Grundlage für die inneren Rechtsverhältnisse zwischen Aussteller und Bezogenem, bildet in der Regel nur ein Stück umfassenderer Beziehungen, die mit dem Depositen- und Kreditgeschäft der Bank, insbesondere ihrem Giroverkehr, zusammenhängen, s. oben § 66, b. Der Scheckvertrag verpflichtet einerseits die Bank zur Einlösung ordnungsmäßig ausgestellter Schecke des Kunden, andererseits diesen zur ordnungsmäßigen Gebarung mit Scheckbuch und Formularen, und beide zu alsbaldiger Benachrichtigung des andern Teils bei regelwidrigen Vorkommnissen. Löst die Bank einen gefälschten oder, z. B. durch Erhöhung der Summe, verfälschten Scheck ein, so hat, nach allgemeinen Grundsätzen, an sich sie selbst den Schaden zu tragen, da dem Kunden, wie nach dem Scheckvertrag zunächst selbstverständlich, nur die von ihm wirklich gezogenen Schecke belastet werden dürfen (s. übrigens auch § 23). Sie kann sich aber wegen dieses Schadens auf Grund des Scheckvertrags an den Kunden halten, wenn diesen ein Verschulden trifft (ungenügende Aufbewahrung des Scheckbuchs, Nichtmitteilung früherer Fälschungen u. dgl.). Hat die Bank ihrer Sorgfaltspflicht bei Prüfung der präsentierten Schecke ebenfalls nicht genügt, so greifen die Grundsätze über mitwirkendes Verschulden des Beschädigten ein, s. BGB. §§ 276, 278, 254[2]. —

Die kaufmännische Orderanweisung, aus der nur eine Annahmehaftung des Bezogenen entstehen kann, — der Scheck, der umgekehrt nur eine Gewährhaftung des Ausstellers und etwaiger Indossanten begründet, — endlich der gezogene Wechsel, der beides in sich vereinigt, — dieser Überblick zeigt, welche Mannigfaltigkeit von Formen das Handelsrecht für die differenzierten Bedürfnisse des Verkehrs ausbildet und gesetzlich gestaltet hat.

---

[1] Über den Verrechnungsscheck s. E. JACOBI, ZHR. 87, 1ff. — Vgl. RGZ. 100, 31 (ausradierter Verrechnungsvermerk auf einem in die Hand eines Unbefugten gelangten Scheck), sowie RGZ. 103, 87. — In ausländischen Rechten entspricht dem Verrechnungsscheck der vom Aussteller diagonal durchkreuzte Scheck: crossed cheque; chèque barré.

[2] Vgl. STAUB-KOENIGE III Anh. zu § 363 n. 9, sowie RGZ. 81, 254; 92, 50; 100, 55. Die Bank kann sich von der Sorgfaltspflicht nicht schlechthin freizeichnen; sie hat jedenfalls für grobe Fahrlässigkeit bei Einlösung von Schecken einzutreten, RG. in JW. 1914, 204, s. a. 1921, 395. — Über einen Fall fälschlicher Herstellung eines Scheckformulars s. WIELAND, Scheckformularfälschung, in Basler Festgabe für PAUL SPEISER, 1926. — E. JACOBI, Zur Haftung des Ausstellers bei Zahlung des Bezogenen auf einen gefälschten Scheck, ZHR. 91, 188.

Sachverzeichnis.

Druck von Oscar Brandstetter in Leipzig.

Englands Privat- und Handelsrecht. Von Dr. **Arthur Curti,** Rechtsanwalt, Zürich.

I. Band: Personen-, Familien-, Sachen- und Erbrecht. XVI, 247 Seiten. 1927. RM 12.—; gebunden RM 13.50

II. Band: Handelsrecht. XX, 398 Seiten. 1927. RM 19.—; gebunden RM 20.50

Die englische Aktien-Gesellschaft nach neuem Recht. Systematische Darstellung und Gesetz vom 10. Mai 1929. Von Dr. **Arthur Curti,** Rechtsanwalt, Zürich. XXII, 308 Seiten. 1929. RM 16.80; gebunden RM 18.40

Aktiengesellschaft und Holdinggesellschaft in der Schweiz. Geltendes Recht und Revision. Von Dr. **Arthur Curti,** Rechtsanwalt, Zürich. Erscheint im Sommer 1930.

Das Dividendenbezugsrecht des Aktionärs. Von Dr. jur. **J. G. Egger,** Zürich. Zweite Auflage. XII, 291 Seiten. 1930. RM 15.—; gebunden RM 16.80

Die sofortige Verschmelzung (Fusion) von Aktiengesellschaften unter besonderer Berücksichtigung der Reformfragen. Von Dr. **Robert Goldschmidt,** Berlin. („Rechtsvergleichende Abhandlungen", Band VI.) VI, 128 Seiten. 1930. RM 9.60

Die Einwirkung des Vergleichsverfahrens zur Abwendung des Konkurses auf schwebende Verträge. Von Dr. jur. **Hans Maeder,** Berlin. („Prozeßrechtliche Abhandlungen", Heft II.) IV, 96 Seiten. 1929. RM 7.80

Die neue Vergleichsordnung. Gesetz über den Vergleich zur Abwendung des Konkurses vom 5. Juli 1927. Mit Einleitung, allen wesentlichen Teilen der amtlichen Begründung und Kommentar von **Hermann Lucas,** Ministerialrat im Preußischen Justizministerium. VIII, 218 Seiten. 1927. Gebunden RM 9.60

GPSR Compliance

The European Union's (EU) General Product Safety Regulation (GPSR) is a set of rules that requires consumer products to be safe and our obligations to ensure this.

If you have any concerns about our products, you can contact us on ProductSafety@springernature.com

In case Publisher is established outside the EU, the EU authorized representative is:

Springer Nature Customer Service Center GmbH
Europaplatz 3
69115 Heidelberg, Germany

Batch number: 10844655

Printed by Printforce, the Netherlands